Y TIERNO GALVÁN
ASCENDIÓ A LOS CIELOS

FRANCISCO UMBRAL

Y TIERNO GALVÁN
ASCENDIÓ A LOS CIELOS

Seix Barral ✕ Biblioteca Breve

Cubierta: «El entierro de Tierno Galván»,
cuadro de Ángel Baltasar

Primera edición: marzo 1990
Segunda edición: mayo 1990

© Francisco Umbral, 1990

Derechos exclusivos de edición en castellano
reservados para todo el mundo:
© 1990: Editorial Seix Barral, S. A.
Córcega, 270 - 08008 Barcelona

ISBN: 84-322-0619-9

Depósito legal: B. 18.242 - 1990

Impreso en España

A Encarnita

*Hijos míos, Dios nunca abandona
a los buenos marxistas.*

TIERNO GALVÁN

El caballo, el caballo solo y formal, el caballo tras el cortejo de Franco, nortes de Madrid, pasó por Las Rozas, carretera de La Coruña, hacia el Valle de los Caídos, todo Cuelgamuros, pronto, pesando como el peñasco de Góngora, que ha tantos siglos que se viene abajo, sobre el muerto breve, histórico y sangriento.

Mañana de noviembre por el cielo, con grandeza de nubes y quizá una violencia de aviones no vistos, como el zumbido oscuro de los espacios, como el girar del mundo hacia la tumba de un caudillo. Pero el caballo, el caballo solo y serio, que bajaba de vez en cuando la cabeza, como encogiéndose de hombros entre todo aquello, el caballo entre armones, soldados, otros caballos con jinete, música y silencio, automóviles que avanzaban con el motor dormido, y un perdido jirón gualda y sangre de toro tísico por el aire leve y feo de la mañana, abierta a tanta solemnidad.

Salí de entre la escasa gente, volví la espalda al cortejo y me alejé hacia el quiosco a comprar el periódico, que aquel día era como una gran esquela empastelada en sepia y muerto. Caminé por las calles y cuestas del pueblo leyendo sin leer, pasando páginas, bueno, pues ahora ha llegado el momento, me decía, cuarenta años de silencio y tienes que decidirte, tenemos que decidirnos, algo va a pasar, aún tengo que escribir la columna de mañana, ¿y cómo se escribe una columna sin Franco, sin hablar de Franco, sin aludir malvada y veladamente a Franco, cómo se clava un dardo de papel, cotidianamente, en el corazón de Franco (tantos años haciéndolo) cuando ya no hay Franco?

El pueblo no estaba enlutado, sino silencioso como si hubiera caído una nevada, y la poca gente que andaba por la calle (un pastor sin rebaño, una vieja con leche, una niña que jugaba sola y al saltar a la comba se saltaba su sombra) parecía pisar sobre la nieve. Ahora es cuando viene una democracia, la democracia, no sé, dice Tierno que la democracia, ¿va a ser Tierno un nuevo Azaña?, me lo dijo la otra noche en casa de Morodo, el mismo chalet con plantas donde vive Adolfo Suárez, a ver qué puede uno hacer por la democracia, ¿por qué esquina va a asomar?, la democracia me parece que tenemos que construirla todos, entre todos, yo con mis columnas, claro, y saliendo a la calle y pegando gritos y dando patadas a los escaparates de la Gran Vía, si hace falta, hay que volver a Madrid, lo primero eso, volver a Madrid, ya no vale este agujero de whisky y literatura, este exilio disimulado que a nadie engaña, tantos años esperando y ahora no sabemos por dónde empezar, seguramente, tantos años preparándonos, vamos a ver, cálmate, a ver con qué gente se cuenta, el caballo, el caballo, era el caballo de Franco, descabalgado, ya sin jinete, que iba tras él, como en el entierro de Kennedy, eso tenía cierta grandeza, mira, lo meteré en la columna, al fin un detalle estético en nuestro César hortera y enano, vamos a ver con qué gente se cuenta, cálmate, a ver cómo se lo montan, yo he visto el cortejo, camino de un olvido de piedra, pero no sé qué va a pasar, ahora se comprende mejor la voladura de Carrero, el pueblo estaba nevado de silencio, había como una borrachera silenciosa, como una alegría muda por las tabernas donde entré, Carrero era la roca que cerraba la gruta, ya hemos salido a la luz de abril, el mes republicano, aunque sea noviembre, las televisiones de taberna eran un ritual de luto y ministros, estaban sin sonido, sin música, la niña se saltaba su sombra, Fernández Miranda iba de viudo oficial del franquismo, eso, a ver qué gente tienen y qué gente tenemos, Fernández Miranda es ahora como más importante, hay gente que se vuelve importante en todas las muertes, igual pasa en las familias, hay protagonistas inesperados de velatorio, a Fernández Miranda se le ve más que a Arias Navarro, en la tele y en el periódico, la muerte le ha dado una grandeza que no tenía, la muerte del otro, ¿tiene lumbre?, no, gracias, no fumo, ¿y por qué gracias?

Crucé entre las cabras de todos los días. Había una rubia que me gustaba mucho. Fraga. Fraga es el más peligroso. Areilza. Areilza puede traernos una democracia pactada y de trámite, a veces hablamos de literatura, de José Pla, que a los dos nos gusta mucho, vive aquí al lado, en Aravaca, yo de Areilza me fío, sería una solución, de momento. A ver los nuestros. Ridruejo no vive para verlo. Se metió mucho whisky en la última Feria del Libro. Tierno, el nuevo Azaña, es demasiado de momento. Carrillo debe estar fumando con los carabineros, en la frontera. Dice que vienen los socialistas del exilio, Llopis y todo eso. Otra vez la guerra civil. Camacho en la cárcel y enfermo, Tamames escribiendo junto a la gran cabeza de Marx, en su estudio, la monarquía, claro, la monarquía, pero dentro hay que meterle algo a la monarquía. La monarquía no es más que un diván alfonsino y todo depende de quién se siente en ese diván. Aquí no se va a mover ni Dios. Areilza me sigue pareciendo el hombre/transición. Tendrá que dejar a medias el *Cuaderno gris* de Pla, lo siento por Pla, yo ya he terminado el libro, qué gran estilista de la sencillez, qué barroquismo de lo llano.

Tamames, Morodo, Paco Ordóñez y Luis González Seara decían aquella noche, bailando en un chalet de Mirasierra, que lo mejor era una democracia coronada y de derechas, que nos permita ir trabajando poco a poco hacia otra cosa, recambio paulatino de hombres, elecciones generales, la hostia, más vale subir a hacer la columna, la columna más difícil de mi vida, el pueblo estaba como nevado de silencio y miedo, era un pueblo de Marte, Las Rozas de Marte con televisión de la Tierra, alguien se ha muerto allá abajo en la Tierra, oyes, Barreiros, el camionero de Franco, me dijo la otra noche, en casa de los Fisac, que aquí la izquierda va a ser la Falange y la derecha los requetés, y todo arreglado.

En la buhardilla/refugio, enmoquetada de azul, pequeña y armónica, me tomé un chivas con dos optalidones y agua del grifo y me puse a escribir la columna. El caballo de Franco, una cosa meramente estética, cautamente sombría y cautamente alegre, el caballo descabalgado por la muerte como metáfora de una dictadura que se ha venido abajo, Azorín escribió sobre los pueblos regidos por hombres a caballo, glosando un retrato ecuestre de Franco, creo que de Vázquez Díaz o así, Azorín era un cobarde y tenía una prosa cobarde, Maura, de la Cierva, Franco, he ahí su trayectoria, recuerdo cuando sacamos el cadáver por la calle de Zorrilla, luego me enteraría de que el caballo era de un soldado que se desmayó, Franco se nos ha ido sin siquiera ese momento de efecto cesáreo, tenía una estética de sargento y le gustaba *Marina*, como le contó una vez a Laín, ¿y qué coños va a hacer ahora Laín?

Cogí uno de los autobuses que bajan hasta la Moncloa, para llevar la columna al periódico. La gente, en el autobús, estaba de luto falso. Aquello parecía el ómnibus perdido de Steinbeck. El autobusero llevaba encendido un transistor rezante y éramos como un rosario colectivo y de viaje hacia Madrid, hacia un Madrid igual y distinto, nublado y de todos modos libre, donde quizá la gente había empezado ya a matar y morir. A eso iba yo dispuesto, a matar y morir. Pero entregué la columna disciplinadamente, como todos los días.

Licaria era una falsa rubia, una falsa adolescente y una falsa estudiante. Después de entregar la columna en el periódico estuve en el apartamento de Licaria, Castellana orilla izquierda, y tenía la televisión puesta, una televisión pequeña en blanco y negro, y andaba en bragas por la casa, como siempre, metiéndose una hebra o pintando a la acuarela hindú, Fernández Miranda se asomaba también por aquella televisión, cuyo blanco y negro enlutaba más las escenas políticas y mortuorias, Arias Navarro lloraba y leía el testamento de Franco, pero el protagonismo lo seguía teniendo Fernández Miranda, a quien yo había conocido de director general de Trabajo, en el Club Internacional de Prensa, y ahora era como Maquiavelo y el príncipe juntos, con una franja de luto en el abrigo, Licaria quitó el sonido al aparato al entrar yo:

—Lo quito porque de vez en cuando llora el del bigote y lee un papel, pero están echando muy buena música todo el rato. Debía morirse un jefe de Estado cada semana. Debiera morirse Franco todas las semanas. Serán fascistas, pero para la música tienen gusto.

—Puedes probar a quitar la imagen y quedarte sólo con la música.

—Este mueble es alquilado y no tiene tantas cosas. O lo vemos así o lo cerramos.

Licaria se había venido de provincias a las husmas de la muerte de Franco, inminente por unos meses, «no quería perderme la gozada de Madrid en esos días», no quería perderse la gozada de Madrid en esos días, me dijo cuando la conocí en el Eurobuilding, donde me pareció que andaba de putuela para los ejecutivos extranjeros, pero luego resultó que iba de camello, o quizá promiseaba las dos industrias y lo que la había traído a Madrid era la agonía del Caudillo como ocasión de introducir material en las orgías que tenían lugar cada noche por la ciudad, precelebraciones de una fiesta fúnebre que estaba cantada, y hasta me parece que se la vio en el estudio del pintor Úrculo, que fue uno de los que mejor se lo montaron en aquellas noches de alegría y muerte, Fernández Miranda de perfil, como el pájaro que era del bosque astur, Fernández Miranda de frente, que también era perfil, mi instinto periodístico, si es que tal cosa existe, me decía que aquel hombre se había hecho de pronto con una misteriosa capitanía de la nación a la muerte del César Visionario, y por la tele también vimos el caballo, el caballo hermoso y solo, detrás del armón, pero en blanco y negro, era un caballo ruano, muy brillante, le dije a Licaria, lo he visto esta mañana al pasar por mi pueblo, dicen que es el caballo de Franco, o sea un símbolo, con Kennedy me parece que hicieron lo mismo, y otra vez Fernández Miranda, mientras Licaria se fumaba un porro de has en la cama y yo me la follaba, hasta que le venía el grito y tiraba el porro, y descendían sobre ella su Patty Smith, su Virginia Woolf, su Mozart y su Rimbaud, todo el zodíaco provinciano de su adolescencia falsa, y luego empezábamos otra vez, ahora yo debajo, distendido y erecto, viendo por entre las piernas de ella aquel protocolo silencioso de ministros y generales, salió hasta Pinochet, Licaria era muy buena cuando se ponía encima, muy buena con la boca, con las manos, con el coño, una muñeca hinchable que había leído a Virginia Woolf, dio un salto hacia el televisor y puso la música, bajita, la Misa Solemne de no sé quién, dijo mientras se me acoplaba, yo de música no entiendo, Licaria obtenía sus orgasmos lentamente, suavemente, dulcemente, musicalmente, mientras tenía dentro un falo, o una pastilla de jabón o la mano lacada de una amiga, Efrén, Rita, cualquiera de las gentes que pasaban por aquel

14

pequeño apartamento de moqueta rata y estampas orientales, con dialectos árabes en las paredes, Licaria gemía de placer y dolor mordiendo mi hombro derecho con su boca podrida y la misa solemne o de réquiem o lo que fuese no terminaba nunca, Fernández Miranda hubo un momento en que le volvió la espalda a Pinochet, se movían todos como Aldrin en la Luna, aquel desaire fue para mí el primer signo de que algo iba a cambiar en España, el político del momento, el Maquiavelo del entierro no quería salir en la tele junto al militar chileno, el doble exagerado (como todos los dobles) de Franco, Pinochet nos miró con sus gafas negras a todos los españoles, aureolado por la música de Bach, Mozart o quien coños fuese, y Licaria, en la posición del loto sobre la cama, se hacía otro petardo con sus manos de uñas comidas y sortijitas de criada.

—¿Comemos un poco?

—Bueno, algo hay por ahí.

—¿Tomates y ganchitos?

—Y un huevo que quedó de anoche.

Había estado yo en la plaza de Oriente, armón de Franco, capa de Pinochet, las carrozas reales en rueda, como las diligencias del Oeste, colas para ver al Caudillo muerto, lutos de barrio, besos de saliva enferma, boinas rojas, villaverdes, fernandoséptimos, berengueres, sobrevolando la capilla ardiente, Nuria Espert en su altillo con una picassiana antorcha de la libertad/Guernica, como ángel exterminador de la gran escena, Bergamín en su buhardilla, murciélago del estilo, Espíritu Santo del demonio, como en la greguería de Ramón (se iría luego a Euskadi, con los etarras, a luchar y morir), parados en las esquinas, con la gorrilla parda, como sobrantes de la Historia, pretorianos con los cascos velados por un sol que no había, Larra asomado, desde su cercana Santa Clara, con curiosidad de muerto, jirones, mirones, porteras, ariasnavarros lloricas, falangistas culones, fanjules herméticos, todo el plazaorientalismo de cuarenta años en una rueda nacional, en una rosa negra, en una mañana política y tatuada. Los corresponsales extranjeros lo filmaban todo y ya no sabía uno si sentirse Hitler, ante la cámara, o sentirse judío exterminado o pastilla de jabón. Fernández Miranda estaba sin estar, y pasó la bandera española, como un galeón de seda por el cielo náutico y plata de los descubrimientos. España se subía a las farolas fernandinas firmadas en hierro por el monarca, aquí nace la Utopía, me dije, la utopía de la libertad, veremos cuánto dura.

Fernández Miranda sale de consultar con el Rey, todavía no coronado, de consultar con Tarancón, cardenal de diarrea y tabaco negro, cura macho, de consultar con Arias Navarro, de consultar consigo mismo: primero se corona al Rey, así con mayúscula, luego se le da una terna para que elija presidente y luego empezamos a desarrollar las libertades a partir de lo escrito en piedra por el Régimen. Hay más materia negociable de lo que parece. De momento, Arias va a llevar la cosa con una mano de Franco y otra de santa Teresa, y, para el pueblo, mucha televisión con el testamento del Caudillo, todo atado y bien atado, el carnicero de Málaga llorando con música de Mozart, las instituciones, hay que desarrollar las instituciones, ¿y para la terna? Sánchez Silva, ministro eficacia, católico del *Ya* y novio de Aurora Bautista, que le compra en Italia las camisas de seda, y quizá Areilza, sólo quizá, se está volviendo muy liberal y casi un volteriano de derechas, y, fijo, este chico nuevo que va a sorprender al país, Adolfo Suárez, ya cortó oreja con su discurso sobre las familias políticas, que a Franco no le gustó nada, eso es ir preparando los partidos, Fernández.

—Eso es ir preparando los partidos, Fernández.

Y el Caudillo se había rascado la vejez de la cara con una mano parkinsoniana y enchufada a algo.

A Juan Luis Cebrián le había conocido yo por las redacciones de Madrid —*Informaciones, Pueblo*—, siempre primero de la clase, siempre rubio, aplicado y hermético. Nada más salir *El País*, me llamó una noche:

—¿Ves este periódico tan serio que hacemos, esta cosa con tanta barba? Bueno, esto necesita un columnista, y a mí el único que me gusta eres tú.

Tenía ya el pelo de niño pilarista despeinado a partir de la raya, y peinado de la raya para abajo. Pelo y barbita y bigote de un rubio sucio, se retorcía y torturaba mucho aquella perilla entre benaventina y romántica, sonreía para un lado, como reservándose el misterio del otro lado de la cara, y miraba con un ojo claro y amigo y con el otro ojo entornado, irónico, cínico, penetrante y peligroso. Parecía menos seguro de lo que todos teníamos seguro: el éxito de su periódico, un *Le Monde* mejorado y con más marcha histórica, pues en España estaban pasando cosas, y en Francia no pasa nada desde Napoleón.

El primero de la clase de todas las oscuras redacciones de Madrid había encontrado una fórmula nueva e iba a echarla a andar. Lo que le salió fue un brillante cruce del *Washington Post* y el Banco Español de Crédito.

—¿Lo celebramos con un whisky? —le dije.

—Lo siento mucho, pero voy a hacer un periódico abstemio.

Y desde aquel momento comprendí, aunque luego estuve muchos años en la casa, que yo acabaría mal con aquel periódico.

Estábamos reunidos en Bogart, unas noches más tarde, en un homenaje/cena a Nacha Guevara, la gran *show/woman* argentina, cuando corrió la noticia y la sangre, que los fascistas y los incontrolados andan sueltos por Madrid, que han matado a los abogados de un despacho laboralista, en Atocha, ¿y qué hacían a estas horas en el despacho?, no, parece que hace rato, esta tarde, Gemma Cuervo, bella y alada como un cruce de águila y princesa, Buero Vallejo, gente del cine y del teatro, periodistas, torcieron la llama todas las velas a cuya luz cenábamos, como si el viento de enero y violencia que andaba por la calle hubiese entrado en el restaurante, en Bogart, Bogart, esquina Barquillo, estábamos en Bogart, un rincón famoso de los intelectuales y los comunistas, si esas patrullas de niños fascistas andan sueltas, seguro que nos hacen una visita, pero tampoco vamos a irnos, habrá que seguir cenando, Buero había terminado (o no cenaba nada) y fumaba su pipa con la serenidad o la resignación del hombre que ya ha estado condenado a muerte, y por los mismos.

Nacha Guevara era como un Kafka femenino y recrecido, sus números eran originales, finos y pedantes, como todo lo argentino, llevaba en el repertorio cosas de Brecht y de Beckett, y, cuando me pidió algo mío, en seguida la imaginé en un sketch haciendo de Kafka femenino, pero no nos pusimos de acuerdo en la plata, como decía ella, la cena fue ya una ceremonia falsa, fría, las velas empezaron a tornarse mortuorias y todo el mundo tenía prisa y miedo de marcharse, pero estábamos allí, los intelectuales y las intelectuales, los periodistas y los rojos, las cómicas y los maricones, como sansebastianes atados al tronco macho de Bogart, esperando ser flechados por los chicos de Girón, de José Antonio, de Blas Piñar, de quien fuera, pero no pasaba nada y era peor, ah la delicada intelectualidad continuando sus diálogos sobre la mentira platónica y el nacimiento de la Utopía, porque la Utopía acababa de nacer del charco de sangre y mierda que había dejado el cuerpo de Franco debajo de la cama, los falangistas no llegaron a entrar, pero anduvieron muy cerca (quizá no conocían el sitio), en el pub Santa Bárbara, donde obligaron a la gente a cantar el caralsol, cuchillo en mano, ¿era la noche de los cuchillos largos?, más seguros estábamos aquí que en nuestras casas, más seguros no sé, pero siempre nos queda el consuelo de morir entre amigos, qué clima de última cena donde Buero hubiera podido ser el Cristo que nos repartiese (un Buero con más desinhibición) el pan y el vino de Leonardo, en cuanto se fue la primera pareja el local empezó a vaciarse, a Nacha le dábamos besos planos y urgentes, ella iba de plumas azules y ojeras negras, era un pájaro alto, femenino y frío, un lujo apócrifo y francés, o sea argentino, qué ave para el cuchillo virgen de los arcángeles fascistas que recorrían la noche, pero hasta para matar hay que tener una cultura y aquellos épicos iban al bulto, alguien se demoraba para encender un puro en un último candelabro, era un alarde de serenidad intelectual, yo me eché a andar solo por las calles pensando en Licaria, su aspecto no era el más indicado para que los del cuchillo la pasasen de largo, Licaria, que había venido a Madrid para no perderse la gozada de la orgía posfranquista, pues toma orgía, llamé a su casa desde la tercera cabina que vino a mi encuentro, las dos anteriores estaban desgualdrajadas hacía mucho tiempo, pero en aquella noche de catástrofes predichas (la verdad es que nadie había visto nada) me pareció que los fascistas acababan de pasar por allí, Licaria no estaba en casa, como yo me temía, o como yo prefería, de modo que seguí caminando hacia Malasaña, en su busca, tendré que hacerme todo el camino a pie, se ve que esta noche no circula un puto taxi, y esto, la ausencia de taxis, fue la primera evidencia que tuve de que un viento armado y negro recorría efectivamente aquella madrugada de enero, los taxistas, el viejo y querido gremio callejero, presienten la lluvia y las movidas violentas antes que nadie, y se van a casa, como los gatos presienten la muerte cuando la muerte todavía está subiendo la escalera, lo que hace falta es que no se me cruce ninguna de esas bandas, o que no me reconozcan o que me acierten rápido en mi corazón de as de corazones, que lo peor de esa gente es el cachondeíto sin gracia, el morbo y el olor a mamá, sobre todo el olor a mamá, dulce y asqueroso, que les acompaña toda su vida, hasta cuando están matando.

Llegado a Malasaña, me asomé al café Ruiz, a Manuela y a otros sitios, pero el cirio estaba en la plaza, los arcángeles azules con alas de cuchillo persiguiendo a los del rollo por las esquinas, por las calles en cuesta, por las escaleras pinas y sonantes de las casas, hasta la buhardilla de tocata y maría, me asomé a algunas refriegas, un zumbadillo con la sonrisa en los labios y la cabeza en rajas de sandía, por un bate de béisbol, los insultos de las chicas sonaban roncos y los confusos falangistas las acometían con la atroz castidad del crimen, llenos de «virtud revolucionaria», o contra, que viene a ser lo mismo, Efrén tumbado en un banco de la plaza, con una pierna en el suelo, Efrén era alto, gordo y guapo, un poco elefantito, niño de cara y malvado de sonrisa, creía que estaba durmiendo un viaje, pero estaba herido:

—Efrén, busco un taxi y te llevo a casa.

—Ni hay taxis esta noche ni yo tengo casa.

Y quebró el drama y la sangre de su rostro con aquella sonrisa que tenía, refinada e inútil.

—Si vienes buscando a Licaria —me dijo—, está allí enfrente. Han echado el cierre, pero puedes entrar por la portería.

Un grupo de chicos y chicas estaba rodeado, en una esquina de la plaza, por los épicos de aquella noche, y una pecera de cuchillos estalló en el aire cuando ellas empezaron a defenderse con esprais, mientras los chorvos corrían a las motos, esprais para el pelo, para las pintadas, esprais para el coño, para las axilas, yo qué sé, esprais que disparaban a los ojos de los incontrolados, cegándoles, y así huyeron ellas hasta las motos ya en marcha, hasta las cabras de cementerio de automóviles, viejas y veloces, y yo entré en Napi por la portería, como me había dicho Efrén, aunque conocía el truco, y allí estaban las jais, como bultos desnudos en la oscuridad, y unos rockeros con cadenas, bebiendo coñac malo en la barra, esperaban la llegada de los niños pijos para partirles la inteligencia con un latigazo de hierro. Licaria, completamente fumada, estaba con Sabela y con otras, sentadas en el suelo en torno a un transistor que tocaba algo de Sting, tuve un primer golpe de vista, ése que no falla, entre Sabela y Licaria había algo, seguro, era como si antes lo hubiera sabido sin saberlo, me hicieron un hueco entre ellas y me senté en el suelo con un whisky a medias que me dio alguien, a escuchar a Sting, que ahora era Vivaldi, Licaria me miró con la gratitud excesiva de que hubiera ido a buscarla y cogió mis manos con su mano húmeda, y hasta probó mi whisky, aunque no gastaba, en un gesto casi religioso de comulgar conmigo, Licaria vivía de gestos así y otros peores, sabe a caramelo, dijo, como siempre, tomó el porro de Sabela, que era un poco trompeta, y se quedó dormida en mi regazo, los rockeros parecían un poco decepcionados por la no aparición de los niños pijos, de modo que pidieron otra botella de ciento tres o alguna otra aberración barata, estaban allí defendiendo a las chicas, eran unos caballeros, mientras seguía sonando clásico en el loro, alguien me puso en la mano otro whisky empezado, besado, chupado, era otra marca o es que sabía a carmín, y yo recordé el tiempo reciente en que Sabela apareció en la pomada, con los ojos claros y la belleza de un mantegna borrado por el tiempo, a través de aquellos ojos se transparentaban pomaradas en flor, Sabela era hermosa y cansina, abundante y adolescente, con los pechos prematuros, grandes y pesados, las caderas como cosechas y una dulce aldeanía en la voz, la encontramos en

El Sol, por primera vez, una noche, y Licaria quedó flipada:

—¿Pero es que no te alucina esa niña? —me dijo.

—Se le nota todavía la provincia, como a ti.

—Pues o te la tiras tú o me la tiro yo.

Llegaría el momento, claro, en que yo me tirase a Sabela, en su buharda con olor a hogaza y menstruación, y efectivamente era, más que un mantegna, un rubens cansino y atlántico, muy pasiva en la cama, derramante en su desnudo, pero cariñosa, dulce, tierna, confortable, hospitalaria y merendadora, siempre me daba de merendar, y todo lo que me daba estaba bueno y sabía a pueblo:

—Con tanto merendar empanada, no me extraña que se te haya puesto así el culo. Pareces un Botero.

Ahora Botero. Hostia, cuánta cultura pictórica. Esto de definir las cosas por pintores es lo que Susan Sontag llamaría *kitsch*, ya no éramos más que buenos amigos, como dicen las revistas del corazón, pero me había bastado lo no visto, más que lo visto, para comprender que Sabela/Licaria tenían un rollo, en realidad me daba igual, que esto no es Sodoma y Guermantes.

Ya no había ruido afuera. La guerra había terminado. El alba de luz era como una aparición de la Virgen del Carmen a través del cierre metálico de Napi. Todos dormimos y algunos follaron.

El taxi corría hacia el barrio de Salamanca. Tarancón echaba el discurso de la Corona por la radio del viejo trasto, y era un discurso con un par, una homilía valiente, una encíclica guerrera. El brujo de la tribu estaba consagrando la democracia. Licaria iba en el fondo del coche, apoyada en mi hombro, enferma y blanca.

El abortista vivía en Goya, acera de los pares, en un entresuelo, una casa bien, o sea, esto no es mío, me dije, no le ha dado tiempo, y además cuida mucho la neoginona, o sea que a lo que ha venido a Madrid, además de otras artes, es a abortar. Ya un día, desnudos los dos en la cama, le vi la tripa en punta, pero nada le dije. Hasta que se me confesó y me pidió auxilio, que le daban mareos, alferecías, dolamas, y finalmente fiebres, el feto debía llevarlo muerto de una semana, en las entrañas negras y rosa de su cuerpo efébico y adolescente de una falsa adolescencia (Licaria vivía presa en el mito de Peter Pan, o sea que se resistía a crecer).

—Esto no es tuyo. Un descuido de provincias, como dirías tú.

Le agradecí la sinceridad, que era solamente agudeza. No iba a venderme a mí un chinorris para el que no había tiempo ni lugar. Esto, sí, la había traído a Madrid, desde que se lo dijera el boticario de su pueblo. Tarancón, curata máximo de España, no paraba en la radio. En aquel taxi, por un Madrid que era una tundra de asfalto, comprendí que la Utopía estaba llegando, pues lo que dice la Iglesia va a misa.

Quien no suele ir a misa es la Iglesia.

El abortero era un médico elegante del barrio de Salamanca, de quien Licaria traía la dirección desde su pueblo, cuánta deliberación, en un papelito con muchos dobleces, como la criada que se pone a servir en Madrid trae una carta del señor cura diciendo que es casta y buena para la casa. El abortero era cianótico, caquéxico y terminal, pero abría él mismo la puerta pintada de blanco crema, un color muy de este barrio, me dije, y tenía un bigote rubio y africanista como ornato de su presencia ancha, clara, congestiva, militar y misteriosa. Era todo él como una angina de pecho. Era un alma infartada, Tarancón se iba con el taxi, dejando por Madrid una estela de teología macho y palabras esperanzadoras, Tarancón era el cardenal de la cosa, yo qué sé, cura de diarreas y tabaco negro, que aquella pastoral de la radio del taxista traería en seguida lo de Tarancón al paredón, escrito por los ultras caligráficos en el aire de Madrid y en todas las fachadas de aquel barrio.

Tarancón al paredón y Licaria a la camilla, con las piernas por el cielo y el gran coño abierto a los espéculos del personaje, que también tenía puesto un transistor (no lo televisaban) para indignarse lo reglamentario:

—¿Ha oído usted las cosas que está diciendo ese cura rojo?

—Sí, un poco por la radio del taxi.

—Claro que a ustedes les parecerá bien, con la pinta de rojatas que tienen, a usted hasta me parece que le conozco, ¿es periodista o así?, no saben ustedes en lo que se van a meter, ¿es usted el responsable?

No supe si se refería a la revolución o a la paternidad. Ellos lo habían concertado todo por teléfono y yo me limité a ayudar a Licaria con unas pelas, el hijo se lo habían hecho en el pueblo, pero Licaria hizo colecta entre los amigos, más lo que ganaba con el trapicheo, para un raspado o lo que fuese aquello, y a mí me tocó mi parte, Tarancón hablaba de justicia social, democracia para todos, libertad de ideas,

Prensa libre, la hostia, y todo esto se lo decía al Rey coronado, que debía tenerle delante, o sea que estaban de acuerdo en explicarle a la nación de qué iba el tema, Tarancón al paredón, el abortero envolvía su humanidad traidora y castrense en una bata pulquérrima y yo estaba del otro lado y a través de las piernas abiertas y largas dc Licaria (tobillos un poco gordos) me llegaba el Ángel del Señor anunciando a María y a todas las marujonas nacionales de todos los sexos que esto había cambiado o iba a cambiar, joder con el cura. Nuestro abortero, bienoliente y salmón, moriría tiempo más tarde de infarto en la ducha, pero no propiamente del infarto, sino que perdió el conocimiento y el agua caliente le abrasó la cabeza y el cuerpo (vivía solo), hasta dejarle como una momia egipcia pasada por una batidora, una lavandería argentina (había muchas en Madrid) y un lavavajillas cruel.

—Esto se resuelve en un momento si ustedes pagan por adelantado. Ella no va a notar nada.

Saqué novela verde.

—Aquí tiene lo convenido.

Eran muchos talegos.

—No me gusta ese cura, nunca me ha gustado. Acabarán autorizando el aborto y aquí nos quedamos sin trabajo los científicos, porque habrá gitanas que lo hagan en cada esquina. Eso va a ser la democracia que anuncia el Tarancón cabrón. Vamos allá.

Eché una última mirada a las piernas claras y largas de Licaria, a su sexo negro y rojo, y salí a donde me mandaban, llévese el transistor para entretener la espera, que esa clerigalla habla para usted, o sea la sala de espera, con un móvil de Sempere y unas láminas de la guerra, bando Nacional, Sáenz de Tejada, que el fusil me lo da Franco y con el fusil su palabra. Tarancón, voz viril y trascendental, hablaba de proletarios, injusticias, dictaduras, anunciaba casi la revolución, porque la revolución, en este país, la traen los curas trabucaires, mientras la izquierda protege los palacios, como el de Liria. Licaria reapareció débil y fresca como el alba del alhelí.

Los ultras con banderas, los rojatas con el puño en alto, los ministros de luto por sí mismos, la basca en una orgía perpetua de queso, vino y libertad, satisfechos de haber matado a Franco de muerte natural, Fraga volviendo de Londres, Cesarsky con una pistola, Fraga, sí, había hecho cursos intensivos de democracia comprándose un bombín y un paraguas en Harrow's, ahora venía a presidir el Gobierno, había discutido de democracia con Pepín Vidal Beneyto, corriendo por los parques de Londres, uno detrás del otro, en cuanto se tiró del avión, a Fraga se le vieron los tirantes rojigualdas bajo el traje inglés de raya diplomática, Carlos Arias Navarro seguía llorando por televisión, era la gran llorandera de aquel alegre y peligroso duelo nacional, releía el testamento de Franco, la retórica y las divinas palabras sustituyendo a los hechos, a las decisiones, a las explicaciones claras y a los proyectos, cuando una tribu no tiene explicación ni futuro contra el día siguiente, apela a las palabras rituales, la autoridad del muerto sagrado y el mero hipnotismo de la insistencia, pero Fernández Miranda, sí, cruzaba de perfil las televisiones y las zarzuelas, Cesarsky con una pistola, Arias era el ministro plañidera y Fraga pasó a Interior y detuvo a Tamames, Areilza volvió a Exteriores, Fernández Miranda hablaba con el rey, con las logias del Régimen, consigo mismo, era un pájaro egipcio y feo de vasija azul china, los neofalangistas de Blas Piñar vendían/imponían banderitas españolas y cruces gamadas por la calle de Goya, en una chamarilería improvisada, en un zoco de heráldica y violencia, de himnos y motocicletas, la zona azul, la guapa gente de Serrano, Cesarsky con una pistola, los pintores, no se sabe por qué, eran los que más comían y bebían, quienes le daban a Madrid un clima entre Brueghel y Revolución francesa, y Cesarsky disparó su pistola y mató al hombre de la calle.

El Rey llamó a Arias, una mañana, y le dio el cese, Arias había destruido la puerta de Alcalá, los bulevares, medio Madrid, fue un alcalde que iba hacia el Madrid/autopista, había desinfectado y desinsectado los autobuses, había puesto arriates en la Gran Vía, que pronto fueron esquelaturas de polvo negro y humo de autobuses, toda la ecología de la dictadura, el Borbón borboneando, el rey corto y cordial, Arias vivió en él, entonces, la verdadera muerte de Franco, la vivió por dentro y en vida, y se retiró a Torrelodones a regar hortensias y ejercer de viudo solitario de una España muerta, una cuñada suya a la que había dado un estanco en una esquina de Ayala, hizo luto nacional de un día en el estanco (vendían muchas pólizas), la terna, la terna, la terna, Areilza, Silva Muñoz, Suárez, aquel chico falangista como un galán de Hollywood de los años cuarenta, sobrio, duro, empujador y abulense, ¿qué pintaba este chico en la terna?, pero casi nadie conocía la terna, «Areilza o la *belle époque* del franquismo», me dijo un fascista resentido, creo que le contesté bien, pero Areilza se nos fue en una nube de champán, porque Fernández Miranda tenía preparada su cohetería para inaugurar la democracia «a partir de las instituciones», Silva Muñoz lloró y oró en el regazo maternal y épico de Juana la Loca, Fernández Miranda le brindaba el papelito de la terna a Su Majestad con una sonrisa sin boca, salió Adolfo Suárez, aquel púgil de los gimnasios del SEU, quizá un judío de Ávila, por la nariz, la raya a un lado, el pelo a navaja, la voz oscura y reiterativa, el alma macho y un aura entre cortefiel y José Antonio Primo de Rivera, ya teníamos el hombre, nuestro hombre, la noche en que legalizó el Partido Comunista, por sorpresa, la Marina quiso fusilarle, en realidad legalizó a Carrillo, el gentío lo decía así:

—Que han legalizado a Carrillo.

—A Santiago Carrillo.

—Esto va a ser la tercera república.

—O el Soviet Supremo con un zar borbónico.

Tras cuarenta años de franquismo, el Partido Comunista era Carrillo. El español se maneja mejor con hombres que con abstracciones. Después de Franco, Carrillo. Lo que la progresía de la barba y Serrat habían creído siempre. Lo había creído todo el mundo, menos el propio Carrillo, quizá. La Historia se volvía simétrica, sospechosamente geométrica. Franco y el antifranco. Carrillo y el anticarrillo. La nacionalización de Carrillo fue tan rentable para Suárez como lo sería luego la de Rumasa para Boyer, qué error, qué inmenso error, Ricardo de la Cierva, el hombre/error, se definía como apolíneo y definía a su señora como dionisíaca, «por eso nos complementamos», luego traté algo a Suárez, ya presidente, en el bar de las Cortes, en él importaba más la apostura que la estatura, más la voz que la palabra, más la sonrisa que la mirada, más la vida que el pensamiento. Nunca igualó el pensamiento con la vida. Ternos azules y cruzados, todavía el nudo truman en la corbata, una coquetería macho con las viejas comadres de la Prensa legendaria, Pilar Narvión, Josefina Carabias, todo eso, que estaban allí como haciendo punto, como las tricotadoras de la Revolución francesa en torno a la guillotina, zurciendo con su bolígrafo el retrato del hombre nuevo, del demócrata nacional que respondía más al modelo simago que a cualquier modelo democrático del mundo, pero llamó a Emilio Romero, vieja gárgola barroca del sindicalismo patronal, y le quitó en dos palabras todo el poder periodístico, tardes del bar parlamentario con Adolfo Suárez acodado en la barra, sonriente y pálido, investido de Historia, aguantándose el miedo como un torero, haciendo más que diciendo, qué lámina de español joven, decidido y puntual, pequeño héroe de clase media, doncel pequeñoburgués que dejaba atrás toda la chatarra azul y elocuente de cuarenta años para encarnar la primera generación democrática de España, sin saber él mismo lo que era democracia, pero nos daba una mano seca y fáctica a los periodistas, se tomaba un café solo de golpe, sin azúcar, y las grandes flechas rojas de Alcalá, 44, prendedor ominoso en el pecho izquierdo de un matriarcado de piedra, las descolgaron una mañana por orden de Suárez y se las llevaron despacio a los traspatios de la Historia, al patio de caballos donde alguien había destripado ya el falso caballo de Franco, aquel caballo del entierro.

Aquel bar de las Cortes era un cruce del neoclasicismo de la casa y el modernismo que irrumpió de pronto, como una selva en un museo, enredando sus vetas de oro y sus serpientes a las columnas castelarinas. Había muchos espejos y un bote para las propinas, que, pocos años más tarde, se llevaron los guardias civiles a punta de fusil, cuando lo de Tejero. Todo un golpe de Estado para llevarse el bote de las propinas. El primer día entré allí como dando una vuelta al ruedo, del brazo de Raúl del Pozo, que me dijo:

—Entrar aquí contigo es como entrar con Marilyn Monroe.

En el bar, ya digo, las ilustres comadres de la Prensa franquista, y entre ellas Eugenia Serrano, mi amiga del café Gijón, que tenía buena prosa, había hecho una novela de posguerra, *Perdimos la primavera*, y ahora escribía en *El Alcázar*, o sea la extrema derecha. Por aquel bar pasaron Dolores Ibárruri y Rafael Alberti, recién llegados a España, cuando tuvieron puestos parlamentarios. Dolores era algo así como la visita de la vieja dama, que volvía a su España y su dignidad después de un siglo de tundra y sangre. Dolores tenía la apostura noble, una cabeza vasca romanizada, la sonrisa infantil, el marcapasos recambiado y las manos largas y bien dibujadas, esa veta de aristocracia natural que de pronto le sale al pueblo español. Con ella hicimos una película que dirigió García Sánchez, el marido de Rosa León, y donde Dolores salía expresiva, directa, violenta, legendaria y muy abuela de la revolución. Fueron meses metidos en un chalet viejo de Chamartín, jugando con nosotros mismos a la Historia de España y comiendo bocatas con Juan Diego y Cervino. Rafael Alberti se presentó en las Cortes de frac reluctante, como un vocalista argentino, queriendo romper, sin duda, el viejo protocolo de la casa de la palabra, como ha roto siempre todos los protocolos, con esa cosa de anarquismo lírico que había en su comunismo.

Yo había visitado a Alberti en Italia, un verano, en Antícoli, donde pasaba las vacaciones con María Teresa León. Tenía un estudio que olía a gato y echaba esprai todo el rato, sin saber que yo amo a los gatos y no me molesta su olor. Allí pintaba y ella escribía. Fuimos con Aquilino Duque. El Alberti italiano tenía los tacones torcidos, almorzaba en un restaurante popular, desde donde veía un pedacito de ladera verde que se había comprado en el pueblo, y me habló de poesía: «Ahora estoy pasando de Góngora a Quevedo. El barroco es la profundidad hacia afuera.» Nunca he oído una definición mejor del barroco. Luego me elogiaba la amistad —evidente, visible— de los italianos. «Pero ningún pueblo como el español, el pueblo español tiene algo que no tiene ningún otro.» Y se le nublaba un poco el azul andaluz de sus ojos exiliados. Luego le visité en su primera residencia madrileña, un hotel de la cuesta de San Vicente, cerca de la estación del Príncipe Pío, y María Teresa, que ya tenía la cabeza un poco perdida (algo había advertido yo en Italia), hablaba de comprarse la «casa», esta casa me gusta mucho, Rafael, mira qué jardín tiene, ¿por qué no nos la compramos?, Rafael y yo, después de comer, nos habíamos quedado dormidos viendo la televisión. María Teresa acabaría con el pensamiento errático y una total olvidanza cariñosa, muchos años más tarde, en una residencia cercana a mi buharda de Las Rozas, y Rafael me contó del entierro, me ha gustado mucho dejarla allí, Paco, en aquel cementerio de Majadahonda, tan blanco y tan alegre, parece un cementerio andaluz, qué bien va a estar allí María Teresa.

Y ahora estaba él aquí, vestido de pianista platense, con la melena blanca y apostólica, sentadito en el bar novecentista de las Cortes, con una carpetilla azul en las manos, como un párvulo del parlamentarismo, y seguro que la carpetilla contenía más versos y prosas de la Arboleda que enmiendas a la totalidad, Alberti bostezaba, Alberti miraba con ilusión rota la luz de la carrera de San Jerónimo, afuera, en la calle, esa luz de esa calle, que enloquece de pronto con la apoteosis blanca del hotel Palace, como un fragor de Vírgenes descendidas, Alberti era un poeta de la calle y todas estas batallas alegres del sol, mañana o tarde, las veía yo en sus ojos anhelantes, cansados y lejanos, hasta que renunció al escaño en favor de un bracero de su pueblo. Luego cenamos juntos muchas veces, él escribía de mí, yo de él, manteníamos una correspondencia viva a través de los periódicos y, sentado a su vera, en casa del doctor Barros, miraba yo las montuosidades de la carne abandonada a sí misma, en su rostro tan bello, en torno de los ojos, que se le habían quedado pequeños, intencionados y felinos, al fondo de una morada cordillera de sangre, edad y pensamiento.

Pero mi sitio estaba arriba, en la tribuna de la Prensa, con Raúl del Pozo, Campmany, Octavio Cabezas que iba por *El socialista*, las viejas comadres que ya he citado y las jóvenes comadres, que harían todas mucha carrera en la profesión y mucha *liaison dangereuse* con los grandes de la política (Felipe González, cuando presidente, se metería en casa de Pilar Cernuda y Julia Navarro a hacer comiditas con un delantal).

Las Cortes, vistas desde allá arriba, estaban en el zodíaco de lo ritual, con la Iglesia y el teatro, aquello que viera Gómez de la Serna, adolescente, cuando le llevó su padre una tarde, la lucecita del que habla,

31

como luz de cabecera de enfermo, «un sitio con gripe», neoclasicismo que se nos caía en la solapa de la chaqueta, alegorismo que servía para todo y el de pescanova, una tarde, defendiendo los intereses de la empresa privada en general, por encima de los mares y las clases sociales, por encima de las clases sociales como océanos superpuestos, ésta es la democracia que nos ha traído Suárez, me dije, una democracia de franquistas y pescanovas, y lo escribía en mis columnas, claro que la cosa tenía que ir a más, pero los muertos de Atocha, los muertos de aquella noche volaban sobre el hemiciclo, ensombrecían las palabras, se les veía flotar en sus gabardinas, y de su vuelo caía una sombra roja y negra que hacía más pálida la palidez de Suárez, sentado y hermético, solitario y atento al nudo de su corbata.

Los muertos de Atocha sobrevolaron mucho tiempo la vida de Madrid, el cielo de aquellos años, el sol de las manifestaciones, hasta que Bardem hizo una película con el tema y se acabó la historia. Aunque Bardem lo hizo bien y con buena voluntad, cuando un asunto se convierte en película o libro, en vez de quedar denunciado, como se pretende, queda cosificado y la gente experimenta cierto alivio. El arte sigue siendo más catarsis que panfleto.

Licaria me llevó una noche a visitar a Josefina Camacho, en los Carabancheles. Josefina estaba en un piso pequeño y pobre, haciendo punto, con otras cuantas mujeres, y mujeres, chicas del FRAP y eso, eran las que iban a visitarla, yo me sentí un poco intruso en aquella conjuración de las bragas, a Marcelino no le hacen llegar las medicinas que necesita para lo del corazón, y esto es lo que más me preocupa, me dijo Josefina, necesita tomarlas, se puede morir, y seguía haciendo punto, jerseis para Marcelino, tejiendo con sus agujas contra el frío de la cárcel, creando un calor doméstico, matando a aguijonazos el dragón morado y ocre del frío de las cárceles. Cuando Licaria me decía que el FRAP iba a matar a un madero, el FRAP mataba a un madero, que todavía eran los grises de Franco, pero tú cómo coño sabes esas cosas, Licaria, no te lo digo, cabrón, que eres una chismosa y todo lo cuentas en la columna, y Licaria seguía rezando a Virginia Woolf, masturbándose con Patty Smith, follando dentro de un armario con Rosalía de Castro, donde la tenía guardada, hasta que llegaba Sabela, música de Mozart o de los Ramones, y todo se ponía a punto para un número a tres, la fumata de morfa y las chicas en bragas, pero yo a aquellas dos mujeres, la luz y la sombra, la vida y la muerte, el día y la noche, el ángel y el cuchillo, el demonio y la miel, el rostro de llama y el culo eucarístico, las prefería por separado, de modo que me iba al periódico a escribir/entregar la columna.

Una noche, tendidos y desnudos Licaria y yo, llegó Efrén, todavía con un ojo muerto, de la noche de los cuchillos largos (se lo tapaba con la melena, como Verónica Lake), y anduvo encendiendo varitas de sándalo por toda la habitación, quiero que tengáis un polvo perfumado, y aquello iba siendo cada vez más capilla, incluso más capilla ardiente, había un gran póster de los Rollings que había traído Efrén y nosotros hicimos el amor, mil oros menudos viajando por la piel de Licaria, en un clima de mierda y Rabindranath Tagore, mientras Efrén leía el *Financial Times* sentado en el bidé, dándose un baño tibio y testicular, que se daba muchos, no sé para qué, y luego venía a recoger mi semen, si había sobrado una gotita, como una perla falsa, y lo untaba en pan, nunca supe si se lo comía.

Aquella noche había quedado yo en la cervecería Alemana, plaza de Santa Ana, con Licaria, cuánto diciembre acude, cuánto enero, la vieja cervecería taurina que había frecuentado Hemingway, entre banderilleros y limpiabotas, la España que a él le gustaba, su pasión por los toreros (quizá más que por los toros), y en los setenta se llenó aquello de *hippies* norteamericanos, estáticos y ágrafos, que estaban todavía en la párvula marihuana, el diálogo con la serpiente, el encantamiento de los espejos y la ocarina que tocaban en mitad de la plaza, en grandes corros sentados en el suelo, poniéndole al cielo de Madrid una cinta de música y luz de otros cielos, allí Bárbara Logdsdon, india cherokee, joven, bella y muda, pintora abstracta (sus cuadros parecían tatuajes de tribu), con su gato *Timoteo* subido siempre en un hombro, le había puesto *Timoteo* por Thimoty, un hermano suyo muerto en Vietnam, que a los pieles-rojas los tienen en las reservas hasta que hay una guerra y entonces los mandan a morir con plenos derechos de ciudadanos de la Unión, resultan unos muertos muy honorables y patrióticos, cuánto diciembre acude, cuánto enero, me lo decía Ramón de Garcíasol, condenado a muerte por Franco, medio ciego y con la esposa loca, cuánto diciembre, digo, cuánto enero aquella noche, cuando entré solo en la cervecería, que estaba llena de esa juventud colgada y brillante, silenciosa y madrileña, de los últimos setenta, y había dos extranjeros de media edad, rubios y ominosos, uno delgado y el otro corpulento, con bultos de armas por todas partes, debajo de la ropa, tenían sobre la mesa unos grandes artefactos negros que no me atrevía a mirar si eran parabellum o máquinas fotográficas, corresponsales extranjeros, me dije (Madrid seguía lleno de enviados especiales de todo el mundo), o terroristas italoargentinos, peligrosos en todo caso, el grande vino hacia mí, me puso un puño duro en el pecho, contra la pared, un puño de estatua, diría yo:

—Tú ser un mal journaliste.

—Vale, tío.

Y apretaba el puño y me estrujaba entre su fuerza y la pared de madera.

—Tú ser el más peor mierda periodista de la Espanha.

—Sí, puede.

—Una mierda y un coño ser tú Umbgral.

—Bien, y ahora me dejas ¿eh?

Me conminó a sentarme con ellos. Me negué, he venido aquí buscando a una persona, no está, me voy y adiós, fue cuando vi los ojos del otro, sentado y fijo, ojos claros y deslumbrados de asesino nato, ojos hermosos de crueldad joven, en la calle, cuánto diciembre, cuánto enero, etc., me metí en un taxi y esperé a ver llegar a Licaria, la llamé por la ventanilla, cuando apareció, y salimos de arrea, carretera y manta, hacia los cafés del Viaducto, se lo expliqué por encima, no, nada, unos ultras italoargentinos que me habían cogido cariño, mejor que me pierdan la pista, de modo que estuvimos en uno de aquellos cafés nuevos que empezaban a imitar lo viejo, Licaria fumaba su has, yo bebía mi chivas, o lo que rayos fuese aquello, el rock barría la cantata gris y política de la televisión, a la gente se le notaba hasta en los movimientos, en la manera de coger una copa o rascarse el culo, que corría ya por su sangre la libertad, que estábamos empezando a aclimatarnos todos (el hombre es especie muy adaptable, por eso ha sobrevivido al mamut, coño) al aire y al aura de la libertad, a un clima nuevo de has y sinceridad, la libertad es esa cosa que se respira y hasta se fuma, los muertos de Atocha ya no sobrevolaban nuestros pensamientos, dejaban más cielo libre a la Utopía, y la Utopía fue teniendo sucesivas encarnaciones que aquí se dirán, la primera, para mí, fue Carmen Díez de Rivera, rubia y dura, clara y escueta, con los ojos de un metal femenino y firme, el abanico muy madrileño y las manos de marquesa joven dispuestas a forjar algo, todo un gran político aquella mujer, con su nariz breve y perfecta, su culo efébico que tanto me gustaba (siempre vaqueros) y su voz delgada, que decía las cosas más atroces, hay que contar con los que están a la izquierda de Carrillo, Adolfo se da por satisfecho con haber legalizado a Santiago, yo creo que la libertad empieza a la izquierda de Carrillo, y con este bagaje, más un poco o un mucho de amor, se fue a la Moncloa a ayudar a Suárez, cuando el Rey le ordenó vivir allí y dejar su chaletito compartido con Morodo, muchas de las audacias de Suárez se las metía en el alma Carmen, que tenía la pasión fría y la lucidez suicida de las mujeres que creen de verdad en algo, o se lo inventan, fue la tentación izquierdista del presidente y la encarnación delicada, poderosa y casi mística de la Utopía, cuánto diciembre acude, cuánto enero.

El puño del ultra italoargentino me había sellado el corazón dolorosamente, era como un tampón de ignominia que me pesaba en el pecho, Suárez empezó a jugar con la idea de formar un partido y presentarse a las primeras elecciones democráticas, tú seg, Umbgral, le peore giornalisti de la Espanha, el muy más peore, una mierda y un coño, el púgil de la verdad lo hablaba todo menos el español, Carmen le decía que no, no debes hacer eso, Adolfo, tu misión ha terminado, ya has cumplido, retírate, espera a ver, no te metas ahora en unas elecciones que tienes ganadas desde el poder, y además qué partido vas a formar, con quién, será una cosa que olerá a franquismo, perdona, Carmen se fue de la Moncloa, a su modesto empleo en el NODO, a su copa de árbol en El Viso, aquella copa de árbol en que vivía, escribía, conspiraba por teléfono y recibía de vez en cuando la visita de su madre, que le traía unos inopinados bollos de La Mallorquina, Suárez fue acuñando un partido laboriosamente, con sus manos fuertes de chico que había llevado maletas en la estación de Ávila, un partido, la ucedé, con restos del franquismo funeral, grímpola de seuístas de última hora, que se creían el 68 parisino de la Universidad madrileña, los Cisneros y todo eso, liberales de derechas, tecnócratas recién escapados de los campos de concentración del Opus Dei, catedráticos que aspiraban a redactar cuatro líneas en la Constitución, burguesía enriquecida que pretendía blanquear su dinero franquista, democristianos vergonzantes que habían dejado de leer el *Ya* y se habían pasado a los primeros semanarios porno, todo este maderamen político en fin, un difícil ensamblamiento de tablas a la deriva para construir un barco sin astilleros, en la alta mar, en las procelas, que hubiera dicho Azorín, de aquel contradictorio momento histórico, la nave Argos, pero a la inversa, una nave Argos negra y pirata, que quizá iba a sacar bandera fascista, una nave Argos que, como la mitológica, podía ir recambiando todas sus piezas y sólo conservaba la identidad del nombre, Argos/UCD, o la identidad del capitán, Adolfo Suárez, el centro político no existe, el centro político es el vacío político, un calvero en la selva para exploradores cansados o una manera decente de nombrar a la nueva derecha no franquista, pero el barco iba saliendo adelante, qué sombrío maderamen, qué falsa alegría de botadura, qué boj humano tan corroído ya, tan erosionado por veinte o cuarenta años en el mar de los sargazos franquistas, qué arrogante y confusa esquelatura de barco, las ideas, las ideas, qué ideas, el centro, la moderación, el progreso, la democracia, pero se había legalizado la izquierda de Carrillo y la derecha de Blas Piñar, ¿qué moderación, entonces?, aquel Movimiento Comunista, rojo y negro, una democracia de señoritos, la ucedé, mientras el gentío de Marcelino Camacho y el gentío socialista eran dos mareas humanas que se encontraban, como una cita de dos mares, y el barco plural y mal ensamblado de Suárez iba lastrado en la bodega por aquellas flechas gigantescas que quitaron de Alcalá, 44, por el Consejo Nacional del Movimiento y una punta de generales muertos o borrachos, heroicos o dormidos, con verdín en las condecoraciones, nicotina en el alma y guantes de sangre mora en las manos parkinsonianas.

—¿Nos cruzamos a Chaplin? —me dijo Licaria.

Cruzamos a Chaplin y allí nos integramos en un

grupo de fumatas, sólo un pintor comunista y yo nos pasábamos una botella de whisky.

—Tengo ganas de ti. ¿Por qué no nos vamos a casa? —me dijo Licaria.

Pero yo la había visto toda la noche inquieta y como buscando a Sabela. Quizá quería volver a casa por si Sabela estaba allí o había dejado algún papel pinchado en la puerta.

—Mejor llamas por teléfono, a ver si está Sabela.

Puso los ojos de llanto y perro. Escupió algo y torció la cabeza con mohín infantil:

—Eres un hijo de puta —dijo.

—Soy un hijo de puta —dije.

Y seguimos en el corro de los fumatas, que apenas hablaban, hasta que el pintor comunista y yo nos retiramos un poco a terminar la botella, y le conté mi incidente con los buenos amigos italoargentinos, todavía me duele aquí, y la cabeza de Licaria, ya demasiado fumada, estaba sobre mi muslo, Suárez no tenía ideas, Suárez sólo tenía una voz macho y dos manos cortas y seguras para hacer cosas, a Suárez había que encomendarle algo, como se lo había encomendado el Rey, y lo hacía, pero el que funda un partido tiene que pensar, Suárez jamás surtió de ideología su partido, más bien hizo carpintería con las ideas en astillas de los otros, tú seg el peog Umbgral giornalisti de la Espanha, una mierda, un coño, cuánto diciembre acude, cuánto enero.

José Fernández Cerrá, condenado mucho más tarde por la matanza de Atocha, fue a parar a la cárcel de Valladolid. Sobre Fernández Cerrá cayó una condena de 193 años de prisión. Fernando Lerdo de Tejada, procesado también por la muerte de los abogados laboralistas, huiría en 1979, durante un permiso. Cerrá vino luego a Carabanchel para su recalificación. Cerrá fue condenado por cinco asesinatos consumados y cuatro frustrados, cometidos en enero de 1977, cuánto diciembre acude, cuánto enero. Adolfo Suárez era voluntarioso y triste, simpático y limitado. Car-

38

men Díez de Rivera era la Utopía viviendo en una copa de castaño/morera, en El Viso. Carmen/Utopía, Suárez/UCD. Santiago Carrillo hizo el juego de la peluca y dice que jugó a dejarse coger. En seguida volvería a la calle y el Club Siglo XXI, un casino de franquistas dialécticos, con oros, espejos, y un gran mural militar de Franco, se le ofreció para presentar su eurocomunismo, cosa que venía de Italia, de Berlinguer, Gramsci y sus profetas carcelarios, y que empezaba a interesar mucho en las universidades de Estados Unidos, adonde Carrillo iba a ir a explicarlo. El día de Carrillo en el XXI hubo que abrir salas especiales, tirar paredes y empalmar salones, y el público reventón, mucha gente de pie, lo integraban los viejos intelectuales de la resistencia de toda la vida, López Salinas, Bardem, todo eso, y las marquesas intelectuales que no sacaban el chapiri desde la última y ya remota conferencia del difunto filósofo, metafísico y católico don Xavier Zubiri.

Carrillo, cara de feo simpático, de pillo histórico, voz de político mental y grave, fumaba rubio largo y bebía whisky, las gafas eran de esas que aumentan los ojos graciosamente, dándole al que las lleva algo de dibujito animado, detalle inadvertido que mejoraba la sonrisa del político, larga, polisémica y cordial. Carrillo estuvo claro, breve y ameno. El eurocomunismo no era sino lo que siglos más tarde se llamaría perestroika, cuando Santiago era ya chatarra histórica, menos por sus errores que por el cruento, dulce e inevitable relevo de las generaciones y el eterno asesinato del padre, más cierto en política que en el intramundo sexual de los individuos, donde Freud lo sitúa fraudulentamente, desplazándolo de la Historia.

Desde entonces fui amigo de Santiago Carrillo, y esta amistad personal la tomaban muchos por militancia comunista, en mí. Un día, entrando los dos a almorzar en una marisquería de Fuencarral que él frecuentaba mucho, se oyó desde la barra la voz madrileña, peleona y sardónica de un bebedor anónimo:

—Ay, Santiago, con qué malas compañías te juntas.

Me hizo gracia la inversión del planteamiento, una cosa muy madrileña, y seguí adelante, hacia el comedor, pero Santiago, peleón y plantado, se volvió hacia la barra para encararse con quien fuera. Todo el mundo tomaba pacíficamente su ración de pulpo con la cabeza baja. Santiago contaba muchas cosas del Kremlin y el Politburó a quienes le rodeábamos en las comidas, Piñedo, Curiel, Tamames, Belén Piniés, su secretaria, mujer de una belleza maciza, inteligente y callada, cómo un día, la gerontocracia del Kremlin reunida, empezó a sucederse en las acusaciones contra uno de los presentes, que no lo esperaba, y cuando iba a empezar a defenderse, alguien tocó un botón, entraron los militares y se lo llevaron para fusilarlo, quizá por estas anécdotas y otras me diría un día Sartorius, hablando de Carrillo, «lo que no hay que hacer es jugar a niño terrible de Moscú», Santiago era un poco cura asturiano pícaro, un poco señorito madrileño de limpiarse mucho los zapatos y ya un poco afrancesado de París (había entrado sin querer en esa tradición tan española), dado a utilizar palabras como efracción, tan claramente extraídas del otro idioma. El agrandamiento protésico de su mirada impedía saber cómo era ésta, pero Carrillo hablaba cordial, analizaba la política encontrándole siempre el filo mellado y peligroso a las mejores intenciones de la peor derecha, que es la que no se sabe, fumaba elegante, hablaba cordial y en los mítines sacaba una voz de viejo parlamentario, incontestable y finalista.

Ya en los años cincuenta le había anunciado a Haro-Tecglen, en el Metro de París, la caída inminente de Franco. Carrillo había sido la llama inteligente del exilio, el mito peligroso de la guerra civil y la clandestinidad, el antifranco perfecto y de una pieza, por eso vino a España con una euforia que superaba su natural cautela, y pronto iría viendo que su reino no empezaba en Madrid, sino que su reino había sido el de la sombra, no el de la luz, porque no se es héroe dos veces y él lo había sido cuarenta años.

Pero donde Carrillo tenía su momento teológico, donde al fin conoció su triunfo, su gloria y su gente, fue en los mítines de la Casa de Campo, fiesta del pecé, cada año, las razas y las clases, las banderas y las generaciones, recinto de lo que fuera la Feria del Campo, aquel invento franquista, los políticos toman la Bastilla y el Palacio de Invierno para írselos pasando unos a otros, se hacen las revoluciones y las contrarrevoluciones sobre el mismo escenario, como en el teatro, con sólo cambiar de sitio unas mesas y un tapiz, un millón de personas en la primera fiesta del pecé, que fue la fiesta de todos los no alineados del mundo, argelinos, albaneses, negros, árabes de tristeza y camello, jóvenes judíos con los niños subidos a hombros, montevideanos, homosexuales, lesbianas, castristas, feministas, viejos republicanos, viejos ex combatientes, brigadistas internacionales con su mal español lleno de cicatrices que aún sangraban, el cansino y alegre pueblo de Madrid, entre Pantoja y don Pedrito de Répide, ácratas de porro y melena, familiones de cuando la resistencia de Madrid, mucha juventud, como venida al fin al limbo de los justos o seno de abraham de todas las libertades, todas las cocinas peninsulares, todas las músicas y todos los sexos, niños polisarios con alas, como los angelitos negros del Machín de los cuarenta, la Utopía, la Utopía que se había insinuado a la muerte de Franco, la Utopía que había encarnado dura y dulcemente en Carmen Díez de Rivera, la Utopía se desarrollaba ahora a sí misma, se desplegaba, era ya una realidad general y festiva, un reino de los injustos, los conspiradores y los pobres, la Utopía era una cosa con olor a morcilla y música de Ana Belén, el partido comunista fue por entonces mucho más que el partido comunista, fue el cielo en la tierra de los desterrados de este cielo de banqueros y generales, y Carrillo fue mucho más que Carrillo, tuvo al fin, tras cien años de espera, su reino de gentes que comían cocido, vietnamitas que cantaban himnos, actrices vestidas de criadas, algodón en rama, Buero Vallejo, vinos de las Españas, hexágonos de whisky, ruedas herrumbradas y hermosas de Alberto Sánchez, como planetas detenidos, enredados en la fronda de la Casa de Campo, y el gran coliseo, el graderío que fuera de los rodeos mexicanos, hoy una multitud circular, un auditorio entre taurino y revolucionario, y el frontispicio mayor del comunismo español, Dolores Ibárruri, Rafael Alberti, Juan Antonio Bardem, López Salinas, Marcelino Camacho, López Raimundo, hasta que Carrillo se adelantaba al micrófono, en la media tarde velazqueña y revuelta, como de un Velázquez repentinamente plebeyo, y hacía su mitin largo y lento, resonante y confidente, con un resumen de la hora del mundo, una denuncia de los banqueros y el franquismo madrileño, y unas palabras finales, duras y esperanzadas, donde todo era posible dentro del comunismo, donde el eurocomunismo era la Utopía, la libertad, la España conquistada, el cielo para todos y las monedas de oro que el último sol iba dejando en las manos impresas y sudadas de los miles de oyentes, bajo la liturgia roja y triunfante de *La Internacional*, que era como un mar tranquilo y poderoso, armónico y poblado, entrando severamente en la tarde por las landas del cielo.

Aquellas primeras fiestas del pecé fueron, sí, la revolución circular y detenida de un Carrillo que ni él mismo sabía, quizá, hasta dónde estaba forzando las puertas del campo, un Carrillo que pasó muy por encima de sí mismo, mensajero de todas las libertades y profeta del presente, que es lo que necesita más profetas.

Pero la Utopía circular, total y encendida de Carrillo, pasaría pronto, como un sol caído, y aquellas multitudes oceánicas las recogería Tierno Galván, como la Historia pasando de un profeta a otro, haciendo la Utopía más duradera, instalándola en el corazón de Madrid, mejor que en la roussoniana Casa de Campo, convirtiendo todos los días de la semana en día de fiesta, o sea que Tierno, cuando alcalde, tuvo sobre Carrillo la intuición de concretar la Utopía general en Utopía local, madrileña, e hizo ascender la ciudad a los cielos, lentamente, como un globo de palabras, banderas, rockeros, parques para hacer habitables las alturas, verduleras, Papas, cintas e idiomas.

De la Utopía política nacida aún de la guerra, una Utopía con tanta sangre como oro, Tierno Galván hizo su presente utópico, ciudadano, real, colectivo, espectacular e ilustrado, juvenil y jovellanista, como de un Jovellanos drogado, follador e incendiario. Tierno llegaría a ser (todo se verá en este libro) un Carlos III marxista, un Marx afeitado, un Azaña sin verrugas e, insisto, un Jovellanos rojo, posrevolucionario y ácrata, reinando en un inmenso sarao de castañeras.

Era como si Carrillo y Tierno hubiesen empezado a emitir moneda. Las monedas de Carrillo eran doblones de hierro y las de Tierno eran amadises de plata.

En una de aquellas inmensas fiestas del pecé conocí a Juana Gualberta. Juana Gualberta era joven, morena, andaluza, comunista y delicada.

—Tú eres el mito erótico del partido —me dijo.

—Ni soy del partido ni soy un mito erótico —le dije.

Juana Gualberta, nerviosa y lista, activa y bella, no venía del pueblo, sino de una buena burguesía, como casi todos los estudiantes comunistas, pero se había metido en unos trabajos de periodismo de partido, hojas clandestinas y cosas que yo creo que le divertían mucho y, por otra parte, debían ser como una lejana respuesta a su familia de provincias. Juana Gualberta vivía en la Fuente del Berro, en una buhardilla, con un ventano sobre tejados orientales y como alcarreños, y por su casa soplaba siempre un viento alto, claro, cálido, que sin duda ella necesitaba para trabajar, para vivir, para hacer el amor.

Era una de esas criaturas a quienes el silencio o la paz puede estrangular. Los visillos de arpillera volaban por su casa. La buhardilla de Juana Gualberta era el resumen/esquema/metáfora de toda una juventud: algunos pósters del Che, como residuo de las mitologías de los sesenta, a las que ella había llegado tarde, por joven, pósters que iban siendo desplazados por los de los Rollings, más fotografías de alguna Harley Davidson, a doble página y en color, arrancadas de las revistas. Libros de Gramsci y la Mead, casetes de Serrat, artesanía porno comprada en Portugal, una foto de chicos y chicas desnudos, tomada sin duda en una comuna, y donde aparecía el cuerpo barroco y hermoso, moreno y ágil, de Juana Gualberta. Una máquina de escribir vieja, la colección entera de *Triunfo*, en montones por el suelo, Marx, James Dean y Bogart repartiéndose las contadas habitaciones del alto nido de la muchacha. Y cuántos apartamentos y buhardillas como aquéllos había visto yo en los últimos años, a lo que más se parece un náufrago en una isla desierta es a otro náufrago en otra isla desierta. Por eso funcionan los chistes de náufragos. A lo que más se parecía siempre la casa de una chica rebelde, progre, emancipada, libre, realizada, ácrata o roja, bella y con amantes, era a la de otra chica de la misma generación y la misma guerra. Lo más desalentador de todo proyecto de furiosa individualidad es que se construye con los restos de múltiples identidades. Ser diferente no es que sea un pecado, como dijo el filósofo, sino que es imposible.

Pero Juana Gualberta vivía feliz y apresurada, erótica y urgente, su guerra dentro y fuera del partido, y empecé a frecuentar más su nido de mujer en el árbol de Madrid, y menos el de Licaria, que, con la intensificación de su amor por Sabela, empezaba a oler a menstruación y a niño meado, que es a lo que huelen extrañamente las huras de las bollaconas.

Aquella buharda sobre la Fuente del Berro era un alto remolino de viento y mecanografía, de orgasmos y teléfono, de hoces, martillos y rock. Por los tejados, que nos quedaban al nivel de la cama, andaban vecinos pisando con cuidado las tejas, dando un paseo o arreglando la antena de la televisión, y se saludaban unos a otros como los labriegos se saludan en el campo, al cruzarse en un camino. Me quedaba a cenar con Juana Gualberta, que todo el rato fumaba porros, bajábamos a cenar a un tabernón de Manuel Becerra y luego ella me llevaba a pasear rubenianamente (las mujeres se ponen muy rubenianas después del amor) por la Fuente del Berro, entre lagos en los que maduraba la noche, pavos reales dormidos, escalinatas de piedra que no iban a ninguna parte y toda aquella cosa de convento en la luna que tiene de noche la Fuente del Berro, el parque más recóndito, delicado, silencioso y puro de Madrid, un parque que es como un bordado de almohadón sobre el tapiz pétreo y violento de una ciudad de hierro, almagre y humo. Cuando volvíamos a la buharda, para acostarnos, yo percibía entre el fino y alto aire de la noche un delgado y penetrante olor a mujer y hepatitis, que sin duda eran los olores de Juana Gualberta. Pero en aquella torre de marfil marxista no sólo hacíamos el amor, sino que escribíamos muchos panfletos, libelos, hojas clandestinas y periódicos de barriada para los rojatas del día siguiente. Yo redactaba y redactaba a mano, con la estilográfica gorda que Juana Gualberta le había robado a su señor padre, y ella lo iba pasando todo a máquina en aquella underwood vieja que avanzaba a saltos irregulares, como la vida.

Se aproximaban las primeras elecciones generales y he aquí que Fraga Iribarne me invitó a un almuerzo, a través de José María Ruiz Gallardón, amigo mío de las veladas de la jet, donde nos habíamos ganado la vida, un tiempo, cantando zarzuela, por un camino solitario la Virgen madre sube, y va camino del Calvario envuelta en negra nube, y en su cara morena, flor de azucena que ha perdido el color, que ha perdido el coloooor, y en este plan, en el almuerzo, que fue en una marisquería gallega y famosa de la Gran Vía, Fraga estaba esperándome con Carlos Mendo, el citado Ruiz Gallardón y algunos otros miembros de su reciente Alianza Popular, que yo denominaba en mis columnas como Santa Alianza, comimos mucho marisco y bebimos mucho vino galaico, que es bueno para lavarse los pies, y en la marisquería había una refrigeración que nos tenía a todos como almorzando y charlando dentro de un bloque de hielo, en el interior de un iceberg, entre el frío que me segaba la garganta y la conversación imparable de Fraga, me quedé absolutamente mudo, ni podía articular sonidos, con la faringe craquelada, ni don Manuel me daba ocasión, pues Fraga es el hombre/conferencia que puede estar hablando interminablemente sobre cualquier cosa, y que aprovecha el menor amago verbal de su oyente para hacer una ligera desviación y seguir el discurso, Fraga toma las curvas de la conversación a toda velocidad, como los buenos ferrocarriles las curvas de la vía, y si se trata de la producción de café antillano o de las erratas en la primera edición de *Madame Bovary*, su erudición sobre el tema (cualquier tema) se remata siempre con el corolario, implícito o expreso, de que arriba España.

Yo, como todos los españoles de mi tiempo, había visto a Fraga de cerca otras veces, pues él fue el único de los noventa ministros de Franco que se acercaba alguna vez personalmente al pueblo. Pero nunca supe por qué me había invitado a aquel almuerzo, siendo tan clara y pública mi conducta política, expresada a través de las columnas de Prensa. Pero está muy en el temperamento de este señor el irse al toro en corto y por derecho. De otra parte, la verdad es en él algo fisiológico, metabólico, la verdad, *su* verdad, le alimenta como el aire que respira o los mariscos que trasiega, Fraga come de su verdad (se han dado otros hombres así) y no se le puede pedir que renuncie a ella, porque sería como pedirle a cualquiera que detenga un rato, a voluntad, la circulación de su sangre. Y este estar poseído por *la verdad*, más que en posesión de ella, quizá es lo que le lleva a enfrentarse con los demás convencido de que les cegará la luz de lo que él tiene tan claro. Por otra parte, los buenos y equivocados oficios de Ruiz Gallardón debieron persuadirle para la entrevista. A no ser que Fraga me hubiese invitado expresamente para explicarme el pensamiento de Donoso Cortés, García Morente, Vázquez de Mella y Balmes, que quizá él intuía que yo no dominaba a fondo, y era verdad. De estos señores habló mucho, y también de cualquier tema al vuelo. Daba la sensación de que Fraga opinaba de cualquier cosa con tal de que no opinasen los demás. Así que allí estábamos la media docena de políticos, sentaditos dentro de un confortable y mortal iceberg, comiendo colas de langosta y escuchando al hombre/conferencia, que en ningún momento defendió su inmediata doctrina para las elecciones, ni me preguntó por la mía, sino que impregnó las paredes interiores del iceberg con una concepción del mundo completa y de derechas. Fraga era un gran especialista en ideas generales y mal expresadas. De palabra se come las sílabas y por escrito se come la sintaxis como si fuera una cigala. Nunca estuve tan confortablemente muerto como aquel día, hibernado como Walt Disney y maniatado por el palabreo incesante, hueco y atlético del gran jefe de la derecha española posfranquista. El ecuánime Carlos Mendo era el que más quería meter cuchara de vez en cuando, pero Fraga le cortaba siempre:

—¡Mendo, el *irish coffee*, Mendo, el *irish coffee*!

Y es que Mendo, efectivamente, tenía a su lado una copa de *irish coffee*, y cada vez que avanzaba un poco el cuerpo para hablar, rozaba con un codo la copa y estaba a punto de tirarla. Fraga viene predeterminado por su magnitud, como algunos animales prehistóricos. Vive preso en su propio tamaño. Todo le sale grande y un poco tosco, enorme y nada delicado. Lo cualitativo predomina en él sobre lo cuantitativo, la vida sobre el pensamiento y la energía sobre la psicología. Nos da la impresión un poco abrumadora de esos retratos hechos a un tamaño mayor del natural. Fraga, como el hombre clásico, es la medida de todas las cosas, pero todas las mide mal.

Honesto y sentimental como las ballenas, poderoso y solitario como los elefantes, sincero e injusto como los grandes dictadores, pero demasiado de su pueblo para gran dictador. Una cosa así ha sido Fraga a lo largo de toda su vida política, interminable.

—¡Mendo, el *irish coffee*, Mendo, el *irish coffee*!

Hablamos de todo y de nada. Yo era el rehén mudo de su dialéctica, el homínido de Grossetto conservado en hielo, el cronista escarchado de todo lo que el político iba diciendo. Hacia los postres se nos acercó un anciano que era dueño de varios cines en la Gran Vía. Le juró fidelidad a Fraga en su santuario de hielo y percebes, en su *igloo* de Apóstol Santiago de los lapones, y le felicitó por su reciente fichaje de Arias Navarro para AP, que era como sacar a Franco del sepulcro y darle un carnet de la cosa (el fichaje de Arias resultaría luego una de las grandes catástrofes electorales de la derecha). Fraga está hecho de grandes magnitudes que se bloquean entre sí, por un camino solitario la Virgen madre sube, Fraga es el camello que nunca pasará por el ojo de la aguja de un concepto fino, y va camino del Calvario, envuelta en negra nube, ¡Mendo, el *irish coffee*, Mendo, el *irish coffee*!

Con la cercanía de las elecciones se recrudeció la movida fascista por Madrid. Una tarde salía yo, Claudio Coello entre dos luces, de una galería de arte, de ver unos dibujos de Picasso, acompañado de Gualberta (ya la llamaba sólo así, por abreviar y porque este nombre me recordaba a la Gilberta de Proust), cuando un grupo de adolescentes muy del barrio de Salamanca nos rodearon, uno era rubio y se peinaba apaisado, otro era alto, cojo y con barba, todos olían a nenuco, que es a lo que siguen oliendo los niños pijos hasta que empiezan a oler a puta y dinero, venga, Umbral, macho, tío, tú eres un cachondo, tío cojonudo, demasiado lo tuyo, y me empujaban por detrás y por delante, empezaba a sentirme yo pelele de Goya, manteado, y me cogí mecánicamente a la mano de Gualberta, el que estaba delante me enseñó todas las cruces gamadas y Vírgenes de Fátima que llevaba por el revés de la solapa, el cojo se había puesto detrás y decía venga ya, coño, el cuchillo, se le mete el cuchillo y a ese portal, y me sentí la fría rebanada del cuchillo en los riñones, que estas cosas se sienten antes de que ocurran, o sin que lleguen a ocurrir, por encima de sus cabezas buscaba yo la luz verde y salvadora de un taxi, bueno, bien, vale, tíos, ya está bien la barrila, que me largo, ¿ésta es tu jai?, es una amiga, pero eso da igual, parece un poco rojata, Gualberta había salido chillando hasta la mitad de la calle y paró un taxi con el cuerpo, como Manolete paraba los toros, salté por entre ellos y entramos en el taxi, salga corriendo que nos ponen tiesos a todos, eché el seguro de las puertas, los niños vinieron corriendo hasta la primera curva que tomó el coche y vi sus caras en relámpago, agachadas y violentas, adolescentes y necias, movidas en una furia precoz, inesperadamente asesinas, Gualberta y yo nos cogimos otra vez las manos en el fondo del coche, como otro día que estábamos en Parsifal, un bar de Concha Espina, con José Ilario, el Hefner catalán, y nos rodearon unos ejecutivos de segunda, ¿le damos ahora o le dejamos para luego?, pero tenían prisa por volver a la oficina y eso me salvó, o aquella tarde en una tabernita de Atocha, cuando se nos acercó un hombre alto, rubio, joven, delgado, vestido de falangista heterodoxo, con el pelo rizado, como un héroe de tebeo de los cuarenta, como un personaje de Sáenz de Tejada desdibujado por el tiempo, soy guapo, joven y falangista, si no me sacas mañana en tu columna, te mato, y empezó a acariciar el pelo a Gualberta, que se volvió como una yegua loca, pagamos y salimos a la calle, el tipo reía en la puerta y era algo así como el macho de *Tatuaje*, de doña Concha Piquer, hermoso y rubio como la cerveza, Gualberta me llevaba a los mismos sitios que me había llevado Licaria, pero también a otros, así como Rosa Montero me llevaba a El Avión, El Avión, al final de Hermosilla, había sido un bar del Atlético de Aviación, luego Atlético de Madrid, y tenía ventiladores que eran hélices de aviones que habían hecho la guerra y todo el sitio estaba decorado con motivos aeronáuticos, el público era juvenil, con el whisky servían un platito de pipas, todos tomábamos whisky con pipas, los grupos de chicos y chicas cantaban canciones coreando a César, el pianista, un hombre cojo, anciano y tranquilo que tocaba cosas de los cuarenta y boleros de los cincuenta con la misma zozobra de un pianista de barco mientras el barco naufraga, siempre tenía sobre el piano una cañita de cerveza.

Rosa Montero, por entonces, dudaba entre el periodismo, el teatro y el porro, acababa de descubrir a Forges, como toda España, y hablaba como él. Rosa Montero era una adolescente gorda y hermosa, una especie de Mafalda crecida, entrañable e inquieta, hija de banderillero, nacida en Cuatro Caminos, ha-

bladora y lista, viajaba en un mejari rojo con todo el
viento del mundo englobado contra su pecho alto,
fuerte y duro, hasta que El Avión se llenó de fascistas y dejamos de ir, los párvulos con niñera santan-
derina de pendientes de moneda jugaban en los parques con esos aparatos que son como los de la policía (vaya un juguete para los niños) y que les permi-
tían comunicarse de árbol a árbol; al pasar yo, de la
mano de Gualberta, algunos gritaban arriba España,
¿y quién les había explicado a aquellos enanos que
yo no quería, como ellos, que España estuviese arriba?, de modo que sufrí, incluso, la ingenua, dañina y
tecnificada persecución infantil, escolandos belige-
rantes, fascistas breves que hubieran querido arañar-
me como arañan al oso malo de un amigo, sólo porque es más grande que el suyo, y una noche me llevó
Gualberta a una movida feminista en la iglesia de la
Nunciatura, calle del Sacramento, que unas cuantas
mujeres se habían refugiado allí con toda la impedimenta, como si fueran beatas o mendigas, y se quedaron a pasar la noche, entre ellas me pareció ver a
Gloria Otero, los únicos hombres éramos Gonzalito
Torrente Malvido y yo, sin contar un maricón de pie-
les que estaba allí con mamá, hubo una boda elegante por la tarde y la novia nos sonreía complacida,
nunca hubiera pensado ella que, aparte los plancha-
dísimos invitados, pudiera despertar tanto amor entre el bajo pueblo de Madrid, estaba conmovida, hasta que vino un enviado del nuncio, un cura alto, un
archicura satinado, calvo y como del Opus, que volaba en su capa negra de rasos y forros variantes en
negro, y hablaba con unos dientes perborol, haciendo
de su castellano un latín de catedral para marquesas
y putas litúrgicas. Al final llamó a los grises, todavía
los grises de Franco, nos echaron a la calle y nos
dispersamos en la madrugada, con la impedimenta a
la espalda, como pastores perdidos en un incógnito
país de niebla.

Lo que más me gustó de todo aquello, que duraría

meses, años, fue el rastro de niños tecnologizados y patriotas, aquel acoso infantil y mimético, cruel, inocente y peligroso, Umbral payaso, Umbral payaso, que fui dejando tras de mí, al final siempre nos refugiábamos en la alta buharda de Gualberta, jardín del Berro, como jardincillo de convento, con puertecilla de monjía, y vivíamos en un alto huso de amor, viento, palabras y aventuras, escondidos y felices, yo hacía las columnas para el periódico en aquella underwood/underground, muy de mañana, mientras Gualberta bajaba a por el pan.

Era noche de enero, noche de agosto, todas las noches la noche, tantas noches, una noche más paseando Madrid con Enrique Tierno Galván. Yo siempre le llamé Tierno y de usted. Nada de viejo profesor ni otras orlas que él mismo se había creado. Íbamos por Santa Engracia arriba, con rumbo o sin rumbo, él con el pelo de plata cansada y lisa, la chaqueta cruzada, el leve accionar de una mano blanda y segura, de una mano elocuente, aquel consabido terno como de piedra, la divagación irónica, el pensamiento acuñado en frases, la narración despojada siempre de costumbrismo, y era lo suyo una energía serena e igual, como la de ciertos motores, una actividad armoniosa y parada, un dialogar de voz neutra, noble allá en lo hondo, profesoral en algún descuido, forzadamente cordial, a veces, con un tonillo por donde le salía innecesariamente el campesino de Soria.

Los ojos, su mirada, que en realidad eran sus gafas (como en Carrillo, pero con muy otro efecto), esos ojos como peces en la pecera de las gafas, uno de ellos entrecerrado, enigmático, el otro agrandado por el cristal, como un pez muerto en un agua de mirada: algo fúnebre, pensativo, severo, flotante y sin remedio había en aquel ojo, que no reía nunca, ni siquiera cuando reía pícaro el otro ojo. Yo me dejaba llevar por la conversación, la noche, el frío o el calor, los pasos de Tierno Galván. Allá en los setenta, había leído alguno de sus ensayos, duro de forma y radicalmente inteligente. Se burlaba del padre que jugaba a la pelota con su hijo, el fin de semana, se burlaba de la paz tardofranquista:

—Debajo de las superficies demasiado tersas siempre hay algo arrugado, Umbral. Es lo que nos está pasando con esta transición. Todo demasiado terso, demasiado fácil. Debajo, yo intuyo algo confuso, arrugado, impresentable.

Sí, claro, podía ser el testamento de Franco, o el desarrollo de todas sus previsiones militares y monárquicas, un falangista, Suárez, haciendo la democracia, yo qué sé. Allá en los setenta, digo, en los primeros setenta, quiero decir, iba yo a visitar a Dionisio Ridruejo en su casa de Ibiza, Ridruejo con el corazón abrigado de suéters, siempre a ventana cerrada, trabajando bajo un flexo como un yugo de luz, traduciendo a Pla, quizá con un whisky secreto en el alma, elocuente y enfermo. Tierno desde la izquierda y Ridruejo desde la derecha habían avanzado hasta encontrarse en un espacio casi común. Eran los dos hombres fundamentales para una futura democracia española. La revista puede que fuese *Gentleman*, la revista puede que la dirigiese Juan Luis Cebrián, que siempre ha dirigido cosas, en la portada aparecía Tierno con una gran llave en la mano. La foto puede que fuese de Schommer, una de esas fáciles metáforas de fotógrafo, Tierno con la llave de la democracia, libertades que se permitía la Prensa en el tardofranquismo. Ridruejo me mostró la revista con indignación (yo ya la había visto):

—Esto no es serio, Umbral, esto es una payasada, así no podemos presentarnos a la gente, no hay que prestarse a estas cosas.

Comprendí que se odiaban o, al menos, que Ridruejo odiaba a Tierno. Tenían un espacio muy estrecho para repartirse o disputarse. El socialdemócrata no toleraba al marxista democrático. Ya en aquella tarde interior, en aquel despacho caluroso, comprendí que después de Franco iba a seguir la fiesta negra del guerracivilismo, que tanto nos une. Pero Tierno, con aquella foto, hizo su primer ensayo de política/espectáculo, algo que después llevaría tan lejos, hasta trocarlo en la Utopía, pero ni Ridruejo ni yo lo sabíamos. Ridruejo no vivió para verlo. Y no me refiero al marxista/espectáculo que llegó a ser Tierno, sino al misterioso movimiento interior del pensador germanizado en quien de pronto despierta el ángel del cinismo, que es ángel frío, peligroso y amargo, y, sin abandonar su coraza de ideación sólida y buen paño inglés, decide arder, y que todos ardan con él, en la gran fiesta de locos, en la burla y alegría que niega la vida y la muerte, que enfrenta una muerte imaginativa y feliz a la vida ritualizada, enferma, escandalosamente saludable, del Poder y quienes lo tienen.

¿No hay aquí algo de *El ángel azul*?

Pero lo de Tierno era mucho más que una película. Lo de Tierno iba a ser un Fausto inverso comprándole su alma al diablo para dejarle en un mendigo autista del Metro, mientras él endiablaba a todo un pueblo, endemoniaba la política y la vida en una catarsis personal y colectiva, única Utopía posible sobre la tierra. Todo había empezado con la idea de Cebrián —un endemoniado de nacimiento— para aquella foto de la llave que ya empezó a matar al recluso Ridruejo.

Yo iba mucho por Vallecas, que era entonces más que nunca la ciudad sagrada del marxismo, dentro de la geografía madrileña, y un día nos hicieron un homenaje reventón a Felines, del Rayo, a Rosa María Mateo, a Ramoncín y a mí, no sé ahora si a alguien más ni recuerdo por qué. Ramoncín, nacido en Legazpi, había vivido mucho el planeta vallecano, desolado y superpoblado, con los últimos tranvías y las eternas chabolas, más las reservas de sisleros, macarras, rockeros de afición y chicos que jugaban al fútbol con trapos, esperando que un día los fichase el Rayo. Y, a algunos, el Rayo los fichaba.

Pero Ramoncín traía esa cosa sangrienta y desangrada de los mataderos de Legazpi, hablaba muy cheli y, aquella tarde, se presentó en Vallecas muy peinado y con zapatos marrones y blancos (era verano), y parecía más un novillerete perfilero, una capa triste, la sombra pálida y remota de Manolete o el Litri, que un cantante de rock. Yo había ido a la fiesta con Gualberta y Ramoncín con su hija, una niña que no tenía madre. Eran los tiempos en que el chico de Legazpi empezaba los recitales orinando el whisky de las señoras, y en las fotos de Prensa salía sacándose los mocos. Allí nos conocimos por primera vez, en una plaza vallecana como de pueblo, llena de gente que comía y nos pedía autógrafos. Más tarde definiría yo a Ramón como ángel de cuero, perfil de cuchillo, palabras que incorporó a alguna de sus canciones.

Entre los festejos de Vallecas había habido una carrera femenina, y me interesó conocer a la chica que había llegado la última, Clara Cosials, una adolescente lozana, tubular y simpática. A su padre, que comía cocido con toda la familia en mitad de la plaza, le pedí por broma la mano de la niña, tras entrevistarla. El caballero me hizo un sobrio corte de mangas y siguió con su cocido reglamentario. Ramoncín traía en su alma despierta y cruel el tirón verde de Legazpi, y algunas mañanas madrugábamos para pasear por el gran mercado de fruta, uno de los «vientres de Madrid», donde en tiempos habíamos trabajado los dos, sin conocernos, llevando y trayendo banastas de fruta y grandes brazadas de lechugas, que era como alzar en alto a una fresca novia engalanada de verde.

También me llevó Ramoncín a jugar al mus a la sombra de los grandes camiones del pescado, con los camioneros y sus putas, que se dejaban arruinar dulcemente por los manos del barrio. Luego fue cuando se enrolló con Diana Polakov, judeoargentina, actriz y hermosa, con unos pechos grandes, nutricios, como históricos, que los directores sacaban mucho en las primeras películas de destape que empezaban a hacerse por entonces. Cuando Ramoncín tocaba en Rock/Ola, estaban allí el erudito de la camiseta, alto, delgado y un poco entradillo, que se había especializado en el cantante como otros se especializan en un bardo provenzal, y estaban los bajistas ingleses, y la impaciencia de Diana, y sus grandes pechos llenando el camerino de la espera, y la hija de Ramón todavía niña y muy enterada del tema (luego tuvo otra con Diana), y todo el clan bajábamos y subíamos la escalera negra de caracol para cambiar impresiones con la basca y tomarnos una cerveza o subírsela a un compa. El ambiente olía a fumata y adolescente dormido, y Ramoncín triunfaba siempre por su gestualidad, por la violencia de sus letras, por lo audaz de su perfil débil y peligroso. También estuvimos en conciertos donde le metieron en escena un maricón desnudo, o un burro, o le tiraron muchos huevos.

Más adelante, cuando la peste ucedea de la colza, primera plaga que cayó sobre aquella débil y confusa democracia, Ramoncín hizo mucho rock para los colceños, y él era ya, claramente, la izquierda del rock madrileño, y fueron semanas, meses de rock y colza, ahora los muertos de la colza, como antes los de Atocha, como paseantes negros de la ciudad de las libertades, como hijos lentos y vengativos de la primera peste que nos trajo la libertad, como personajes sobrevivientes de los últimos males sagrados que nos legaba Franco (políticos e industriales implicados en el letal asunto, procedían todos del tardofranquismo), y cada colceño era como el negativo de un demócrata, como la sombra de un ejecutivo de aquella ucedé posfalangista, entremezclada y mercader. En Ramoncín había una altivez perfileña de chico de esquina y una gracia parlera de novillero intelectual. Era el adolescente que iba completando la mitología de una nueva sociedad todavía en cruce de trenes, el zodíaco del gran transbordo político en la estación de Delicias: Carmen Díez de Rivera, el cura Llanos, Carrillo, Tierno, Juan Luis Cebrián, Marceli-

56

no Camacho, Ramoncín. Un zodíaco de nombres, sí, para la Utopía, cielo mental de Tierno ensombrecido ahora por la legión de ángeles muertos de la colza. La colza era la antiutopía y avanzaba hacia la luz, negándola.

Las elecciones generales las había ganado, naturalmente, Adolfo Suárez con su ucedé. Adolfo Suárez las había montado, muñido y ganado anticipadamente desde el Poder. Suárez no hizo un partido para unas elecciones, sino unas elecciones para un partido, y ya hemos explicado un poco qué clase de partido, qué formidable y espantosa máquina, qué anfibio de franquismo y democracia, SEU y socialismo católico, juventud y viejo régimen.

El día de las elecciones yo anduve por las sedes de los partidos recogiendo esas palpitaciones del ambiente que pueden dar por anticipado un sentimiento colectivo de triunfo o derrota, sin que se sepa por qué, quizá sólo por un cuadro torcido, un papel que nadie recoge del suelo o una manera decidida, especial y casi agresiva de ofrecer el tabaco del optimismo al visitante. Los visitantes éramos muchos en cada partido. En el comunista, que entonces estaba en el barrio de Salamanca, enclave obviamente peligroso para los chicos de Carrillo, me recibió un señorito comunistilla al que yo conocía de lejos:

—Verás —empezó—, había una vez un señor llamado Carlos Marx...

Me levanté y me fui. Resulta que hasta entre los comunistas puede haber hijos de puta. Claro que el tipo fue uno de los primeros tránsfugas políticos (hacia la derecha, por supuesto), y al fin se hizo tránsfuga hacia la nada. Más vale. En el PSOE, que entonces estaba en Cuatro Caminos, encontré a Hafida, la embajadora argelina, con Cuco Cerecedo, el periodista que moriría luego, repentinamente, en Colombia, viajando con Felipe González.

España vivía aquellas elecciones con la exaltación de ser las primeras y Madrid daba al fin el salto mortal, pero con red, pues que la victoria de Suárez, o sea la estabilidad/continuidad, estaba en el aire, sólida como una certeza. Aquello era la más democrática prolongación del franquismo. Aquello no era sino un franquismo desarrollado. Aquello era el primer homenaje de la democracia a Franco o la última concesión de un Franco viejo, que sólo reposaba un rato en su tumba, a los chicos que le habían salido modernos. Pero Franco estaba en el aire y todos éramos sus hijos.

La tarde de aquellas elecciones, tras la movida de la mañana, fue una tarde parada, densa, un poco tensa, con la esperanza y el miedo táctiles, en la luz. Yo podía extender una mano o un puño cerrado y dejarlo estampado en el clima moral, blando y rico, de aquella tarde histórica. Muchos lo hicieron y estas pintadas en el aire me decían a mí más cosas que las pintadas de los muros, Tarancón al paredón, Libertad o muerte, Suárez fascista, etc.

Porque ocurre que el pueblo, la multitud, «la horda», como gusta de decir la derecha, es un monstruo que no se conoce a sí mismo, y cuando se ve entero en la calle, cuando se contempla completo a la luz del día, tiene asombro y luego miedo de su propia musculatura, de su propia osatura, de su ingencia, y principia a replegarse lentamente, instintivamente, y este repliegue es lo que da siempre el voto al Poder, a lo seguro, a lo establecido y a lo que significa continuidad.

Yo veía al monstruo verse a sí mismo, perezoso ahora al sol, o agazapado, tras su invasión de la ciudad durante la mañana (todo el mundo madrugó mucho para votar, como si fueran a hacer la primera comunión de la democracia, una comunión inversa donde eran ellos quienes depositaban una hostia en una ranura: la democracia tiene mucho de eucarístico). Yo veía al monstruo verse a sí mismo, sí, en aquella tarde calma y plástica, dorada de esperanza y culebreante de miedo. Y pensé que habría de pasar mucho tiempo hasta que el gentío aprendiese a decidir su destino, a cambiar el mundo o su mundo, hasta que el monstruo se acostumbrase a su cuerpo dinosáurico, a su corpulencia mitológica, hasta que el monstruo se perdiese el miedo a sí mismo y a su capacidad de cambiar la Historia.

El pueblo no se había visto desnudo y completo desde hacía medio siglo. Los más jóvenes no se habían visto nunca, salvo las concentraciones parciales de los conciertos de rock (por entonces vinieron los Rollings al Vicente Calderón). Comprendí asimismo que lo pactado por arriba era hacer la nueva política con la generación del Rey: Suárez, González, el Rey. Los tres mosqueteros, los tres lanceros bengalíes de aquella travesía. Y todos los hombres que les seguían. La gente de la guerra —Carrillo, Fraga, Llopis, Tierno, Areilza, etc.— eran ya chatarra humana, desguace histórico, aunque nadie lo dijese, pero lo iríamos viendo en el triste destino de cada uno. Se iba a hacer una política generacional: lo tuve claro. Y el monstruo respiraba su ingencia en la tarde de barro dorado, haciendo la inmensa y dura digestión de su primera fiesta democrática. Unos comicios consisten en que el pueblo se devora a sí mismo, se muerde la cola, y al final no sabe si ha ganado o perdido. Había sol en las bardas.

El Bosque, en Cuatro Caminos, era un restaurante como un galpón, para bodas y bautizos del barrio. Allí tuvieron lugar, todavía en vida de Franco, y luego, en aquellos meses en que su ectoplasma político seguía gobernándonos, como el padre de Hamlet, pero más bajito, los primeros encuentros masivos de toda la resistencia, o, más bien, de todas las resistencias. Nos mirábamos unos a otros, nos reconocíamos las distintas familias políticas (éstas eran de verdad, no las que quiso lanzar Fernández Miranda mediante trampa saducea), y nos saludábamos como diciéndonos, de clandestino a clandestino: «O sea que tú también...» «Y tú, y tú...» Y todos. Aquí debe estar la lubricidad de las sectas, el pecado fascinante de lo clandestino, esa tendencia eterna y poco explicada del hombre a convertirse en animal de fondo, en miembro secreto de algo que está en la zona de sombra de la luz, en las traseras de la vida, en las bolsas de irracionalismo de la sociedad: homosexuales, masones, judíos, brujas: en la fiesta del reconocimiento, individual, interpersonal o masivo. Más fuerte y anovelado que saber que en determinado hombre se tiene un enemigo implícito, más fuerte y hermoso, digo, es saber que en determinado hombre se tiene un amigo, un camarada, un correligionario, alguien que nos admira o a quien admiramos, y nunca podremos decírnoslo, quizá.

Vivíamos, pues, en el Bosque, la gran fiesta del reconocimiento, que generalmente era grupal, y el homenajeado —Camacho, con sonrisa de capataz, Tamames, pálido de cárcel, Tierno, sonriente y hermético— hacía asimismo, sin saberlo, funciones de chivo emisario en aquella ordalía de las tribus de la izquierda. Todo estaba entre boda de obreros, campo de concentración y cena conspiratoria a ojos vistas. Las cenas alcanzaron su clímax la noche en que Tierno Galván dijo en su discurso:

—El sistema ya no es más que un tigre de papel.

Claro que también dijo otras muchas cosas en las que el orador de cátedra se iba metamorfoseando en orador guerrero, como en un paso del hierro colado al hierro forjado:

—Yo no soy sino la hojalata en que os reflejáis al sol todos vosotros.

He aquí una frase de líder que hubiera vuelto a matar de indignación a Dionisio Ridruejo. Ahora, Tierno y yo seguimos paseando en la noche, por Santa Engracia arriba, camino de una tabernita ya cerrada donde nos van a proporcionar una botella de anís en rama Machaquito, ¿usted no ha probado el anís en rama Machaquito, Umbral?, y yo ya no sabía si la botella era el fin de aquel largo viaje de la noche o el propio viaje el que daba grandeza y secreto a la botella, los regadores y los basureros eran unos marcianos amarillos a quienes Tierno miraba ya con cierta curiosidad, pues intuía (si es que este hombre se movía por intuiciones, que lo dudo) que aquellos trabajadores municipales iban a estar pronto bajo su jurisdicción, y de paso me explicaba lo que había pasado con las primeras elecciones generales. Lo que había pasado con las primeras elecciones generales es que las habían ganado todos, que las había ganado la democracia.

De Suárez era la victoria oficial, nominal, pero el socialismo de Felipe González se había situado en primera fila para copar, por ejemplo, unas municipales. Fraga había comprobado que el franquismo ya no vendía, pero quizá había descubierto, por primera vez en su vida, algo mucho mejor: que él podía ser Franco. Que había un franquismo sociológico que se craquelaba en torno a él. Tierno me decía, sin decírmelo, que el único partido que había perdido las elecciones era su PSP, y me confesó que hasta hacía muy poco tiempo él no había tenido noticia de aquel garzón llamado Felipe González, y creía que el único socialismo marxista de España era el suyo, y me contó que, en la junta de disolución del PSP, todos habían tomado ya actitud de huida, se fueron casi sin despedirse y él se quedó el último para recoger algunos papeles y apagar las luces del piso (me hubiera sido muy fácil escribir ahora las luces de la Ilustración, el Siglo de las Luces):

—Cuando iba caminando hacia el Metro, al pasar por un bar cercano a lo que había sido nuestra sede, les vi a todos allí dentro, reunidos en piña, comiendo queso ávidamente, ¿por qué comían tanto queso? ¿Es que el ser humano necesita comer queso cuando pierde unas elecciones, qué relación hay entre la democracia y la lactosa? Comprobé que el queso les unía mucho más que el socialismo.

La política de reconciliación nacional —hemos dicho y repetido— es la continuación, el desarrollo consecuente de la línea general seguida por el Partido a lo largo de estos años; pero no una simple reiteración o puesta al día de las consignas anteriores. A la vez que la continuación de lo anterior es algo muy nuevo en la política española, o sea que Carrillo seguía con su rollo eurocomunista y hubo un momento en que llegamos a creer que el eurocomunismo podría ser la Utopía, o a la inversa, porque no se sabía lo que era esta palabra, y las palabras que aún no tienen dibujo preciso son las que más y mejor vuelan en la imaginación, cometas antes que palabras:

—Está completando su biografía y dejándola perfecta para la Historia.

No recuerdo si esto me lo dijo Carrillo de Tierno o Tierno de Carrillo. En cualquier caso, estos dos hombres tampoco se amaban (caso Ridruejo). En la política, como en la literatura, los enemigos están en los afines. Los afines no perdonan. Los enemigos matan, pero los afines, sin matar nunca, tampoco perdonan nunca, que es casi peor. La política de reconciliación nacional la había predicado Carrillo durante toda la Resistencia, casi como Azaña durante la guerra. He ahí los orígenes de la Utopía española: acabar con las dos Españas y el guerracivilismo que tanto nos une. Sólo los más lúcidos y los más cansados llegan a esto de la reconciliación nacional, que por una vez dio como resultado las bodas de Fígaro o pactos de la Moncloa, tan fugaces e irrepetibles como la Utopía misma.

Y la Utopía tuvo su ritual eurocomunista en la plaza de toros de las Ventas, con un Carrillo satisfecho y fumador como un presidente de la Peña Joselito; con una *Pasionaria* cenicienta, sacramental y callada; con un Berlinguer correcto, europeo, sonriente y premuerto. En la histórica plaza de toros, entre los coros de ángeles circulares del graderío popular y obrero, comunista y juvenil, embanderado y vagamente taurino, se estaba matando el toro de la eterna reyerta de España. El eurocomunismo era ya una cosa internacional, como su nombre indica, una revolución al revés, pacífica y educada, y nos parecía que, de pronto, todos los burgueses se habían vuelto socialistas y se iban a poner como alfiler de corbata una hoz y un martillo de plata o de oro. Pero el eurocomunismo sólo llegaría a realidad (con otro nombre y ya con más talante de forzosidad que de Utopía) muchos años más tarde, bajo el nombre de perestroika, con Gorbachov. Hay quien dice que son la misma cosa, pero son exactamente la contraria: eurocomunismo era algo así como la conversión de los burgueses al santoral del proletariado (cada proletario un santo). Perestroika es la conversión del proletariado, o sus representantes soviéticos, a la religión del consumo y el sexo (cada estrella de Hollywood, una Virgen).

Rafael González Madrid, Machaquito. Matador de toros español. Nace y muere en Córdoba, 1880/1955. Fue torero pundonoroso, muy variado en su suerte, estoqueador seguro y atrayente. Se retiró en 1913. Esto es lo que dice el Espasa. (En el Cossío vienen hasta nueve Machaquitos, o sea que más vale dejarlo.) Supongamos que nuestro hombre, el de la botella de anís, el del anís Machaquito, el que nos tiene despiertos y peripatéticos hasta las cuatro de la mañana, a Tierno y a mí, es este Machaquito, de quien se brinda iconografía en la botella, pero primero tenemos que encontrar la botella, que es de anís en rama, ya está dicho, y Tierno quiere regalarme una. De modo que seguimos paseando de madrugada por la calle de Santa Engracia, antes no sé qué (un aviador franquista o falangista, me parece), antes Santa Engracia, calle que nace burguesa y señora en Chamberí y muere popular y alegre en Cuatro Caminos, entre marisquerías donde veranea el vecindario y toman una cañita las señoras, los domingos, al salir de misa. La calle pasa por la solemnidad misteriosa del Canal de Isabel Segunda, con su edificio de ladrillo, como torre encantada para las princesas del agua, con su misterio de jardín, ríos y monarquías, la calle muere, por su mano izquierda, en la casa donde vivió y murió el fotógrafo Leal, años sesenta, gordo, madriles, remolón y cínico. Mire usted, Umbral, me dice Tierno, la política de reconciliación nacional que viene predicando Carrillo no es sino el gran arrodillamiento del comunismo internacional ante la sociedad española, un piadoso arrodillamiento que ya se ha producido, pues han entrado de rodillas en el juego democrático, yo le aseguro que una de estas noches encontraremos la tabernita o figoncillo donde todavía venden anís en rama marca Machaquito, a no ser que se me haya volado la memoria o que el establecimiento venga transformado en una sucursal bancaria. Seguíamos paseando la noche, invierno o verano, y cuando por fin dimos con el lugar, que estaba en la acera de los impares, nos abrieron aunque ya no eran horas, don Enrique fue muy consideradamente recibido y tuvimos en nuestras manos una botella de Machaquito en rama, pero mediada:

—Preciso de una completa para donársela a este insigne escritor.

—Escasean, pero les conseguiremos una.

La tabernita era rectangular y de un rojo sucio. Un cruce de cocina y peña Machaquito. Nos sirvieron dos copitas. El anís era duro, dulce y antiguo. Bebimos despacio. Tierno, quitándose las gafas, leyó con un solo ojo/lupa, muy de cerca, como hacemos los miopes, aun a riesgo de desprendimiento de retina (se le desprenderían poco más tarde), toda la erudición de la etiqueta, y luego admiramos la estampa del torero (uno de los nueve del Cossío), que era casi como una estampa religiosa pegada al cristal cuadriculado. Machaquito se veía en el grabado que había tenido buena carrera, buena vida, algunas mujeres, muchos toros (murió a los 75, si era el del Espasa), aunque se retiró pronto, a los 33, en el año 13, ya está dicho, no demasiado pronto para un torero, bien mirado, a vivir la gloria cerrada y solemne de su Córdoba y a posar para las botellas de anís, que salía en todas muy propio.

—¿Otra ronda, Umbral?

—Creo que sí, ya que al fin lo hemos encontrado.

Bebíamos en silencio, respirando una soledad que era respeto (aunque Tierno aún no era alcalde), mirando los viejos carteles taurinos, entre los que, vaya por Dios, no había ninguno de Machaquito. Y de pronto, acodados en el mostrador de zinc, Tierno volvió hacia mí su ojo grande, como pez dormido, funeral y sin remedio (se había vuelto a poner las gafas, claro), y me dijo:

—Umbral, hagamos greguerías.

Carpa. Pez teleóstomo del orden de los cipriniformes, familia de los ciprínidos, con boca grande y labios gruesos, que puede alcanzar un metro de largo y un peso de veinte kilos, *Cyprinus carpio*, la carpa común vive en los ríos de casi todo el mundo y es apreciado comestible, la carpa dorada es un ciprínido de gran belleza originario de China y Japón, Gualberta se había comprado una pecera con dos carpas y las llamaba *Marx* y *Engels*, nunca supe quién era *Marx*/carpa ni quién era *Engels*, Gualberta estaba sentada en el suelo, desnuda y con su melena en tirabuzones, por la espalda y los hombros, contemplando el juego de los peces en la pecera, dos crías de carpa, dos relámpagos de oro y plata, apenas dos agilísimos estremecimientos del agua, y miré la carpa dorada, como un pez inventado por un chino, sintiendo que aquella larva de lo esbelto, aquella brizna de oro, había venido navegando por todos los ríos del mapa, a través de los cielos fluviales y la cartografía, para encontrarse con los ojos negros y largos de Gualberta, que nevaba comida de peces en la superficie del agua. Sin duda, aquélla debía ser la carpa/*Marx*, mientras un *Engels* de plata fresca y esbelta viajaba otras latitudes del tiempo circular e inmenso, o sea la pecera del universo. Así la belleza se reúne con la belleza, la inocencia del mundo con la inocencia de una muchacha que quizá era incluso capaz de matar por su causa (y yo me preguntaba a veces si lo había hecho), pero que estaba siendo ahora hipnotizada por los ojos chinos y redondos de aquel pellizco de agua coagulado en oro, un hocico grueso y brevísimo que decía sin cesar su palabra de silencio a la muchacha que miraba, una pepita de oro crecedero donde lucía todo el oriente matinal y satinado, traída por el río del tiempo hasta la intimidad y la soledad de la adolescente que crecía más en la Historia que en la estatura.

—Pensé que te gustarían —dijo Gualberta.

—Y sobre todo me gustan los nombres que les has puesto.

—En el jardín de mi casa había un pequeño lago con peces —dijo.

Abajo, en la Fuente del Berro, también había algún lago con carpas. Pero la vida militante y peligrosa de Gualberta se había enjoyado de pronto con aquel dije vivo, como de colgar en el escote, con aquella alhaja mínima que tenía mirada y camino. Estuvimos toda la mañana mirando a *Marx* y *Engels* y luego hicimos el amor.

Blas de Otero había muerto en su pequeña casa de Majadahonda, cerca de mi buhardilla de Las Rozas, y atravesé andando los campos, de un pueblo a otro, hasta llegar a la casa del poeta, que estaba pasando una gasolinera, saliendo de Majadahonda hacia el oeste. Era una tarde de polvo, luz y soledad. A la puerta de la casa me encontré con Meliano Peraile, cara de boxeador bueno, pipa ramoniana, pelo blanco y apaisado, cien años de militancia (había hecho la guerra civil), comunista de Carrillo y escritor de prosa torturada, entre Aldecoa y el citado Ramón. Meliano era un comunista ortodoxo que jamás había incurrido en el realismo socialista, sino que se iba por las mañanas a Teide a trabajar el estilo junto a González-Ruano, años sesenta. Subimos al piso y abrazamos a Sabina, que lloraba en un silencio duro, justo como debe llorar la mujer de un comunista muerto, pensé. (Por cierto que un tiempo más tarde apareció una puta cubana diciéndose viuda de Blas, y Soledad Becerril, ministra de ucedé, acudió a visitarla y ayudarla, hasta que la enteraron, en su ignorancia rubia, de quién era Sabina de la Cruz: de la habanoputa nunca más se supo.) Estábamos en un primer piso y había una gran mesa redonda empujada contra un ángulo de la estancia, y aquel despropósito geométrico de la urgencia me produjo un malestar que se sumaba inevitablemente al malestar por la muerte del poeta, quizá un poeta político, como Blas, sea eso, pensé, un círculo tratando de encajarse en un ángulo, había una adolescente blanca que no decía nada y por una escalerita se bajaba al cuarto donde se encontraba el gran poeta de cuerpo presente, pero yo no bajé aquella escalera, sino que me fui a la pequeña terraza de hormigón, con sillas de hierro, y me senté donde él debía sentarse todas las tardes a mirar el polvo y la nada, la muerte y la gasolinera de enfrente.

Al día siguiente, mañana de lluvia, fue el entierro en el cementerio civil, que es ese corralillo de muertos, esa hortelanía de rojos, Salmerón, Baroja, Pablo Iglesias, los institucionistas, que hay a la izquierda de la Almudena. Poca gente en el entierro. Alfonso Grosso, Ramón de Garcíasol, Fanny Rubio, unos cuantos. Habían pasado los tiempos míticos y épicos del poeta solitario y duro, del comunista lírico y ausente. La gente suele morirse cuando ya está muerta, porque la biografía raramente coincide con la bibliografía, y la vida dura más que el arte. Desde el año sesenta y seis, o así, la juventud ya no leía a Blas, sino a Gimferrer, que había dado un timonazo violento en la poesía española, esquinando para siempre el prosaísmo e inaugurando treinta o cuarenta años de erudición y Venecia, poesía de la poesía y libros hechos con otros libros, como decía Borges (quien se podía haber aplicado la frase a los suyos). Gimferrer era un gran poeta, y acabó con aquel coñazo del socialrealismo, pero en treinta años no le ha salido ningún discípulo que lo valga, todos se inspiran, para hacer sus poemas, en la Enciclopedia Británica, como antes se inspiraban negativamente en la mole franquista de Cuelgamuros, han cambiado una mole por otra, y no estoy haciendo crónica literaria bajo la lluvia (Garcíasol y yo compartíamos un mismo paraguas de cura), sino Historia de España, porque la poesía es el síntoma delgado de todas las cosas, y lo que quiere decirse es que los señoritos de la Universitaria ya no eran comunistas ni hijos de los vencedores, sino nietos, y quien marca verdaderamente en la vida no es el padre, sino el abuelo, mayormente cuando se ha tenido un abuelo de derechas, notario de caobas y monterías, lector de los metafísicos ingleses, un abuelo que se iba de putas con Fortuny, que es con quien más fueron de putas nuestros abuelos, aunque luego Fortuny no pintase muchas putas, de modo que Blas de Otero murió cuando ya no tenía lectores, quizá se murió de no tener lectores, más que de cáncer, y todos los rojos del cementerio civil habían madrugado aquella mañana en sus tumbas para recibir al nuevo, don Pío Baroja con su largo abrigo de muerto, don Pablo Iglesias con capita madrileña, como cuando entró a ocupar su escaño obrero en las Cortes, don Nicolás Salmerón hecho un caballerazo, los institucionistas al fondo y de luto, en un pequeño grupo (ellos eran laicos y modernos, pero no marxistas, ellos eran más de Juan Ramón Jiménez que de Otero), y Fanny Rubio, siempre madraza joven de los españoles vivos y muertos, dejó un momento a la afligida Sabina de la Cruz para acercarles su paraguas, pero cayó en la cuenta de que los muertos no se mojan, de todos modos ellos se lo agradecieron con una sonrisa un poco mortuoria, a Blas lo enterramos con esa prisa inconfesada que da la lluvia, cuando todo se vuelve chapuza y el agua justifica irreverencias y urgencias, como estábamos en el cementerio civil tampoco había nada que rezar, el ateísmo es una cosa más práctica, ya nos íbamos (y nos íbamos con el gesto irresoluto de haber dejado la cosa sin terminar, la religión es maestra en colofones, la Iglesia sabe rematar mejor estas cosas, ponerle unas flores latinas al muerto, y no aquellas flores de mercado que le pusimos, con olor a pescadería), ya nos íbamos, digo, y Fanny Rubio, consciente, sin duda, de esto que vengo explicando, se subió al montón de tierra, heroína de la muerte y la lluvia, sacó un libro de la faltriquera, de su faltriquera de poetisa, siempre llena de versos, y nos echó un poema de Blas muy bien traído para el momento, ya que los poetas, incluso los sociales, escriben muchos epitafios para sí mismos, para ser leídos en momentos como éste, evitando así que lea un poema el amigo íntimo que escribe mucho peor, parece que el gesto y los versos gustaron mucho a los nobles muertos madrugadores —¿cómo habían tenido noticia de nuestra llegada, hay una telefonía de los muertos?—, y sobre todo les sorprendieron, pues era una poesía que aún no se llevaba cuando ellos estaban vivos (y que había dejado de llevarse ahora que él, Blas, estaba muerto), la lluvia seguía cayendo como un ritual barato que el Ayuntamiento católico concedía a los cadáveres de izquierdas, como el único lujo pobre de aquel entierro, y más que de Blas la verdad es que se hablaba de todo lo que estaba pasando en España, y nos fuimos de allí, después de haber dado la mano a noventayochistas, masones, socialistas y liberales laicos, que eran la nueva familia enlutecida del recién llegado, nos fuimos sin mirar para atrás, agarrados a nuestros paraguas como a las asas de la vida, por si acaso, y la lluvia ya no era una lluvia funeral, sino, otra vez, la lluvia fresca, alegre y viva de los vivos.

A los pocos días me llamó Juan Diego para un gran homenaje a Blas de Otero en la plaza de toros de las Ventas. Fue en un atardecer de oro azul y tiempo quieto. Todos los barrios de Madrid acudían manantiales a la gloria del poeta. Llenamos la plaza. Desde un alto tinglado, fui presentando a los poetas y artistas que actuaron. Luego, me quedé con Gual-

berta, cogidos de la mano, a la sombra de la enrama-
da humana, oyendo versos, canciones, aplausos, oyendo sonar los carillones del cielo a esa hora en que
aparecen las estrellas, como si allá arriba alguien
hubiera encendido los candelabros para una gran
cena. Ana Belén volaba, cantando, entre la noche y el
día. Estábamos a oscuras y el personal había encendido cerillas, miles de cerillas (ahora la fiesta era
aquí abajo), en inmensa arandela alegre y triste, velatorio del poeta muerto, fiesta parada de varias generaciones. Ana Belén volaba con un ala de día y otra
de noche. Yo alumbraba al poeta de turno con una
cerilla para que leyese sus versos, y cuando la cerilla
me quemaba las uñas era cuando habíamos llegado a
tocar el alma de fuego del muerto, de Blas de Otero,
que cruzó en algún momento el aire como una de
esas avionetas con cola de anuncio. La cola era uno
de sus versos marazulmahón. El pueblo, el pueblo, el
monstruo, la horda, de que ya se ha hablado en este
libro. El pueblo era por aquellos años el mayor espectáculo del mundo, la multitud mirándose en el espejo
de otra multitud, porque hacía siglos que no nos veíamos las caras sonrientes.

Aparte sus concentraciones de la plaza de Oriente,
aparte su plazaorientalismo, Franco había tenido al
pueblo secuestrado, al minotauro mal encadenado en
su laberinto, y la gran fiesta de por entonces, de la
que nadie nos dábamos cuenta, era contemplar esa
diosa desnuda, jamonaza y solemne que es la multitud. Desgarró la noche algo que huía raudo por el
cielo, y recordé los versos de Blas de Otero:

> *Pasa un avión*
> *—cabrón—*
> *a reacción.*

De madrugada, Gualberta y yo acabamos en El
Sol. Un astro de espejos, el humo de la droga por el
aire, como ropa, gente que entraba y salía mucho de

los lavabos. Licaria y Sabela estaban en un rincón, fumando y sin mirarse, sin hablar. Muy juntas, pero silenciosas. Buen englobe tienen ésas, pensé. Tocaban los Pegamoides. Olvido era un piel roja con tetas y el Berlanguita tenía en sí toda la ligereza esbelta y desinteresada de la música, Licaria vino a saludarnos, a darnos sus besos de muñeca y harina, a pedirnos tabaco, fuego, un trago, mil pesetas, cosas. Luego volvió con su silenciosa y dorada amante de ojos parados en azul. La noche hacía a Sabela un poco más densa, pesada, adulta y vulgar. Finalmente, Gualberta y yo paseamos de la mano por una Gran Vía negra y luminaria, llena de anfetamínicos, travestis, pintadas, mendigos portugueses, putas antiguas, sisleros, pósters políticos y cuchillos. La madrugada olía ya, dulcemente, a sangre y democracia.

La Utopía estaba ardiendo, pues, en las plazas de toros, en los mítines de Carrillo, en los conciertos de Ramoncín, en el pelo de Carmen Díez de Rivera, en la hoguera blanca que era el padre Llanos, en la palabra abacial y violenta de Tierno, en la buhardilla de Gualberta, en las cenas de El Bosque y en la melena plata y colombina de Rafael Alberti. Íbamos hacia la Utopía para no llegar nunca, y sólo siglos más tarde comprenderíamos que la Utopía la habíamos vivido en aquellos años, que la Utopía vive siempre en el pasado, «éxtasis del tiempo», según el lírico, fascista y misterioso Heidegger, que la Utopía no era ninguna conquista, sino que éramos nosotros, madurados por las cuatro estaciones, la Resistencia, las cárceles de Carabanchel, el sol negro del franquismo, la primavera de Praga, el verano sangriento, el otoño de la dictadura y el invierno alegre de las estaciones con los retornados del exilio, los retornados de la muerte y el cruce de trenes de la transición. Hasta que hubo un partido, el socialista, que supo poner en limpio y en orden todo aquello mediante el naïf irónico y sabio de sus pósters con palomas ancianas y felices, divorciadas paseando por el arco iris, rosas y puños que hacían del mundo un Retiro mucho más grande, imaginativo y reventón, lleno de niños voladores, guardas dormidos, viejas con alas y perros ecologistas. Comprendí en seguida que lo de Felipe González, aquel garzón que Tierno no había visto venir (ni nadie), era la Utopía en tintas planas, el invento de un Chagall con carnet.

A Hafida la conocí almorzando en casa del arquitecto Miguel Fisac, en Cerro del Aire, Alcobendas. Hafida era embajadora de Argelia en Madrid. Había sido guerrillera de la revolución, en su país, y hablaba un francés oscuro, insinuante y africano. Hafida era una mujer de belleza salvaje y contenida, de cuerpo educado y violento. Yo diría que había aún, dentro de su elegancia parisina, un guerrero cartaginés. Y éste era su encanto. Kelladi, el embajador, era un hombre moreno y simpático, siempre enredado en su mal español, sus secretos diplomáticos y sus confusiones sociales. La Embajada, en Puerta de Hierro, se erigía precipitante, como un barranco de espejos, salones y piscinas que descendían, en vértigo inmóvil, hacia el profundo jardín. Yo creo que a partir de aquel jardín podía empezar a visitarse Argelia. Había en él grandes palmeras que crecían horizontales, donde sentarse, y un fondo de dragón verde, negro y quieto. En las cenas de Hafida, con cuscús y mucha política, veía yo siempre a Luis González Seara, profesoral y engolado por su incipiente papada. A Joaquín Garrigues y Antonio, a los Tamames, a Juan y Carmen Garrigues, a la Massielona, a todos los periodistas de la izquierda, a Carlos Saura y Mónica Randall, a María Cuadra y su marido, Eduardo de Santis, con algo de Mastroianni, a algunas gentes del cuerpo diplomático, que se desencolaban del moblaje humano de la fiesta por su sonrisa de camareros y su conversación de chóferes bien educados.

Emboscados en el jardín, en verano, en una grata conspiración de velas y vinos moros, o en torno de las chimeneas desesperadas, en invierno, los Garrigues, los Tamames, los otros Garrigues, Guido Brunner, embajador de Alemania Oeste, lozano, sabio y simpático, a salvo de la tediosidad planchadísima de sus compañeros de oficio. Ya tarde, cuando quedábamos los cabales, bajábamos al inopinado sótano de la casa, y allí Carmen Tamames, Carmen Garrigues, la Massielona y Hafida bailaban música «andaluza», o sea, el poso árabe y complejo de una remota juerga medieval y melancólica. Joaquín Garrigues, la gran esperanza política de la familia, tenía el flequillo infantil, la sonrisa irónica y cansada, el cuello de lazo torcido y una mano elegante y olvidada sosteniendo un cigarrillo. Era ese hombre del que se espera mucho y se teme todo, porque había en su conversación mucha sabiduría irónica, mucha política con futuro y mucho capitalismo racional y racionalizado. Pero, por otra parte, tenía una manera de hundirse en los polvorientos divanes de aquel sótano, una manera de vencerse que le hacía rehén de un cansancio como familiar, heráldico, vital, genealógico y elegante. Uno, que se ha pasado la vida entre políticos, sabe que eso está bien y *resulta* en un escritor, pero es ya casi disipación en un político. Joaquín fue ministro con Suárez e hizo la M/30. ¿Cómo aquel hombre débil e indiferente pudo emprender tan formidable y espantosa máquina?

Si Joaquín (casado con una hija de Areilza) era la debilidad actuante, el cansancio inteligente, su hermano Antonio era y es la fortaleza optimizante, el hombre de sonrisa dura e instantánea, capaz de tomar atajos, equivocarse gloriosamente y empezar todos los días. En sus idilios políticos llegaría a aliarse, tiempo más tarde, con el catalán Roca, que nunca le tomó muy en serio. Antonio tenía prisa por hacer algo urgente, que ni él sabía lo que era, y, mientras lo iba decidiendo, hacía otras muchas cosas que no eran ésa, la que él buscaba, y claro, se cansaba de ellas en seguida. Uno no le llamaría frívolo, sino que yo veía y veo en él esa tenacidad inconstante del hombre que quisiera hacerlo todo, porque todo le reclama. A esta suerte de corazón proteico suele llamársele frivolidad, con toda injusticia. Quizá Antonio era el más profundamente cordial, el más celéricamente amistoso de todos los hermanos. Juan, casado con Carmen Díaz-Llanos, tenía el cansancio de Joaquín y la inconstancia de Antonio. Juan era sobrio, irónico, bogartiano, altanero sin verdadera altanería y ambicioso sin verdadera ambición. He conocido a muchos Garrigues (la saga es interminable), pero siempre me interesó el estudio de estos tres hermanos (estudio comparativo), que provocaron o padecieron el rubro de «los Kennedy españoles», no absolutamente equivocado. Aunque la identidad se dé más en lo negativo. En todo el clan Garrigues veía yo la posibilidad de un capitalismo racional, frente al paleocapitalismo español heredado de Franco. Y una de aquellas noches se lo dije a Joaquín, mientras las mujeres bailaban «andaluz», cachondas todas de enredarse con su sombra: «Ya que aquí no vamos a salir de ricos, mejor vuestro capitalismo racional que este jaleo de millonarios ágrafos que nos ha dejado Franco.»

Era la hora en que a Hafida le salía la bruja, la hembra africana llena de soslayos y silencios. A mí me envolvía en una gran capa negra de bordado árabe y bárbaro, que no se nos enfríe el escritor, y todos teníamos la sensación, sin saberlo, de que nos estaba envenenando la mujer sin edad ni identidad, pero tampoco nos importaba demasiado morir y bebíamos con alegría y desvelo enfermos los últimos licores que la noche destilaba en las mínimas copas de Hafida, eterna y delicada artesanía del desierto, y probábamos sus dátiles argelinos, carnosos y dulces, con un sabor verde, recargado y cálido (por navidades y así me enviaba Hafida a casa una caja de dátiles).

Era también la hora en que Ramón Tamames y yo discutíamos de Pío Baroja. A Ramón le gustaba y le gusta mucho Baroja (es invariable en sus gustos, aunque no en sus políticas). Yo creo que a Ramón le gustaba Baroja como a Marx le gustaba Balzac. El político le hace al novelista una lectura sociológica. En cuanto a los reparos literarios y la andrajosa escritura del vasco, Ramón sólo me contestaba a eso confusamente o con su rápido humorismo de colegio mayor. Tamames fue un comunista científico que tenía en su casa un enorme grabado de Marx, junto a la mesa de trabajo. Ha vivido siempre saltando de una a otra orilla de la Castellana, como ha saltado de partido, tenía un piso en cada lado. Tamames fue la clase media alta, la modernidad de los profesionales asumiendo un marxismo de laboratorio que él llevó a la facticidad y la cárcel. En su peinado colegial, en su deportivismo, en su manera de descorchar el champán, había un eterno estudiante que sin duda iba a optar siempre por lo más peligroso: el alpinismo y el comunismo.

En la actuación política directa (toreamos juntos algunas tardes) era de una eficacia celérica y entusiasmante. Entraba directo al tema y esto no sé si le venía del deporte o de la sobriedad del discurso marxista. Yo creo que más bien le venía de su especialidad. El economista puede construir su discurso mediante datos, mediante cosas, poniendo objetos sobre la mesa, mercaderías, fusiles, billetes, naranjas, una tonelada de cemento, un niño analfabeto. Luego esconde estas cosas y saca otras, pero sin prestidigitación, sino en un juego limpio, expositivo e incontestable como lo son siempre los hechos, con su famosa testarudez. Si Francis Ponge dijo que el poeta no debe dar nunca una idea, sino una cosa, el político debiera alternar cosas e ideas, pero los políticos que no están doblados de una especialidad, que son casi todos, no tienen más que palabras, las viejas, gastadas, prostituidas y desacreditadas palabras de la tribu. Ramón hizo mucha andadura política porque era el único que se explicaba con manzanas mejor que con ideas, como en el colegio. Luego había en él una insistencia alegre, un optimismo testarudo, una fijeza que era autoridad (y que no contradice para nada su exterior labilidad política). Ramón, marxista católico, economista literario, creía en Baroja, en Marx y en otras cuantas cosas que se resumían en una sola: creía en sí mismo.

Era el campeón nato de la vida, con sus ojos verdes, su sonrisa rectangular y su mandíbula de jugador de rugby que acaba de quitarse el casco. Hasta se presentó al premio Planeta, con una novela que no lo era, *Historia de Elio*, y quedó finalista:

—No me lo han dado por rojo —me dijo.

A mí me había dado el original a leer, previamente, y le desaconsejé el concurso. «Al final me he presentado, pero la he cambiado mucho, ya verás.» La leí y no había cambiado nada. Es lo que suele pasar con los discípulos de Baroja. Viviendo en doctor Fleming, se bajaba todas las noches, con su jónico/dórica Carmen, al cercano Mau/Mau, a bailar entre los fascistas de smoking, hasta que un día tuvo una pelea. Ramón era el atleta de la vida que tenía que vivirlo todo y hacerlo todo compatible y hasta connecesario, y quizá por eso veía yo en él la corporalización musculada del eurocomunismo de Carrillo, mera teoría: Ramón, con su dialéctica marxista y su smoking, con su novela y su alpinismo, con su Carmen babilónica y su Estructura económica de España, estaba viviendo ya en eurocomunista. Quizá ha sido el primero o el único en Europa. No creo que Berlinguer, a quien también traté un poco, lo hubiese entendido tan bien como él. Y salíamos del seno de Hafida a un Madrid inviernoestival, en la madrugada sepulcral de Puerta de Hierro, embrujados por la argelina profunda, envenenados de sus licores, su francés y su música. Quizá muertos sin saberlo.

Estábamos con Ramoncín fumando un rato y luego nos pusimos a abanicar por si la pasma, hasta que nos abrimos, Gualberta venía con nosotros, para afa-

nar algo por ahí, pero Gualberta quería ponerse alta
y había que encontrar la manera de ponerla alta, no
sea que se nos amuermase, de momento le pasé unas
anfetas para la cosa de la bajada, y ya en el Ruiz nos
reunimos con la basca, lo cual que Gualberta no paraba de pedirme bisontefield, vaya noche que tenía
Gualberta con el bisontefield, ella los porros se los
hacía de bisontefield, mayormente, y por cierto que
le solían quedar trompeta, por lo trompeta que le
quedaba el porro veía yo lo pasada que estaba Gualberta, Ramoncín, que había desaparecido un momento (Ramoncín practicaba mucho la estética de la de-
saparición, como diría el bujarrón ese francés que lo
dijo), volvió con blanca suficiente para toda la noche,
me parece que también estuvimos en La Bobia, por
el Rastro, que había allí una jai en bolas probándose
ropa vieja, y estaba con ella el bollacón que se la
tiraba, muy bordes las dos, había algo en el ambiente, no sé, Suárez había dimitido, estuvo duro, seco y
hueco por la televisión, no explicó nada, iban a poner
a Calvo Sotelo, y en este plan, yo no tenía clara la
cosa política, veía maderos y militares por todas partes, esta democracia está ya hecha una braga, me
dijo Ramoncín, el más politizado de los rockeros, luego estuvimos buscando un buga guapo, por Progreso,
que a Gualberta se le daba bien lo de abrir bugas y
aquella noche estaba antojadiza, era uno blanco y
deportivo, demasiado, aquí pasa algo, Ramón, aquí
va a pasar algo, Ramón, en estos momentos estamos
sin presidente, estamos sin Gobierno, estamos sin
nada, y el país no se entera, pero Ramoncín iba con-
tando la pela del burle de por la tarde, que había
dejado limpios a los camioneros, como siempre, y se
limitaba a asentir con la cabeza a lo que yo le decía,
para no perder la cuenta, y Gualberta conducía a
toda galleta por la carretera de La Coruña, aquello
de la velocidad parecía que le había calmado el mono,
aunque antes o después acabaríamos buscando caballo, y mientras nos matábamos o no, que la Gual iba

a doscientos, recordaba yo cuando conocí a Ramoncín, que ya se ha contado aquí, la vez que nos hicimos amigos, en aquella fiesta de Vallecas, él con sus calcos blancos y marrones, una cosa muy propia para el verano, aquella cosa de novillero intelectual que tenía entonces, íbamos los tres en el único asiento del coche y Ramón le prometió a Gualberta que su camello, Douglas Fairbanks, aparecería al día siguiente con material para todos, pero la Gual iba ahora ceguerona de velocidad, con la mano izquierda en el volante, siempre a doscientos, y la derecha en mi braguета, acabamos en el Casino de Torrelodones a jugarnos lo colorado, que por algo lo recontaba tanto Ramón, pero estábamos tan colocados que el dinero que ganamos nos pareció normal ganarlo, en ningún momento se nos había ocurrido perder, el croupier era un crudo, pero Ramoncín le hizo bien los pases, mucho lo tuyo, cuerpo, y luego otra vez carretera abajo, a ver a los chaperos de Boccacio, y al entrar en Madrid volvía yo a sentir que nos metíamos en la ciudad sin ley o en una trampa de los tramperos de Arkansas, que esto está raro, Ramón, ahora resulta que vamos a añorar a Suárez, Mingote lo había escrito en el *ABC*, con Suárez vivíamos mejor, los chaperos de Boccacio estaban repartiéndose una china para todos, muy espitosos, como siempre, y eso que algunas noches caían por allí los estupas, por si las flais, y luego me percaté de que aquello era una noche de lecheras y maderos, ¿ves, Ramón, como algo está pasando?, pero Ramón lo veía mejor que yo, Ramón era un fino y lúcido y rampante y peligroso animal nocturno, así como de día era un tío legal, el que más, noche de matados y membrillos, peligrosa para hacerse con mierda, y en Boccacio, planta de abajo, seguía la «*miusic*», *new wave* mayormente, que era lo del momento, Gualberta y yo bailamos un poco en la pista, entre chaperos y retablos, y le metí la mano por el escote hasta magrearle las orejas, de no haber estado ella con el mono ya llevaríamos dos horas follando en su cama, hasta que de madrugada nos quedamos los tres pasmando en la plaza de la Villa de París, más una putuela guarreta que se había traído R. de la disco, los cuatro cambiando quesos en un banco con palomas dormidas, aunque ninguno de los cuatro éramos redondos, y luego otra vez venga de rular y ronear, que la noche nos iba volviendo un poco sadocas/masocas y ya estaba bien de salsa, la noche vampiriza y de madrugada uno ya no se reconoce a sí mismo, la noche nos hace como enemigos de nosotros mismos, yo estaba loco por irme a sobar, que nos habíamos quedado tiesos, pero volvimos a trucar cantidad con el buga de Gualberta, digamos que de Gualberta, que para ella tenía mucho vicio, hasta que a Ramón y su guarreta los dejamos en el Retiro, que iban a follar, y nosotros dos, completamente zumbados, viajamos hasta la Fuente del Berro y la Gual dejó el buga en una calle estrecha, mal aparcado contra otro y con la puerta abierta, el que se lo lleve ahora que cargue con el muerto, cruzamos el parque hacia la casa de Gualberta. Eran las siete de la mañana.

El día siguiente a la noche que aquí se ha contado, lo pasamos Gualberta y yo durmiendo. Ya a última hora de la tarde, salí yo del pequeño baño, de arreglarme un poco para ir al periódico, cuando Gualberta, desnuda sobre la cama, me dijo:

—Me parece que no debes irte. Mira.

Tenía encendido su pequeño televisor en blanco y negro, con una esquina rota, y en la pantalla se veía un guardia civil con bigote y tricornio y una pistola en la mano, en el Congreso, hablando y amenazando desde la tribuna de los oradores. El sonido directo y la filmación como casual, fragmentaria, bamboleante, le daba una mayor brutalidad a la escena. Era como el desgarramiento repentino y múltiple de las Cortes, caras sueltas de políticos famosos, unos sentados y otros de pie, alguno cobijado detrás de su escaño, las palabras confusas y desentonadas del guardia civil, dos números del cuerpo amenazando con sus fusiles a los parlamentarios (los de la primera fila tenían las manos sobre la barandilla, muertas, por orden de aquellos guardias, las manitas, las manitas), era como una película muda, mala y absurda, de propósitos quizá cómicos, pero no logrados, sólo que con la ominosidad añadida de unas voces duras e incultas fonéticamente, distorsionadas por el directo, que llegaban como piedras primeras, como la cantea primitiva contra la superficie tersa y tensa de la democracia y el silencio, un silencio de cine mudo, sí, de España muda, toda la Historia otra vez muda, anulada, abolida, y sonando en sus oquedades la voz de un hombre armado, inesperado y vulgar, se sienten, militar, por supuesto, coño, retazos del tartamudeo bronco de aquel hombre charolado y negro, el tartamudeo mismo de la violencia, que siempre es una interrupción del discurso eterno y armonioso de la humanidad, incluido el tartamudo. Me senté a los pies de la cama y mirábamos en silencio.

Comprendí de pronto que la visualidad exasperada de nuestra cultura fin de siglo es barbarie. Estábamos asistiendo al desgarramiento de la democracia en pedazos, investidura de Leopoldo Calvo Sotelo, aquella toma fragmentaria y milagrosa, unas decenas de hombres en bamboleo, los sonidos pedregosos del directo, la pistola en alto del guardia, parecía el mal ensayo de una mala película muda de un siglo atrás. Luego, el forcejeo vil por derrumbar a Gutiérrez Mellado, la intervención decidida y valiente de Suárez, y al fin todos quietos, España firmes, España otra vez firmes, esperando la autoridad militar por supuesto que no llegaba nunca, qué hondo y neutro vacío histórico, qué gris y crispada tregua del mundo en su girar, qué espacio inconfesable, letal y hueco en cada una de nuestras vidas, unas horas que no vivimos nadie, que desde entonces nos faltan a todos en nuestra biografía, un tiempo que nos fue robado (ya que no la democracia, al fin) por nada y para nada, una foto arrancada por una garra del álbum familiar de España. Los peces de Gualberta viajaban circular y sedosamente por la pecera. Quizá fue lo único que no dejó de girar en el mundo, durante aquellas horas. Algo de aquel horror militar había respirado yo la noche anterior, y se lo dije a Ramoncín.

Yo tenía cogidos los pies desnudos de Gualberta, y los acariciaba sin mirarla a ella, pies de Cristo femenino y joven. Luego, la ausencia del que no llegaba se hizo hueco ominoso, vacío que podía llenarse con lo más espantable. La no llegada de nadie fue más terrible y fáctica que todas las llegadas. Y el Rey ¿estaba secuestrado también? Santiago Carrillo permanecía sentado en su escaño. «Sabía que iban a matarme el primero y un escaño no me habría defendido», me diría luego. Así, el espacio neutro de la

espera fue cobrando forma, grandiosidad, peligro. La
nada se metamorfoseaba. O se nadificaba, como hubiera dicho Sartre. La democracia en pedazos como
jarrón de un vidrio —la Utopía— que realmente no
había existido nunca. La libertad en dispersos añicos.
Todo se resolvía en un cine mudo y mal hecho, ni
trágico ni cómico, incoherente, sobre el que sonaban,
de manera anacrónica, las palabras/guijarros de los
hombres brutales de la ficción. Gracias a aquella filmación casual, clandestina e interrumpida, tuvimos
la imagen viva y directa de la fragmentación de España, el espejo roto en que se miraba un hombre de
mostacho y tricornio con gesto ya espantado e inde-
ciso (el horror también tiene su medida, su tiempo y
su tempo: parece que algunos diputados ya pedían
desayunos). Y de pronto el Rey, mayúsculo, vestido
de Rey, dándonos un mensaje libertador, firme y la-
cónico. Gualberta se puso en pie, me besó en la boca
y les dio de desayunar a los peces, que volaban a la
superficie, a por su alimento en motas, con alegría,
libertad y voracidad.

Otra vez el monstruo en la calle, la calle en la calle,
un millón de madrileños en inmensa cola, la multitud,
ese ente de nuestro tiempo, la gran creación mitológica del XIX, mirándose su dimensión, su corpulencia,
la complicada musculatura de un dios nuevo, Madrid
contra Tejero, la osatura prehistórica y actualísima
del único dragón que jamás ha existido: la multitud,
hidra irrumpida en la Historia que descubrieron con
espanto y fervor aquellos caballeros románticos: Bau-
delaire, Poe, Whitman, Kafka... La manifestación había nacido por Legazpi o así, el monstruo del lago
Ness siempre nace del lago legamoso de la ciudad
profunda, y ahora estábamos en lo alto del escalextric de Atocha, formidable y espantosa máquina,
equis de hormigón con que el llorandero Arias Na-

84

varro, cuando alcalde, había tachado la hermosa plaza y la estación modernista.

Nunca imaginara él que aquel paso aberrante, aquel puente suicida iba a permitir pasar, de una orilla a otra de Madrid, a aquello que él hubiese llamado la horda. Por lo menos parece que el puente aguanta, Arias se ve que hacía bien las cosas, decían los paradójicos de esquina. Era una marcha lenta y festiva, densa y decidida, una profesión laica como jamás la había conocido Madrid, poco dado a procesiones. Yo iba en un grupo con Ana Belén, Rosa León, José Luis García Sánchez y otras gentes del espectáculo. (Gualberta estaba con las juventudes comunistas.) Desde lo alto del escalextric yo veía, por el cielo anochecido, un febrero sereno y con filo, como algo que iba rasando la violencia de los hombres y el fervor de la Historia.

Anochecer de febrero, casi provinciano, con farolas fernandinas y una primera ola de primavera por los parques. Tarde cualquiera de la vida, monstruizada de pronto por la invasión de la gente y la Historia. ¿Adónde se había escondido, replegado, agazapado el romántico anochecer madrileño, con parejas del brazo y niños como tristísimos forajidos de la noche y sus juegos? Entre la multitud, la confusión de las generaciones, la masa negra de las abuelas de la guerra, todavía, entretejida con el oro popular de los jóvenes y la hombría silenciosa y grisalla de los que nunca se pierden la ocasión de estar presentes en el pirograbado de su época. Familiones con niños y rockeros con motos.

Ya por el paseo del Prado, Aurora Bautista, con mantilla blanca de madroños, se cogió de un brazo de Buero Vallejo y de un brazo mío. La gente de las aceras nos reconocía (pueblo mirando al pueblo), nos aplaudía, nos llamaba por nuestros nombres. Y Buero Vallejo lo dijo, quitándose la pipa de la boca:

—Resulta que hemos armado este jaleo para que Umbral firme autógrafos.

Así era y es su humor seco. En la plaza de las Cortes, que no es plaza, sino calle, que no es calle, sino carrera, la de San Jerónimo, fin de trayecto y Rosa María Mateo, como en una gloria de focos y leones, leyó un mensaje valiente y breve, por los micrófonos y los altavoces, a la multitud. La democracia natural había triunfado sobre la conjura, el pueblo inerme sobre el enigma de las espadas. Estaba yo otra vez con Ana Belén y su grupo. Cercanos a Marqués de Cubas, decidimos salir a Alcalá por aquella estrecha calle. Metros más adelante, unos adolescentes ultras, con aquel aire entre irónico y criminal que les definía, nos cerraban el paso sin aparentarlo. Sin duda nos habían conocido. Yo pensé en perderme de nuevo entre la multitud de la plaza, pero Ana nos ordenó a todos cogernos de la mano y salir corriendo y cantando hacia Alcalá. La guerrillera del bajomadrid había despertado de pronto en ella y esto me hizo amarla un poco. Los ultras, que no contaban con aquel ataque festivo, quedaron atrás.

Llegados a Alcalá, nos despedimos con besos banales, como si no hubiéramos vivido juntos un momento eterno y fuerte, un momento histórico de todo un día y de todo un millón. Tomé en marcha un autobús que bajaba desde la Gran Vía. En la luz amarilla del autobús, unas gentes cotidianas y como distraídas regresaban del trabajo. Sentado junto a una ventanilla, comprendí que, efectivamente, la Gran Historia es siempre un pequeño asunto que sólo nos interesa a unos pocos.

Los exiliados habían empezado a volver poco antes de la muerte de Franco, en principio los que tenían una significación más literaria que política. El primero que recuerdo (no sé si el primero que vino, aparte la masa anónima de los que se fueron con pena y retornaron sin gloria) es Alejandro Casona, a quien habíamos interpretado por la radio con su verdadero nombre, me parece que Alejandro Rodríguez, para evitar la censura. ¿Y cómo podía tener censura un señor tan cursi, un Giradoux pasado por el gaitero de Xisión, un Marcel Aymé manierista? Su única obra política, *Nuestra Natacha*, se la vimos luego representar a Nuria Espert, que lo hizo sujetándose mucho los ovarios con unas manos crispadas, que es su manera de dar lo trágico femenino: cuando dicen eso de que ser socialista consiste en hacerse uno su propio pan, por el teatro pasa como el ala ruborosa y general de la vergüenza ajena. La verdad es que la censura y el exilio nos habían fabricado un zodíaco de signos convencionales donde todos los valores eran un primer valor. Claro que los niños de derechas les habíamos leído en Losada y sabíamos ya que, con o sin exilio, los buenos son los buenos, tres o cuatro, en México, aquí, en Argentina y en el cuerno de África.

Con Casona hablé varias veces en los teatros de Madrid. Seguía siendo un maestro de aldea asturiana y los pantalones le caían sobre los zapatos o zapatones en un sobrante amontonamiento de dobleces. Le pedí que le dejase hacer a mi fotógrafo algunas fotos del estreno (sus primeros estrenos fueron mítines lírico-políticos), como se hace siempre, y me dijo:

—Es como si usted me dice que, en mitad de la

función, va a pegar tres disparos en la sala. No puedo consentírselo.

Creo que ni Shakespeare se hubiese negado a lo de los fotógrafos. Shakespeare menos que nadie. Otra vez me hablaba Casona de una inminente operación:

—Me ha dicho el cirujano que solamente tiene que meterme un dedo en el corazón, y yo le he dicho: ¿a ver cómo es su dedo, doctor?

•Lo del dedo resultó, pero, de todos modos, Casona moría poco después, del corazón, en una confusión de familias y enfermedades, no sin antes haber subido al palco de doña Carmen Polo de Franco, que había ido a uno de sus estrenos a fuer de paisana y a fuer del lirismo para señoras (vanguardia vieja de entreguerras) que nos daba a comulgar el mítico. Cuarenta años de exilio perdidos por una biselada e instantánea sonrisa del enemigo. Después de muerto, las obras de Casona, el gran autor de la Resistencia y el destierro, vinieron a llenar el vacío de Benavente, Paso y todo el viejo teatro burgués para el público de media tarde y medio pelo. España necesita siempre un dramaturgo y un torero en quienes reconocerse, y al maestrillo de izquierdas le tocó la gloria de derechas, pero Buero Vallejo era mucho más subversivo que él y Mihura mucho más lírico y más puro.

Después me parece que vino Zamacois, de quien yo no había leído nada y que nunca me interesó. Me lo dijo González-Ruano en Teide:

—Léalo usted hoy, Umbral, y verá que queda de cretona.

El viejecito de cretona era un dandy de pelo blanco, delgado en sus trajes bien hechos, con una esposa que era una mosca mareada de galas argentinas. Zamacois creía que un escritor como él tenía que estar haciendo frases todo el tiempo, y me decía cosas así:

—Ah, Umbral, la atracción de la acera de enfrente.

Me llevó a la plaza de Santo Domingo a ver la casa donde ocurría una cierta novela suya, *Punto ne-*

gro, que yo ignoraba en absoluto. Luego me pidió que le llevase al Rastro y me dijo:

—Pero éste es un Rastro sin mierda. No es el mío.

Quizá pensaba que nos habíamos pasado cuarenta años abanicando su mierda para que no se la comiesen las moscas y las excavadoras. Anduvo en un vaivén Madrid/Buenos Aires y por fin murió allá. Tiempo más tarde, un crítico escribiría que yo era un discípulo de Zamacois, lo cual sería una avilantez si no fuese una grave inexactitud en un erudito de la literatura del siglo. O sea que la guerra civil, que tanto nos une a los españoles, seguía en marcha.

Luego vino Andrés García de la Barga, que era pariente de Ramón Gómez de la Serna y se había puesto de pseudónimo Corpus Barga, porque nació el día del Corpus. Estos ateos españoles eran así de reverenciales con los fastos de la Iglesia. Corpus Barga llevaba mucho tiempo escribiéndome desde la Universidad de San Marcos de Lima, donde dirigía la Facultad de Periodismo. Sus cartas y su caligrafía eran largas y enredadas, muy literarias e interesantes, como su misma prosa, que yo ya conocía (siempre había hecho un periodismo literario e internacional, que fue elogiado incluso por Juan Ramón Jiménez, quien llegó a publicarle algo, creo que el reportaje de un audaz vuelo en avión). Luego empezaron a salir sus tres tomos de memorias madrileñas, donde practicaba la escritura continua con eficacia, fuerza, riqueza y fascinación. A Madrid vino de chapiri y zapatillas de cuadros, porque se le hinchaban los pies. Iba yo a buscarle a casa de unos parientes suyos, en Lista/Ortega y Gasset, y tomábamos café. Corpus salía de enfisema y bastón y también hacía frases: «En el *Tenorio* hay versos y citas para todas las situaciones de la vida.» «La fascinación por la mujer no se pierde ni a mis noventa años.» Éste sí era un escritor, aunque sus novelas eran muy malas. Aquí no lo conocía nadie, ni siquiera la censura. Luego, cuando le descubrió el oficialismo literario de izquierdas, que es peor que el de derechas, Corpus no volvió a acordarse de mí ni me citó nunca en las entrevistas que le hacían. Pero conservo sus cartas donde me dice que soy el único escritor importante de la España que él lee desde América. No digo que los viejos sean unos cabrones, pero sí que la vejez es una cabronada.

A Jorge Guillén lo había conocido en Valladolid, años cincuenta, en una de sus venidas silenciosas. Me firmó entonces la edición definitiva de *Cántico*, que acababa yo de comprar, y no olvidaré nunca sus calcetines cortos, marrones y arrugados, que me hicieron pensar, en mi conciencia adolescente, que aquel individuo era un impostor que se hacía pasar por Jorge Guillén, por el poeta poderoso y luminoso que me había abierto el libro del mundo en grandes bloques de claridad, firmeza, hermosura, perduración y equilibrio. Guillén, el paisano, fue quien metió más luz y orden en mi adolescencia confusa y grisalla. Pero aquellos calcetines... Luego me escribió toda la vida: desde Estados Unidos, desde Italia, desde Málaga. Se veía que me leía (y me valoraba) mucho, no sé por qué. Volvimos a encontrarnos, en Madrid, siglos más tarde, en casa de su hijo Claudio. Por cierto que, después de muerto Guillén, Claudio me escribió un día una carta emocionante explicándome lo mucho que su padre hablaba de mí, y que sólo una vez me había formulado un reproche: «No se puede al mismo tiempo juzgar y jugar.» Yo pude haberle contestado a Claudio: tu padre, al entregarse a esa aliteración, está *juzgando* y *jugando*. Pero no valía la pena, porque Guillén ha sido una piedra de claridad y un aviso de rigor en mi vida, desde la adolescencia a esto que casi pudiéramos llamar ya la vejez.

Max Aub se presentó firmando ejemplares de su comedia *No* en Cult/Art. Cult/Art fue otra de las múltiples empresas transicionales y frustradas del mirífico Joaquín Ruiz-Giménez. Ruiz-Giménez es una gran figura histórica que está entre democristiano de los buenos tiempos y Virgen de Lourdes. De hecho, dicen que les llevaba agua de Lourdes, para sanarles, a los chicos peleones del SEU, cuando los grises de Franco les quebraban las alas de ángeles azules. Cult/Art acabó como boutique vaquera donde Eduardo Haro-Tecglen, el genio intelectual de la Resistencia y de la revista *Triunfo*, nunca encontraba su talla. Hoy, el sitio me parece que es una hamburguer. Max Aub era un señoruco bajo, extranjero, perrigato, feo y achinado. Una tarde nos leyó una comedia en un saloncillo de María Guerrero lleno de gente. Buero Vallejo escuchaba en silencio y Nuria Espert, siempre Estatua de la Libertad de izquierdas, le sostenía el flexo/antorcha a Max Aub. La comedia era socialrealista, marinera y coñazo.

A Ramón J. Sender lo llevé una vez a televisión y tocaba el culo a las azafatas. Jamás fui capaz de pastar su prosa, y encima se había hecho proyanqui, según veía yo por sus artículos de *Destino*. Rosa Chacel se puso de largo en la España libre con una charla en la Fundación March donde dijo que en España no había encontrado un solo valor nuevo después de la guerra. En primera fila tenía a Julián Marías, Miguel Delibes y Antonio Tovar, paisanos suyos y que eran quienes la habían traído. Era una especie de Mary Poppins centenaria que había jugado a la Virginia Woolf de la *Revista de Occidente*. Un día me dijo que la beocia franquista había puesto «Malasaña» a una calle de su barrio, nombre que le parecía siniestro. Ignoraba quién fue Manolita Malasaña, heroína popular de aquellos barrios cuando la francesada.

Ernestina de Champourcin, viuda de Domenchina, había venido unos años antes, de silencio y luto. A mí me habían gustado mucho sus poemas de otro tiempo, pero ahora era una anciana callada y negra, con el oro de los lentes, finísimo y circular, iluminándose en un sol que no era el de Madrid, que quizá era todavía el sol de México. Francisco Ayala era un hombre a media voz, una literatura a media voz, un retrato que habría que hacer a media voz, una voz a media voz. A Largo Caballero lo metieron por Cartagena, con la chistera de los muertos puesta. A Llopis lo trajo el PSOE del exilio con una maleta de madera, como maleta de soldado. Altolaguirre se mató de accidente nada más llegar. Luego estaban los que no habían vuelto nunca, sino en sus libros. Barea en la novela y el comunista Juan Rejano en la poesía. Volvió don Américo Castro, éste sí que sí, maestro de la Historia y la ironía, aunque Borges había escrito de él que tenía «prosa de almacén». Castro, por lo menos, nos trajo algo, la palabra «conflictivo», que luego se ha usado tanto por todos y sin saber por qué ni de quién. Y vino sobre todo José María Valverde, que se había ido voluntariamente cuando echaron de la cátedra a Aranguren. Se fue con una frase: «Sin ética no hay estética.» Se refería a las respectivas disciplinas que profesaban uno y otro. Poeta entrañadísimo y fluyente, bondad omnisapiente, lírico rumiante en todas las lenguas/idiomas, volvió nada menos que de Canadá diciendo que yo era admirable, impar, y se sorprendía de que aquí no me hiciesen demasiado caso.

Luego, cuando Valverde ha ido conociendo la lobreguez y la fuerte saña de la vida española, me parece que ya se sorprende menos. Quedó claro para mí, en fin, que con la vuelta del exilio (se les nombraba así, colectivamente, como si fueran una sola generación, cuando eran varias: «el exilio») no se cerraba nada, sino que se reabría la llaga/agalla de la vida nacional. A los retornados parecía dolerles secretamente que España hubiera seguido funcionando sin ellos, que España siguiera siendo muy española, pero a la hora del mundo, al margen de Franco y al margen de ellos mismos. Un trasterrado lamentable, Ángel Lázaro, se levantó en el aula de poesía del Ateneo, dirigida por José Hierro, a decir que los jóvenes habíamos sido brutalizados por el franquismo y no sabíamos nada, que no conocíamos, por ejemplo, a Bacarisse. Se armó el cirio, se levantó la bronca y quedó probado que todos conocíamos muy bien a Bacarisse, quizá mejor de lo que se merecía. Cela acogió en su casa de Palma, muy anglosajonamente, a Sender, y Sender, después de la cena, le llamó fascista. Camilo lo echó de su casa. Un escritor muy de izquierdas de toda la vida me dijo en el Gijón, sobre/contra aquellos que citaba con devoción todas las tardes, mientras estaban fuera y no estorbaban: «Ellos han gozado la gloria y el mimo del exilio y nosotros nos tuvimos que quedar aquí barriéndoles la casa.» Estas palabras me confirmaron en que lo nuestro no tiene arreglo. Pero a ver si sistematizo celéricamente la cuestión: generacionalmente, a los viejos que se habían quedado, les molestaba de pronto la vuelta de aquella «Legión Extranjera» de la tipografía, de aquellas Brigadas Internacionales de la guerra literaria, incendiados por el carisma negro y rojo de los grandes y hermosos perdedores. Los de aquí les habían recordado todos los días en sus oraciones laicas, pero ahora resulta que venían a quitarles el sitio. Alberti, sin querer, ocurre que borraba un poco a Gabriel Celaya. Y en este plan. Los jóvenes en general encontrábamos a los trasterrados un sabor de época, cada uno de ellos era un estilo revenido y un hombre usado. Y yo, personalmente, me decía que una buena página de Cela o Delibes valía por todo el exilio. Y es que Franco tuvo esta manera de matarles: el escritor trasterrado sólo tiene dos caminos, o quedarse en el idioma de su época (cada época tiene un idioma, como cada país), parar el reloj del estilo en la hora de la partida, o adoptar el idioma del nuevo país (en América se habla español, pero no castellano). Así, unos nos resultaban arcaicos y otros extranjeros. (Esta ley, si es que lo es, afecta más al prosista que al poeta.) Aquí se les abrieron los suplementos literarios, pero yo les veía como brunamente cabreados de que «España estaba ocupada» y no se les hacía el recibimiento rubeniano que esperaban. Y quien resolvió esta querella, curiosamente, como otras, fue un personaje tan poco literario como el Rey Juan Carlos. De un día para otro se convirtió en el Rey de todos los republicanos gloriosos, cicatrizantes y como perdidos. Cuarenta años de exilio republicano para venir a besar la mano rubia de una reina griega. Aparte lo de Tejero, que ya se ha contado, y de cosas de más bulto, Juan Carlos le ha prestado a este país muchos y muy sutiles servicios como éste que explico. Una vez más, una guerra entre republicanos sólo podía resolverla un rey.

Y he aquí el camello de la larga travesía del exilio pasando por el ojo de la aguja de oro de la monarquía. Veo a estos príncipes mendigos, a estos aristócratas del polvo y la palabra, a esta nobleza desplanchada, usada, envejecida, a estas ancianas infantas de clase media, con diadema falsa de versos que fueron el lujo de una época, veo a las desvencijadas marquesas de la República, entrando todos en los salones del Palacio Real como en las cuevas de Altamira, buscando por los techos, por las paredes, con la mirada que ya no llega, el bisonte primero de España, que es la heráldica común a reyes y plebeyos. Manigua tupida de tapices y Tizianos, el Palacio, donde los duques opacos de esa cosa sin brillo que es la literatura se encuentran gozosamente perdidos, entre recelosos y vanidosos. De modo que esto era España, éstos eran los Tizianos y Zurbaranes que nunca vimos, el acervo cultural de España por el que hicimos varias guerras, y que nunca habíamos visto ni tocado. Aquí el arte y la Historia, cosas por las que hemos muerto de oídas, y que ahora, después de fallecidos, nos dejan mirar un rato. Esmeriladas marquesas del pueblo con sus maridos laicos, gloriosos y secos en las enciclopedias, procesión de elefantes sagrados que va dejando un olor a diccionario mientras se adentra más y más en el cálido corazón de las tinieblas rojas de la selva palatina. Se paran ante una protoporcelana y adelantan una mano hacia ella, sin llegar a tocarla, como si fuese un útil prehistórico de labranza, un mortero celta en el que quieren sentir su origen de barro y pueblo, con una cierta confusión mental. Necesitan tocar historia de España.

Suben las grandes escalinatas de palacio, desplegadas en piedra, como si ascendieran a las alturas de Machu Picchu, a encontrarse con el cielo de los pobres milenarios, los indios puros y las águilas, de modo que todo esto es nuestro, pero no lo es, «mis libros de El Escorial y mis custodias sagradas», la monarquía lo ha tenido en depósito durante siglos, bueno, que lo tenga otro rato, porque ahora se acerca el Rey y nos sonríe con su sonrisa de chico de buena familia. La sonrisa de un rey entra en un viejo corazón republicano como el mordisco de una madre joven en un membrillo del año pasado.

Vino José Bergamín, entre hombrecillo de Giacometti y espada retirado y recosido de conceptos. Cené algunas noches con él y con el doctor Barros. Como tantos escritores que uno ha conocido (y en este libro procuro hablar sólo de lo que he visto directamente, de lo que he vivido), Bergamín era mejor en la conversación que en la prosa. Como un Unamuno que se hubiera vuelto loco (Unamuno nunca lo estuvo), daba la vuelta a todas las frases, sistemáticamente, a ver lo que salía, al azar, y lo que salía ya era dogma de fe. Enviaba sus artículos a *Sábado Gráfico*, manuscritos, y Jorgito Cela, redactor-jefe, me dijo: «Su caligrafía no se entiende, pero como una vez impresos tampoco se entienden, le he propuesto al director que demos el original directamente, fotografiado: quedaría una página muy bonita.» Fernando Arrabal, empleado de la Tabacalera, se fue a París porque ganaba poco. En la transición que vengo narrando, volvió con todo su teatro, que, devuelto al castellano, quedaba pobrísimo y fracasó obra tras obra.

Por otra parte, Arrabal, como tantos exiliados exteriores e interiores, era monográfico de Franco, no tenía otro tema y, claro, murió literariamente con Franco. Les ha pasado a muchos, ya digo. En la literatura como en la política, alguien, ¿quién?, dio la consigna de trabajar sólo con los hombres de la generación del Rey, los que tenían cuarenta años cuando murió el dictador. Y es que, realmente, Franco no interesaba ya ni a los franquistas y había muerto históricamente (iba a decir «culturalmente», pero sería demasiado), mucho antes de morir, mediados los sesenta. Esto lo sabíamos los de dentro, pero no los regresados. Y, en la raya de Francia, dos que no volvieron nunca, los dos mejores, Machado y Azaña, mirándonos desde su reposo.

Estaba yo escribiendo la columna, en casa, y sonó el teléfono:

—Soy Efrén, desde casa de Licaria.

—Más bien parece desde la funeraria. Por el silencio, digo.

—Pues más o menos.

Y el silencio.

—¿Sobredosis?

—Pero no sé con qué intención.

—¿Juntas?

—¿Cómo lo sabes?

—Las bollaconas están descubriendo eso tan viejo de la novela rosa. ¿Por qué no llamas a la pasma?

—Quería consultarte a ti, primero.

—Siempre has creído que un periodista es un detective de la tele.

—¿No vas a venir, entonces?

—Que lees mucha novela negra, Efrén. Acabo la columna y voy para allá.

La puerta del pequeño apartamento estaba entreabierta y todo tenía un color de farmacia y sueño. Era un único salón, pequeño, donde se desplegaba la cama. Un atleta hubiera podido saltar de la escalera al lecho. Olía a cine y frigorífico parado, con toda la comida dentro, podrida. Licaria y Sabela estaban no tendidas sobre el lecho, sino como arrojadas, desnudas y borrachas. No había nada patético en su muerte. Parecían dos escayolas sobrantes y abandonadas sobre los escombros de las sábanas. Me pareció como ver en ellas un cierto ademán erótico, el vuelo parado e imaginado de una penúltima caricia. Efrén estaba sentado en el suelo, fumando. Me pareció que había llorado. Efrén era muy de llorar. Pensé en el romanticismo, tan usado e inevitable, de toda esta juventud que estaba inaugurando su propio corazón como si fuera la primera piedra del gran edificio de un siglo, no sé qué siglo, ni ellos tampoco. Licaria se había afeitado la cabeza y el pubis.

El desnudo efébico de Licaria ya me lo sabía yo demasiado. El de Sabela también lo conocía, pero miré con curiosidad el fulgor de unos pechos excesivos y ahora sin entusiasmo, como panes del día anterior, intocados pero ya opacos. Y miré sus muslos, que eran cada uno de ellos como una alegoría de algo: la Abundancia, la Justicia, la Agricultura, yo qué sé. Y su sexo rubio y triste, ancho y de una vellosidad abandonada, como una hectárea ni cultivada ni sin cultivar, una pobre y clara hectárea de su tierra. Maíz, soja, cualquier cosa que había crecido allí sin ganas ni prestigio. Anda, Efrén, llama a la pasma. Vaya, estas dos imbéciles, seguía yo pensando, ya han vivido su novela de amor, su novela mala (las novelas buenas están hechas con gente adulta, con personajes que aguantan quinientas páginas: ningún adolescente aguanta eso. De ahí que hagan poesía, que es cortita).

Licaria había vampirizado a la agraria Sabela. El esquema macho/hembra, o fuerte/débil, se repite en todas las parejas, al margen de los sexos. No hay otra forma de relación. Yo podía haber sido el que estuviese ahora tendido en aquella cama, en el sitio de Sabela, junto a los consabidos aperos del pico. ¿Yo? O quizá Licaria. Mediante el dinero y el caballo pude haberle dado a Licaria una muerte muy dulce, la que ella andaba buscando, porque no se aguantaba de bruja que era. (En el cuarto también olía a bruja y agua del grifo.) Qué obsceno quedaba el oro falso del pelo de Licaria, del alma de Licaria, junto al rubio/maíz de Sabela, que siempre estuvo un poco muerto. Tenían los ojos cerrados. Me hubiera gustado ver por última vez el azul aldeano de los ojos siempre quietos de Sabela, en los que sólo lucía un remoto brillo irónico de chica de pueblo que se las sabe todas.

—Efrén, enciendes velitas de sándalo, como aquella vez, y luego llamas a la pasma, porque aquí huele ya a bollacón podrido.

Y respiré, sin querer, una bocanada de peste equina. «Todavía tengo que llevar la columna al periódico.» Todavía tengo que llevar la columna al periódico. Licaria había sido el tirón último de mi juventud hacia el heroísmo soso y negro de los adolescentes que se autodestruyen. Sabela, la pobre, no había sido más que un polvo rústico, un polvo de pajar, un amor de era, entre merienda y merienda. Cuando me fui a la calle, Efrén andaba enredando con el teléfono.

Aquella noche —«la noche de autos»— había quedado yo para cenar en Los Porches, Parque del Oeste, con Tierno y Carmen Díez de Rivera. Se aproximaban las elecciones municipales y Tierno se presentaba para la alcaldía de Madrid, por el PSOE. Su segundo, en aquella coalición electoral, era Ramón Tamames, que nos asaltaba a todos los madrileños desde las vallas, con su otra personalidad de Supermán y un chaleco muy elegante. Tierno cenaba un besugo y parecía bastante seguro de su triunfo. Carmen le sugería ideas para el futuro: un monorraíl para Madrid, por ejemplo. Tierno tomaba nota de todo. ¿Cómo saber si aquel comensal, que se comportaba como un erudito del besugo y un juglar de los vinos, escondía bajo el chaleco de piedra alguna inquietud, alguna esperanza? ¿Cómo saber si en su pecho latía alguna otra cosa que el viejo reloj?

En cualquier caso, Tierno estaba convirtiendo un fracaso en una victoria, victoria que ni siquiera era todavía más que una hipótesis. Cuando su partido se hizo soluble en el PSOE, tras la deserción en masa hacia el queso, como se ha contado aquí, Tierno esperó, sin duda, que Felipe González, aquel garzón del que nunca había tenido noticia (ni él ni nadie, entre los enterados del tardofranquismo), le ofreciese un cargo importante en el socialismo. Tierno, evidentemente, se había construido a sí mismo para presidente de la III República Española, aunque fuese una república coronada.

Pero el garzón sabía mucho y había heredado, quizá de Franco, el recelo hacia los intelectuales (luego dejaría perder a Gómez Llorente). De modo que le dio a Tierno, no una oportunidad, sino la oportunidad de ganársela: la candidatura a la alcaldía en unas elecciones que, según la inercia del momento, volvería a ganar UCD.

Y tampoco en esto se equivocaba el garzón, pues que, como es sabido, Tierno, pese a su original y vasta campaña, sólo saldría alcalde apoyado por el voto comunista, cosa que, por cierto, no olvidaba nunca cuando levantaba el puño o decía aquello de que «Dios no abandona nunca a los buenos marxistas». Habíamos tenido muchas cenas antes, y tuvimos muchas más después, pero en la que ahora cuento hubo algo de última cena, por la majestad con que aquel Cristo adulto y ateo nos repartía el vino y la palabra. Quizá estaba seguro, sí, de que iba a ser alcalde y que de la alcaldía iba a hacer su soñada «presidencia de la República», convirtiendo a Madrid en una ciudad/Estado, en una república como las del Adriático, donde él fue el Bucentauro con traje cruzado.

Después de cenar entró a saludar al cocinero. Lo hacía siempre y en todas partes. Más que en mítines, Tierno convenció a los madrileños de uno en uno, hizo una campaña personal, al oído de la gente, y a medida que daba la mano a los cocineros, los camareros, los libreros de viejo, las asistentas, los guardias de tráfico, los mendigos, los paseantes, los hombres pardos de todos los gremios, los tapizadores que trabajan en la calle y la dama de encajes que salía de misa, a medida, digo, que todas las manos de Madrid pasaban por su mano, yo veía cómo aquella mano derecha de Tierno se iba tornando una reliquia, algo que el pueblo rozaba ya con respeto y superstición (este pueblo tiene la superstición de la cultura).

Mano blanca y grande, mano con espesor y vuelo, mano de capellán de familia bien, mano de Papa de paisano o de obispo condenado, excomulgada y sacratísima mano de santo, ungida mano de todas las bendiciones negras y todas las licencias, mano que hizo de la cortesía un misterio y del saludo una devoción. Mano que ungía ya a todos, ¿por qué?

Con aquella mano/reliquia, que iba ya como sola por entre el acuario de las manos tostadas, duras, gentiles, crispadas, blancas, niñas, con aquella mano iba a bendecir Tierno (me parecía verlo ya) la romanidad, el ecumenismo que quería traer a Madrid, como si Madrid fuese ciudad de grandes cúpulas, cuando sólo lo es de muchas torres. Tierno sabía que la grandeza política no está en el cargo, sino en quien lo ejerce, como el escritor debe saber que la grandeza literaria no está en el género, éste u otro, sino en quien lo practica.

Tierno, en fin, veía la Moncloa como la oficina del reformismo socialburgués, como el laboratorio de la ingeniería social, y frente a eso quiso levantar, desde el Ayuntamiento, la silla gestatoria de la imaginación, «la carroza de plomo candente» de la Utopía. Al socialismo costista e intendente iba a darle la réplica de la imaginación al Poder, la lección de un ecumenismo municipal, revolucionario e ilustrado.

Era el día de las elecciones municipales. Yo estaba en el pueblo, con faringitis y fiebre, agarrado al teléfono. Carmen Díez de Rivera me iba dando los resultados de toda España, pueblo por pueblo, ciudad por ciudad, aldea por aldea. Carmen estaba conectada a yo no sé qué coños de mecanismos de la información, la contrainformación o lo que fuese. Y los pueblos que iban «cayendo», que iba ganando el socialismo, y hasta algunos el comunismo, me sonaban con sus nombres rotundos, inesperados, nombres de roca o agua, profundos nombres de España, como en un poema de Unamuno.

Sí, ya la enumeración era un poema.

Como era inevitable el recuerdo de aquellas otras municipales, las de 1931, las que trajeron la República. La Historia tiende a paralelizarse consigo misma. O a nosotros nos gusta hacerlo. «Primero los Ayuntamientos y luego el Estado», se estarían diciendo ya algunos, dentro de esa lógica fácil y un poco boba del profetismo hacia atrás. Toda la tarde con mi fiebre, el teléfono sudado en la mano, la mano sudaba en el teléfono, y la voz delgada de Carmen, cantarina por la emoción. Cuando Carmen se emocionaba le salía una voz no más ronca, sino aún más fina. Por supuesto, «nuestro» alcalde, nuestro Tierno lo tenía ya ganado.

Nuestro alcalde ya era alcalde.

Y se veía entonces cómo había sido siempre alcalde natural de los madrileños. Era un poco la rebelión del Ángel Caído. Era la inteligencia y la ironía —«¿Qué sería de usted y de mí sin la ironía?», me había dicho una vez— rebelándose contra la Bondad (Felipe era por entonces como una alegoría macho de la bondad) de Dios.

El pecado de Satán es pecado de ironía. Satán se burla de un Universo regido por la Bondad. Se burla de la obra de Dios porque no cree en ella y, sobre todo, porque le parece aburrida. Tierno llamaba a los jóvenes socialistas «esos chicos calvitos». Y le había correspondido, como a Satán, el légamo municipal, mientras Felipe ascendía al azul católico de España (ya había descolgado de la pared el crucifijo de Marx). Ya estaban fijadas las lindes.

La Utopía tuvo por entonces uno de sus momentos mágicos y altos. Otras victorias del PSOE fueron más importantes, antes y después, más solemnes, pero esa bayoneta calada de la democracia que son unas municipales, ese cuerpo a cuerpo no lo habíamos vivido nunca ni lo volveríamos a vivir con la misma intensidad. Los «atónitos palurdos sin canciones» que viera Machado, se habían puesto en pie por toda España, se habían calzado la boina e impuesto la camisa blanca de tirilla, cerrada hasta arriba, sin corbata, para ir a votar.

A partir de ahí, una política bizarra e inteligente puede hacer lo que quiera. Nuestros políticos no lo hicieron. La izquierda, cada vez que consigue el Poder en este país, no sabe qué hacer con él.

Yo tomaba cosas para la fiebre. Optalidones, whisky, leche caliente, pantomicina, y comprobaba que las victorias políticas no sirven ni para curar una faringitis. El rubro de unas elecciones municipales tiene un no sé qué de honradez macho, de bonhomía. El pueblo ha dicho su palabra directamente, como señalando con el dedo, más que depositando un voto. El coro se ha convertido en protagonista, se ha adueñado del texto y de la Historia. El teatro se ha subvertido. Los espectadores son quienes deciden el destino del héroe y quienes raptan a la doncella.

España había sido raptada hermosamente por el pueblo municipal, espeso y rubeniano. La Mitología imita a la vida hasta el punto de que un Tierno ciego (sus reiterados desprendimientos de retina) se convertía literalmente en el Príncipe de las Tinieblas, con mayúsculas que da rubor escribir. «Veo sombras, Umbral», me dijo un día, cuando caminaba, como Goethe, de lo oscuro a lo claro (y como Artaud, cogidos los tres de la mano: de ambos tenía algo Tierno, muy goethiano y secretamente maldito). Recogí sus palabras en una columna y alguien tuvo la avilantez de escribir: «Tierno Galván le ha dicho a Umbral que ve sombras. Pues yo veo obreros parados.» Principiaba ya la hostilización de la Prensa madrileña a Tierno, el hostigamiento a izquierda y derecha. A la Moncloa no le convenía aquel presidente nato de la vida. La derecha se veía enfrentada a la inteligencia desnuda del acero, cosa que no les había vuelto a ocurrir desde Azaña. Yo seguía tomando whisky caliente con optalidón, para la fiebre.

Al palacio de Liria me llevó por primera vez Pitita Ridruejo, que Cayetana quiere conocerte, el coche rodaba suavemente sobre una grava de luna, y luego, entre sumilleres y abrigos, firmábamos en un libro, los visitantes, que era como firmar en el libro de coro de la catedral de Toledo. Subíamos las escaleras de piedra, mármol, tiempo, hasta que Cayetana nos salía al encuentro, rubia y levísima, como una mujer encerrada en el Museo del Prado, como una duquesa que se hubiera perdido para siempre en el Palacio de Oriente, como la princesa rezagada y distraída de un Imperio que ya había huido de allí, sin que ella se diese demasiada cuenta. Eran sus años de viudedad. Todo palacio es, inevitablemente, y todo castillo, un sistema de cajas chinas, tanto por razones defensivas como domésticas, de modo que de las espaciosidades de Rubens y el militarismo de la piedra se iba pasando, en Liria, a salones cada vez más practicables, más habitables y habitados, y a esto contribuía mucho la pintura, que ahora era de caballete, retratos, bodegones, hasta resumirse todo en un brevísimo Picasso que la duquesa había comprado en París.

—Al día siguiente de comprarlo murió Picasso.

Cayetana no explicaba la consecuencia obvia: que el pequeño Picasso, un dibujo, se había revalorizado portentosamente mientras ella dormía.

En la chimenea ardía leña o, más bien, el tronco entero de un árbol, gris ya de ceniza, como con uniforme, un ceniciento uniforme que a mí me hizo pensar en uno de los criados de la casa, que se estuviese abrasando disciplinadamente y sin dar un ruido, por calentar a los señores.

El sacabocados de ETA seguía haciendo agujeros en el tejido tenso y débil de la democracia española. Suárez llamaba a aquello «la guerra del Norte», y nos había dicho varias veces que el proceso sería largo y las víctimas muchas.

Durante la cena, en una gran mesa redonda (había un criado negro que nos facilitaba un plano con nuestro sitio en esta mesa), se habló, entre otras cosas, de chales, y cada señora contó de sus colecciones más o menos fastuosas. Cuando a Cayetana le correspondió opinar, dijo simplemente:

—A mí el chal es que se me cae.

Efectivamente, los chales se caen y ésta es su mejor definición. La conversación me recordó a Stendhal cuando sólo era, en Italia, el que le llevaba el chal, en la ópera, a alguna aristócrata a quien pretendía beneficiarse. Aquello de llevar el chal a una dama fue una profesión tan grave como cualquier otra en la Italia de Stendhal. Luego, Cayetana casó con Jesús Aguirre, que sin duda aspiraba a algo más que a llevarle el chal a la duquesa. La crónica de la boda, en *El País*, la hizo Juan Luis Cebrián, aunque luego hubo cabreos fuertes entre ellos.

Jesús Aguirre, dandy y jesuita, teólogo y poeta, condotiero y enamorado, había sido director de la editorial Taurus y publicado un único, mítico e inencontrable libro. Jesús Aguirre, desde su aparición en Madrid, se fue liberando como sin esfuerzo, pero despaciosamente, de las moradas y prisiones plurales que escondían su personalidad: Loyola, la teología, la filosofía, la música, el alemán, el pasado. Se le veía en reencuentro permanente con la vida, en saludo sonriente a la actualidad, de modo que, como tantas veces pasa, el desclaustrado iba perdiendo lastre voluntaria o involuntariamente, y entonces se volvía mucho más aerostático que cualquiera, con una ligereza y mundanidad, con una ironía y un optimismo lúcido que le dejaba un poco errático. Hombre de raíces tan profundas, no impunemente iba a desarraigarse, de modo que, dado al mundo, siempre resultaba más divertidamente mundano que los demás.

Casado con Cayetana, ya duque de Alba, empezó a coleccionar Academias —Bellas Artes, Española—, honores mayores y menores que en él, ahora lujoso de títulos, no resultaban sino solecismos de smoking. No sé si Aguirre cambió mucho el moblaje de Liria, pero lo que sí cambió radicalmente fue el moblaje humano (yo fui uno de los pocos y fugaces supervivientes), de modo que allí tuvimos algunas cenas/tertulias con Tierno Galván, Aranguren, Pitita y alguno de sus parapsicólogos de cámara, a la sazón un inglés alto y como marino (todos los ingleses son un poco marinos, claro), cincuentón, que tuvo toda la noche pendientes de un péndulo y sus obvias oscilaciones a aquella gran tríada del racionalismo: Aranguren, Tierno, Aguirre. Pero Pitita disfrutaba mucho.

Jesús Aguirre gastaba la barba corta y como un poco abandonada, reía también con los ojos y su aura era un cruce de gentileza y nicotina. De la tripa, o sea del chaleco, siempre le colgaba algo: un reloj, unas gafas, un monóculo, un llavero, una cadena, cualquier cosa de oro o plata (oro con los ternos café, plata con los ternos marengo), un ligero bamboleo de luz y metal, más o menos como el péndulo del inglés. Jesús Aguirre usaba tarjetas con todos los títulos consortes que había adquirido en matrimonio, conmigo usaba la tarjeta de conde de Aranda, quizá porque me consideraba volteriano.

El sacabocados de ETA seguía haciendo agujeros en el tejido tenso y fino de la democracia española. El GAL no se sabe si se lo sacaron los de UCD o los socialistas. Los americanos, por los años veinte, se sacaron el FBI contra el gangsterismo. Luego, algunos del FBI se volvieron tan gangsters como los gangsters. Es lo que suele pasar.

Tierno procuraba racionalizar cada una de las sandeces que decía el inglés del péndulo. La soirée transcurría lentamente en Liria como dice André Breton que la noche mueve silenciosamente sus pedales. Aranguren se hacía el dormido con la mejilla contra una de sus manos, doblada por tres sitios, como se les doblan a los muy delgados.

Aguirre sonreía por salvar la noche. Cayetana fumaba por recurso, por aburrimiento. Se nota mucho cuando una duquesa fuma por recurso. Pitita glosaba los movimientos del péndulo y de vez en cuando le hacía preguntas al inglés, para que se luciese. Los demás nos dedicábamos a hablar de nuestras cosas, hasta que el inglés dijo:

—Señores, en esta casa hay un muerto.

O sea que el tipo parecía dispuesto a hacer el número completo, y como casi nadie queríamos sentirnos personajes de Agatha Christie, hicimos como que no lo cogíamos. Pero Pitita se puso en pie, rubricándolo:

—Lo dice el péndulo.

Era tarde y no teníamos ganas de jugar a fantasmitas. Cayetana resolvió la cuestión con laconismo y sencillez, como siempre (esta facultad de hacer las cosas sencillas, de cotidianizar lo tremendo, de resolverlo todo por la vía fácil, debe ser educación de los grandes o consecuencia de su familiaridad con la Historia, porque sólo lo he observado en reyes y gente así):

—Me parece que en la capilla hay enterrado algún antepasado de papá.

El inglés pidió bajar a la capilla y desenterrar al antepasado. Y que bajásemos todos, claro. Éramos una comitiva triste, irónica y somnolienta. Dos criados, delante, portaban luces que iban agrandando y empequeñeciendo los sótanos sucesivos.

Nos quedamos casi todos a la puerta de la capilla. El enterramiento estaba detrás del altar. Los criados debían estar levantando la losa. Sólo el inglés asistía a la operación, tan misteriosa como gratuita. El sacabocados de ETA seguía haciendo agujeros en el tejido delgado y vibrátil de la vida española, multiplicando muertos, desenterrando otros muertos. El inglés hablaba en inglés con el antepasado de Cayetana, aunque ya se sabe que los muertos son de pocas palabras, tienen poca conversación, y los antepasados nunca tienen nada que decir, aunque sean duques. O generales. Éste me parece que era general. Estábamos a contraluz y Pitita se volvió de pronto hacia mí, con espanto de rimmel en los ojos:

—Ahora puedo verte el aura, Paco, te la estoy viendo perfectamente.

Y miraba un poco por encima de mi cabeza, con los ojos negros, grandes, fijos, vacíos.

Volví otras veces por Liria. Con Lázaro Carreter, con Haro-Tecglen, etc. Un día, a la salida de Liria, o sea una noche, me dijo Tierno Galván:

—Todavía nos quedan muchas cosas por ver en este matrimonio, Umbral.

Yo creo que el viejo profesor se equivocó por una vez en su vida.

El cura Llanos, en Vallecas, vivía en un bajo acha-
bolado, en la calle Najarra, calle blanca, larga y su-
cia, con un viento oscuro que no había en el resto del
barrio, un viento que movía los tendederos como ve-
lámenes y los postes de la luz, allá al fondo, como
palos de barco en la marejada turbia de un cielo que
tenía mucho de mar Muerto. Aquella calle Najarra
vivía un secreto y mezquino sueño de mar, de calle
portuaria, como una alucinación del secarral.

El cura Llanos, José María de Llanos, jesuita, se
levantaba por las mañanas, ponía un disco de Vivaldi, se afeitaba la barba de santo sobre la piel translú-
cida y floja, y luego se hacía un nescafé descafeinado,
que era lo que desayunaba, con galletas y el vino de
la misa. Pero la misa venía después. Llanos tenía el
pelo blanco, pero tampoco era exactamente eso, sino
que lo que tenía, ya, a su edad bíblica, era plumón de
ángel o de polluelo de los corrales vallecanos. En su
cara descolgada sólo había bondad y transparencia,
excepto el mohín jesuita de la boca, todavía roja, que
movía los labios entre el mimo y la soberbia. Llanos
iba de solideo judío, zapatillas de cuadros, chaqueta
cheviot de Simago, pantalones flojos y suéters negros
de cuello cerrado, como única alusión al viejo traje
talar. Tenía la máquina de escribir sobre la mesa, en
su funda azul avión, y sobre ella montaba el altarcito
para decirse su misa. Cambiaba de cara el disco de
Vivaldi, uno de aquellos viejos discos de mármol negro, se tomaba un ansiocor y decía la misa en latín y
castellano, según, y el sagrado vino, la sangre de Cristo, le servía de postre del desayuno. Comulgaba un
pedazo de pan, Vivaldi crecía en el tocadiscos, el ansiocor se abría en su corazón como una munición

mística, el vino le ponía su pentecostés de llama sobre la cabeza y el viento arreciaba en la calle Najarra,
en un aleteo fuerte y peligroso de alas o sábanas,
Llanos era demasiado humilde para considerarse un
místico, pero algunas mañanas, cuando ocurría todo
aquello, quedaba como transido de que algo so-
brerreal había pasado por su vida. La sensación le
duraba luego todo el día, pero prefería no pensar en
ello. Quitaba el disco y el altarcillo, abría la máquina
y se ponía a escribir un artículo para la Prensa cató-
lica progresista (que en seguida cerraría la Conferencia Episcopal). Si a media mañana entraba un obrero
joven y moreno, dulce y rencoroso, a contarle su caso,
paro, hambre, droga, revolución, sexo, dinero, muerte, Llanos le daba un nescafé y unos billetes, y luego
no estaba muy seguro de si el que había estado allí
con él, en el viejo diván con rebeldía de muelles,
era o no era Cristo, el Cristo que los vecinos habían
echado por entonces de la parroquia, tachando la
entrada con la definitiva y formidable equis de dos
tablones.

Llanos había llegado a Vallecas, en los cincuenta,
para evangelizar el barrio. Luego se limitó —en el
barrio le acorralaban o le olvidaban— a casar allí
mismo, en su cuarto, a alguna pareja madura, albañil
y asistenta, que llevaban «toda una vida en pecado».
Y, finalmente, Llanos hubo de reducirse a la mera
condición de asesor laico, agente de parados, cura
que escribía cartas a los analfabetos, como el de aquel
poeta, hombre pobre que daba dinero a los pobres y
daba nescafé a los pinchotas, drogotas, punkis y parados que iban a verle. Con la transición se hizo comunista y buen amigo de Carrillo, y sobre todo de
Dolores, a quien iba a ver algunas tardes. Dolores le
había traído de Moscú un reloj de pulsera gordo como
una rana y sólido como un tanque soviético. Llanos
se lo enseñaba a todo el mundo. Carmen Díez de
Rivera fomentaba esta amistad y me decía que había
que casarles. Un día que andábamos los tres por Ma-

drid, Carmen le compró al cura una insignia del Ché Guevara. Llanos se la prendió en la boina (por Madrid iba de boina y bufandilla) y nunca se la volvió a quitar. En las fotos con los comunistas salía levantando el puño y esto le supuso alguna llamada de la Conferencia Episcopal, aquella cosa que se iba perfilando como la Nueva Inquisición para la nueva democracia. Por el barrio se decía que los punkis que recibía algunas noches iban a matarle, un día, y a robarle el dinero. Quizá le salvó el que no tenía dinero. O el que los espíritus puros son difíciles de matar. Los espíritus puros, aunque vayan de boina, aguantan mucho, no se duelen de cuchilladas ni de amenazas. Los navajeros y chorizos del barrio no acababan de acertarle con el hierro a la Santísima Trinidad, como esa gallina que escapa siempre.

En los ojos ilegibles de Carmen leía yo eso que alguien llamó «la pureza revolucionaria», y los infortunios de esa pureza o virtud. Primero había usado ella a Adolfo Suárez como arma arrojadiza, como hombre/proyectil que hizo saltar las instituciones de la dictadura. Luego, cuando Suárez quiso «instalarse» en el nuevo orden que él había creado, Carmen, movida siempre por una Utopía de hierro virgen, imantada por un futuro fuerte y casto que ni ella misma sabía, principió la ascensión hacia atmósferas que imaginaba más puras. De Suárez pasó a Carrillo, con quien se tomó un chinchón histórico, como quizá ya se ha contado aquí. Y finalmente vino a parar en el cura Llanos y en Tierno Galván. Llanos y Vallecas suponían la nostalgia del lodo para la marquesita interior que ella era. Tierno significaba ya la Utopía en marcha, y Carmen había llegado a pegar carteles electorales de Tierno por las tapias de la noche.

Carmen me llamaba todas las mañanas y estábamos una hora al teléfono. Muchos días me daba la columna hecha. A mediodía almorzábamos con Llanos en algún tabernón de por el centro, Picardías, La Bola, Casa Mingo (cayendo ya hacia los desgalgaderos del Manzanares), y luego paseábamos por la plaza Mayor, Postas, Progreso, entrando y saliendo en las pequeñas tiendas donde yo le compraba abanicos a Carmen (Apodaca) y ella le compraba al cura los emblemas revolucionarios que éste se ponía en la boina. La rubia delgada con tejanos, inconsútil, el viejo blanco y levitante (a pie no habría podido pasear tanto), el memorialista de bufanda larga y roja que era yo, pasábamos por traseras y traspatios, por solares y mercerías, por cantinas con un muerto de tortilla de patata y tiendas galdosianas con fajas para las aldeanas de Madrid, que también las tiene, y calzoncillos largos que Carmen quería comprarle al cura.

En la cuesta de Moyano, a media tarde, cuando un sol antiguo hace incunables todos los libros de viejo, le compré a Carmen *Opio*, de Jean Cocteau, por desintoxicarla un poco de política («desintoxicar» con opio: a Cocteau le hubiese gustado la paradoja). A los pocos días, Carmen me dijo que sí, que el libro era muy bueno, pero siguió hablando de política, porque Carmen era dulce y obstinadamente monotemática. Mística, diría uno. Su avidez revolucionaria llegaba a dar casi miedo. Su exigencia (autoexigencia) de una ética libre y absoluta, le devoraba los ojos por dentro como la enfermedad (ese misticismo de las vísceras) había empezado a devorarle el cuerpo por abajo.

Al caer de la tarde, cogíamos un autobús en Atocha («camionetas», les decían los vallecanos) y nos íbamos con el cura hasta su barrio. En casa de Llanos vivía también Díez-Alegría, el jesuita arrojado, el teólogo antivaticanista, que tenía algo de pianista sin piano, con sus maneras elegantes y su camisa de tirilla, y vivía Iniesta, el obispo del infierno. Alguien ponía un chotis y Carmen y el cura lo bailaban, él otra vez de gorro hebreo y zapatillas. A Díez-Alegría le aconsejaba yo escribir una «Teología de Vallecas».

Cuando la niña de Serrano se había transido de toda la fascinación de la miseria, volvíamos a Madrid (Vallecas también es Madrid) ella y yo, para cenar con Tierno en Los Porches, Parque del Oeste, ya en una noche de otoño encendida en frío, penetrante de sentimiento y muerte, como una loca peligrosa y bella abrazándose a todas las farolas.

—Esta mañana ha estado a verme su amiga Esperanza Ridruejo, Umbral —me decía Tierno—. Lo de la casa de Fomento lo tienen difícil, pero he bajado a acompañarla hasta la calle y me ha agradecido mucho el gesto. «No se preocupe», le he dicho, «que esta mañana han estado unas buenas mujeres de Leganés y también he bajado con ellas».

Y en su voz áulica, en su ojo cerrado y pícaro (ya que no en el otro ojo, inmenso y navegante como el buque fantasma o como una Moby Dick ya muerta) había que adivinar la ironía, la malicia que hubiere o no hubiere en la anécdota.

Cuando a Carmen empezaron a hacerle operaciones, cuando la cirugía entabló en su terso y herido interior una carrera cruenta con la enfermedad, a ver quién llegaba antes al centro rojo y puro de su vida y su muerte, yo la visitaba en las casas de las amigas donde convalecía y me sentaba a sus pies, tendida ella en un sofá, cubierta por una manta de sol triste, y se los cogía, le cogía los pies envueltos en tibios calcetines de esquiador (no de esquiadora), y se los apretaba un poco. Su voz delgada me bajaba a lo largo de todo el cuerpo tendido, le salía la feminista sin grito, los hombres no lleváis dentro toda esta basura, y mi presión callada sobre sus pies sentía yo que le subía de abajo arriba, le llegaba quizá hasta la garganta, pasando por su pequeño corazón de seda y resistencia.

Hacía mucho tiempo que no me llamaba Gualberta (ni siquiera cuando las municipales), de modo que aquella mañana la llamé yo a ella:

—Estoy en la cama, inmóvil, con una hepatitis B.

Todos los grandes amores suelen acabar en una hepatitis B. Real o inventada. De Gualberta no volví a acordarme. Me acordaba, de vez en cuando, de los peces, de la carpa de oro y la carpa de plata, único signo de la armonía del mundo en la noche triste de Tejero, cuando un guardia paró el tiempo y la Historia con sus tacos cuarteleros. Estaba ya haciendo la columna cuando sonó el teléfono, pero no era Carmen. Era un policía joven y famoso, franquista y temido, de quien se decía que iba por libre, como los detectives de la televisión. Me llamaba por lo de Licaria y la otra, claro. Quedamos en la taberna La Bola para tomar unos vinos, o sea el aperitivo:

—Te leo todos los días. Eres un cachondo, pero no tenéis nada que hacer.

No comprendí el plural, de modo que pinché una albóndiga, que en La Bola las hacen muy buenas.

—Ya sabes, lo de esas dos tías. Tú ibas mucho por aquella casa, ¿no?

—Sí, bastante.

—¿Y te acostabas con las dos?

—A veces.

—Qué vida os pegáis los rojos.

—Tampoco vais mal los polis.

—Yo no soy un poli. Yo soy un amigo.

—Pues lo siento, es tarde para presentárselas.

—Tan cachondo como en las columnas. ¿Les pagabas tú el material?

El chico tendría unos treinta y tantos años. Era moreno, guapito de esquina, casi blando, pero lleno de reveses y filos que había que adivinar.

—De sobra sabéis que no me pico. Vosotros no buscáis droga, que de eso ya tenéis mucho. Buscáis comunistas.

—Buscamos de todo.

—¿Tú sabes lo que es una policía democrática, te lo ha explicado alguien?

Pinché otra albóndiga y seguí con el vino manchego de La Bola. La taberna se iba llenando de gente para la hora del almuerzo. Muchos conocidos. Comprendí que si el chico se hubiese encontrado un membrillo, me habría invitado a comer. Pero yo no quería comer con él. Ni era un membrillo.

—Te repito que yo no soy de la policía. ¿Sabes dónde lo compraban?

—No.

Claro que lo sabía. En la cuesta de San Vicente, en una casa con portal caro y antiguo.

—Es el único caso en que ignoramos de dónde salía el material.

Le había salido sin querer el plural corporativo.

—Pues será lo único que ignoráis de los españoles. Ésta es una democracia vigilada por la policía de Franco.

—A los comunistas hay que vigilaros siempre.

—Ni soy comunista ni me has llamado para hablar de eso.

—Te he llamado para hablar en general.

—Tú y yo no tenemos nada que hablar en general. Ni en particular.

—¿Vas a contar en el periódico esta conversación?

—Voy a escribir que seguimos en poder de los mismos.

La gente que nos conocía a ambos (aquel policía era muy popular por entonces), miraba con curiosidad.

El chico llevaba una de esas rebecas gordas, de punto, gris, que es la clase de prenda que uno no se pondría jamás. Parece que todos le han robado la rebeca a su abuela. A la pasma le gusta mucho esa ropa tan doméstica.

—Bueno, perdona, pero no suelo ser interrogado en público. Ni en privado. Salvo por periodistas.

115

Y eso si son guapas. Todo el mundo nos está mirando.

—Es lo que a ti te gusta, Umbral: que te vean.

—Pero no contigo. Chao. Estaba invitado, ¿no?

—Espero que volvamos a vernos, Umbral.

—Yo no.

Y me fui.

Había yo publicado una columna sobre el Cadillac de Franco, que estaba en venta por un millón, y nadie lo quería. En mi columna recordé los coches de la reina de Inglaterra, de Churchill, de los Beatles, de Marilyn Monroe, de Hitler, que habían sido todos subastados en varios millones, y adquiridos por coleccionistas o mitómanos. Quedaba implícito, al final, el corolario de que ni Franco ni su coche se cotizaban, de momento, ni siquiera como curiosidades históricas. O sea, lo distante que estaba la sociedad española de aquellos cuarenta años que habían pasado como una semana negra, y fuera.

Aquella tarde nos daba una copa el Rey, en la Zarzuela:

—Cómo me he reído con tu artículo, Paco. Eres un cachondo. —Y luego, corrigiendo su propia expansión—: Verás, lo que pasa con esos coches americanos de aquella época es que...

Y me colocó, como gran entendido que es en motores, todo un augusto rollo sobre el Cadillac de los 40/50 como fósil inservible, hoy. Naturalmente, no me enteré de nada, sino de que el Borbón, con su innata habilidad borbónica, estaba explicándome la inutilidad del coche, con olvido deliberado de su significación mítica, que era sobre lo que yo había ironizado en la columna.

Aquellas primeras recepciones en la Zarzuela eran como un viaje a un reino encantado, con los corzos, los gamos, los ciervos (salvo los que Francis Franco había matado con telerrifle) pasando por el parabrisas como viñetas de un cuento. Era, sí, como si viajásemos hacia una monarquía de cuento. La Monarquía sólo se ganó su mayúscula a partir del 23/F. En la extrema izquierda y en la extrema derecha se dudó de la virginidad del Rey respecto de aquel golpe, pero a mí me pareció ver claro, desde entonces, que la figura de Juan Carlos era la que abrochaba nuestra democracia y mantenía al ejército en su sitio, a base de comerse bocatas con los coroneles, en las maniobras. La primera vez que fueron escritores a la Zarzuela, Don Juan Carlos me dijo:

—Tú a éstos los conocerás a todos, Paco.

—Mayormente, Majestad.

—Pues yo no conozco a ninguno.

Ahora me parece que ya los va conociendo, y quizá mejor de lo que muchos de ellos quisieran. En una de aquellas recepciones, doña Sofía, con sus ojos color guante y un bello traje rojo, ligero y sencillo, de un rojo mate y grato, sufrió una repentina alferecía. Estuvo unos instantes reclinada en un sofá, con mil intelectuales en torno, a diez metros de ella. Sentí que en aquellos minutos la Monarquía y la democracia se interrumpían, quedaban en suspenso, y la Historia volvía a pararse, a quedarse en blanco, dado que doña Sofía representa, y muy bien, una figura fáctica, en lo que vemos y en lo que no vemos, sobre esta república coronada.

Don Juan Carlos (quizá somos iguales en edad y estatura, lo que ha favorecido nuestra amistad), tiene una cosa de balandrista simpático, un optimismo rubio y deportivo que me lo presenta como hombre de ideas claras y no viciosamente múltiples. Sabe lo que quiere y lo que tiene que hacer, y sobre esa línea recta se permite licencias y figuras, como bromear con los fotógrafos o gobernar con los socialistas (cosa que, en el fondo, yo creo que le encanta, quizá por ese esnobismo inverso de los grandes, aparte razones políticas objetivas y muy evidentes).

Juan Carlos, en la seriedad protocolaria, es, más que grave, triste, con una tristeza que no es suya, sino que le viene de familia (y me refiero exactamente a eso, a la familia, y no a la Historia). Apenas sabe son-

reír, sino que se abre directamente a la risa, y entonces reaparece el balandrista que está seguro de ganar
la carrera, y no precisamente por ser el rey. Uno le ve
como muy capaz de afrontarlo todo por su esquema
de monarquía democrática (hombre de acción, repito),
pero no sé qué pasaría si le complicasen el esquema.

Después de uno de los momentos más gordianos
de la democracia, me dijo:

—Paco, nunca creí que se pudiese sufrir tanto.

Aquel rey de cuento, entre los gamos suspirantes
y los ciervos de cornamenta gótica, que son como
una monarquía natural y errante, es hoy un rey fác-
tico que ha aprendido el oficio ejerciéndolo, como
todos los oficios. De Franco aprendió que España
está vertebrada militarmente, desde hace siglos. De
su padre ha aprendido que hoy una monarquía necesita de Europa más que Europa de las monarquías.
Y de coches, ya digo, sabe la tira.

La rueda de las cenas, cenas en casa de Areilza, en
Aravaca, en casa de Pitita, Fomento (al fin se había
hecho con el palacio), en casa de Sisita Milans del
Bosch, en El Viso, en casa de Carmen y Juan Garrigues, en la Embajada alemana, con el facundo e inteligente Guido Brunner, que me cultivaba mucho cuando en su país mandaban los socialistas, pero dejó de
invitarme en cuanto ganaron los cristianos (Guido
me importaba de Alemania unas píldoras para la erec-
ción, pero a mí me hacían el efecto contrario, se conoce que estaban preparadas para pichas alemanas),
lo de Areilza era casi como ir a ver a un rey legitimista en su culto exilio de Aravaca. Rueda de coches en
la rotonda de grava y tertulia de mecánicos hablando
de fútbol. Al conde de Motrico no le fallaba nadie
cuando recibía. De José María Stampa a Leopoldo
Calvo Sotelo. En el jardín interior de su casa, la tarde era un barquillo, una hostia laica que comulgába-
mos todos, y la noche era una confidencia de whisky

y un politiqueo de los que ya estaban fuera de la política. Motrico, alto, diplomático natural, elegante de ser y no ser, se sentaba por las mañanas en su despacho al mediodía, con el sol sur que le venía desde Madrid, y, entre libros de oro y raso que lucían a aquel sol, escribía despacio una *tercera* para el *ABC* (luego se pasó a *El País*). En aquel despacho, o almorzando en el Príncipe de Viana, o en otras casas y otras cenas, Motrico y yo hablábamos mucho, de Marcel Proust, de Pla, de política. Motrico, aunque nunca lo dijo, se sabía el jefe natural de la derecha civilizada, el único aristócrata español con presencia europea. La dejación que de él hicieran me confirmaba a mí en la teoría de una política generacional, a izquierda y derecha. La derecha quería manejarse con la generación del Rey, desengancharse de la guerra civil y la Victoria (hay victorias que pueden ser un baldón en la familia durante generaciones): mejor poner en el escudo familiar alguna derrota. Y la izquierda pretendía, asimismo, desengancharse de Stalin (su leyenda) y la quema de conventos en Madrid. Ni Carrillo ni Areilza. Ambos habían corregido oportunamente sus posiciones, pero las nuevas generaciones querían hacer, al fin, su revolución pendiente. O su contrarrevolución. Luego no harían una cosa ni otra, sino lo mismo que sus padres asesinados (la teoría de Freud tiene más aplicación en política que en la cama), sólo que peor y con menos convicción.

Areilza era una elegancia invadida secretamente por una melancolía. Una inteligencia política como la más limpia y antigua espada de la derecha, de una derecha, ay, que prefirió el navajeo cuerpo a cuerpo y la avilantez de las armas cortas. Ojos claros, pero no del todo legibles, vasquismo estilizado, afrancesado, y un monarquismo natural e intelectual: elegantes y pasados de moda (sospeché que siempre los mismos, y un día me lo confirmó). Sobreseída la legitimidad, el viejo legitimista había adquirido la condición poética y vacía de un puente romano por donde ya no pasa el río (él venía en cierto modo, por su infancia bilbaína, de aquella Escuela Romana del Pirineo: Sánchez-Mazas, Mourlane-Michelena, Basterra, Quadra Salcedo, etc.).

Pitita, entre los tíos del péndulo, cerrajeros con poderes sobrenaturales, retratos malos, madres Teresas de Calcuta, homosexuales, duquesas, el encantador Mike, su marido, príncipes del petróleo, el padre Pilón y otros gelstalstistas, se instaló al fin en su casa/palacio de la calle Fomento, y allí nos dio algunas cenas, salvo cuando mandaba cerrar Joy Eslava, una noche, para los íntimos, Marisa Borbón, Tessa Baviera y así. Pitita no es sino la señorita de Soria que iba para monja, cruzada de embajadora internacional, actriz de Fellini y amiga personal de la Virgen María.

Sisita Milans del Bosch, rubia e irónica, bella y como secretamente mellada por la vida, dulce y cansada, me lo dijo un día:

—Para el próximo golpe, Paco, te vienes a casa. Nadie te va a buscar nunca en casa de una Milans del Bosch.

Vivía en una estela de champán y maridos, de antigüedades y criados filipinos, de niños y viajes. En sus cenas, Ginés Liébana, César Manrique, Paco Nieva, Mona Jiménez, Pitita, Luis Berlanga, Luis Escobar, Pablo Pastega, gente. Lo que Areilza llamaba irónicamente *le gratin gratiné*, iba yo viendo que se acomodaba rápidamente a la democracia y al socialismo, iba cogiendo la postura histórica y de nuevo se echaba a dormir. Pues qué encantadores son estos rojos, que encima nos van a hacer europeos y que respetan tanto nuestras fincas. La transición/ruptura política y el advenimiento del socialismo fue, para *le gratin gratiné*, la gran fiesta de los divorcios, la movida de oro, la alegre ordalía de los abortos y el dinero negro. Comprendieron en seguida que de marquesas socialistas también se estaba bien. Por eso Fraga seguía limitado al voto nostálgico.

121

Estaba yo escribiendo la columna, poniéndole agua al whisky, whisky al agua, whisky al whisky, cuando llamaron a la puerta. Era Estebanía, la hija adolescente de un vecino:

—Este libro de papá. Que te lo ha dedicado.

Cerré la puerta y tiré el libro sobre un cojín. Tenía prisa por seguir con la columna. Estebanía bajaba cantando por la escalera. Sólo después del almuerzo hojeé el libro de mi vecino y amigo. Era uno de los hombres del exilio, tipo hemingwaiano, con cierto prestigio de innovador antes de la guerra, que marchó a América con alguna gloria —Venezuela— y volvió con bastante pena. ¿Venezuela o Santo Domingo? En seguida vi que su prosa se había quedado, como la de tantos, en la tímida y desorientada vanguardia de los años treinta, tenía ya un sabor de época, pero un sabor revenido. Se paseaba por el pueblo con su melena blanca, su barba que le disfrazaba de Hemingway (parecido que sin duda cultivaba) y su pipa gorda y quizá ramoniana. Las pocas veces que hablaba con él, me contaba, claro, que en Madrid no se le comprendía, que Madrid seguía siendo franquista y que él había encontrado la paz en Las Rozas. Me hice una idea del libro vampirizándolo, o sea leyéndolo por encima aquí y allá, absorbiendo su intención y nada más, para poderle dar una opinión al autor cuando volviera a encontrármelo.

Días más tarde, había bajado yo a comprar el pan, como todas las mañanas, cuando un coche pequeño, viejo y alegre, se lanzó hacia mí al cruzar la calle. Salté a la acera y del coche salió Estebanía:

—¿Te acuerdas de mí? El otro día subí a llevarte un libro de papá.

Me jode ligar antes de haber hecho la columna, antes de «estar escrito», pero Estebanía tenía un perfil de cuento, un pelo de un rubio desganado, largo y liso como música que se va, y la camisa y los vaqueros la hacían más mujer y más niña al mismo tiempo. Comprendí que lo del libro había sido un primer mensaje, de modo que la invité a tomar una cocacola en la rotiserie. Entramos y pidió chinchón seco, a las nueve y media de la mañana.

—Leo siempre tus columnas.

—Gracias.

—No me gustan.

—Estaba seguro.

—Siempre hablas de política y andas con eso del cheli. La política es una horterada.

—Yo no escribo para que me lean, sino para que me paguen. Y me piden política.

A pesar de los múltiples impactos de la criatura, creo que me estaba defendiendo bien, pero tuve que ponerle a mi cocacola un whisky urgente. Aquella niña podía tumbarme al tercer asalto.

—Estoy leyendo el libro de tu padre...

—Eso cuéntaselo a él. Papá está pasado, escribe viejo, yo se lo digo siempre. Lo que hace no interesa. El exilio le paró el corazón y América le ha estropeado la prosa.

—¿Y él qué te dice?

—A veces llora un poco. Pero luego se hace otra pipa y se le pasa. Además tiene un ron cubano muy bueno.

—Y tú se lo bebes.

—A él no le conviene tanto ron.

Los ojos azules y todavía infantiles de Estebanía no estaban hechos de un azul cualquiera. Es un azul que se consigue metiéndole una sobredosis de ironía, un toque de insinuación, otro de desvergüenza, varias dosis de ron, o chinchón en su defecto, y quizá algún esnife entre horas. El resultado es azul, naturalmente, pero un azul que tiene al fondo un blanco nocturno de cocaína y por delante una sombra de dureza:

—Joder con la niña.

—¿Qué?

—Digo que joder con la niña.

—Ya sé que sólo te tiras actricillas, chorizas y comunistas.

—¿Vas a escribir mi biografía?

—No me va el personaje, pero tienes que invitarme una tarde a tu buhardilla.

—Hoy.

Hice la columna temblando, leí, hablé por teléfono con el periódico y a las cinco se presentó Estebanía.

—Tienes el mismo cuarto que todos los escritores. Sois todos clase media.

—¿También tu padre?

—El que más. Pero le amo. Estoy enamorada de él. La clase, en casa, la tiene mamá. La familia de mamá.

—O sea que me ves tan viejo como a tu padre. Literariamente, digo.

—Sí, pero a papá le amo, ya te lo he dicho.

—¿Y a mí?

—Tú sólo tienes un polvo alegre. ¿Hay whisky?

—Claro.

Y saqué mi chivas de doce años. Lo serví en dos vasos de la cocina. El vaso alto ya no se lleva. Estebanía lo hubiera estrellado contra el techo en rampa, quizá.

—*Twelve*. ¿Es que ninguna de tus comunistas te ha hablado del *twenty years*?

—Mis comunistas ya no beben. Están con la hepatitis B.

—Yo también tengo tricomonas.

—No es lo mismo.

Aunque sólo era *twelve*, se lo tomó seco y de un trago. Ella misma se sirvió otro.

—¿Entonces no te importan mis tricomonas?

—Ahora mismo te voy a demostrar que no.

124

Y se lo demostré en la cama, adonde nos llevamos la botella. Estebanía, desnuda, no era la adolescente de cuento, sino una hermosa mujer con diez años más o diez kilos más, no sé. Estebanía, en la cama, lo hacía todo y todo lo hacía bien.

—Tus tricomonas deben saber más que las putas de Chicote.

—En Chicote ya no hay putas. Te tengo que llevar una noche.

La juventud leída, que siempre está descubriendo cosas que ya estaban descubiertas antes de la guerra (de Cuba), había descubierto ahora el viejo Chicote, o sea el nuevo Chicote aséptico y sin putas. Eran ellos y ellas, ahora, quienes habían metido allí una jodienda fina y habían sustituido el coñac gordo y provinciano de las meretrices arqueológicas por la coca de los homosexuales y otras variantes de diseñador.

—¿Dónde está el baño?

—Lo encontrarás sola.

—Es que quiero que nos bañemos juntos.

Y saltó de la cama. Estebanía, vestida, era una niña de cuento. Estebanía, desnuda, era un Botticelli vivo. Pensé que iba a enamorarme. Lo único, las tricomonas, si es que era verdad. Nos metimos juntos en el baño, me hizo masaje tailandés o lo que fuese aquello, y finalmente, claro, acabamos haciendo el amor dentro del agua.

—Prefiero esto. Tus sábanas están sucias. Se ve que nunca las cambias. El próximo día traigo unas. No quiero acostarme donde te tiras a tus actricillas comunistas que no se lavan el coño ni para la Fiesta del Trabajo.

—Las sábanas están muy caras. Podemos hacerlo siempre en el agua. Aunque pienso que también me va a subir la cuenta del agua.

Salí del baño y me sequé ante el espejo.

—¿Por qué metes la tripa? Me gustaría que tuvieras un gran tripón, como papá.

—¿Tanto te trabajas el edipazo?

—Ahora me llevarás a comer algo. En esta casa no hay más que apio y friskis para los gatos. Ya he mirado.

Su viejo y pequeño coche estaba pintado de un verde militar y alegre al mismo tiempo. Mientras cogíamos la autopista, hacia Madrid, fisgué el interior del auto, que estaba revuelto, perfumado y roto. Había novelas en inglés, bragas de encaje blanco que se encogían en sí mismas como un animalillo, revistas en francés y una litrona vacía. Estebanía era exquisita, borracha y posmoderna, quizá la primera que hubo en Madrid.

Ella me acercó a aquel mundo de la juventud posfranquista y post/post. Post/Todo. Poetas de Embassy, dandies de papá, maricones que acababan de descubrirse tales y gozaban esta epifanía de la carne como la niña que tiene la menarquía o primera menstruación. O como la que se mira crecer todos los días las tetas en el espejo. Las tetas que no crecen. Todos se estaban poniendo de largo, de polla, de culo, de esfínter, de popper, de libro, de algo. Todos y todas se estaban poniendo de algo. De corto, de mamada, de inglés, de cama redonda, de novio, de novia (ellas). Cada generación tiene sus perversiones, que al final siempre son las mismas. La novedad sólo la ponen ellos, su juventud. Eran una minoría de poetas, nuevos filósofos, ácratas de oro y chicas que sólo leían en inglés, qué horterada, el castellano, porque así como nuestra generación se había europeizado mediante el francés, éstos iban todos de anglosajones, y hasta se había creado la escuela literaria del angloaburrimiento. Cada generación, sí, elige su pecado, sus abuelos y su idioma. Si con Licaria había conocido yo la acracia pobre, y con Gualberta el marxismo adolescente y residual, con Estebanía empecé a conocer (y glosar) una élite que había confundido sus dieciocho años con el siglo XVIII, una inmensa minoría rubia, pedante y gentil. Y ella, de madrugada: «Ven a los servicios, que quiero que me pongas a hacer pis.»

126

Una noche, Felipe González nos invitó a cenar en la Moncloa. Él estaba con camisa de cuadros y tejanos. Ella era como un ama de casa de Moratalaz que además fuese guapa, culta, simpática y joven. Los niños se nos subían por encima. No recuerdo si además había algún perro.

Los invitados, entre otros, eran Ramoncín y Diana, Aute y su chica, el dibujante Ops, Rosa María Mateo. Y yo. Ramón se presentó de rockero. Aute ha jugado siempre, y sigue jugando, a un miserabilismo mal afeitado que recuerda todavía a un existencialista parisino de los cincuenta. Incluso su chica tenía algo de una Juliette Greco pasada por la acracia. Ops, ese Topor español, era como un estudiante de filología, tímido e irónico, que iba a hacer con todos nosotros una viñeta hermética, muda y sangrienta, toda de sangre negra. Su chica no recuerdo cómo era. A Rosa María Mateo la había conocido yo en casa de Leguineche. Luego se hizo famosa en la televisión. Hija de militar, su proclama contra el 23/F, ante un millón de madrileños, que ya se ha contado aquí, la convirtió en una de las cariátides del socialismo, con Pilar Miró, la Prego y pocas más.

Creo que cenamos una cosa más bien casera. Felipe hablaba mucho y de todo. Se vio en seguida que no nos había invitado como portavoces oficiosos de la calle, para escucharnos, sino como indígenas de la calle a quienes había que convertir, más que a unas ideas, a una economía. Felipe tenía en su voz andaluza un fondo de tristeza y sentimiento, un acento de verdad y cansancio que humanizaba un poco el discurso de los números. Felipe, en fin, no escuchaba, y esto me recuerda lo que dijo Fernando Fernán-Gómez, invitado poco después a una cena semejante:

—Y este señor para qué nos ha invitado, si lo sabe él todo.

En principio, el discurso de Felipe conmueve, porque en este hombre hay toda una anatomía de la buena voluntad, y por debajo de los números asoma, ya digo, una última cifra como una súplica. Felipe González está tan convencido de su verdad que nos ruega que le creamos. Contra José Luis Gutiérrez y otros analistas que le consideran intrínsecamente malo, yo creo que una inmanente bondad interior le lleva continuamente a redimirse a sí mismo. Felipe quizá sea bueno en general, pero sobre todo es bueno consigo mismo. Puede cambiar radicalmente de política, como lo ha hecho, pero su bondad para consigo mismo, que él llama ética de partido, le evita toda mala conciencia. Hay en él una coherencia interior (la coherencia del bien inmanente y subjetivo, colectivamente inútil) que va ensartando todas sus contradicciones en un discurso que se redime a sí mismo a la vez que se produce. Felipe es cualquier cosa menos un cínico. Hay en él algo peor, quizá, que el cinismo, y es lo que llamo la autobondad, la inmanencia de su bondadosidad. Felipe González tiene complejo de bueno.

El discurso del cinismo es la ironía. La ironía produce distanciamiento, y eso alivia mucho, permite respirar, crea un espacio entre la idea y la palabra, entre el que habla y el que escucha. Entonces comprendí que lo abrumador y sombrío de FG no estaba tanto en su conversación clarividente y precisa como en la falta de ironía (el presidente no cultivaba el humor ni valoraba el de los otros). FG se producía pegado a su texto oral, y su texto se producía pegado a la realidad (a una realidad que había creado él mismo previamente). En esto me recordó un poco a Fraga, cuya locuacidad se ha contado aquí. Fraga también se produce desde la autobondad (que es autorredención continua) y por eso ha podido decir sin cinismo: «Mi pasado va a misa.» Sin cinismo ni excesivo fanatismo. La diferencia está, por decirlo orteguianamente, en que Fraga se maneja con creencias y Felipe con ideas. (Aparte, naturalmente, el folklore natural de cada uno, que en Fraga es pretérito y como usado, y en Felipe, en su momento, fue actualísimo: un progre/tipo conquistando el Poder: lo más parecido a la Revolución sin Revolución.) Carmen Romero asistía a la cena como la esposa que ya le ha oído contar muchas veces las hazañas de pesca a su marido. Pienso que si algún distanciamiento había entre ellos (aparte el inevitable ajenamiento que es el matrimonio), no podía deberse sino a la respuesta de ella, respuesta/huida frente a un hombre que no le deja espacio al interlocutor. Felipe era un reformista nato y quizá su mujer no quería dejarse reformar.

Felipe, como Fraga, daba la sensación de que pretendía convencernos a todos los españoles, uno por uno. Se dijo que controlaba los mass/media, pero su principal mass/media era él mismo.

Después de cenar bajamos a la bodeguilla, que los gacetilleros políticos escribían «bodeguiya», en un pretendido rasgo de ingenio ortográfico. Eran como un matrimonio de clase media recibiendo a unos amigos en el fin de semana. Quiero decir que Carmen y Felipe lo cotidianizaban todo. En esto se han equivocado también los gacetilleros revistiendo a FG de galas y vanidades. No es un emperador tercermundista ni nunca ha jugado a eso.

Felipe empezó de hijo de campesinos y pasó de clase media rural a clase media urbana (Sevilla). Esto se ha dado mucho en España durante el presente siglo. Por mucha macroeconomía y mucho socialismo que haya estudiado, las raíces populares de su ideología le vienen de lo autobiográfico más que de lo ideológico, como a todo conductor de hombres. No hay ideología que no esté manchada de autobiografía, y quizá es bueno que sea así. El hombre es un animal autobiográfico. El ascenso de FG dentro del partido es ya una lección de colegio. Y luego viene la historia del reformista reformado. A todo el que se propone reformar una sociedad, la sociedad acaba reformándole. Es la lucha del hombre contra las instituciones, versión moderna de la lucha clásica del hombre contra los dioses. Es decir, la épica de nuestro tiempo. Pero la paradoja no sólo afecta a reformadores, reformistas y otros arbitristas, sino también a los revolucionarios: Lenin acaba *reformado* por el leninismo. Stalin por el estalinismo. A la Revolución francesa le da forma un mero reformador (aparte sueños imperiales): Napoleón.

Las revoluciones se quedan en reformas y los reformistas en reformados, con lo cual el mundo varía muy poco y todos volvemos donde solíamos, que siempre se está más calentito. La bodeguilla era túnel y ladrillo, whisky y palabras, humo y madrugada. Ramoncín fue el único que se las tuvo un poco tiesas con Felipe. Pero Ramoncín argumentaba con casos de la calle y el presidente con cuadros macroeconómicos. Dos discursos que jamás llegarían a encontrarse. Por lo demás, el silencio del resto bien podía haberlo interpretado Felipe como un vencimiento sin convencimiento. Pero no. Yo, en mis columnas, había llamado reiteradamente «infrarrojos» a los socialistas, antes y después de su reventona victoria. La *boutade* resultó ser cierta, destino fatal de todas las *boutades*, que tienen mucho de las flechas indias con curare, que matan dos veces: por penetración y por envenenamiento. Ya aquello de «OTAN, de entrada, no», era de una ambigüedad preocupante, y así lo había escrito yo. Luego se les recordaría este eslogan a los socialistas, cuando se hicieron otanísimos, como un perjurio. Creo que no hay tal. Se trataba de una reticencia en clave que se brindaba deliberadamente a múltiples lecturas. Claro que estaba la movida de

Felipe en la Universitaria, contra la OTAN, con Ana Belén y todo el folklore progre. Pero esto formaba parte y rito de la Utopía.

FG, pienso, era un socialista bien intencionado que renunció a Marx por ganar unas elecciones. Sabía bien que España no ha leído ni asimilado la asignatura Marx. Marx, siquiera como cultura general, es una asignatura pendiente de la sociedad española. Las siguientes renuncias, ya en el Poder, pertenecen al filme mudo de lo que vengo llamando «el reformador reformado», en paralelismo con *El regador regado*, un pequeño clásico del cine efectivamente mudo. (Y antes estaba, entre nuestros clásicos, *El alguacil alguacilado*.) FG, en la Moncloa, va pasando, secreta y sutilmente, de Pablo Iglesias a Joaquín Costa, de Marx a Macías Picavea, de Lenin a Lucas Mallada. No lo dice, pero lo hace. Es el tránsito, a la española, del socialismo a la socialdemocracia. El reformista de la bondadosidad se ve reformado, primero, por la Historia de España: Ejército, Banca, Iglesia. Y, cuando ya se ha acostado con los tres poderes fácticos, cuando ya es el príncipe socialista del capitalismo, viene la reforma definitiva. De Europa, que es de donde han venido siempre estas cosas. FG, naturalmente, prefiere ser *europeo* a ser socialista. El precio es reciclarse socialdemócrata, no renegando del socialismo, sino haciéndonos creer que ambas doctrinas son la misma cosa, como si careciésemos de memoria histórica o fuésemos unos disléxicos profundos. Yo nunca he criticado al PSOE por socialista (desde el comunismo, por ejemplo, que es como ha solido leérseme), sino precisamente por no ser socialistas. Siempre me ha parecido urgente que Felipe se acercase a Ferraz a sacar el carnet del partido.

Al salir de la bodeguilla, Felipe todavía nos llevó a enseñarnos un poco el palacio. Lo hacía con naturalidad, con indiferencia, sin amor ni demagogia para con todo aquel mundo alfonsino de columnas y salas circulares. Con el gran puro castrista en la boca y el

131

viejo tejano, parecía efectivamente un revolucionario tranquilo que hubiese tomado posesión del Palacio de Invierno.

Había una biblioteca de libros muertos que se había convertido en salón de billar. Felipe y Ramoncín se echaron una partida. El presidente del pueblo y el rockero vallecano jugaban bastante bien los dos. Era el billar universitario y estudiantil de González contra el billar golfo y sislero de los viejos cafés de Legazpi. Para compensar su entrega al dinero español, primero, y al dinero multinacional después (aunque quizá fue a la inversa), FG mantenía el juego revolucionario con Daniel Ortega y Fidel Castro. Felipe era más socialista en Europa que en España y más socialista en Suramérica que en Europa. Esto, sin duda, obedecía a tres razones, a saber:

— equilibrio político de su imagen a nivel mundial;

— conservación de los mercados franquistas con Suramérica;

— realización vicaria, hacia afuera, del socialismo que no podía hacer dentro.

No es cierto que la política tenga siempre dos caras, sino tres: la verdad, la mentira y la conveniencia. El González de aquellos años era todavía un hombre aforrado por diez millones de votos, una personalidad maciza y mayoritaria, con ese prestigio entre revolucionario y legendario que confieren las masas. Sus manos finas y morenas movían bien el taco del billar y hacía las carambolas sin quitarse el puro de la boca. Rosa María Mateo marcaba los tantos como una niña ilusionada. Los demás éramos unos testigos interesados y con sueño. Yo no dejaba de captar el valor cinematográfico de la escena.

Lo que monstruiza el humor de Alfonso Guerra no son las cosas que dice ni cómo las dice, sino que es como el humor que le falta a Felipe, expresado a través de otro. Y no se confunda esto con el oficio del bufón. El bufón tenía licencia para ser grotesco contra su rey. Guerra es el humor de Felipe, pero puesto en otro. Algo así como los letreros del cine mudo. Nunca llegaron a encajar los letreros con la imagen, y muchas veces sobraban. Este desencaje o esta gratuidad es lo que monstruiza a veces el humor de Guerra. En el cine, los letreros nos distraían de la imagen, que era lo que importaba. A veces, las gracias de Guerra nos distraen de la imagen de Felipe, la confusionan (y creo que hay casos en que este efecto es deliberado, acordado entre ambos). FG fue el hombre que levantó la Utopía, pero en tintas planas y mediante consignas reticentes. Su socialismo de cartel (una estética que venía de aquella película de dibujos de los Beatles) fue, efectivamente, una Utopía *yellow submarine*. El Submarino Amarillo navegó un tiempo entre las dos aguas de lo venidero, hasta convertirse en un submarino de cabeza atómica.

Hay dos fuerzas que han cambiado a FG. Primero la facticidad y luego la fascinación. En la calle había gritado con prudencia y en la Moncloa se encontró que había que callar con prudencia. No es que pasase del grito al silencio, sino esto que acabo de explicar. En cuanto a la fascinación, las portadas del *Time*, la amistad de Willy Brandt y Fidel Castro, las visitas de Reagan y el Papa, etc., han hecho de él una figura internacional y ambigua. Pero esta ambigüedad nadie la lee como indecisión, ni creo que lo sea, sino como estrategia para conciliar diversas políticas mientras dure el juego. Y el juego parece que va a más, se complica, se enriquece y anima. La movida española, esta apoteosis de la paz es lo que asombra al mundo como hace medio siglo le asombró la apoteosis de la guerra civil.

Somos un pueblo apoteósico.

Eran dos jugadores duros y al final ganó el presidente por poca diferencia. Carmen y él salieron a despedirnos hasta los coches, ya de madrugada. Me parece que era invierno y un cielo blanco de helada nos hacía irreales a todos y ensombrecía el rostro del presidente, seguramente cansado y con la misión obviamente cumplida. No parecía muy seguro de habernos convencido. Franco respondía a los intelectuales con el silencio. González les responde antes de que hablen, con las cifras. Quizá es un soñador reprimido que sacrificaría dos generaciones por fabricar la España que él *ve*. Pero no se atreve a decirlo. Felipe vendía una Utopía tecnológica y remota. Tierno alzó frente a eso la Utopía aquí y ahora, la Utopía del juego, la cultura y el presente (el presente sí que es utópico). De nuevo el viejo humanismo contra el cruento tecnologismo. Grecia contra Roma o, mejor, Persia contra Grecia. Ganó Tierno, el persa, en el corazón del bosque popular y político.

Como una masa festival y altiva, como un semo-
viente cielo con zodíaco de globos, luces y muchachas
desnudas, como un régimen de música pasando por
todos los solsticios, los Rolling Stones en Madrid,
Vicente Calderón, a orillas del Manzanares, como en
descenso cansado de los planetas sobre la hierba roja
y futbolística, toda una generación llenando el esta-
dio, las camisetas como idiomas, las cintas en el pelo,
los tejanos cortados de las chicas, ah el gran friso de
los muslos como caballos jóvenes esperando la salida, Mick Jagger en el escenario, remoto y brillante,
repitiendo la otra gran pingaleta del siglo, después
de la de Aldrin en la Luna, piedras rodantes, ruedas
rugientes, rugidos calientes, calores valientes, viola-
dores candentes, candencias y cadencias llenando el
mundo como un vuelo de gaviotas lujuriosas por encima de las alambradas y la maría, yo había ido con
Estebanía y estábamos sentados en el césped, ella de
hippy antigua, iluminada de has como una de esas
Vírgenes con lucecita por dentro. .

Aquello fue uno, otro de los momentos altos de la
Utopía y la metáfora general y joven de Algo Grande
y bamboleante que iba hacia Alguna Parte. La Historia, a veces, se hace visible mediante la música. El
futuro, a veces, se hace visible a través del pecho
delgado de una muchacha con la camiseta mojada.

Estebanía comió, bebió, fumó y al final tuve que
llevarla a un pasadizo a vomitar. Estebanía se pasaba la vida devorando y vomitando su corta y apasio-
nada biografía.

Almorzaba yo algunos días en casa de Francisco Fernández Ordóñez, en Puerta de Hierro, en sus épocas más tranquilas, entre Ministerio y Ministerio. A Paco se le ha criticado mucho esto de los ministerios, e incluso la Prensa ha creado de él una imagen de hombre/estela, que viaja de partido en partido (a veces partido propio, cuando no coge ningún tranvía en marcha), sobre las huellas de su propio y variado surco. Uno cree, más bien, que es todo lo contrario. Paco es de los pocos políticos que se ha estado siempre quieto y tranquilo, en el mismo sitio —la socialdemocracia—, hasta que la Historia ha venido a coincidir con él (él no ha corrido nunca delante ni detrás de la Historia). En cualquier cargo o partido ha hecho siempre la misma política: socialdemocracia. Un día se lo pregunté en su casa, en una tarde de lluvia y arrepentimientos mutuos:

—Paco, ¿qué es la socialdemocracia?

—Un pacto entre el capital y el trabajo.

Nadie lo había dicho nunca, en España, tan claro ni tan sencillo, de modo que varios comentaristas glosaron esta frase, para bien o para mal, después de haberla dado yo en mi columna. Fernández Ordóñez era un hombre cordial, apagado y sutilísimo. Tenía la fina sensibilidad de los enfermos y una sonrisa de después de la operación a vida o muerte. Entre nosotros, siempre, su viejo perro peludo y grande, que un día se fue al cuarto de baño a morir. Hablábamos, a veces, hundiendo las manos, cada uno por un lado, en la lana espesa y ya sin brillo de aquel entrañable y terminal perro. Rilke, Antonio Machado, siempre los poetas en nuestra conversación. Paco, a veces, se iba por las extensiones verdes y cuidadas de Puerta de Hierro, con el perro, a hacer versos mentalmente, que es como suelen trabajar los poetas. Porque Paco es poeta, aunque jamás me ha enseñado nada. Estoy seguro de que en su última y cosechadora etapa de ministro, volando entre Washington y Tokio, se ponía a hacer versos por debajo de las carpetas oficiales y a escondidas de sus secretarios.

—Lo que de verdad me apetece, Umbral, es retirarme y escribir.

Es poeta como todo enfermo crónico y si la socialdemocracia española siguiese el modelo Fernández Ordóñez, hoy seríamos de verdad un modelo para Europa, y no sólo un imprevisto, que es lo que somos. Cuando escribo estas memorias noveladas no sé de él ni casi de mí, pero es un amigo sin hijos a quien se le mueren hasta los perros. Tiene la cara gris, las ojeras pesadas y, en esta monocromía, la sonrisa se desenvaina de pronto, hermanándose con la calva saludable y la amistad de los ojos. Ha habido tres europeos natos en la panoplia de la transición: Tierno, Areilza, Fernández Ordóñez. Todos los demás son improvisados y se les nota en las corbatas (mayormente en el nudo). «Lo que de verdad me apetece, Umbral, es retirarme y escribir.»

La manifestación nacía, como casi todas, en Legazpi y al anochecer, en un adunamiento de sombras humanas, negras (el ser humano es opaco), entre la sombra general y azul de la hora. La quietud de los grupos era un lento crecimiento y toda aquella montuosidad iba cobrando un perfil humano, un rostro repartido y reconocible. Era una manifestación laboral de Comisiones Obreras y unos jóvenes comunistas me habían pedido que fuese yo quien leyera la proclama final en la plaza de Benavente, final del trayecto. Sin duda me habían elegido por acentuar el carácter cívico de la protesta y «despolitizar» aquella manifestación reivindicativa. Ocurre que el escritor, aunque se trate de un escritor político, para lo más que sirve es para «despolitizar» las cosas, cuando así conviene. Carrillo, Camacho, Piñedo y otros. Caminábamos lentamente hacia Atocha, al frente de la multitud silenciosa o murmurante. Era aquello como un inmenso entierro sin muerto, donde todo el mundo va hablando de sus cosas, pero a media voz y con respeto. Santiago y yo cambiamos impresiones, que es eso que se cambia cuando no hay nada más urgente (él y yo nos veíamos mucho) que cambiar. Con quien más hablé, durante el trayecto, fue con Marcelino. A Marcelino le había visitado yo, la misma mañana en que salió de la cárcel, en su piso de Carabanchel, aquel piso de las visitas colectivas a su mujer. Camacho era un dialéctico de fresadora, un comunista de laminación, un hombre que hablaba claro, seguro, informado e incansable, de los conflictos entre el trabajo y el dinero, y nunca de otra cosa. Sin duda, comentar qué tal día hacía, o qué tal noche, le habría parecido una lamentable pérdida de tiempo. Tenía tan estudiada la eterna partida de ajedrez entre el capital y el trabajo, había ensayado tanto, mentalmente, todos los movimientos suyos y del contrario, que los empresarios y los hombres del dinero, cuando empezaron los diálogos, incluso por televisión, se encontraron con que sabía más que ellos de sus propias empresas. Qué gran empresario hubiera sido Camacho. Sólo le faltaba el negro y dulce corazón de grasa de los caimanes capitalistas. Su edad, su pelo blanco, como virutas de hierro que en la fábrica le habían saltado a la cabeza, su pecho herido y su voz más voluntariosa que poderosa, hacían de él un debilísimo e invencible adversario, un líder de acero sindical y jersei de borra.

Antes de llegar a Atocha se me acercó Carrillo, que traía el abrigo muy cruzado, cuánto diciembre acude, cuánto enero:

—Mira, Paco, yo tengo que coger el avión ahora mismo para Zaragoza. Me voy a dar un mitin. Tú sigues con los compañeros.

—Vale.

Sin duda, Carrillo había querido quitarse de en medio antes de llegar a la meta por mantener el carácter «apolítico» de la manifestación. Por no carrillizarla. Y esto me parecía bien, naturalmente, pero me jodía que no se me hubiese explicado antes. No soy tan tonto ni tan cobarde como para asustarme por eso. De modo que seguí caminando, delante de aquella masa nocturna y profunda, sin haber leído siquiera sus pancartas. (Al manifiesto sí le había hecho yo algunas correcciones de estilo, y ya sabemos que el estilo afecta siempre al contenido, como que son la misma cosa.) Llegábamos una vez más a la glorieta de Atocha, sol nocturno de Madrid, como cuando el 23/F, como siempre, como toda la vida. Porque aquello iba durando ya toda una vida. Empecé a sentirme solo entre tantos, abandonado del tiempo, y no sólo de Carrillo, vacío de biografía, como un profundo, inexplicable y melancólico hueco. Se me acercó Piñedo (el cual decía aquello tan gracioso de «ése es más pesado que un tanque en la solapa»), me puso otra confusa disculpa y se fue. La manifestación iba perdiendo su rostro a medida que crecía su cuerpo (se nos agregaba gente desde las aceras, saliendo de detrás de las farolas fernandinas). O sea que nos íbamos convirtiendo en un monstruo, otra vez el monstruo, la horda/hidra que decía la derecha, el pueblo orgulloso y asustado de sí mismo. Hubo un momento en que, de todo el Politburó madrileño, ya sólo quedaba a mi lado Marcelino Camacho.

Subimos la larga cuesta de la calle Atocha, en uno de esos itinerarios convencionales que sólo hacen las manifestaciones y los entierros. Y de pronto estuve ante el deslumbramiento mudo, la amplitud negra con varios astros como focos parados y ominosos, una multitud antes respirada que vista. El tingladillo de madera estaba frente al teatro Calderón. Marcelino y yo subimos los tres escalones de tablas. Había micrófonos y más luces. Marcelino se quedó dos pasos atrás, casi respetuosamente, como si yo fuera el príncipe heredero de aquella monarquía obrera. En la masa negra de la plaza (yo no había esperado tanta gente), los cascos blancos de los policías y seguramente, en la sombra, los escudos. Cuando los maderos se ponen el casco blanco es que va a haber movida. Y yo allí arriba, delante de un micrófono, solo, con la bufanda colgante y el abrigo muy cruzado, cuánto diciembre acude, cuánto enero. En el bolsillo izquierdo del abrigo tocaba con las puntas de los dedos el papel de la proclama. Detrás de mí sonaban los insultos fascistas. Del lado del Calderón me venían los gritos de los anarcos, pidiendo que el papel lo leyera un obrero y no un intelectual. ¿Era yo un intelectual? ¿Es esto un intelectual? ¿Para qué sirve un intelectual? ¿Para convertirse en la máscara de papel, que a nadie engaña, de un partido que juega a ocultar el rostro? Es un juego que no pretende engañar a nadie, sino levantar un ritual e improvisar la tan soñada complicidad entre los intelectuales y el pueblo. Yo era en aquel momento el chivo emisario del viejo y tedioso juego: la *inteligencia* y el trabajo se han unido para recusar al poder y al dinero. ¿Es que hay alguien que pueda resistirse a eso? La política queda malabarizada. Ni partidos ni sindicatos ni nada. Sólo los trabajadores y los cultos, que han coincidido mágicamente, como dos masas que se complementan en un cuadro del Greco, ascendentes ambas. Qué hermosa alegoría. Y yo era la prenda que se pagaba por jugar este bonito juego. Pero seguían los insultos de los ultras, Umbral, cabrón, rojo, vete a Moscú, y las protestas de la CNT, pidiendo que me sustituyera un obrero. Creo que tenían toda la razón y el aire de la plaza, plaza vieja y alta de Madrid, corralón de putas y teatros, se ponía tenso y me cruzaba el pecho como un alambre fino, larguísimo, el tiro podía llegarme de cualquier parte, incluso de los maderos. Leí la papela de prisa, con voz muy alta y hasta un poco desesperada, oyéndome a mí mismo en los ecos del micrófono y la plaza. Creo que al menos había conseguido el silencio, Marcelino me estaba felicitando con un abrazo cuando cuatro hombres se apoderaron de mi abrigo (yo estaba dentro), y me llevaron levitando hasta la calle, por entre la multitud, yo iba muy dulcemente pero ellos tenían codos, en vez de alas, y avanzábamos a codazos, eran del sector de seguridad del partido, torcimos por la esquina de Bobo y Pequeño y me metieron en un seiscientos oscuro, salimos corriendo entre las viejas y estrechas calles solitarias (qué tranquila discurre la vida a espaldas de la cercanísima Historia, y arriba la luna), hasta salir a las amplitudes del paseo del Prado, por donde yo había pasado un rato antes, ahora sólo los coches y el frío devolvían su majestuosidad a aquel tramo de Madrid, manchado de multitud y actualidad media hora antes. La velocidad y el frío, cuánto diciembre acude, cuánto enero, son dos elementos desrealizadores que hacen aparecer un inexistente Museo del Prado, un inexistente Jardín Botánico, un inexistente, blanco y embalsamado hotel Ritz.

—¿Adónde te llevamos?

—A Argüelles.

De los hombres que llenaban el seiscientos (un olor a frío y hombre urgente), casi todos eran jóvenes y sólo reconocí al que estaba a mi derecha, un individuo alto, calvo y cordial, a quien recordaba haber visto siempre por el mundo del teatro.

—Hemos pasado verdadero miedo por ti. No se sabe cómo la cosa, de pronto, se ha puesto tan tensa.

A lo mejor los sucesivos desertores de la manifestación sí lo sabían. En Argüelles cogí un taxi y corrimos hacia mi pueblo. La radio del taxi iba dando un programa deportivo. *Yo no era el héroe del día.* Pero estaba vivo. A tomar por retambufa los héroes. Por la nacional de La Coruña el mundo y la noche se ensanchaban, y la luna lo hacía todo ajeno a la Historia y sus apreturas y sus coraceros.

—¿Qué dice esta noche García? —le pregunté al taxista.

Estábamos en uno de los pisos con dos guarismos de la Torre de Madrid. Era madrugada e invierno. Habíamos embarrancado allí, casi en el cielo, como en un alto mar de los Sargazos. Veníamos de alguna fiesta, o la fiesta éramos nosotros mismos. No sé. Máximo, Aranguren, Cid Cañaveral, hoy ya desaparecido, más periodistas, más gente, más basca. Era, me parece, el piso de una millonaria sudoca/sudaca o así (había conocido yo otras que nada más llegar a España hacían nido en esa torre, como cigüeñas con varios idiomas en el pico). Bebíamos whisky y sólo el humo del has nos justificaba, o ni siquiera eso, y el ingenio, que es otra cosa que justifica las madrugadas inexplicables, o cuando menos las exalta, el ingenio, digo, también iba disipándose. Estebanía y yo nos metíamos un poco de mano. En algún sitio, alguien ligaba con alguien. José Luis L. Aranguren me contaba un poco su caso, aunque, felizmente, no es dado a contar casos:

—A mí el que Franco me echase de la cátedra me vino muy bien. Yo me fui al país de la contracultura, es decir, a California.

Yo había leído a Aranguren desde los primeros tiempos de la revista *El Ciervo*, que hacían los hermanos Gomis en Barcelona, el poeta y el otro, y recuerdo que Aranguren, en sus artículos, criticaba toda la coreografía de la santa misa, ese levantarse y volverse a agachar. Llegaba a llamarlo «gimnasia espiritual» o algo así. Yo creo que Aranguren ya iba para contracultural antes de irse a California. Si no se hubiese ido a otro sitio (a la California de los sesenta, me refiero). Alan Watts, Laing, Norman Brown, Paul Goodman, todo eso. Todos tenemos otra patria que no suele coincidir con la de nacimiento. Todos tenemos nuestra California esperándonos en alguna parte. A lo mejor aquí mismo, en Madrid. Aranguren se veía que iba para anarquista de Dios.

Volvió a España en un absoluto estado de gracia, whisky e idiomas. Tan libre de pensamiento que ni siquiera lo sometía a la forja de un estilo, de un argot, de una jerga, como todos los filósofos (con lo que, de paso, se libraba de la trampa conceptual de las palabras, o mejor del estilo). Volvió a España con melenita de *hippy* maduro, muy abierto a lo abierto, y se veía que se iba como despegando un poco, intelectualmente, de los hombres de su generación: Laín, Tovar, Marías, etc. En cambio, en seguida tuvo el respeto y la amistad de los nuevos filósofos. A medida que iba perdiendo fe iba ganando santidad. Dejaba de ser el ortodoxo que nunca había sido para convertirse en un místico a la inversa. Porque existe el misticismo tormentoso de santa Teresa, pero al lado está el misticismo «lúdico», plácido, abierto y feliz de san Juan. Aranguren iba pasando de san Agustín a san Juan de la Cruz a través de California. Ahora sus palabras estaban cargadas de whisky y paz extensa, de un whisky espiritual como un oro no visto y de una paz lúcida, que en lo político se hacía serenamente crítica, dulcemente irrenunciable. La ética de Aranguren ya no era la Ética, sino una intuición casi lírica del bien, que tantas veces llamea en el corazón del mal o en los alcoholes de la mujer.

—Ese suéter que llevas tiene un verde indignante, y te lo voy a tirar por la ventana.

Máximo se había quitado el suéter, por el calor. Lo cogí, salí con él a la altísima terraza y lo tiré al vacío. En seguida desapareció en la noche, aquella oscuridad en picado que subía hacia mí como niebla. Respiré un poco el frío de las estrellas, que no se veían, y volví adentro. Máximo estaba como con la cara borrada, ya que lo suyo es una sonrisa leve, delgada, perpetua y un poco torcida. Sin esa sonrisa,

144

su rostro era sólo una mancha blanca. No creí que amara tanto su suéter verde y gordo. Al poco rato sonó el timbre del piso y salimos en tropel. Una yanqui joven, rubia, irreal, una aparición en inglés, estaba en la puerta con el suéter en las manos, como una ofrenda. Explicó que había caído en su terraza, pero no explicó cómo sabía ella de dónde había caído. Estaba levantada, leyendo, y lo vio caer. ¿Levantada, leyendo, a las cinco de la mañana, en aquella noche marítima de invierno? Ni siquiera la invitamos a pasar y tomar una copa, porque nunca estamos prevenidos para el milagro, siendo así que en la vida no pasan más que milagros.

—¿Y cómo sabe de dónde coños ha caído el trapo?

Pero ya se había ido, ni siquiera sabíamos a qué piso. Máximo se calzó el suéter embarulladamente, con prisa, aun sabiendo que una broma no se repite, porque se convierte en un atentado. Amándole como le amo, me consoló mucho su cara de la infancia saliendo de la cota de malla verde, de nuevo con la sonrisa rizada y breve que es su alma.

El misticismo endemoniado y el misticismo encantado. Santa Teresa versus san Juan. Sí, lo vi claro aquella noche, en aquel alto piso, entre las tiras de humo y el rostro erótico que había dejado la vecina misteriosa. A santa Teresa la atormenta Dios. Unamuno atormenta a Dios, no le deja en paz. Aranguren iba pasando, en aquellas noches y otras mañanas, de los místicos llameantes y agonistas a san Juan, con todo lo que el poeta tiene de oriental, orientalismo que Aranguren había corroborado en las universidades californianas de los sesenta, el cuerpo del amor, el hombre soluble en el mundo, todo eso. Alto y quebradizo, dulce e irrenunciable, Aranguren no era un místico sin fuego romántico, como intentó serlo Juan Ramón Jiménez, sino que se dejaba mecer en el vaivén cósmico de la tolerancia y la duda, dejándose caer en su revés cuando hacía falta, iluminando con alcoholes verticales las zonas más interiores de un misterio sin misteriosidad, tendente siempre a sorprender la relación natural entre las cosas, lo que el mal tiene que decirle al bien, y lo que la vida, ya muy adentro, tiene de cielo en ruinas, rastro de una armonía que hubo o simple y evidente asunción de la nada. Me parece que España en general piensa más, y no diré que mejor, a través de Teresa y Unamuno, entiende a Dios como un castillo que hay que tomar, le feudaliza, y se repara menos en el misticismo abierto de Juan de la Cruz, leído siempre y sólo como poeta, cuando es el paseante delgado de ese mundo lunar que viene después del innecesario conflicto hombre/Dios. Así las cosas, tampoco es fácil que España entienda el misticismo *hedonista*, sanjuanista, de Aranguren, ni su cotidiano pentecostés con una lengua de whisky en la cabeza.

Cuando bajamos de la torre, nos llevó hacia el pueblo (él vivía en el de al lado) en su coche rojo y centelleante de velocidad, muy pegado él al parabrisas para orientarse en la noche después de que la había dejado atrás. Pero con un místico que seguramente reza en inglés, con un santo contracultural y contrasantoral, miope y con sueño, se va bien y sin miedo, cuando sus manos de arcángel viejo y un poco caído llevan el volante.

Joaquín Garrigues había muerto hacía tiempo, de leucemia, en la clínica de la Concepción, Fundación Jiménez Díaz, haciendo en *El País* unos artículos largos y sugestivos sobre los que pesaba la metáfora de la clínica como transatlántico y la vida —la muerte— como viaje. Joaquín escribía bien, con esa elegancia y ese fino oficio del hombre culto que no es escritor profesional. Se puede ser menos elegante y menos culto y menos fino, y quedar más escritor. La profesionalidad es otra cosa. Pero los artículos de Joaquín fueron una despedida serena, hermosísima y fría, como la leucemia misma, la despedida de otro de los pocos hombres que podían haber inaugurado en España una derecha civilizada, como la de su suegro, Areilza, pero con más pegada americana y más sugestión neocapitalista.

La derecha hay que reconocer que no ha tenido suerte en esta historia, en este tramo de la Historia de España. Unos años más tarde de la muerte de Joaquín, su hermano Juan, el marido de Carmen, se quedó para siempre, un domingo por la mañana, sentado en una butaca y con los auriculares puestos, oyendo a Bach, que nadie me moleste esta mañana, cuando la hija pequeña se acercó a pedirle la propina dominical, Bach sonaba para un cadáver. Comentándolo luego con Carmen, me dijo:

—Cada día hay más Garrigues en el cielo.

Juan se trabajaba el área Este, como si los Garrigues se hubiesen repartido el mundo, y tenía tratos con los rusos y los argelinos. Un día, paseando por su jardín, me ofreció llevarme a Moscú.

—Si algún día voy a Moscú —le dije—, será con Marcelino Camacho; no con un Garrigues.

Tomaba mucho tranxilium.

Y, al poco tiempo, la hija mayor del matrimonio, Alejandra, se estrellaba en un coche saliendo de la discoteca ¡Oh, Madrid!, en la carretera de La Coruña. Recordé la frase un poco retórica de Carmen: «Cada día hay más Garrigues en el cielo.» La vida acaba siempre resultando más retórica que las frases, y de peor gusto.

Presidí mesas contra la OTAN, cuando el referéndum, en el hotel Victoria, hotel de toreros pobres, en el Círculo de Bellas Artes, por todo Madrid, con García Hortelano, Fernando Quiñones, Gala, Ana Belén, algunos de los llamados jueces para la democracia, pegué carteles con Imanol Arias hasta en la Puerta del Sol, escribí columnas violentas, columnas irónicas, columnas como ráfagas de ametralladora loca y columnas como un naipe de ironía, anarquía y sueño. Fue una movida nacional y el máximo ejemplo de que un Gobierno puede ganar cualquier referéndum, incluso contra el pueblo mismo, cuando las cosas se plantean no como un levantamiento por la verdad, sino como un laberinto de verdades y mentiras hablándose las unas a las otras.

¿Cómo había llegado Felipe al otanismo desde el antiotanismo? Ya he escrito algo de esto páginas atrás. En principio, quizá, porque nunca fue anti, o porque su anti no llegó más allá del electoralismo. González ha depositado su ética en el futuro, año 2000 o por ahí, y para el presente se maneja con una moral de ocasión, como todo político. A Fraga, la legitimidad moral le viene del pasado, de un pasado hiperbóreo. Felipe ha desplazado la suya hacia el futuro, con lo que ambos están en perfectas condiciones de hacer lo que les dé la gana con el presente. Quizá no otra es la diferencia entre la izquierda y la derecha, hoy y siempre.

Vino Reagan y hubo un motín de Esquilache, el Gobierno le dio una cena en el Palacio de Oriente y la calle del Arenal, y todo el camino hacia Palacio fue un surco profundo y caliente de coches violentos, gritos, muros desgarrados, tiendas volcadas y papeleras municipales que volaban por el aire con cierta gracia. Era como si Reagan hubiese llegado al Palacio Real a caballo, seguido de su cuadrilla de *cowboys* arrasando el poblado. Pero era el poblado el que se levantaba contra Reagan. Me parece que Guerra no asistió a la cena. Más que un ademán de independencia y antiamericanismo por parte de Guerra, yo creo que el vicepresidente hizo en este caso, como en otros, de carta en la manga y recurso último que el partido se reservaba ante su parroquia: «Guerra no ha querido ver a Reagan, con un par, el tío», se comentaba a la mañana siguiente en los bares de Alenza.

Reagan, en cambio, no quiso ver a Tierno, que debía entregarle la llave de la ciudad, como a todo visitante ilustre (cuando vino el Papa Wojtyla, Tierno le saludó en latín y lo dejó perplejo: el exhibicionista español había ganado por la mano al exhibicionista de Dios). Reagan no quiso ver a Tierno porque la CIA le dijo que el alcalde de Madrid era un comunista y le iba a pegar el sida. En consecuencia, Tierno tampoco fue a la cena con Reagan, pero este gesto tenía más realidad y validez que el de Guerra. El referéndum se perdió, lo perdimos, claro, lo perdió el pueblo español, pero también lo perdió el Gobierno, que salió muy erosionado de su confusa e imperativa campaña, llena de contradicciones. El episodio ha quedado, ya digo, como uno de los más altos ejemplos políticos de ventriloquismo colectivo: la gente se encontró hablando con una voz que no era la suya y diciendo *sí* a no sabía qué.

Desde entonces, la Utopía dejó de aureolar la Moncloa y se posó sobre la Casa de la Villa. Tierno fue un poco para los madrileños lo que, cuando el Desastre del 98, fueron los toros. En aquel día trágico, mientras el alcalde de entonces, Alberto Aguilera, «Aguilerón», hablaba a la multitud, ésta le dejaba solo y se iba a la plaza (que aún no era la de Ventas). Los madrileños, y quizá muchos españoles, desencantados de Felipe, del socialismo, del Gobierno y de sí mismos, se arregostaron, no en el casticismo del 98, sino en la Utopía ilustrada, popular y aerostática que había inventado Tierno para ellos. Ya que somos socialistas de mentira, vamos a ser utópicos de verdad y de la Verdad, o sea el presente, la libertad al alcance de la mano, la propia vida como individualidad compartida y la fiesta de locos como vida interiorizada. Una de las grandes sabidurías de Tierno fue apartar a las gentes de una Historia que no contaba con ellas, pese a los pósters a todo color del PSOE, y devolverles lo que era de ellos y les había sido enajenado secularmente: su propia existencia, su vida particular y su alma festival. El milagro no lo habían hecho ni Carlos III ni don Manuel Azaña. Lo hace Tierno por primera vez en nuestra Historia.

Los muertos de la colza, los muertos de ETΛ, los trasterrados de Riaño, España se iba llenando de multitudes erráticas y negras, de ingencias deambulantes y silenciosas que echaban su sombra sobre la democracia y sobre el arcoiris en tintas planas de la Utopía tipográfica del PSOE.

Pero Felipe González practicaba el reduccionismo con esas estadísticas negras, un poco a la manera en que los Estados Unidos llegaron a «ignorar» que tenían una guerra en Vietnam, que eran un país en guerra. Las democracias nuevas se quieren impolutas. González no estaba dispuesto a que los terroristas vascos o los muertos deambulantes de la colza o los generales con sangre en los entorchados o los mendigos/muñón de la Gran Vía le ensombreciesen su España recién sacada de la lavadora de la macroeconomía, una España optimista de detergentes.

Por entre aquel Madrid nocturno de colceños y guardias civiles muertos, con piaras de cerdos en la Castellana, paseábamos Tierno y yo, y había tanta muerte en el oxígeno que el alcalde empezó a hablarme de sus enfermedades. Molestias, debilidad, cosas.

Enrique Tierno Galván volvía a ser el viejo campesino de Soria cuando se quejaba, aunque lo hacía tan dignamente. La enfermedad saca de nosotros al hombre interior o anterior. Sus reacciones eran de campesino más que de intelectual. (Quizá todos los intelectuales se comportan como campesinos ante el dolor.) El campesino por no saber nada, o por saber sólo de sus cosas, y el intelectual por saber demasiado, tienen una idea vaga de su cuerpo, no quieren enterarse mucho de sí mismos. (De ahí la novedad de Nietzsche, cuando aconseja filosofar a partir del cuerpo: Juan Ramón Jiménez le llamaba «filósofo modernista».) De modo que Tierno me hablaba de dolencias vagas, de las tristes exigencias del organismo, casi casi, del «asnillo» de santa Teresa. Teresa quiso reducir su cuerpo, tan vivaz, a un asnillo ingenuo y obcecado, pero el ángel la transverbera con el punzón de oro, el asnillo se metamorfosea en la más sutil y transida arpa erótica de la literatura occidental. Admitamos, con Max Frisch, que «los cuerpos son honrados».

—Eso hay que mirarlo, Tierno. Los cuerpos son honrados. Cuando el cuerpo se queja es por algo.

—Esto lo matamos con un machaquito, Umbral.

Como cuando el pueblo habla de matar el gusanillo. Pero, efectivamente, Enrique Tierno había sido un niño agrario y estudioso al que llevaron de la mano hacia institutos cada vez más adustos. Hasta que el estudioso paró de catedrático en Murcia, y luego de cabeza invisible de la resistencia antifranquista en Madrid. Todas estas capas geológicas de mi amigo y maestro las iba viendo yo poco a poco, con eso que la amistad tiene de espeleología. No está muy claro que estas capas sucesivas se amalgamen en una totalidad autobiográfica y brillante. Más clara veo yo la explicación de Quevedo: «presentes sucesiones de difunto». Eso somos. Eso era ya Tierno para mí, a pesar del machaquito.

El niño austero de pueblo, el catedrático provinciano, el campesino que fue su abuelo, el intelectual que lee a Marx y a Jovellanos, el maestro de generaciones expulsado de la universidad por las mangueras municipales de Franco, el conspirador irónico, el hombre interior que decide exteriorizarse mediante la Utopía/Eucaristía, y fascina a todo un pueblo que come de esa fascinación. Unas veces salía un Tierno y otras veces salía otro. En los momentos más abultados y brillantes, claro, él reunía todas las presentes sucesiones de difunto en un solo vivo elocuente y venidero, magistral y episcopal, peatonal y altivo.

El racionalista llegó a creer más en la fascinación que en la razón, diría yo. O, al menos, se inventó la razón fascinante, como Ortega la razón vital. Fue el encantador, el hacedor de la lluvia, el brujo de la tribu, el dueño de las palabras y del fuego.

—Pero estos dolorcillos en la tripa...

Ya no comía como él comía.

Todo empezó cuando Susana Estrada, recogiendo de manos del alcalde los premios de los populares de *Pueblo*, se dejó escapar una teta, teta curiosa como una ardilla por la movida de los flashes. El alcalde y la teta dieron la vuelta a España. Y quizá al mundo. O cuando Tierno bailó con la negrona Flor y hasta le metió un poco de mano. O cuando aquel acto ante la Biblioteca Nacional, una mañana, que habían hablado Tierno y Lázaro Carreter. Había banda de música y un redondel de curiosos. Una mujer sometida a todas las usuras del tiempo y la miseria, se acercó al alcalde:

—Mi marido es funcionario municipal...

—¿Y en qué servicio trabaja su marido, señora?

Otra vieja usura, la de la vergüenza, ensombreció a la mujer:

—Es barrendero.

Tierno le advirtió contra el sentimiento de humillación por la propia condición de uno o de los suyos:

—Un servicio no se mide por la humildad, señora, sino por la necesidad. Madrid necesita barrenderos como necesita arquitectos.

Y pidió a la banda que tocase un pasodoble en honor de aquella dama.

—¿Lo bailamos, señora?

Todo empezó así, por cualquier parte. El pensador hermético había decidido disiparse eucarísticamente en los demás. Quizá este caso particular pueda insertarse en el fenómeno general y contemporáneo de la muerte de la filosofía. Tierno, más que renunciar a la filosofía, decidió, quizá, devolverla a sus orígenes peripatéticos. Filosofaba por las plazuelas de Madrid, en voz alta, como Sócrates por las plazuelas de Atenas. Después de veinticinco siglos, estaba devolviendo la filosofía a la calle.

Ya muy entrado en las angosturas de su enfermedad, en las lobregueces que le enlobreguecían de dentro afuera, me habló de hacer en Madrid, hacia el final de Goya, una plaza de Salvador Dalí. Se fue a Cataluña, junto al lecho del pintor, y Dalí le dibujó un hombre desnudo y una bola suspendida en el aire. Su hoy tan conocido homenaje a Newton. (La ciencia, como la filosofía, volvía también a la calle.) Tierno se despidió besando a Dalí en la frente. Luego se arrodilló junto a la cama y Dalí le dio su bendición papalicia. Siempre me conmueve y remueve el recuerdo de esta anécdota, los dos nobles y geniales farsantes del siglo español haciendo su ritual irónico y maligno a la orilla revuelta de una misma muerte casi compartida. El arte y la política no son sino dos variantes de la total farsa de la especie, y por eso es más honesto el farsante que asume esto, lo exaspera y así, quizá, lo redime. Más honesto, digo, que el salvapatrias que se plantea la política o el arte o la agricultura como destino en lo universal, cuando lo que hace, realmente y como todos, es dar de comer a su ego, ese otro cáncer general, más negro que el que estaba empezando a comer a Tierno por do más pecado había: precisamente por el ego.

Una noche, después de cenar, nos retirábamos a casa en su coche con escolta (ya no estaba él para muchos paseos por Madrid a la busca de un machaquito que quizá no era sino otra de sus invenciones, pero tengo aquí a la vista la botella vacía).

—Procure usted dormir más que de costumbre, Tierno.

—Yo ahora no voy a dormir, Umbral. Cuando le dejemos a usted en su casa, voy a darles una charla a los basureros nocturnos.

—Una charla de madrugada. ¿Sobre qué?

154

—Sobre Hegel. Yo creo que se recoge mejor la basura sabiendo un poco quién fue Hegel.

—Yo eso no me lo pierdo, alcalde.

—Tendré mucho gusto en que nos honre con su presencia de clásico vivo en nuestra charla de basureros. No somos otra cosa...

Después de unas vueltas por Madrid y unos machaquitos, me encontré no sé dónde, quizá por Pez, en un local puede que subterráneo, y la legión marciana de los hombres amarillos de la noche y «los vientres de Madrid», con los cascos puestos, esperando la charla del alcalde antes de irse a la cama, y hecho ya su trabajo. Me senté en un rincón y Tierno paseaba por delante de ellos. Empezó a hablar y Hegel entró por el fondo, silencioso y grave, con gorro extraño, penetrante y frío, cuello blanco, como de armiño, en su mancferlán hasta los pies. Aquello era una especie de espiritismo racional. Tierno había creado al hombre Hegel con su palabra. No estaba especulando. Estaba pintando al óleo con pintura de bulto. Había pasado de la palabra pensante a la palabra creadora, en su última hora («Umbral, hagamos greguerías», como me dijo aquella noche en aquella taberna. Y la primera fue así: «Cultura es todo lo que ignoramos.»)

Stuttgart, Berlín, Tubinga, Berna, Francfort, Jena, Heidelberg, el Estado Prusiano, las ciudades y el mundo del filósofo iban pasando, visibles y mágicas, por las palabras de Tierno y los ojos de los basureros. Era una película oral lo que mi maestro estaba desarrollando para aquellos hombres de amarillo y manos negras, y allí estaban ellos, sí, como en un cine, asistiendo a la fascinación del creador de ciudades, del hacedor de la lluvia y la imagen. Hegel se había ido por una puerta del fondo que no había al fondo. Yo estaba sentado dentro de una carretilla de mano, con las piernas cruzadas, al fondo de aquel local oscuro, cálido sólo de presencia humana, tibio de reunión, y tenía a los obreros frente a mí.

Tierno aludió al concepto de Hegel según el cual lo general predomina en la Historia sobre lo particular (y en la naturaleza), pero no llegó a explicarles la consecuencia que de esto saca el marxismo. Se había limitado a echar el cimiento. Era el filme de Hegel convertido en un contemporáneo, en un basurero de Berlín y de toda Alemania, que iba barriendo de todas las universidades la vieja filosofía conservadora y feudal, todavía un poco medieval, para que «los hijos del pueblo entrasen a enterarse del hombre nuevo, del trabajador manual o intelectual».

Había seguido yo, noche a noche, este proceso literario de Tierno, el paso de su palabra pensante a la palabra *pesante*, plástica, equivalente a una imagen. Y esta traslación no era meramente oportunista, pues que una vez, al principio de nuestra amistad, le pregunté:

—Usted, que es puro pensamiento, ¿cómo capta la realidad física del mundo?

—Por volúmenes. Más que por colores, líneas o perfumes, me represento el mundo por volúmenes, Umbral.

Una estética muy hegeliana, pensé entonces. Lo de la tesis, la antítesis y la síntesis también tiene algo de arquitectónico.

Cuando Tierno terminó de hablar y se encendieron más luces (resulta que también había cuidado la escenografía y había en la sala algo más que la triste bombilla del techo), los basureros se levantaron y desperezaron sonrientes y somnolientos, como cuando se sale de un cine. Sin duda, la película les había gustado. Era una peli de viajes y tenía un protagonista que era el bueno del argumento, el que veía las cosas como ellos, tal como son, qué coño: todo lo real es racional y todo lo racional es real.

Qué Stuttgart congestivo, qué Berlín romano, qué Tubinga romántica, qué Berna medieval y aldeana, qué Francfort pensativo en piedra, qué Jena, qué Heidelberg, qué ciudades había levantado Tierno en el aire, tal como yo las conocía, pero teñidas por la luz sepia y cinematográfica del siglo XIX (que es, curiosamente, más cinematográfico que el XX). Los basureros colgaban sus trajes de luz amarilla (un amarillo como el de Turner) y eran ya una masa color proletariado (o mejor *proletariat*, según la lección de marxismo previo que había dado Tierno).

Tierno no había querido hablar a aquella masa sin rostro, sino a unos hombres iluminados shakesperianamente por el sol interior del trabajo, como el amarillo plástico de sus trajes de faena. Los basureros se fueron yendo y Tierno los despedía uno por uno. Tenían uno de sus camiones para repartirse por Madrid. El alcalde se ocupó personalmente de apagar todas las luces y luego le dejó las llaves a una especie de encargado del local, que olía ahora a aperos y ausencia. Paseamos por Madrid/madrugada, encaminándonos vagamente a Santa Engracia, a la taberna del machaquito. Aquel hombre había llegado a los límites del lenguaje, a los linderos infernales del pensamiento, a convertir, un poco dorsianamente (aunque no apreciaba mucho a d'Ors), todas sus ideas en imágenes. El esfuerzo mental de Tierno, interno e inmenso, sólo lo conocíamos unos cuantos. Al mundo le llegaba la flor final de ironía, cortesanía, inteligencia y amenidad. A la gente le llegaba la fascinación de aquella voz noble y aquella mano entre paloma y cardenal primado.

A mí me llegó aquella noche una cabeza en llamas como escapándose de un cuerpo del que ya comía la muerte. Como la tabernita era familiar, todos dormían allí y nos abrieron y con el trago de machaquito se me incendió la boca y desperté. Apoyados en el mostrador, Tierno me hablaba de algo, pero ahora sus palabras eran sueño.

Le llevaron al Ruber y le abrieron el vientre. Pólipos cancerosos, naturalmente. Estebanía y yo almorzábamos en Zalacaín. No estábamos celebrando nada especial en aquel caro restaurante, sino el eterno buen apetito de ella. Un apetito indecente. Estebanía había pedido ensaladas confusas, pescados que me parecieron asirios, carne cruda, mariscos que eran cada uno de ellos como una pieza de jeroglífico. Ya antes del almuerzo, en el pequeño bar, Estebanía tomó tres whiskies de botella gótica y marca que yo (atenido a mi sobrio chivas) ignoraba. En la mesa le sirvieron vinos de dos clases, un dorado que olía a selva recién llovida y un tinto que le encarminaba la boca de una manera involuntaria, obscena y muy tentadora para mí. Le di un beso al vino en su boca, y me correspondió, pero Estebanía estaba volviendo a la comida como quien vuelve a la droga, y aquel banquete podía llevarnos tanto a la cama como a una clínica de urgencias. A Tierno le habían rebanado los pólipos cancerosos con la triste eficacia de saber que se reproducirían. Un día, una noche, en casa de un escritor amigo, vi una máquina de escribir roja, una olivetti francesa, la llamada Valentine, que hacía un cuerpo de letra más pequeño que el que usamos en España, tornando la mecanografía un poco íntima, casi como caligrafía. Le hice a nuestro amigo, y a todos los de la fiesta, porque era una fiesta, grandes elogios de la máquina. Estebanía no dijo nada, pero a los pocos días tenía yo en la portería de mi bloque una Valentine igual. En otra ocasión, Estebanía iba de vaqueros, y el cinturón, a juego, tenía una hebilla de oro torneado que le elogié mucho. Estebanía se lo quitó y me lo puso, pero, claro, su cintura no era la mía. Me quedaba corto. Hube de resignarme, aunque siempre he rendido culto a ese dandismo polvoriento de los *westerns*. Días más tarde, asimismo, Estebanía me trajo un cinturón vaquero a mi medida, al que le habían puesto la bellísima y masculina hebilla, que, por otra parte, le quedaba mucho más erótica a ella. Quiere decirse que Estebanía siempre tuvo un fino sentido de esa fetichización de los objetos que se produce en el pequeño mundo de un amor, y lo cultivaba. Estebanía estaba comiendo y bebiendo con educada voracidad, con un aspecto casi inapetente, pero con ritmo continuo e implacable. Yo la observaba o hacía como que no la observaba desde mis inocentes espárragos, mi austero rioja, mi cándido bacalao fresco y sin sal, como paloma del Gran Sol. Enrique Tierno Galván, dopado de morfa o lo que fuese, estaba tendido en la camilla y el sol de Juan Bravo le entraba por algún sitio hasta la masa caliente, troceada y rojinegra de los intestinos. Como si hubiese llevado siempre un perro reventado en la barriga. Un perro dentro de un dandy. El masón Tierno, el masón de su juventud (transparente, a veces, la sobriedad masónica en sus protocolos), quizá volvía ahora con la memoria de la droga, porque lo cierto es que alguien diría, siglos más tarde, después del entierro, que a su viuda y a su hijo se les había visto cruzar los dedos sobre la tumba, de la manera masónica. No sé. En cualquier caso, otra Utopía que se le disipaba (los masones no son lo que eran) al pensador utópico. Y la periodista Pilar Urbano buscándole un cura por Madrid.

Estebanía empezaba a desentenderse de mi conversación. Tenía los ojos inyectados en perro. Esto ya lo conocía yo de otras veces. Quería decirse que pronto iba a vomitar. El perro reventado de su fino y joven vientre, tan besado por mí, acababa de despertarse y ladraba:

—Voy un momento al baño.

Iba ya trascordada y con los colores y los gestos

cambiados de sitio. Busqué al *maître*, le pedí la cuenta urgente y anticipada, pagué con abundancia, la señorita se ha retirado un momento, salí despacio, la señorita se reunirá conmigo en el coche, no se encuentra bien, bajé despacio la escalinata de piedra de Zalacaín, cogí uno de los taxis que había a la puerta y me fui al periódico, me fui de allí, me fui de ella para siempre, repentinamente curado de mi amor, como cuando, un día, Swann se levanta curado de Odette. Estebanía quedó, en mi olvido, vomitando eternamente su voracidad verde, su biografía voraz, el perro joven, hambriento y ladrante de su delgada y rubia tripa. Eternamente.

Una mañana cruzada de primaveras y otoños tras-
humantes por el cielo, Parque del Oeste, con Pedro
Laín, Leopoldo de Luis, García Nieto, Acacia Uceta,
homenaje a Miguel Hernández, un pequeño monu-
mento que habían levantado en una ladera del parque, sobre la hierba, obra del joven escultor Domínguez Uceta, hijo de Acacia (allí estaba también el padre, Domínguez Millán), la gala municipal con una
grandeza prusiana de teatro, plumeros y cascos, cascos sólo de sol, caballos sólo de impaciencia, Tierno
Galván, ya muerto, con ese hueco negro que les queda a los muertos entre la nuez y el cuello de la camisa, como si por ahí asomase ya el cuerpo que no
tienen. Señoras sentadas en sillas de tijera. El muerto, o sea Tierno, era el más activo en la preparación
del acto, el que dialogaba con los caballos, besaba la
mano a las señoras, saludaba por su nombre a algunos guardias, hacía como una colecta de amistades,
guantes, vida, y su viva sociabilidad envolvente era
ya el lujo de un luto, como si se estuviera organizan-
do un homenaje a Tierno Galván, alcalde que fuera
de Madrid cuando la primera o segunda legislatura
socialista. Hablamos todos, hicimos nuestras retóri-
cas, habló Tierno, entre la concisión y la voluta, como
siempre, entre la austeridad civil y la escultura áulica. A aquello sólo le faltaba la ironía, y por ahí veía
yo que un espantoso y melancólico farsante estaba
sustituyendo a Tierno. Los muertos no son irónicos.
El alcalde se estaba sustituyendo, falseando, repre-
sentando a sí mismo, pero algo de él había muerto en
la tumba o en el quirófano, o había volado de su
persona, como dicen que vuela el alma del difunto: la
ironía. Demasiado pegado a la realidad, Tierno, para

ser real. Se conoce a los vivos por el distanciamiento, por esa manera deportiva e irónica de vivir. Sólo los enfermos y los muertos se toman esto en serio.

Y Tierno, ay, habló demasiado en serio aquella mañana de primavera/otoño, aunque no recuerdo lo que dijo. Se le había muerto la ironía (lo observé allí por primera vez), que es como si se le hubiera volado el alma al cielo. Los guardias estaban muy bizarros.

Siglos más tarde, unos siglos muy cortos, vuelto a internar Tierno, vuelto a abrir (en ese abrir y cerrar rápido de los grandes cirujanos, como se cierra una carta para otro que hemos abierto por error: era la carta de la muerte), recordé lo que me dijo por última vez en nuestro postrero paseo por Santa Engracia (el machaquito se lo habían prohibido, pero se tomó uno, o quizá se limitó a oler la copa, que le olería entonces a juventud, tarde de toros y vida en crudo):

—Yo creo, Umbral, que esto lo voy a vencer.

Estaba yo escribiendo la columna, una mañana, cuando me llamó él desde la clínica. Que si tendría un rato para visitarle por la tarde. A las seis llegué al Ruber y me estaba esperando en su habitación, levantado, con batín, pijama y zapatillas. Nos sentamos a charlar junto a la ventana. Tierno tenía un libro sobre la mesa, un inconfundible libro de viejo, un Cuesta de Moyano, con el perfume sepia y el modernismo descompuesto y abaratado de los años veinte.

—Ya lo ve usted. Poesía erótica de Pedro Mata.

Pedro Mata había sido funcionario y novelista, de la generación infame de los porno, que entonces no se llamaba así, como Antón del Olmet, Vidal y Planas, Artemio Precioso, Hoyos y Vinent, El Caballero Audaz, López de Haro y tantos.

—No sabía yo que Mata hubiese escrito también poesía.

—Pues ahí lo tiene.

Hojeé el libro, respiré su aroma de desván y cosa

162

muerta. Leí algunos poemas. Un erotismo de hortera en la tipografía de Rubén. ¿Y por qué estaba leyendo Tierno aquello? La ironía no había volado de él, como pensé el día de Miguel Hernández. Fue nuestra última conversación (apenas hablamos de la enfermedad, como cosa ya resuelta por la muerte) y su última ironía para conmigo y para el mundo. Fue su última lectura (al día siguiente entraba en coma). ¿Había querido epatarme por última vez, había sentido, con la muerte, el tirón de una pubertad estudiosa y libidinosa, remota y caliente, se negaba ya su cabeza hegeliana a otra cosa que no fuese el entredormido deslizarse por la rima fácil de un modernista ripioso, estaba negando la cultura (negando su vida) con aquel *suicidio* de lector, de intelectual? Quizá Pedro Mata, el olvidado y chato autor de las peores lecturas populares, fue la última ironía de Tierno, no ante mí, sino ante/contra la historia toda de la literatura.

Una renuncia a las grandes frases, a la autolápida verbal, al «Luz, más luz», a todo ese epigramatismo negro de los grandes muertos, casi siempre apócrifo. Y quizá me había llamado para que yo fuera el cronista de su último libro leído, releído, aunque esta consideración me parece inverosímil y casi desleal. No sé, pero me niego a creer que Tierno, que sólo captaba lo exterior por volúmenes, como me dijo una vez, fuese sordo para la poesía y no distinguiera la música de Rubén de las cacofonías de Pedro Mata. Un último y sencillo gesto irónico, eso era todo, y me alegró que la ironía siguiera viva y actuante en mi querido muerto. Era la última lección que me daba. Elegiré un libro así para morirme. No fueron, pues, unas horas tristes las últimas que pasé con él (ahora no era más que un desahuciado, en el parque del Oeste había sido un muerto discurseante); un desahuciado que hablaba con esa voz que es como la sombra blanca de nuestra voz, y que nos sale a última hora a todos. Y el espíritu santo de la ironía voló libre por la habitación, con las alas de papel del libro de Pedro Mata.

Había salido uno de esos días color de Historia que a veces salen en Madrid. La plaza de la Villa era una rogativa negra e inmensa de gente y luto. Por Mayor y por Arenal, las colas de madrileños, muchas mujeres, casi todas con flores, eran largos ramales de silencio que partían de la capilla ardiente. A primera hora de la tarde me puse en una de las colas. Vinieron unos sumilleres municipales y me condujeron, por una puerta trasera, ante el cadáver solemne, en el patio de cristales. Hachones de sombra y una sombría fiesta de fuego rodeaban al muerto. Los vivos nos veíamos unos a otros a través de las llamas. Lo de «capilla ardiente» me ha dado miedo desde niño, aunque he estado en muy pocas, o por eso (soy poco necrófago). Siempre me ha parecido que allí se está quemando al difunto. Una especie de pira hindú. Ante el cadáver oficializado de Tierno no sentía nada. Los sentimientos son un ganado que pasta en nosotros, que come del ser, un rebaño que va por libre y al que generalmente asustan los grandes números y las convocatorias. Los sentimientos acuden cuando quieren, inesperadamente, somos una meseta, una vía pecuaria por donde el pálido rebaño sentimental de nuestras emociones cruza cuando quiere, incluso invadiendo territorios extraños del ser, que no le estaban reservados. La cabra loca de la imaginación sentimental nos muerde el corazón, como si fuera una zarzamora, cuando menos lo esperamos. Ante mi amigo tendido, empaquetado, embalado, rígido, silencioso, inmóvil, tieso, oficial, manufacturado por los cartonajes de la muerte, sentí como si la ironía del viejo profesor se hubiera vuelto negra, cosa que nunca fue.

Y es que la muerte de un gran hombre siempre es

irónica. El que nos ha gastado tantas bromas en vida, con su sabiduría, vive ahora en un silencio que no puede dejar de resultar irónico, como lo fueron sus reticentes silencios de vivo. No es sino la prolongación de aquéllos. «Cuando yo esté tranquilo...» Cuando yo esté muerto. Cuando yo esté muerto cómo me voy a reír de vosotros, que sólo estáis esperando vuestra muerte, aunque parezca que camináis en dirección contraria. He llegado antes que vosotros a la verdad negra y liberadora. Siempre fui el más listo. Eso es lo que nos dice el cadáver de un gran hombre. Salí de allí como de un horno encendido y ahogante, requemado yo de fuego y humo funeral. En la calle me encontré a los duques de Alba, en un pequeño coche, que venían también de ver al muerto. Besé a Cayetana, y Jesús y yo estuvimos unos minutos charlando en la calle:

—¿Tú te das cuenta de lo que está pasando hoy en Madrid, Paco? —me dijo Jesús, llevando la mirada hacia el negro ingente de las multitudes.

—Esto sí que son unas elecciones generales, Jesús.

Y no quise añadir el tópico de que Tierno había ganado su última batalla después de muerto.

La batalla la ganó al día siguiente, con el entierro, que, según se dijera, había diseñado él mismo a última hora. Mejor que nada, el pirograbado de la memoria, Cibeles como el corazón inmenso y habitado de una ciudad muerta. El coche de lámina elegante y misteriosa, los caballos negros, la nave de la muerte varada en el mar quieto de la multitud. El final de la Utopía. Los pasotas, los queridos pasotas de Tierno, subidos a las farolas fernandinas y a los árboles. El silencio de todo un pueblo como una bandera inmensa, de sombra y aire. Después de esto, me dije, ya sólo nos queda la burocracia, el politiquerismo y el precio de los garbanzos. La transición ha terminado y la Utopía ha muerto. El coche fúnebre avanzaba muy despacio. Madrid, vieja capital de un orbe fantasma, sabe vestir estos momentos históricos. Todo tenía, sí, el clima sepia de la Historia. Ángel Baltasar, joven pintor amigo mío, sacaba apuntes rápidos de la multitud. Luego haría varios cuadros sobre el tema. El llanto herido de una mujer anónima rompió el encantamiento y abrió el tiempo, que se había hermetizado. Y Tierno Galván ascendió a los cielos.

Madrid/La Dacha, septiembre, 1989

Impreso en el mes de mayo de 1990
en Romanyà/Valls
Verdaguer, 1
Capellades
(Barcelona)

Advances in
MARINE BIOLOGY

VOLUME 35

Advances in
MARINE BIOLOGY

Edited by

A. J. SOUTHWARD

Marine Biological Association, The Laboratory, Citadel Hill, Plymouth, England

P. A. TYLER

Department of Oceanography, University of Southampton, Southampton, England

and

C. M. YOUNG

Harbor Branch Oceanographic Institution, Florida, USA

ACADEMIC PRESS

San Diego   London   Boston
New York   Sydney   Tokyo   Toronto

Academic Press
24–28 Oval Road, London NW1 7DX, UK
http://www.hbuk.co.uk/ap/

Academic Press
525 B Street, Suite 1900, San Diego, California 92101-4495, USA
http://www.apnet.com

ISBN 0-12-026135-9

A catalogue record for this book is available from the British Library

Typeset by Keyset Composition, Colchester, Essex

Printed in Great Britain by MPG Books Limited, Bodmin, Cornwall

99 00 01 02 03 04 MP 9 8 7 6 5 4 3 2 1

CONTRIBUTORS TO VOLUME 35

T. Brey, *Alfred Wegener Institute for Polar and Marine Research, PO 120161, D-27515 Bremerhaven, Germany*

S. S. Creasey, *Institute of Biological Sciences, University of Wales, Aberystwyth, Ceredigion, SY23 3DA and Marine Biological Association, Citadel Hill, Plymouth PL1 2PB, UK, and Oceanography Department, University of Southampton, Southampton Oceanography Centre, Empress Dock, Southampton SO17 1BJ, UK*

A. D. Rogers, *School of Earth and Ocean Sciences, University of Southampton, Southampton Oceanography Centre, Empress Dock, Southampton SO17 1BJ, UK (formerly Marine Biological Association, Citadel Hill, Plymouth PL1 2PB, UK)*

CONTENTS

Population Genetics of Bathyal and Abyssal Organisms

S. S. Creasey[1,3]* and A. D. Rogers[1,2,3]

[1]*Marine Biological Association, Citadel Hill, Plymouth PL1 2PB, UK*
[2]*Division of Biodiversity and Ecology, School of Biological Sciences,
University of Southampton, Highfield, Southampton SO16 7PX, UK*
[3]*School of Earth and Ocean Sciences, University of Southampton,
Southampton Oceanography Centre, Empress Dock, Southampton
SO17 1BJ, UK*
*Present address: Institute of Biological Sciences, University of Wales,
Aberystwyth, Ceredigion, SY23 3DA, UK*

ADVANCES IN MARINE BIOLOGY VOL. 35
ISBN 0-12-026135-9

Bathyal and abyssal environments are characterized by relatively stable physical parameters. Exceptions are found within hydrothermal vent fields, seeps and oxygen-minimum zones, where there is evidence for environmentally mediated selection at enzyme loci. Adaptations to conditions of low oxygen and high toxin concentrations have occurred in a number of organisms.

Deep-sea population genetics is known mostly from biochemical data. From these data, the relationship between heterozygosity and polymorphic loci does not reveal any significant difference from neutral theory expectations. Comparisons between deep-sea vertebrates, invertebrates and vent-endemic species show some significant differences in observed heterozygosity. These may be explained by low sample sizes and taxonomic bias within different categories. No significant correlation was found between bathymetric distribution and heterozygosity. Analyses of correlations between life history characteristics and genetic variation are difficult because of low sample sizes, taxonomic bias and lack of methodological consistency.

Levels of genetic identity between conspecific, congeneric and confamilial populations are broadly similar in deep-sea organisms and those from other habitats. This suggests that speciation occurs at similar rates in the deep sea in comparison to other environments.

Gene flow estimates between conspecific populations using both the F_{ST} and private alleles methods were significantly correlated and both indices are deemed suitable for estimating relative levels of gene flow in deep-sea organisms. Spatial genetic structure in deep-sea populations was also examined, using F_{ST}. For deep-sea vertebrates and invertebrates there was no correlation between F_{ST} and either scales of geographic separation *between populations, or life history characteristics between species, but sample size was low. The genetic structure of populations of deep-sea vertebrates showed greater differentiation in transoceanic comparisons than intraoceanic comparisons. At intraoceanic scales, levels of gene flow between conspecific populations are difficult to predict in both invertebrates and vertebrates, possibly because spatial genetic structure at this scale appears to be determined by a complex of historical, biological and environmental parameters. With hydrothermal vent species, higher levels of genetic differentiation are found between populations from different ridge segments than between populations on the same ridge segment. Mean F_{ST} values were significantly higher with populations from different ridge systems compared to populations from different ridge segments along a single ridge system.*

In considering anthropogenic impacts on the deep-sea fauna it is suggested that studies of the biochemical and molecular genetics of the organisms would be useful in showing which species are most likely to be affected. Genetic data can indicate sublethal effects of potential pollutants on populations which otherwise appear to be unaffected.

1. INTRODUCTION

1.1. Background

Two-thirds of the earth's surface is covered by the oceans, with the majority of this being water of more than 500 m depth (Figure 1). The deep sea is, therefore, an extremely important and large environment. However, it is still less than 125 years since the first comprehensive study of deep-sea faunal composition was undertaken during the voyage of HMS *Challenger* (1872–6). Specimens were captured by the *Challenger* down to a depth of 5500 m (Tizard *et al.*, 1885), indicating that the deep oceans were not azoic, as previously suggested. As a result of the *Challenger* expedition, numerous other expeditions to sample the deep sea were undertaken, including the Danish *Galathea* expedition of 1950–2 which obtained organisms from depths of over 10 000 m (Bruun, 1959). Many Russian expeditions in the period from 1950 to 1995 carried out extensive surveys of the fauna and trophic relations of the bathyal and abyssal zones of the world ocean, as reviewed in volume 32 of *Advances in Marine Biology* (Sokolova, 1997; Vinogradova, 1997; Zezina, 1997).

Despite the number of specimens obtained from deep-sea expeditions it has often been considered that the deep-sea environment was homogeneous, with communities largely comprised of opportunistic,

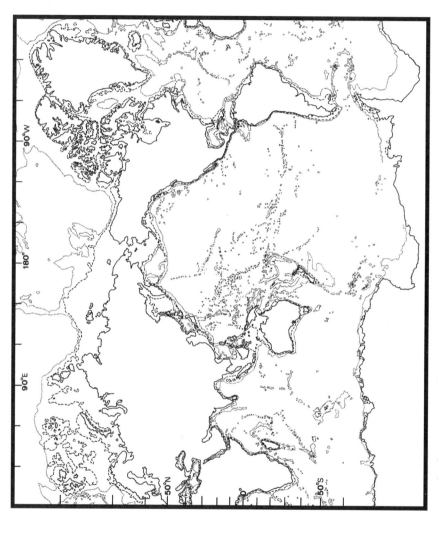

Figure 1 Mercator projection of the world oceans, between 80°N and 80°S, showing 200 m (dashed line) and 2000 m contours (dotted lines). Land is outlined solid. (Based on: International Hydrographic Organisation, Intergovernmental Oceanographic Commission and British Oceanographic Data Centre, 1997.)

habitat generalists (Hureau *et al.*, 1979; France, 1994; reviewed by Vinogradova, 1997). During the 1960s and 1970s it became apparent that megafaunal species diversity was much greater than that revealed by contemporary sampling methods (Sanders *et al.*, 1965; Hessler and Sanders, 1967; Rex, 1981; Rice *et al.*, 1982). Estimates of diversity dramatically increased with the use of quantitative sampling techniques, such as box cores in conjunction with fine-mesh sieves, which retained macrofaunal and meiofaunal fractions of the community (Grassle and Maciolek, 1992; Lambshcad, 1993; Gage, 1996). For example, Grassle and Maciolek (1992) analysed 233 box core samples from between depths of 1500 and 2500 m from an area of the North-west Atlantic. In the total of 798 species captured, there were representatives of 171 families and 14 phyla, with polychaetes the most speciose taxon, followed by peracarid crustaceans and bivalve molluscs. Approximately one additional species was captured per 1 km^2 of the seabed sampled. Extrapolating this figure to cover the total area of the deep-sea bed, Grassle and Maciolek (1992) estimated the total species pool of benthic deep-sea organisms at 10 million. Lambshead (1993) suggested that such a figure might account only for the benthic macrofaunal species and would increase if meiofaunal species were included. While such estimates of deep-sea diversity are contentious (Briggs, 1991) it is clear that the deep-sea benthos harbours many more species than previously thought and may be compared to other species-rich habitats such as coral reefs and tropical rain forests. Molecular and biochemical techniques may provide valuable insights into the underlying evolutionary patterns that have resulted in such high biodiversity and community heterogeneity.

Further attention has been drawn to the deep-sea fauna in recent years, as governments have sought new fisheries to replace historical shelf fisheries. Many shelf fisheries, such as for Atlantic cod (*Gadus morhua*) and haddock (*Melanogrammus aeglefinus*), are either overfished or have collapsed (e.g. see Holden, 1991; Hutchings and Myers, 1994). New fisheries have therefore focused on deep-sea biotic resources, and commercial exploitation of relatively pristine fish populations found at bathyal and abyssal depths has become a more attractive proposition. Since the 1960s, numerous deep-sea fisheries have opened up in the Atlantic and the Pacific. Novel fisheries include those in the North Atlantic (e.g. roundnose grenadier, *Coryphaenoides rupestris*, see Section 6.2.1), North Pacific (e.g. pelagic armourhead, *Pseudopentaceros wheeleri*, see Rogers, 1994) and South Pacific Oceans (e.g. bluenose, *Hyperoglyphe antarctica*, see Horn and Massey, 1989) and Indian Ocean (Food and Agriculture Organization, 1997).

From the 1960s onwards, non-biotic exploitation of the deep-sea environment has also been considered. Potential mineral resources include polymetallic nodules (Thiel, 1991), oil and gas (Emery, 1979; British Petroleum Exploration, 1995). In addition the deep sea has been used, or considered as a viable option, for the dumping of sewage sludge (Swanson *et al.*, 1985), industrial waste products (Pearce *et al.*, 1979) and low-level (Hessler and Jumars, 1979) and heat-generating radioactive waste (Milloy *et al.*, 1989; see Section 6.1).

The life histories of many species of deep-sea animals are poorly understood, as a result of sampling difficulties and the inherent inaccessibility of many deep-sea habitats. The potential for over-exploitation of deep-sea populations of finfish and shellfish is great because of a lack of data on long-term sustainable yields. Additional damage to deep-sea populations may also arise as a result of incidental effects caused by fishing efforts (or exploitation of non-biotic resources). This may occur most notably as a result of damage by trawling to sediment communities, which have a slow rate of recolonization (Grassle, 1977; Jennings and Kaiser, 1998). Other slow-growing communities, such as deep-sea coral reefs, which may take thousands of years to grow (Mortensen *et al.*, 1995), may also be particularly vulnerable to mechanical damage and sedimentation resulting from such activities.

Over the last quarter of a century, numerous studies have been undertaken to determine the genetic population structure of deep-sea organisms using a variety of biochemical and molecular techniques. Most notably, allozyme electrophoresis has been used in many studies of invertebrates and vertebrates, but more recently, molecular techniques such as restriction fragment length polymorphism (RFLP) analysis and DNA sequencing have also been undertaken. These experimental techniques allow determination of inter- and intrapopulation variation. The level of variation can then be used to infer the geographic distances over which panmixia can be maintained. Potential biogeographic barriers to gene flow may also be inferred, as has been seen in species from coastal environments (e.g. the stone crab, *Menippe mercenaria*, along the Florida coast (Bert, 1986)). An understanding of the consequences of life history and reproductive strategies of the target organisms may also be gained from the degree of genetic differentiation across long distances. It is therefore evident that by undertaking techniques which examine the level of genetic population variation, some preliminary data regarding fishery status and population structure of target species may be inferred. Within any fishery it is important to undertake a baseline study prior to exploitation in order to assess the effects of fishing upon resident populations. Historically, baseline studies have rarely been done prior to commencement of deep-sea fisheries (Rogers, 1994) or any other type of exploitation in deep-sea environments.

Exact definitions and boundaries of the bathyal and abyssal faunal provinces have, over the years, been subject to a number of approaches and interpretations. In the North Atlantic, Menzies *et al.* (1973) proposed that the abyssal faunal province ranged from 1000 to 5315 m, and comprised upper-, meso- and active and tranquil lower-abyssal zones. More recently, Zezina (1997) proposed that the bathyal faunal provinces ranged from 200 to 3000 m, whilst the abyssal environment comprised depths of 3000–6000 m, with the ultra-abyssal region occurring at depths of 6000 m or greater. Vinogradova (1997) also proposed depths of 3000–6000 m to be characteristic of the abyssal zone, but suggested that a bathyal–abyssal transition zone also existed at 2500–3500 m. For present purposes, the bathymetric definitions given by Gage and Tyler (1991) are used: bathyal refers to depths of 200–2000 m; and abyssal to depths of more than 2000 m below sea level (see Figure 1). However, some organisms not exclusively bathyal including some whose bathymetric distributions are poorly defined, are also discussed.

1.2. Scope of the Review

We have adopted a broad approach to genetic studies on deep-sea organisms. Data have been drawn from studies on the genetics of deep-sea species and also from publications on the effects of the physical environment and likely anthropogenic influences on population structure and evolutionary relationships. The aim is to make the data accessible to geneticists, ecologists, students and non-scientists with an interest in deep-sea biology.

Section 2 reviews different deep-sea habitats, focusing on physical parameters that are likely to influence the genetics of species which inhabit them. In this section, metabolic adaptations to the extreme physical conditions in bathyal and abyssal environments and underlying macroevolutionary processes are discussed. Section 3 reviews the biochemical and molecular genetic techniques which have been used and which may in the future be useful for the study of the population genetics and phylogenetics of deep-sea organisms. In this section, allozyme electrophoresis is discussed at greater depth because the majority of studies to date have been carried out using this technique (see Sections 4 and 5). Section 4 discusses the statistical treatment used to analyse genetic data in subsequent sections in the review. Section 5 discusses the analysis of genetic variation, genetic identities and population structures of deep-sea species. Genetic variation is examined in relation to the physical environments in which species are found and to reproductive strategies exhibited by these species. The relationship between taxonomic separation and genetic identity between taxa is explored in some depth and results compared to those found for animals from other habitats. Population structure and its relationship to life histories and physical barriers to gene flow are discussed in detail. A brief discussion of mitochondrial phylogeography is also included in this section.

New efforts to exploit deep-sea resources in terms of commercially fished species, mineral and oil extraction and dumping of waste have highlighted the paucity of data on the dynamics and distributions of deep-sea populations. This may be regarded as providing an urgent necessity to obtain data on recruitment, population structure and reproductive biology of species from environments that are relatively inaccessible for study by conventional means. In Section 6 among the anthropogenic influences reviewed are mineral and oil extraction, dumping of radioactive waste and fishing and we discuss their potential effects on the genetics of deep-sea populations. These industries are described because of ongoing exploitation of the deep-sea environment and because such activities are likely to increase in the future.

Section 7 outlines areas in which the different genetic techniques will increase our understanding of the biology and evolution of deep-sea species. Areas in which current studies on deep-sea taxa could be improved are also outlined and the applicability of tests of the neutral theory of evolution to deep-sea species is discussed.

Whilst this review has included as many studies on the genetics of deep-sea organisms as possible, it may not be completely inclusive of all studies to date. This is especially the case where the bathymetric distributions of species are poorly documented.

2. PHYSICAL PARAMETERS OF DEEP-SEA ENVIRONMENTS

2.1. The Bathyal and Abyssal Environment

The deep-sea environment is characterized by four relatively stable physical variables: salinity, temperature, hydrostatic pressure and oxygen concentration (Menzies, 1965; Tyler, 1995). Of these four variables, temperature and salinity are relatively constant at any given location in the deep sea; at depths of 2000 m or greater, temperature varies from -1 to $+4°C$ and salinity from 34.8 to 34.65‰ (Menzies, 1965; Gage and Tyler, 1991; Tyler, 1995). Exceptions are areas of the Mediterranean and Red Seas, where temperatures include parts, as well as around hydrothermal vents, which, to date, have been discovered in the Atlantic (Klinkhammer et al., 1985; see Figure 2), Pacific (Tunnicliffe et al., 1996; see Figure 2) and Indian Oceans (Plüger et al., 1990; Scheirer et al., 1996; German et al.,

Figure 2 Mercator projection of the world oceans, between 80°N and 80°S, showing positions of ridges (asterisks), fracture zones (lines or stars) and hydrothermal vents (arrows). The 3000 m contour is shown in addition to land outline. Ridges, fracture zones and vents are numbered as follows: (1) South Fiji Ridge; (2) Colville Ridge; (3) Lau Ridge; (4) Kermadec Ridge; (5) Tonga Ridge; (6) Donna Ridge; (7) Hawaiian Ridge; (8) Liliuokalani Ridge; (9) Robbie Ridge; (10) Louisville Ridge; (11) Sculpin Ridge; (12) Necker Ridge; (13) Mendeleev Rise; (14) Seadragon Ridge; (15) Menard Ridge; (16) Boudeuse Ridge; (17) Cooper Ridge; (18) Hook Ridge; (19) Sedna Ridges; (20) Whitney Ridge; (21) Schoppe Ridge; (22) Peters Ridge; (23) Wachussett Ridge; (24) Eickelberg Ridge; (25) Puka Puka Ridge; (26) Mendocino Ridge; (27) Juan de Fuca Ridge; (28) Mendocino Ridge; (29) Gorda Ridge; (30) Popcorn Ridge; (31) Anakeria, Apitoka, Bibiariki, Hakateka, Hotu, Hurihuri, Patia, Rangi, Ruru, Taipaka and Toroko Ridges; (32) Clipperton Ridge; (33) East Pacific Rise; (34) Tehuantepec Ridge; (35) Sala Y Gomez Ridge; (36) Colon Ridge; (37) Berlanga Ridge; (38) Cocos Ridge; (39) Carnegie Ridge; (40) Grijalva Ridge; (41) Alvarado Ridge; (42) Malpelo Ridge; (43) Cayman Ridge; (44) Sue, Tayrona and Courtown Ridges; (45) Coiba Ridge; (46) Sarmiento Ridge; (47) Nazca Ridge; (48) Chile Ridge; (49) Bahama Ridge; (50) Blake Ridge; (51) Beata Ridge; (52) Aves, Papagayos and Mariner Ridges; (53) Barbados Ridge; (54) Barracuda Ridge; (55) North Scotia Ridge; (56) West Scotia Ridge; (57) Researcher Ridge; (58) Newfoundland Ridge; (59) Eirik Ridge; (60) Amazon Ridge; (61) Belem Ridge; (62) North Brasilian Ridge; (63) Fernando de Noronha Ridge; (64) Abrolhos Ridge; (65) Zapiola Ridge; (66) Endurance Ridge; (67) Bruce Ridge; (68) Falkland Ridge; (69) Ferraz Ridge; (70) Gardar Ridge; (71) Isengard Ridge; (72) Reykjanes Ridge; (73) Feni Ridge; (74) Kolbeinsey Ridge; (75) Wyville–Thomson Ridge; (76) Aegir Ridge; (77) North Weddell Ridge; (78) Shona Ridge; (79) Walvis Ridge; (80) Shaka Ridge; (81) Astrid Ridge; (82) Agulhas Ridge; (83) Gunnerus Ridge; (84) Davie Ridge; (85) Southwest Indian Ridge; (86) Madagascar Ridge; (87) West Sheba Ridge; (88) Chain Ridge; (89) Wilshaw Ridge; (90) Anton Bruun Ridge; (91) Farquhar Ridge; (92) Maurice Hill Ridge; (93) Coco-de-mer Ridge; (94) Gaskell Ridge; (95) Cerf Ridge; (96) Murray Ridge; (97) Lameyre Ridge; (98) Rodrigues Ridge; (99) Central Indian Ridge; (100) Chagos–Laccadive Ridge; (101) Maldive Ridge; (102) South-west Indian Ridge; (103) South-east Indian Ridge; (104) Viaud Ridge; (105) Von Drygalski Ridge; (106) Ninetyeast Ridge; (107) Broken Ridge; (108) Andaman–Nicobar Ridge; (109) Barren Ridge; (110) L'Espoir Ridge; (111) Investigator Ridge; (112) Mentawai Ridge; (113) East Indiaman Ridge; (114) Tryal Ridge; (115) Lost Dutchmen Ridge; (116) Dirck Hartog Ridge; (117) Horizon Ridge; (118) Sonne and Sonja Ridges; (119) Lamar Hayes Ridge; (120) Java Ridge; (121) Nansei–Syoto Ridge; (122) Daito Ridge; (123) Oki–Daito Ridge; (124) Kyusyu–Palau Ridge; (125) Bogorov Ridge; (126) Oki Ridge; (127) Sitito–Ozima Ridge; (128) Ogasawara Ridge; (129) West Mariana Ridge; (130) Middle Mariana Ridge; (131) East Mariana Ridge; (132) Lapulapu Ridge; (133) Dompier Ridge; (134) Pacific–Antarctic Ridge; (135) Charcot Ridge; (136) Macquarie Ridge; (137) Norfolk Ridge; (138) Reinga Ridge; (139) Shirshov Ridge; (140) Three Kings Ridge; (141) Bowers Ridge; (142) Kermadec Ridge; (143) Heirtzler Fracture Zone; (144) Pitman Fracture Zone; (145) Aguila Fracture Zone; (146) Surveyor Fracture Zone; (147) Mendocino Fracture Zone; (148) Pioneer Fracture Zone; (149) Murray Fracture Zone; (150) Molokai Fracture Zone; (151) Clarion Fracture Zone; (152) Clipperton Fracture Zone; (153) Galapagos Fracture Zone; (154) Marquesas Fracture Zone; (155) Austral Fracture Zone; (156) Resolution Fracture

Zone; (157) Agassiz Fracture Zone; (158) Menard Fracture Zone; (159) Heezen Fracture Zone; (160) Eltanin Fracture Zone; (161) Tharp Fracture Zone; (162) Udintsev Fracture Zone; (163) Tuamotu Fracture Zone; (164) Rivera Fracture Zone; (165) O'Gorman Fracture Zone; (166) Tehuantepec Fracture Zone; (167) Siqueiros Fracture Zone; (168) Quebrada Fracture Zone; (169) Gofar Fracture Zone; (170) Wilkes Fracture Zone; (171) Garrett Fracture Zone; (172) Mendana Fracture Zone; (173) Baver Fracture Zone; (174) Nazca Ridge; (175) Quirós Fracture Zone; (176) Easter Fracture Zone; (177) Chile Fracture Zone; (178) Challenger Fracture Zone; (179) Valdivia Fracture Zone; (180) Mocha Fracture Zone; (181) Guafo Fracture Zone; (182) Hero Fracture Zone; (183) Shackleton Fracture Zone; (184) Shackleton Fracture Zone; (185) Endurance Fracture Zone; (186) Bight Fracture Zone; (187) Charlie Gibbs Fracture Zone; (188) Faraday Fracture Zone; (189) Maxwell Fracture Zone; (190) Petrov Fracture Zone; (191) Kurchatov Fracture Zone; (192) Pico Fracture Zone; (193) East Azores Fracture Zone; (194) Oceanographer Fracture Zone; (195) Hayes Fracture Zone; (196) Atlantis Fracture Zone; (197) Kane Fracture Zone; (198) Fifteen Twenty Fracture Zone; (199) Archangelsky Fracture Zone; (200) Doldrums Fracture Zone; (201) Vernadski Fracture Zone; (202) Sierra Leone Fracture Zone; (203) Strakhov Fracture Zone; (204) St Peter Fracture Zone; (205) St Paul Fracture Zone; (206) Romanche Fracture Zone; (207) Chain Fracture Zone; (208) Ascension Fracture Zone; (209) Bode Verde Fracture Zone; (210) Cardno Fracture Zone; (211) Tetjaev Fracture Zone; (212) St Helena Fracture Zone; (213) Hotspur Fracture Zone; (214) Martin Vaz Fracture Zone; (215) Rio Grande Fracture Zone; (216) Tristan da Cunha Fracture Zone; (217) Gough Fracture Zone; (218) Conrad Fracture Zone; (219) Bullard Fracture Zone; (220) SPAR Fracture Zone; (221) Jan Mayen Fracture Zone; (222) Bouvet Fracture Zone; (223) Moshesh Fracture Zone; (224) Islas Orcadas Fracture Zone; (225) Shaka Fracture Zone; (226) Dingaan Fracture Zone; (227) Jabaru Fracture Zone; (228) Dutoit Fracture Zone; (229) Andrew Bain Fracture Zone; (230) Eric Simpson Fracture Zone; (231) Discovery II Fracture Zone; (232) Indomed Fracture Zone; (233) Gallieni Fracture Zone; (234) Gauss and Gazelle Fracture Zones; (235) Atlantis II Fracture Zone; (236) Novara Fracture Zone; (237) Melville Fracture Zone; (238) Owen Fracture Zone; (239) Bao Chuan Fracture Zone; (240) Mabahiss Fracture Zone; (241) Sealark and Vitiaz Fracture Zones; (242) Argo Fracture Zone; (243) Marie Celeste Fracture Zone; (244) Egeria Fracture Zone; (245) Flinders Fracture Zone; (246) Zeewolf Fracture Zone; (247) Nieuw Amsterdam Fracture Zone; (248) Geelvinck Fracture Zone, (249) Diamantia Fracture Zone; (250) Naturaliste Fracture Zone; (251) Central Fracture Zone; (252) Ortelius Fracture Zone; (253) Victoria Fracture Zone; (254) East Sheba Ridge; (255) Emerald Fracture Zone; (256) Cook Fracture Zone; (257) South Cleft Vent Fields, Juan de Fuca Ridge, (258) Southern Explorer Ridge Vent Field; (259) Middle Valley Vent Fields, Juan de Fuca Ridge; (260) Axial Seamount and CoAxial Segment Vent Fields, Juan de Fuca Ridge; (261) North Cleft Vent Fields, Juan de Fuca Ridge; (262) South Gorda Ridge/Escanaba Trough Vent Fields; (263) Guaymas Vent Field; (264) 21° North, East Pacific Rise Vent Field; (265) 13° North, East Pacific Rise Vent Field; (266) 11° North, East Pacific Rise Vent Field; (267) 9° North, East Pacific Rise Vent Field; (268) Galapagos Vent Field; (269) 14–22° South, East Pacific Rise Vent Fields; (270) Menez Gwen Vent Field; (271) Lucky Strike Vent Field; (272) Broken Spur Vent Field; (273) Trans Atlantic Geotraverse Vent Field; (274) Snake Pit Vent Field; (275) Logatchev (14° 45′N) Vent Field; (276) Mariana Back-Arc Basin; (277) Manus Back-Arc Basin; (278) Edison Seamount; (279) Lau Back-Arc Basin;

1998). Whilst there is no evidence that salinity may have a direct effect upon enzymes in deep-sea organisms, temperature may play a more important role (see below).

Oxygen concentrations are generally close to saturation point, except in oxygen-minimum zones (OMZs), which are usually found at depths of 400–800 m (Kamykowski and Zentara, 1990; see Figure 3). In some regions of the world, such as the northern Indian Ocean, the OMZ is more extreme and occupies a much broader depth range (down to 1250 m; Neyman et al., 1973). Below the OMZ, oxygen concentrations are typically 3.6 mg ml^{-1}. Studies have shown that, as an adaptation to this low level of oxygen, deep-sea fishes have extremely low respiratory rates, and consume oxygen at only 5–10% of the rate of shallow-water fishes (Smith and Hessler, 1974; Smith, 1978; Somero and Siebenaller, 1979). These low rates of metabolism may be especially important if the vertical distribution of a species crosses the OMZ, enabling organisms to survive at these depths for prolonged periods whilst still using aerobic metabolic pathways (Torres et al., 1979).

Within the deep-sea environment, vertical distributions of organisms may be limited in part by enzyme stability (Siebenaller and Somero, 1989) and biochemical adaptation to temperature and pressure perturbation. Temperature may affect allozymes differentially and hence selectively influence individual genotypes, although it accounts for only about 2% of the overall reduction in metabolic rate of deep-water fishes compared to those in shallow water (Torres et al., 1979). In hydrothermal vent-endemic organisms, temperature may play a more important role in influencing genotype frequencies and ultimately the spatial distributions of organisms on the vent chimneys (Jollivet et al., 1995a; see Section 2.2).

Hydrostatic pressure is possibly the most important of the four environmental variables with regard to its effect upon enzymes and development in deep-sea organisms. High pressure can result in modification of enzyme structure as a result of chemical reactions that transform

---

(280) Pijp Seamount; (281) Fiji Back-Arc Basin; (282) Mokuyo Seamount and Suiyo Seamount; (283) Kaikata Seamount and Nikko Seamount; (284) Okinawa Back-Arc Basin; (285) Aden; (286) 23–26° South, East Pacific Rise Vent Fields; (287) Loihi Seamount; (288) Carlsberg Ridge; (289) North Gorda Ridge Vent Fields; (290) Cretan–Rhodes, East Mediterranean and Peloponnisos–Cretan Ridges; (291) Tehuelche Fracture Zone; (292) 4° North, East Pacific Rise Vent Fields; (293) 7° South, East Pacific Rise Vent Fields. (Based on: International Hydrographic Organisation and Intergovernmental Oceanographic Commission, 1988; Seibold and Berger, 1996; Southward et al., 1996; Desbruyères and Segonzac, 1997; International Hydrographic Organisation, Intergovernmental Oceanographic Commission and British Oceanographic Data Centre, 1997.)

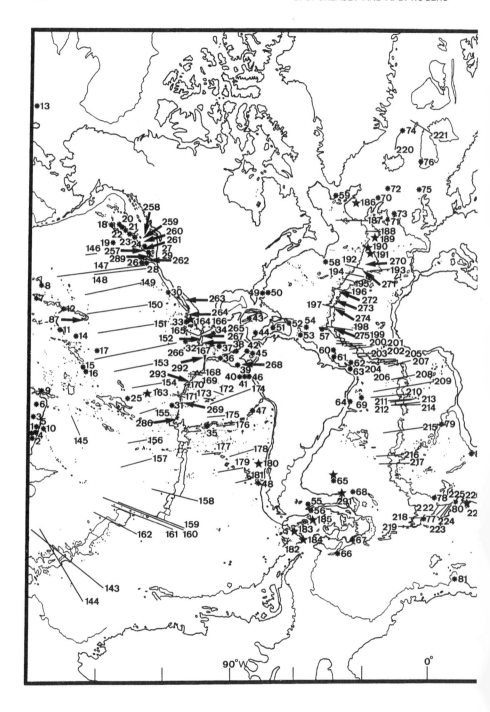

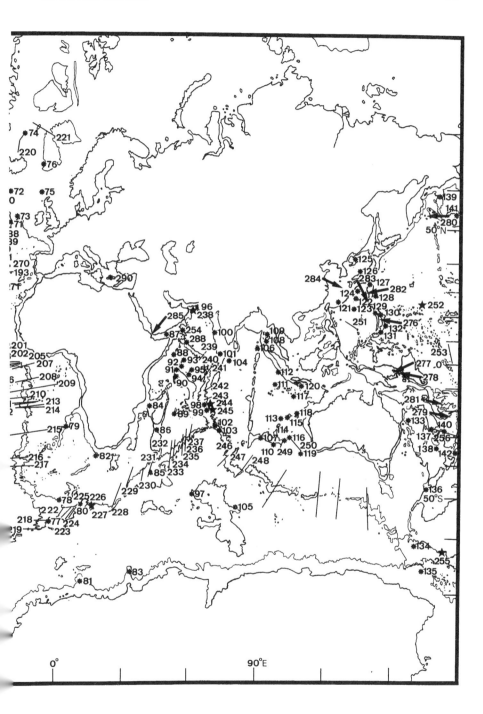

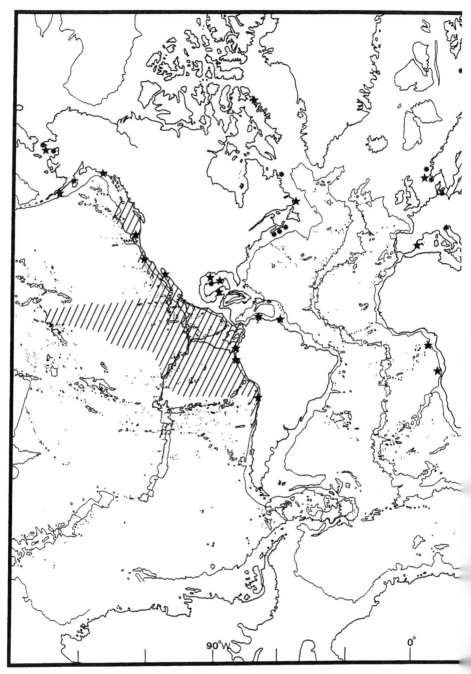

Figure 3 Mercator projection of the world oceans, between 80°N and 80°S, showing positions of cold seeps (hydrocarbon seeps, stars; pockmarks and associated seeps, asterisks) and oxygen-minimum zones; (diagonal lines). 3000 m contour is

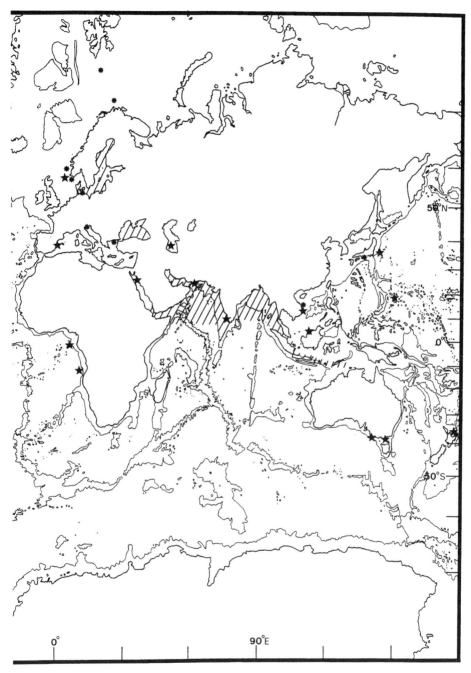

shown in addition to land outline. (Sources: Hovland and Judd, 1988; Kamykowski and Zentara, 1990; International Hydrographic Organisation, Intergovernmental Oceanographic Commission and British Oceanographic Data Centre, 1997.)

and change the volume of the protein (Siebenaller and Somero, 1989). Cossins and Macdonald (1989) reported that bilipid membranes may be perturbed by temperature and hydrostatic pressure. Increased pressure reduces the rate of lateral diffusion of small molecules in membrane bilayers, and this may be expressed as the increase in temperature required to offset pressure effects (Macdonald and Cossins, 1985). Using this type of calculation, a depth of 4000 m (approximately 400 atm) and a water temperature of 2°C produce an equivalent effect on membrane fluidity to a temperature of −18°C at the sea surface. Fluorescence polarization studies indicate that the cell membranes of deep-sea fish show homeoviscous adaptation to high pressures (Macdonald and Cossins, 1985). In deep-sea fish, the effects of adaptation to high pressure also reduce the performance of peripheral nerves at atmospheric pressure. When pressure is increased to that normally experienced by the organism, nerve performance also increases (Pennec et al., 1988).

Although cells of deep-sea organisms may show variable responses to differing pressure and temperature regimes, the response per se is thought to be as a result of biological rather than biophysical processes (Cossins and Macdonald, 1989). As a result of hydrostatic pressure, therefore, a lower distributional limit may be applied to some species which do not have pressure-insensitive enzymes that function normally at high pressures (Somero, 1982). However, in many abyssal deep-sea organisms, enzymes may be pressure adapted. Distributional limits may be influenced by hydrostatic pressure during different life history stages (e.g. embryos of Echinus affinis; Young and Tyler, 1993). In organisms that undergo large ontogenetic vertical migrations, different life history stages will be subject to different environmental regimes (e.g. roundnose grenadier, Coryphaenoides rupestris; see Section 6.2.1). In these organisms, enzymes may exhibit differing fitness under the various environmental regimes inhabited by different life history stages (Creasey et al., 1996). Therefore, in such species, distributional limits of adult organisms may not be the direct result of hydrostatic pressure, but may be caused by environmental or biogenic factors acting on earlier stages of the life history.

2.2. The Hydrothermal Vent Environment

The first deep-sea hydrothermal vents were discovered in 1977 at a depth of 2500 m on the Galapagos Rift (Grassle, 1986). Following this initial discovery, numerous vent fields were identified in the Pacific Ocean. These were located on the Galapagos Rift (Klinkhammer et al., 1977), East Pacific Rise (Speiss et al., 1980), North-eastern Pacific Ridge (Hekinian et al., 1980) and in the western Pacific (Sedwick et al., 1990) (see Figure 2).

These vent fields are associated with ocean ridge spreading centres (Weiss et al., 1977; Speiss et al., 1980), subduction zones (Craig et al., 1987; Fouquet et al., 1991) and hotspots (Rogers, 1994). In the 1980s, vent fields were also discovered in the Atlantic, along the Mid-Atlantic Ridge (e.g. Klinkhammer et al., 1985). Recently, additional vent fields have been located along the Mid-Atlantic Ridge (Murton et al., 1994), off the coast of Japan (e.g. Kimura et al., 1989) and in the Gulf of Aden (Jamous et al., 1992; Desbruyères and Segonzac, 1997). Evidence has also been presented for the existence of hydrothermal vents and vent-type fauna in the Indian Ocean, near the Rodriguez Triple Junction and the South-east Indian Ridge (Plüger et al., 1990; Scheirer et al., 1996).

Hydrothermal vents occur as a result of cold deep-sea water penetrating permeable oceanic crust in close proximity to molten rock lying beneath the ocean bed. The cold seawater comes into close or direct contact with hot rock, where it is heated. A complex chemical exchange occurs between sea water and hot rock to produce an end- member fluid. This solution, in comparison to deep-sea water, is poor in magnesium and sulphate ions, but is rich in metals, silica and sulphide that have been leached from rock. The temperature of the vent fluid and its chemical composition depend on the degree of contact with the hot rock beneath the seabed and the amount of conductive cooling and mixing with cold subsurface deep-sea water. The buoyant hot vent fluid rises up to issue from the seafloor. Venting from the ocean bed can occur in a variety of ways: as warm diffuse emissions (5–250°C); as high-temperature "black smokers" through chimneys formed from precipitated minerals (270–403°C; Haymon et al., 1993); or sometimes from lower-temperature (150–290°C; Lilley et al., 1995), but still hot, "white smokers", from which the fluid escapes as a cloudy plume at a high flow rate (1–5 m s^{-1}) (Gage and Tyler, 1991). Hydrothermal fluids usually emerge through areas of bare basaltic rock (Hessler and Kaharl, 1995), although at some sites venting occurs through beds of sediment (Guaymas Basin, East Pacific Rise; Middle Valley, Juan de Fuca Ridge; see Tunnicliffe, 1991).

Venting fluids are not only warmer than the surrounding deep-sea water but also more acidic (pH values can be lower than 3.0) and salinities may vary between 10 and 200% of that of sea water (Edmond et al., 1995; Shanks et al., 1995). High concentrations of potentially toxic heavy metals (e.g. cadmium, lead, cobalt and arsenic) are also typical of such venting fluids (Spiess et al., 1980; Grassle, 1986; Hannington et al., 1995) as are high concentrations of hydrogen sulphide (up to 19.5 mmol kg^{-1}; Butterfield et al., 1990). Carbon dioxide, hydrogen, ammonium and methane concentrations vary, but are generally higher in vent fluids than in the surrounding deep-sea water (Lilley et al., 1993). Oxygen, phosphates and nitrates are absent or in low concentrations in comparison with deep-sea water (Fisher, 1995). Oxygen concentrations are low because of high temperatures and low pH values of vent fluids (Childress and Fisher, 1992).

Another manifestation of hydrothermal venting is the distinctive deep-water plume formed by the buoyant venting fluids. Such plumes rise to about 100–500 m from the sea floor, though occasionally a large release of hydrothermal fluid from a vent field results in a "megaplume" rising to 1000 m above the sea floor (Baker et al., 1989). Plumes are generally warmer than the surrounding sea water, have a different salinity and transmissivity and contain a greater amount of particulate organic and inorganic material. In comparison to oceanic water, plumes contain high concentrations of certain tracers such as manganese and helium-3.

In addition to the high hydrostatic pressure characteristic of deep-sea environments, organisms at vent sites are subject to steep temperature gradients over microgeographic scales. Whilst many organisms at vent sites can actively avoid extreme temperatures, other sessile species may colonize areas extremely close to where vent fluid escapes. The alvinellid polychaete *Paralvinella grasslei* occurs in high densities at chimneys where temperatures as high as 285°C were measured (Grassle, 1986), and the related *Alvinella pompejana* regularly experiences temperatures above 80°C (Cary et al., 1998), whilst the methanogenic bacterium *Methanopyrus kandleri* has been cultured at temperatures as high as 110°C (Kurr et al., 1991). Low concentrations of oxygen and high concentrations of hydrogen sulphide are thought to be inhibitory factors in aerobic metabolism at vent sites. Oxygen is required for bacterial chemosynthesis, which provides the main source of energy and fixed carbon for organisms living in and around hydrothermal vents. Hydrogen sulphide binds competitively to the iron-containing haem subunit of some haemoglobin molecules, inhibiting the formation of oxyhaemoglobin (Lutz and Kennish, 1993). It also inhibits the activity of the enzyme cytochrome-c oxidase, thus preventing ATP formation (Felbeck et al., 1985; Somero et al., 1989; see Section 2.5 for details of organismal adaptation to high hydrogen sulphide concentrations).

Hydrothermal vent sites are a rich source of chemical energy in the deep sea, and support a highly endemic fauna, dominated in terms of biomass by bivalve clams, mussels and vestimentiferan worms in the Pacific (up to 8.5 kg weight wet m^{-2}; Gage and Tyler, 1991), and bivalve mussels and decapod shrimps in the Atlantic (for reviews of vent communities see Grassle, 1986; Tunnicliffe, 1991; Lutz and Kennish, 1993; Gebruk et al., 1997). Despite the high biomass of endemic organisms, Pacific deep-sea hydrothermal vents may be active only for several decades (Grassle, 1986). One of the consequences of living in vent habitats is that vent organisms must adapt to temporally short-lived and extreme

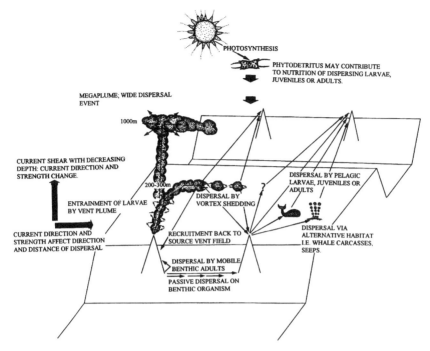

Figure 4 Diagram showing the possible routes of dispersal within, and between, hydrothermal vents for organisms which inhabit vent fields.

environments. In the case of vesicomyid clams this is manifested by a high growth rate, early sexual maturity and high reproductive effort (Moraga *et al.*, 1994). Dispersal strategies are critically important in ensuring that species are able to colonize new vents (see Figure 4). Some vent organisms (e.g. fish and decapod crabs) can achieve this as highly mobile adults. Most vent organisms, however, are sessile or have a low mobility as adults. A few vent-endemic species have highly dispersive long-lived planktotrophic larvae that may exploit other oceanic habitats and food sources. Examples of these include the bivalve *Bathymodiolus thermophilus*, another vent mussel, two turrid gastropods (Lutz, 1988) and the decapod shrimp *Rimicaris exoculata* (Creasey *et al.*, 1996; Dixon and Dixon, 1996; see Figure 5). Others have lecithotrophic development (e.g. Vestimentifera, Young *et al.*, 1996), but larvae disperse for several weeks. In such cases dispersal may occur in a stepping-stone manner over relatively short distances from vent to vent. For some vent-endemic species, development is apparently direct, and there is no obvious mechanism for dispersal. Passive means of transport of both larvae and adult organisms have been suggested in some cases. For example alvinellid polychaetes may be

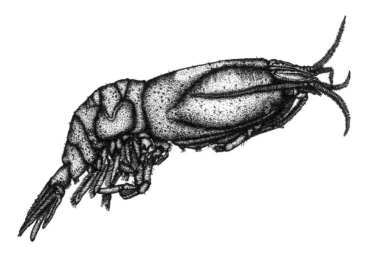

Figure 5   Rimicaris exoculata (specimen provided by Dr E. Southward, Marine Biological Association, Plymouth).

carried passively on the carapaces of mobile crabs which are capable of travelling between vents (Zal *et al.*, 1995). McHugh and Tunnicliffe (1994) reported that the polychaete *Amphisamytha galapagensis*, despite having limited dispersal capabilities, can survive and colonize new sites because of its broad ecological tolerances.

The genetic consequences of short-term habitat stability are that resident populations may undergo repeated "bottlenecks" or extinctions and subsequent founder events. Significant effects of bottlenecks occur at the population genetic level. Populations may lose some alleles as a result of bottlenecks, with the proportion lost being dependent upon the severity of the "bottleneck effect" (Nei *et al.*, 1975).

An additional factor to consider is the longevity of vents along different ridge systems. Pacific vents may be limited to a few decades but they occur in high numbers over a given distance along the ridge, as these are generally fast-spreading centres (16–18 cm year^{-1}; Grassle, 1986). Atlantic vents may last longer but are fewer and further apart, as the Mid-Atlantic Ridge is a slow-spreading centre (<5 cm year^{-1}), but this may be an artefact of the limited amount of exploration along this system. Within the time that a vent field is active, there may be considerable changes in the flow of venting fluids because of sedimentation and precipitation. There may also be changes in the physicochemical nature of the vent fluids because of subsurface geothermal processes. These changes may be partially responsible for the observed changes in biological communities

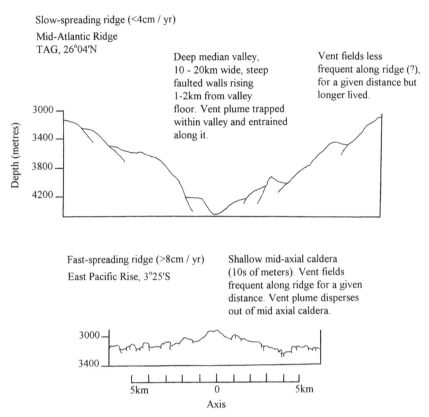

Figure 6 The morphology of fast- and slow-spreading mid-ocean ridges (modified from Mills, 1995).

on vent fields (Fustec *et al.*, 1987). Colonization, competition and predation also play a major role in such changes in vent communities (Fustec *et al.*, 1987; Johnson *et al.*, 1994; Jollivet, 1996; Rogers *et al.*, 1996) and can lead to bottlenecks (Jollivet, 1996).

The morphology of fast- and slow-spreading ridge systems is markedly different (see Figure 6). In fast-spreading ridges the depth of the mid-axial valley is on average about 10 m; in slow systems it is about 1–1.5 km. Fast-spreading ridges are up to 5 km wide with a gentle topography whilst a slow-spreading ridge may be up to 300 km wide with more extreme topography (Mills, 1995). This difference must influence the frequency vent organisms, of extinction (e.g. the TAG vent field on the Mid-Atlantic Ridge may be up to 50 000 years old; see Hannington *et al.*, 1995), potential for larval dispersal between neighbouring vents and entrainment of larvae along mid-axial valleys (Mullineaux and France, 1995). The segmentation of mid-ocean ridges and continuity of ridge systems over large geographic scales must also affect dispersal of vent-endemic organisms and ultimately the distribution of the vent fauna (Lutz *et al.*, 1984; Chevaldonné *et al.*, 1997; Jollivet *et al.*, 1998a). In this context the age of different vent systems is important in biogeographic consideration of vent fauna (for reviews of vent biogeography see Tunnicliffe *et al.*, 1996, 1998). For example, the Pacific Ocean is an extant remnant of the superocean Panthalassa, which existed over 200 million years ago (Berger, 1981). The Atlantic was formed approximately 100 million years ago, with the break-up of the supercontinent Tethys (Berger, 1981; Jollivet, 1996).

2.3. Other Reducing Environments

Hydrothermal vents are not the only habitats in the deep sea that support a diverse chemoautotrophic community. Assemblages of animals dependent on chemoautotrophic symbiotic bacteria can be found at a variety of seeps (see Figure 3) and also at whale carcasses. OMZs (see Figure 3) may also be classed as reducing environments; they possess chemoautotrophic bacteria (e.g. sulfide-oxidizing denitrifying bacteria, *Thioploca* spp.; see Fossing *et al.*, 1995) which may be responsible for a large proportion of coupling and flux in the nitrogen and sulfur cycles.

Hovland and Judd (1988) reviewed the various types of seeps as well as the faunal communities associated with them. Gage and Tyler (1991) considered three main types of seeps, which were not related to tectonic activity. These were: hydrocarbon seeps, groundwater seeps and seeps associated with material from the earth's mantle. Around many seeps there are faunal communities that have some similarities to those associated with hydrothermal vents. This suggests a common origin for some of the faunal elements, although there is speculation as to the exact degree of the relationship and the ability of different organisms to colonize reducing environments (see Gage and Tyler, 1991; Tunnicliffe *et al.*, 1996, 1998; Gebruk *et al.*, 1997). Hecker (1985) stated that five taxa found at seep sites are congeners of fauna at hydrothermal vent sites (see also Barry *et al.*, 1996), but that some important genera from the hydrothermal sites were absent (notably *Riftia*, *Alvinella* and *Paralvinella*). In addition, Hecker (1985) reported the presence of a cosmopolitan deep-sea holothurian belonging to the genus *Chiridota*. This organism may actually be opportunistic and colonize peripheral areas around eutrophic sites, but appears to be absent from hydrothermal vent sites.

Hydrocarbon seeps occur along the upper continental slope, and are associated with chemosynthetic bacterial communities (see Gage and

Tyler, 1991; see also Figure 3). Hydrocarbon seeps are characterized by five assemblages which may overlap spatially: mussel beds, clam beds, vestimentiferan clumps, epifaunal brachiopod/solitary coral assemblages and gorgonian fields. The faunal relationships around hydrocarbon seeps are complex. Mussel density is significantly correlated with the dissolved methane and hydrogen sulfide concentrations, whilst tubeworm assemblages are associated with hydrocarbon loading (see Gage and Tyler, 1991; Barry *et al.*, 1997).

Groundwater seeps such as those in the Gulf of Mexico and Monterey Bay are characterized by mussels and vestimentiferans, as well as vesicomyid molluscs (e.g. *Calyptogena* spp.; see also Barry *et al.* (1996) for faunal composition of seeps in Monterey Bay, Pacific Ocean; see also Table 3). Other organisms present at these sites include galatheid crustaceans, anemones and brittle stars. Along the Florida escarpment this type of seep can be found at a depth of over 3000 m and supports a community up to 30 m wide and 1500 m long (see Paull *et al.*, 1984; Gage and Tyler, 1991). As with other reducing environments, the faunal community is largely supported by chemoautotrophic bacteria, and may taxonomically overlap with that found around hydrothermal vents. Concentrations of dissolved gases such as hydrogen sulphide and oxygen may influence the distribution of organisms around groundwater seeps, either directly through physiological tolerance to these compounds or through the indirect effects of interspecific competition (e.g. Barry *et al.*, 1997). In this respect, parallels can be drawn with communities on hydrothermal vents.

Other types of seep are also dominated by bivalve molluscs (Olu *et al.*, 1997). Tectonic subduction zone seeps are dominated by vesicomyid bivalves such as *Vesicomya gigas*, which rely upon sulfide-rich water heated by molten rock (Gage and Tyler, 1991). Subduction zones around Japan are characterized by the presence of *Calyptogena*, which may occur in large numbers around relatively short-lived seeps (Gage and Tyler, 1991). The faunal assemblage around these seeps may be more diverse, but evidence suggests that seep duration may be cyclic and populations may be subject to frequent bottlenecks or extinctions (Gage and Tyler, 1991).

Faunal communities in both seep and vent environments thus have some taxonomic similarities, and comparable ecological niches are present in both habitats. Both habitats are characterized by communities based on chemosynthetic primary production, and both may be able to use currents as dispersal mechanisms (plumes at vents may be utilized in a similar manner to the large gaseous plumes released at methane seeps). The most notable difference between the two habitats is that the vent environment is characterized by high temperatures (see Grassle, 1986; see also Section

2.2).

Whale carcasses in the deep sea harbour a diverse chemoautotrophic-based community (Smith *et al.*, 1989; Bennett *et al.*, 1994; Nakanuma *et al.*, 1996). Whale carcasses have two major impacts on the resident deep-sea fauna: (1) the large amount of labile organic material may be quickly consumed and assimilated into the community (Stockton and DeLaca, 1982), with community recovery to predisturbance levels taking several years (Snelgrove *et al.*, 1992); (2) a long-term (>11 years at large carcasses; Smith and Baco, 1997) community evolves which is dependent upon the decay of the lipid-rich skeleton of the whale. This community is important since, in addition to the endemic species (e.g. the cocculiniform limpets *Cocculina craigsmithi* and *Pyropelta wakefieldi*; McLean, 1992), it may be inhabited by species that are common to hydrothermal vents (e.g. the bivalves *Vesicomya gigas* and *Calyptogena elongata* and galatheids of the genus *Munidopsis*) and seeps (e.g. *Vesicomya kilmeri*; Baco *et al.*, 1994; Nakanuma *et al.*, 1996). Whale carcasses may therefore provide stepping-stones for species that inhabit both carcasses and hydrothermal vents and/or seeps, and possibly enable migration between vent and/or seep systems. A detailed analysis of the biogeography of vent, seep and whale carcass faunas has been carried out by Tunnicliffe *et al.* (1996, 1998). These authors concluded that while a few elements of these three faunas may have had a common evolutionary origin there is little interchange between vent and seep faunas and even less between vents/seeps and whale carcasses.

OMZs occur as a result of high surface productivity, high oxygen consumption by zooplankton and bacteria feeding off sinking organic material and poor horizontal mixing of water below the thermocline (Wyrtki, 1962). OMZs occur from the near surface to depths of 1500 m but occasionally penetrate into deeper waters (Kamykowski and Zentara, 1990). They are found principally in the East Pacific, Arabian Sea, Bay of Bengal and the Black Sea, but also occur in lesser-known regions such as under the Benguela Current off South-West Africa, the Gulf of Aden, the Philippines region, the north-west Pacific margin and the Norwegian Sea (Kamykowski and Zentara, 1990; see Figure 3).

In such zones, organic material sinking from the highly productive surface waters provides an abundant food supply for any organisms which can tolerate low oxygen conditions (Wishner *et al.*, 1990). OMZs may also provide refuge from predation (Saltzman and Wishner, 1997a,b). Across OMZs there is often a marked zonation of species diversity and abundance in both benthic and pelagic communities. In the OMZ itself, species diversity is generally poor as low concentrations of oxygen prevent all but the most tolerant species inhabiting this region. As oxygen concentrations increase at the interface between the OMZ and normal deep-sea water below, there is often a peak in species abundance, diversity and biomass (Tunnicliffe, 1981; Saltzmann and Wishner, 1997a,b). These organisms feed off the enhanced levels of organic material which sinks through the OMZ without being degraded by bacteria or consumed by metazoans (see Levin *et al.*, 1991; Gage, 1995; Saltzmann and Wishner, 1997a,b). Hydrogen sulfide levels can be enhanced in OMZs. Concentrations of up to 0.1 mg l^{-1} have been measured in the Arabian Sea OMZ (Neyman *et al.*, 1973). Bivalves with possible chemosynthetic symbionts were collected in the OMZ in the Arabian Sea and may derive some or all of their energy requirements from hydrogen sulphide oxidation (see Oliver in Gage, 1995). So far, the possible role of oxygen-minimum zones in the biogeography of vent and seep fauna has been little investigated.

2.4. Seamounts

The ecology and biology of seamounts have recently been reviewed (Rogers, 1994). Seamounts are undersea mountains that rise from the sea floor to a peak that is below the sea surface. Three classes of seamount exist according to the United States Board of Geographic Names (1981; see also Rogers, 1994). Seamounts are classed as having an elevation of 1000 m or greater with a limited extent across the summit, knolls are classed as having elevations of 500–1000 m, and hills as having elevations of less than 500 m. It has been estimated that over 30 000 seamounts exist in the Pacific alone.

Seamounts are important in the deep-sea environment, often harbouring large concentrations of commercially important species of fish (Hubbs, 1959; Fonteneau, 1991; Rogers, 1994). Over 70 species of commercially important fish and shellfish species have been listed from seamounts. The diverse faunal assemblages may be supported by either enhanced primary production around the seamounts or by seamounts trapping vertically migrating plankton, on which the resident fish species feed (Rogers, 1994).

Seamounts provide islands of shelf- or continental slope-type habitats surrounded by large tracts of deep ocean. Interactions of currents with topography may cause the formation of Taylor columns (Richardson, 1980; Roden, 1991) and other hydrographic features, which retain larvae in the vicinity of seamounts (Rogers, 1994; Mullineaux and Mills, 1997), allowing populations to become self-recruiting. Larval and juvenile retention may also occur through behavioural mechanisms (Rogers, 1994). High levels of endemism which have been reported for individual seamounts or groups of seamounts suggest that reproductive isolation and speciation may occur in seamount populations, especially in sessile organisms which have a limited larval dispersal (e.g. some corals; Grasshoff, 1972). For relatively mobile species, seamounts may actually promote migration and large-scale population homogeneity and may be used as "stepping-stones" for the transoceanic dispersal of species (Hubbs, 1959). These hypotheses may be tested using the genetic techniques outlined in the present review.

2.5. Metabolic and Biochemical Adaptation to the Deep Sea

Species which live in high-pressure environments (e.g. the teleost *Coryphaenoides armatus*) may have pressure-adapted proteins which prevent functionally significant changes to protein structure (Siebenaller, 1983; Siebenaller and Somero, 1989). One result of the high level of enzymatic rigidity arising from hydrostatic pressure is that any mutations which produce a minor change in the amino acid sequence of an enzyme could cause a major functional change in enzyme structure which might subsequently be selected against, unless the mutation results in a selective advantage. Such minor changes in amino acid sequence that result in a major functional change of protein have been reported in rock fish (genus *Sebastolobus*) (Siebenaller and Somero, 1989). In the shallow-water species (<350 m) *Sebastolobus alascanus*, the lactose dehydrogenase homologue has a histidine residue at position 115 and it is susceptible to pressure perturbation. In *S. altilevis*, a deep-water species (range 500–1300 m), position 115 is occupied by asparagine, and the enzyme is not as susceptible to effects of increased pressure (Siebenaller and Somero, 1989). Siebenaller (1978b) pointed out, however, that conspecific populations do not appear to adapt to differing depth ranges by use of different allozyme forms. It is therefore apparent that the depth distribution of a species may be limited by its tolerance to high hydrostatic pressure, but hydrostatic pressure *per se* does not necessarily influence genotypes of conspecific populations.

Additional biochemical and metabolic differences have been reported between shallow-water and deep-sea species. Because of low oxygen levels, low temperatures and generally low levels of food input in to the deep-sea environment, many deep-sea species exhibit low metabolic rates. This has been demonstrated by direct measurement (Smith and Hessler, 1974; Smith, 1978; Torres *et al.*, 1979; Sullivan and Somero, 1980) or indirectly (Childress, 1975; Somero and Siebenaller, 1979; Graham *et al.*, 1985). Siebenaller and Somero (1982) showed that reduced metabolic rate and locomotory activity in congeneric species of deep-sea fish was associated with a decrease in enzymatic activity across a range of temperature comparisons between 2.8 and 19°C. Similar results have also been obtained by comparing minimum depth of occurrence of a species against enzymatic activity (Childress and Somero, 1979). Siebenaller (1984) noted that deep-sea fish which undergo ontogenetic vertical migrations utilize the same pressure-insensitive enzymes throughout their life history.

Many species that inhabit oxygen-minimum zones possess highly specialized anatomical and physiological adaptations to low-oxygen conditions. Some of these organisms can support aerobic metabolism down to oxygen concentrations of $0.15 \, ml \, l^{-1}$ for routine activity, but may resort to anaerobic metabolism for at least brief periods (Childress and Thuesen, 1992). Studies indicate that some species of copepod and fish (Childress, 1975, 1977; Belman and Gordon, 1979) are able to support their entire routine metabolic needs by anaerobic metabolism.

Hydrothermal vent organisms also show adaptations to low oxygen concentrations, both in the environment and within body tissues. Respiratory surfaces generally have a large surface area, for example the branchial plume of *Riftia pachyptila*. Vent organisms have been shown capable of surviving prolonged anaerobic conditions (Childress and Fisher, 1992). Many vent organisms contain high concentrations of oxygen-carrying molecules both in the circulatory system and in the tissues. In vent-endemic polychaetes (e.g. alvinellids) and vestimentiferans (e.g. *R. pachyptila*) these molecules are haemoglobins with very high oxygen affinities (for a review see Childress and Fisher, 1992). In vent Crustacea and some gastropods, haemocyanin is the principal oxygen transporter. Interestingly, the haemoglobin molecules of *R. pachyptila* can also reversibly bind hydrogen sulphide without affecting oxygen transport. Other vent organisms have as yet unidentified sulphide-binding, blood-borne moieties (e.g. the bivalve *Calyptogena magnifica*; Childress and Fisher, 1992). These sulphide-binding moieties enable vent organisms to transport sulphide to symbionts without either affecting oxygen transport, or poisoning the enzyme systems of host body tissues or symbiotic bacteria.

There is a growing body of evidence that oxygen concentration can have a major influence on the distribution, life history and genetic structure of deep-sea species in general. Crustacea from the continental slope off the coast of Oman that live along a steep gradient in oxygen concentration associated with an OMZ have significant levels of genetic differentiation between conspecific populations separated by low geographic distances (Creasey et al., 1997). The oxygen concentration may influence other aspects of population biology of these crustaceans (Creasey et al., 1997). White (1987) suggested that low oxygen concentrations at mid-water depths could prevent gene flow between populations located at bathyal and abyssal depths, promoting genetic differentiation and subsequent speciation. Such a mechanism has been suggested for the amphipod species complex *Eurythenes gryllus* (France and Kocher, 1996a). Oxygen concentration has been cited as a potential influence on distribution for organisms at both hydrothermal vents and cold seeps (Jollivet, 1996; Barry *et al.*, 1997).

The hydrothermal vent environment is not only characterized by low oxygen and high pressure, but also by high temperatures. Jollivet *et al.* (1995a) showed that different allozymes have differing thermostabilities in congeneric species from hydrothermal vent environments. Thermal adaptations of enzymes may also, in part, determine which areas an organism can colonize on the vent chimney, and hence affect the community composition. Metabolic rates of organisms at vent sites are within the range found for active, shallow-water-living members of the same taxonomic group (Childress and Mickel, 1985). The zoarcid fish *Thermarces andersoni* possesses enzymes that are adapted to high temperatures (Dahlhoff *et al.*, 1990). Other deep-sea fish showed little or no enzymatic adaptation to the hydrothermal vent environment; the Michaelis constant values for their enzymes are higher than predicted to be physiologically optimal. The combined effect of high temperature and high concentrations of metals and sulphides in hydrothermal fluids probably therefore restricts diversity to species that can tolerate such physical conditions around vent sites. In order to adapt to the hydrothermal vent environment, *R. pachyptila* uses sulphide-binding proteins in its blood as well as sulphide-oxidizing systems in the external cell layers (Felbeck *et al.*, 1985). Other hydrothermal vent-endemic organisms may well have similar mechanisms. The unique vent fauna may therefore reflect the extreme metabolic and biochemical adaptations required.

3. METHODS OF DETERMINING POPULATION STRUCTURE AND LEVELS OF GENETIC DIFFERENTIATION

There are a number of techniques that can be employed to determine levels of population and genetic variation. These include: allozyme electrophoresis; isoelectric focusing (IEF); restriction site analysis (restriction fragment length polymorphism, RFLP); DNA fingerprinting (multilocus and single-locus microsatellite analysis) and random amplified polymorphic DNA (RAPD) analysis; single-strand conformational polymorphism (SSCP) analysis; DNA sequencing; DNA–DNA hybridization; karyotyping and peptide mapping.

Allozyme electrophoresis has been used in studies of a variety of deep-sea organisms over a quarter of a century. A number of studies have also been carried out using molecular techniques such as DNA sequencing, RFLP and microsatellite analysis. Some techniques are yet to be employed in the study of deep-sea organisms. The following sections describe these techniques in detail, especially the more novel techniques that may be of use in future.

3.1. Allozyme Electrophoresis

During the past 30 years, electrophoresis has been the most widely used tool in determining the population structure and level of genetic differentiation in deep-sea organisms. This is largely because of its ease of use, relatively inexpensive cost and the reliability of the method for the wide variety of different organisms and enzymes screened. Usage of allozyme electrophoresis allows differentiation of intra- and interspecific populations. The major problem of this technique, as discussed by Thorpe and Solé-Cava (1994), is that it requires fresh or recently frozen tissue, thus limiting its application to freshly collected specimens.

Allozyme electrophoresis relies upon the selective migration of colloidal particles (e.g. proteins) under an electric potential. Different alleles of an enzyme will move across a gel according to electric charge and molecular size. This will allow mutations (rare alleles) to be observed at different distances along the gel to the more common alleles. Although only about 30% of all mutations can be detected by electrophoresis, the level of error in detection of cryptic species/populations within a sample can be progressively reduced by increasing the number of loci examined (Gorman and Renzi, 1979). The main assumptions, as stated by Thorpe and Solé-Cava (1994), are that gene frequencies are not altered by postzygotic selection and that they are approximately in Hardy–Weinberg equilibrium. Given these two criteria, any degree of significant differentiation at a gene locus may represent some degree of reproductive isolation.

Within a species, individuals from different populations would be expected to exhibit different gene frequencies to some extent. Very few populations would show identical gene frequencies across a number of polymorphic loci unless sample sizes were large (to minimize the effect of rare alleles), different alleles were easily identifiable (to minimize scoring errors) and gene flow was relatively high between populations (to ensure that rare alleles could be transferred between populations). To assess the level of genetic differentiation within and/or between species, numerous indices of genetic similarity and dissimilarity have been proposed (Nei, 1972; Rogers, 1972; Wright, 1978; Thorpe, 1979). Only two measures are consistently used in studies that allow the direct comparison of interspecific variation, namely the percentage of polymorphic loci and the observed heterozygosity. Whilst these measures are largely subjective (both rely upon the number of individuals and loci examined), they do allow some degree of comparison of data within species or higher taxonomic groups (see Tables 1–4).

In this review, the percentage of polymorphic loci within a population has been obtained by dividing the total number of loci observed by the number of polymorphic loci in each study. The figure is then multiplied by 100 to obtain a percentage value. A locus is considered polymorphic if the frequency of the most common allele is less than or equal to 0.99. The frequency of observed heterozygotes ($\bar{H}_0$) is given by totalling the observed proportion of heterozygotes at each locus and dividing by the number of loci.

The degree of genetic variation within deep-sea, hydrothermal and seep-endemic and seamount populations is given in Tables 1–4 and in Sections 3.1.1–3.1.3.

3.1.1. *Deep-sea Fauna*

The first reported use of allozyme electrophoresis on a deep-sea species was on the pogonophoran *Siboglinum atlanticum* (Manwell and Baker, 1968, 1970). To date, numerous classes of deep-sea animals have been screened in order to determine population structure and degree of genetic differentiation. These studies are listed in Tables 1–4.

Within Tables 1 and 2, species that have been reported at seamounts, but for which there are no current data from seamount populations have been included, and data reviewed are those from populations located in other deep-sea habitats. This includes the following fin fish: *Nemadactylus macropterus*, *Sebastes aleutianus*, *S. helvomaculatus*, *S. melanops*, *S. proriger* and *Sebastolobus alascanus*, all of which are commercially fished over seamounts (Rogers, 1994). Species which have had allozyme electrophoretic surveys carried out on both seamounts and deep-sea populations (Bucklin *et al.*, 1987 and Bolch *et al.*, 1993) have data for seamount populations in Table 4 and all remaining data for populations in Tables 1 or 2.

3.1.2. *Hydrothermal Vent and Seep Fauna*

The first study on organisms from vents was carried out on the hydrothermal vent-endemic polychaetes *Paralvinella* sp. and *Alvinella* spp. (Autem *et al.*, 1985; see also Jollivet *et al.*, 1995a,b). Following this initial study, other organisms from vents and seeps which have been studied using

Table 1 Summary data for, and list of, deep-sea invertebrate species that have had genetic analyses of populations carried out using allozyme electrophoresis.

	Depth range (min.–max.) (m)	Number of loci screened	Number of individuals screened	Polymorphic loci (%)	Number of alleles per locus	Observed heterozygosity (H_0)	Reproductive strategy	Reference
Asteroidea								
Benthopecten armatus/spinosus	660–2626	12	30	41.7	1.50	0.094	L	Murphy et al. (1976)
Diplopteraster multipes	150–1170	18	3	28.0	1.40	0.148	B?	Ayala et al. (1975)
Dytaster insignis	2580–2626	9	60	55.5	1.67	0.092	P	Murphy et al. (1976)
Myxoderma sacculatum ectenes	200–1000	14	4	43.0	1.60	0.149	L?	Ayala et al. (1975)
Nearchaster aciculosus	300–2100	24	17	71.0	2.10	0.213	L?	Ayala et al. (1975)
Psilaster florae	390–500	4	18	50.0	1.50	0.111	L?	Murphy et al. (1976)
Preraster jordani	500–1800	24	7	42.0	1.50	0.108	L/B?	Ayala et al. (1975)
Zoroaster fulgens	2580–2626	5	30	60.0	1.60	0.140	L	Murphy et al. (1976)
Summary statistics: Asteroidea								
Mean		13.8	21.1	48.9	1.61	0.132		
Standard deviation		7.8	19.0	13.2	0.22	0.040		
Number of observations		8	8	8	8	8		
Echinoidea								
Echinus affinis	769–2050	4	10	0.0	1.00	0.000	P	Schopf and Gooch (1971) Gooch and Schopf (1972)
Holuthuroidea								
Benthodytes typica	315–4700	14	86	35.7	1.36	0.021	(L)	Costa et al. (1982) Bisol et al. (1984)
Benthogone rosea	1105–2480	13	51	46.2	1.54	0.026	L	Costa et al. (1982) Bisol et al. (1984)
Psolus sp.	2050–2070	9	11	25.0	1.22	NA	P?	Schopf and Gooch (1971) Gooch and Schopf (1972)
Summary statistics: Holuthuroidea								
Mean		12.0	49.3	35.6	1.37	0.024		
Standard deviation		2.6	37.5	10.6	0.16	0.004		
Number of observations		3	3	3	3	2		
Ophiuroidea								
Ophioglypha bullata	130–4829	24	25	52.1	1.74	0.137	L	Costa and Bisol (1978)
Ophiomusium lymani		1	NA	100.0	3.00	NA	L	Doyle (1972)
		8	12	33.0	1.75	NA	L	Gooch and Schopf (1972)
		15	257	73.3	3.60	0.166	L	Ayala and Valentine (1974)
		7	125	85.7	3.14	0.301	L	Murphy et al. (1976)
		17	47	52.9	2.12	0.191	L	Costa and Bisol (1978)
		8	583	50.0	3.13	0.350	L	Hensley et al. (1995)

	Depth range (min.–max.) (m)	Number of loci screened	Number of individuals screened	Polymorphic loci (%)	Number of alleles per locus	Observed heterozygosity (H_0)	Reproductive strategy	Reference
Ophiomusium planum	2745–2780	3	12	66.7	2.33	0.306	L?	Murphy et al. (1976)
Ophiura sarsi	3–3000	10	42	10.0	1.10	0.005	P	Murphy et al. (1976)
Ophiura signata (Ophiocten gracilis)	390–500	7	15	28.6	1.28	0.057	P	Murphy et al. (1976)
Summary statistics: Ophiuroidea								
Mean		10.0	124.2	55.2	2.32	0.189		
Standard deviation		6.9	189.7	27.2	0.86	0.123		
Number of observations		10	9	10	10	8		
Mollusca								
Cephalopoda								
Berryteuthis magister	50–1500	14	2100	21.3	1.86	NA	P?	Katugin (1995)
Gastropoda								
Bathybembix bairdii	759–1156	18	479	50.0	3.22	0.170	P?	Siebenaller (1978a)
Buccinum sp.		29	22	100.0	1.59	0.092	O	Costa and Bisol (1978)
Summary statistics: Gastropoda								
Mean		23.5	250.5	75.0	2.41	0.131		
Standard deviation		7.8	323.1	35.4	1.15	0.055		
Number of observations		2	2	2	2	2		
Bivalvia								
Malletia sp.	1033–1236	10	8	22.0	1.30	NA	L/B?	Gooch and Schopf (1972)
Nuculana pontonia	1141–3010	12	13	45.0	1.92	NA	B?	Gooch and Schopf (1972)
Summary statistics: Bivalvia								
Mean		11.0	10.5	33.5	1.61			
Standard deviation		1.4	3.5	16.3	0.44			
Number of observations		2	2	2	2			
Brachiopoda								
Frieleia halli	373–1937	18	45	75.0	2.33	0.150	P?	Valentine and Ayala (1974)
Crustacea								
Abyssorchomene spp.	920–1933	8	831	46.4	2.57	0.157	B	France (1994)
Encephaloides armstrongi	150–650	8	505	50.0	2.88	0.103	P?	Creasey et al. (1997)
Eurythenes gryllus	0–6500	15	81	73.0	2.20	0.112	B	Bucklin et al. (1987)
Munidopsis crassa		12	50	75.0	3.80	0.127		Creasey (pers. obs.)
	2679–5315	10	4	0.0	1.00	0.000	L?	Gooch and Schopf (1972)
Munidopsis diomedeae	1188–3378	12	6	30.0	1.58	0.123e	L?	Costa and Bisol (1978)
Munidopsis hamata	935–1335	29	23	21.4	1.38	0.079	L?	Creasey (pers. obs.)
Munidopsis parfaiti	4255–4360	10	5	44.4	1.40	0.156	L?	Creasey (pers. obs.)
Munidopsis scobina	353–1046	10	427	40.0	2.04	0.100	L?	Creasey (pers. obs.)
Munidopsis spinihirsuta	900–1046	10	4	0.0	1.00	0.000	L?	Creasey (pers. obs.)
Munidopsis subsquamosa	2700–3430	10	4	0.0	1.00	0.000	L?	Creasey (pers. obs.)
Pandalopsis ampla	544–1951	15	13	33.0	1.40	NA	H/P?	Gooch and Schopf (1972)
Pandalus borealis	(180–530)	2	120	100.0	2.50	0.067e	H/P	Rasmussen et al. (1993)
		5	1976	100.0	NA	NA		Kartavtsev (1994)
Paralicella tenuipes	1414–6018	12	90.1	75.0	3.7	0.172	B	Creasey (pers. obs.)

	Depth range							Reference
Summary statistics: Crustacea								
Mean		11.2	275.9	45.9	2.03	0.092		
Standard deviation		6.0	529.3	33.5	0.95	0.060		
Number of observations		15	15	15	14	13		
Cnidaria								
Amphianthus inornata	1000–2350	5	76	100.0	4.00	0.446	A/P	Bronsdon *et al.* (1997)
Kadosactis commensalis	4505–4877	10	55	60.0	2.90	0.132	H/P	Bronsdon *et al.* (1997)
Summary statistics: Cnidaria								
Mean		7.5	65.5	80	3.45	0.289		
Standard deviation		3.5	14.8	28.2	0.78	0.222		
Number of observations		2	2	2	2	2		
Nemertea								
Parborlasia corrugatus	0–3560	22	114.8	72.7	2.80	0.142	P	Rogers *et al.* (1998)
Pogonophora								
Siboglinum atlanticum	950–2200	18	NA	5.6	NA	NA	D	Manwell and Baker (1968)
Sipunculida								
Unknown species	1825–2070	4	10	0.0	1.00	0.0	P	Gooch and Schopf (1972)
Summary statistics: invertebrates								
Mean		12.0	184.9	47.7	2.01	0.127		
Standard deviation		6.7	437.1	29.0	0.84	0.098		
Number of observations		48	46	48	46	39		

NA, not applicable (data not given or not available to date).

1. Depth range (min.–max.) (m): known minima and maxima of bathymetric range (metres).

2. Number of individuals screened: number of specimens studied in paper. Where a range is given the sum of mean numbers per locus or the sum of the maximum number per locus is used.

3. Polymorphic loci: 0.99 criterion for percentage of polymorphic loci was used wherever possible (i.e. most common allele has frequency of 0.99 or less). However, in some studies the 0.95 criterion was used, whilst others did not give criterion for assessment of polymorphism.

4. Observed heterozygosity (H_0): average level of observed heterozygosity of individuals. Where the letter 'e' follows the value, the expected heterozygosity is given. Where H_0 was not published, the authors of the present review calculated it from published allele frequencies.

5. Reproductive strategy: life history and dispersal strategy. These categories were used for analyses in Section 5. Egg type and length of larval dispersal phases were assessed to determine category. A slash indicates two types of reproduction. A question mark indicates that the assigned mode of reproduction is speculative, based on interpretation of secondary data from species, or from extrapolation of data from congenerics or confamilials. Abbreviations are as follows: D, direct development; O, oviparous (internal fertilization with external eggs); OV, ovoviviparous (live young); A, asexual reproduction; B, brooding; H, hermaphroditic; L, Lecithotrophic (eggs/larvae generally of limited range and/or duration); P, pelagic, free-floating eggs/highly dispersive larvae.

6. References for life history are as follows: Asteroidea, Emlet *et al.* (1987); Bivalvia, Tyler *et al.* (1992), Imaoka *et al.* (1991); Brachiopoda, Rokop (1977); Knudsen (1970); Cephalopoda, Okutani (1988), Nesis (1997); Cnidaria, Bronsdon *et al.* (1993); Crustacea, Butler (1980), Ingram and Hessler (1987), Ketchen *et al.* (1983), Skúladóttir *et al.* (1991), Van Dover and Williams (1991); Echinoidea, Gage (1984), Harvey and Gage (1984); Gastropoda, Siebenaller (1978a), Martel *et al.* (1986); Holuthuroidea, Tyler *et al.* (1985), Hamel *et al.* (1993); Nemertea, Gibson (1983); Ophiuroidea, Tyler and Gage (1980), Gage and Tyler (1982); Pogonophora, Ivanov (1963); Sipunculid, Hyman (1959).

7. References for bathymetric distribution are as follows: Asteroidea, Ayala *et al.* (1975), Imaoka *et al.* (1991); Bivalvia, Tyler *et al.* (1992); Brachiopoda, Rokop (1977); Cephalopoda, Okiyama (1993), Nesis (1997); Crustacea, Bronsdon *et al.* (1993); Gastropoda, Alcock (1899), Lloyd (1907), Doflein and Balss (1913), Tirmizi (1970), Barnard and Shulenberger (1976), Shulenberger and Barnard (1976), Ingram and Hessler (1983), Bucklin *et al.* (1987), Rasmussen *et al.* (1993), France (1994), Chevaldonné and Olu (1996), Creasey *et al.* (1997), Creasey (Unpubl. data for *Paralicella tenuipes*); Echinoidea, Gooch and Schopf (1972); Gastropoda, Siebenaller (1978a); Holuthuroidea, Gooch and Schopf (1972); Bisol *et al.* (1984); Nemertea, Gibson (1983); Ophiuroidea, Imaoka *et al.* (1990); Pogonophora, Ivanov (1963), Southward and Dando (1988); Sipunculid, Gooch and Schopf (1972).

Table 2 Summary data for, and list of, deep-sea vertebrate species that have had genetic analyses of populations carried out using allozyme electrophoresis.

	Depth range (min.–max.) (m)	Number of loci screened	Number of individuals screened	Polymorphic loci (%)	Number of alleles per locus	Observed heterozygosity (H_o)	Reproductive strategy	Reference
Holocephali								
Chimaeridae								
Hydrolagus colliei	92–913	14	30	0.0	1.00	0.000	O	Johnson and Utter (1976)
Teleostei								
Berycidae								
Beryx splendens	25–1240	23	6	8.7	1.17	0.051e	P	Lowry et al. (1996)
Channichthyidae								
Chaenocephalus aceratus	5–770	10	7	20.0	1.20	0.043	P?	Anderson (1982)
Champsocephalus gunnari	100–700	21	93	14.2	1.14	0.003e	P?	Duhamel et al. (1995)
Summary statistics: Channichthyidae								
Mean		15.5	50.0	17.1	1.17	0.023		
Standard deviation		7.8	60.8	4.1	0.04	0.028		
Number of observations		2	2	2	2	2		
Cheilodactylidae								
Nemadactylus macropterus*	40–350	14	(2700)	21.3	NA	NA	L?	Gauldie and Smith (1978)
		2	(3228)	100.0	3.00	NA		Gauldie and Johnston (1980)
		5	510	100.0	4.20	0.059e		Richardson (1982)
		33	886	25.2	2.94	0.101		Elliott and Ward (1994)
		10	30	40.0	NA	0.062		Smith et al. (1996a)†
Summary statistics: Cheilodactylidae								
Mean		12.8	1470.8	57.3	3.38	0.074		
Standard deviation		12.2	1408.9	39.6	0.71	0.023		
Number of observations		5	5	5	3	3		
Centrolophidae								
Centrolophus niger	5–805	30	2	16.6	1.17	0.067	P	Bolch et al. (1994)
Hyperoglyphe antarctica	100–600	36	585	13.9	1.78	0.053	P?	Bolch et al. (1993)
		30	681	20.0	1.77	0.065	P?	Bolch et al. (1994)
Psenopsis humerosa		30	3	10.0	1.10	0.022	P?	Bolch et al. (1994)
Schedophilus huttoni	0–800	30	6	43.3	1.63	0.024	P?	Bolch et al. (1994)
Seriolella brama	0–200 (278?)	30	8	20.0	1.30	0.067	P	Bolch et al. (1994)
Seriolella caerulea	100–700	30	2	6.7	1.07	0.033	P	Bolch et al. (1994)
Seriolella punctata	200–800	30	11	20.0	1.43	0.082	P	Bolch et al. (1994)
Tubbia tasmanica	0–800	30	2	10.0	1.13	0.067	P?	Bolch et al. (1994)

Summary statistics: Centrolophidae								
Mean		30.7	144.4	17.8	1.38	0.053		
Standard deviation		2.0	278.0	10.8	0.29	0.022		
Number of observations		9	9	9	9	9		
Gadidae								
Micromesistius poutassou	100–400	2	1723	100.0	4.00	0.307e	P	Mork and Giaever (1993)
Theragra chalcogramma	0–386	17	10	5.9	NA	0.006	P	Fujio and Kato (1979)
		28	621	28.1	1.50	0.044e		Grant and Utter (1980)
Summary statistics: Gadidae								
Mean		15.7	784.7	44.7	2.75	0.119		
Standard deviation		13.1	868.1	49.2	1.77	0.164		
Number of observations		3	3	3	2	3		
Genypteridae								
Genypterus blacodes	200–700	12	NA	25.0	NA	NA	P?	Gauldie and Smith (1978)
		2	395	100.0	3.50	0.338e		Smith (1979)
		1	1743	100.0	2.00	NA		Smith and Francis (1982)
Summary statistics: Genypteridae								
Mean		5.0	1069.0	75.0	2.75	0.338		
Standard deviation		6.1	953.2	43.3	1.06	0.000		
Number of observations		3	2	3	2	1		
Macrouridae								
Coryphaenoides acrolepis	300–1830	6	18	66.7	NA	0.110	P	Somero and Soulé (1974)
		25	27	16.0	NA	0.033		Siebenaller (1978b)
		24	29	33.3	1.67	0.066e		Wilson (1994)
Coryphaenoides armatus	282–4815	27	40	18.5	1.30	0.071	P	Wilson and Waples (1983)
		27	69	22.2	1.37	0.060		Wilson and Waples (1984)
		24	30	33.3	1.75	0.083e		Wilson (1994)
		23	9.3	31.6	1.50	0.071		Rogers (pers. obs.)
Coryphaenoides colon	409–2375	24	9	0.0	1.04	0.004e	P?	Wilson (1994)
Coryphaenoides filifer	1285–2904	24	22	25.0	1.50	0.080e	P?	Wilson (1994)
Coryphaenoides leptolepis	610–4639	24	47	12.5	1.33	0.037e	P?	Wilson (1994)
		23	7.3	34.8	1.60	0.058		Rogers (pers. obs.)
Coryphaenoides mexicanus	(500–3,200)	24	15	25.0	1.33	0.056e	P?	Wilson (1994)
Coryphaenoides pectoralis	455–1,740	24	30	4.2	1.38	0.036e	P?	Wilson (1994)
Coryphaenoides profundicolus	4255–4872	23	7.2	47.8	1.70	0.097	P?	Rogers (pers. obs.)
Coryphaenoides rupestris	405–1960	2	5000	100.0	3.00	NA	P	Logvinenko et al. (1983)
		3	5011	100.0	4.0	NA		Duschenko (1988a,b)
		24	19	12.5	1.13	0.017e		Wilson (1994)
		23	19.7	43.5	1.70	0.042		Rogers (pers. obs.)

	Depth range (min.–max.) (m)	Number of loci screened	Number of individuals screened	Polymorphic loci (%)	Number of alleles per locus	Observed hetero-zygosity (H_0)	Reproductive strategy	Reference
Coryphaenoides yaquinae	3400–5800	27	23	14.8	1.19	0.031	P?	Wilson and Waples (1983)
Macrourus holotrachys	272–1200	22	70	13.6	1.64	0.059e	P?	Oyarzún et al. (1993)
Summary statistics: Macrouridae								
Mean		21.1	525.1	32.8	1.67	0.056		
Standard deviation		7.7	1532.4	27.8	0.72	0.028		
Number of observations		20	20	20	18	18		
Merlucciidae								
Macruronus novaezelandiae	200–700	11	783	18.0	1.37	0.016	P	Smith et al. (1981)
		10	1768	22.0	3.50	0.068		Milton and Shaklee (1987)
Merluccius capensis	0–440	33	1136	15.2	2.18	0.063	P	Grant et al. (1987)
		31	1135	22.6	2.16	0.055		Grant et al. (1988)
Merluccius gayi	50–500	40	19	30.0	1.35	0.051	P	Stepien and Rosenblatt (1996)
Merluccius hubbsi	50–500	40	20	22.5	1.33	0.066	P	Stepien and Rosenblatt (1996)
Merluccius paradoxus	140–850	33	883	12.1	2.49	0.065	P	Grant et al. (1987)
		31	882	25.8	2.65	0.067		Grant et al. (1988)
Merluccius productus	0–900	40	14	27.5	1.32	0.041	P	Stepien and Rosenblatt (1996)
Summary statistics: Merlucciidae								
Mean		29.9	737.8	21.7	2.04	0.055		
Standard deviation		11.6	610.1	5.8	0.77	0.018		
Number of observations		9	9	9	9	9		
Moridae								
Antimora rostrata	350–3000	22	5	13.6	1.18	0.059e	P?	Oyarzún et al. (1993)
Myctophidae								
Diaphus pacificus	200–500	9	NA	78.0	2.44	0.161	P	Afanas'yev et al. (1990)
Diogenichthys laternatus	400–600	9	NA	56.0	1.44	0.151	P	Afanas'yev et al. (1990)
Triphoturus mexicanus	0–750	8	NA	88.0	2.75	0.142	P	Afanas'yev et al. (1990)
Summary statistics: Myctophidae								
Mean		8.7		74.0	2.21	0.151		
Standard deviation		0.6		16.4	0.68	0.010		
Number of observations		3		3	3	3		
Nomeidae								
Cubiceps baxteri‡	35–1000	30	2	6.7	1.07	0.050	P	Bolch et al. (1994)
Nototheniidae								
Dissostichus mawsoni	100–1600	30	3	6.7	1.10	0.022	P?	McDonald et al. (1992)

Lepidonotothenia larseni	30–550	16	92	12.5	1.38	0.058e	O	Schneppenheim et al. (1994)
Lepidonotothenia squamifrons-group	10–900	16	215	25.0	2.25	0.061e	P?	Schneppenheim et al. (1994)
Notothenia gibberifrons	5–750	10	3	10.0	1.20	0.067	P?	Anderson (1982)
Notothenia neglecta	35–450	10	10	20.0	1.20	0.060	P	Anderson (1982)
Notothenia rossii	0–700	10	15	40.0	1.80	0.127	P	Anderson (1982)
		22	76	15.3	1.46	0.036e	O	Duhamel et al. (1995)
Trematomus bernacchii	0–434	26	30	11.1	NA	0.033		Smith and Fujio (1982)
		30	59	46.7	1.60	0.067	O?	McDonald et al. (1992)
Trematomus cf. *bernacchii*§	0–434	26	26	15.4	NA	0.025		Smith and Fujio (1982)
Trematomus hansoni	0–550	30	26	40.0	1.60	0.050	O?	McDonald et al. (1992)
Trematomus loennbergii	>400	30	5	6.7	1.10	0.030	O?	McDonald et al. (1992)
Trematomus pennelli	<450	30	12	10.0	1.10	0.018	O?	McDonald et al. (1992)
Summary statistics: Nototheniidae								
Mean		22.0	44.0	20.0	1.44	0.050		
Standard deviation		8.4	58.8	13.8	0.36	0.029		
Number of observations		13	13	13	11	13		
Oreosomatidae								
Allocyttus niger	560–1195	26	228	26.9	1.60	0.105	P?	Lowry et al. (1996)
Allocyttus verrucosus	338–1320	26	238	26.9	1.80	0.116	P?	Lowry et al. (1996)
Neocyttus sp.	900–1300	26	14	46.2	1.70	0.181	P?	Lowry et al. (1996)
Neocyttus helgae	830–1700	26	29	30.8	1.70	0.093	P?	Lowry et al. (1996)
Neocyttus rhomboidalis	200–1100	26	598	34.6	2.50	0.127	P?	Lowry et al. (1996)
Oreosoma atlanticum	500–1200	26	22	15.4	1.30	0.083	P?	Lowry et al. (1996)
Pseudocyttus maculatus	400–1300	26	298	34.6	1.80	0.121	P?	Lowry et al. (1996)
Summary statistics: Oreosomatidae								
Mean		26.0	203.9	30.8	1.77	0.118		
Standard deviation		0.0	210.4	9.4	0.36	0.032		
Number of observations		7	7	7	7	7		
Pleuronectidae								
Reinhardtius hippoglossoides	50–2000	3	600	100.0	4.30	0.517	P	D'yakov et al. (1981)
		16	923	12.5	1.70	0.047		Fairbairn (1981)
		3	2227	100.0	2.70	NA		D'yakov (1991)
Summary statistics: Pleuronectidae								
Mean		7.3	1250.0	70.8	2.90	0.282		
Standard deviation		7.5	861.4	50.5	1.31	0.332		
Number of observations		3	3	3	3	2		
Scorpaenidae‖								
Helicolenus dactylopterus	2–848	8	10	37.5	NA	NA	O#	Johnson et al. (1972)
		25	NA	NA	NA	NA	O#	McGlade et al. (1983)
		20	47	25.0	NA	NA	O#	Johansen et al. (1993)

Species	Depth range (min.–max.) (m)	Number of loci screened	Number of individuals screened	Polymorphic loci (%)	Number of alleles per locus	Observed heterozygosity (H_o)	Reproductive strategy	Reference
Helicolenus hilgendorfi	200–300	16	15	18.8	NA	0.083	OV	Fujio and Kato (1979)
Sebastes aleutianus	50–400	7	16	0.0	1.00	NA	OV	Johnson et al. (1972)
Sebastes alutus	150–640	7	1060	14.2	1.14	NA	OV	Johnson et al. (1972)
		25	1249	8.0	1.08	0.038	OV	Johnson et al. (1973)
		21	1717	71.4	NA	0.060	OV	Wishard et al. (1980)
		25	1434	20.0	2.24	0.069	OV	Seeb and Gunderson (1988)
Sebastes elongatus	91–366	7	393	14.2	1.14	NA	OV	Johnson et al. (1972)
		24	352	8.0	1.09	0.032	OV	Johnson et al. (1973)
Sebastes fasciatus	0–592	8	63	62.5	2.38	NA	OV	Payne and Li (1982)
		25	NA	NA	NA	NA	OV	McGlade et al. (1983)
Sebastes helvomaculatus	92–550	7	24	14.2	1.14	NA	OV	Johnson et al. (1972)
Sebastes "marinus type"	200–400	NA	587	NA	NA	NA	NA	Nævdal (1978)
Sebastes marinus	300–700	8	9	12.5	1.13	NA	OV	Johnson et al. (1972)
		8	39	50.0	1.75	NA	OV	Payne and Li (1982)
		38	592	7.9	1.08	0.028	OV	Nedreaas and Nævdal (1989)
		21	611	4.8	1.10	NA	OV	Nedreaas and Nævdal (1991a)
		(6)	68	16.7	NA	NA	OV	Nedreaas and Nævdal (1991b)
		6	5	NA	NA	NA	OV	Nedreaas et al. (1992)
Sebastes melanops	183–274	7	28	0.0	1.00	NA	OV	Johnson et al. (1972)
Sebastes "mentella type"	200–400	NA	91	NA	NA	NA	NA	Nævdal (1978)
Sebastes mentella	350–1100	8	36	12.5	1.25	NA	OV	Payne and Li (1982)
		25	NA	NA	NA	NA	OV	McGlade et al. (1983)
		1	1287	100.0	2.00	NA	OV	Duschenko (1986)
		38	687	7.9	1.16	0.042	OV	Nedreaas and Nævdal (1989)
		21	963	0.0	1.14	NA	OV	Nedreaas and Nævdal (1991a)
		(6)	108	0.0	1.00	NA	OV	Nedreaas and Nævdal (1991b)
		5	5	NA	NA	NA	OV	Nedreaas et al. (1992)
Sebastes proriger	92–366	7	109	14.2	1.14	NA	OV	Johnson et al. (1972)
Sebastes viviparus	10–300	7	10	0.0	1.00	NA	OV	Johnson et al. (1972)
		39	346	7.7	1.08	0.026	OV	Nedreaas and Nævdal (1989)
		20	396	5.0	1.05	NA	OV	Nedreaas and Nævdal (1991a)
		(5)	58	NA	NA	NA	OV	Nedreaas and Nævdal (1991b)
		1	5	NA	NA	NA	OV	Nedreaas et al. (1992)
Sebastolobus alascanus	92–1460	6	100	0.0	1.00	NA	O	Johnson et al. (1972)
		20	63	15.0	1.40	0.049	O	Siebenaller (1978b)
Sebastolobus altivelis	110–1750	20	352	10.0	1.65	0.047	O	Siebenaller (1978b)
Sebastolobus macrochir	200–1280	16	30	18.8	NA	0.063	O	Fujio and Kato (1979)
Summary statistics: Scorpaenidae								
Mean		14.8	350.4	18.6	1.29	0.049		
Standard deviation		10.4	471.8	23.1	0.40	0.018		
Number of observations		38	37	31	25	11		

Tetragonuridae							
Tetragonurus cuvieri¶	0–4000	30	5	26.7	1.53	0.026	P	Bolch et al. (1994)
Triglidae							
*Chelidonichthys kumu***	90–200	12	NA	16.6	NA	NA	P	Gauldie and Smith (1978)
		14	28	7.1	NA	0.041		Fujio and Kato (1979)
		2	475	0.0	3.0	NA		Gauldie and Johnston (1980)
Summary statistics: Triglidae							
Mean		9.3	251.5	7.9	3.0	0.041		
Standard deviation		6.4	316.1	8.3	0.0	0.0		
Number of observations		3	2	3	1	1		
Trachichthyidae							
Hoplostethus atlanticus	750–1800	22	482	38.1	1.25	0.125	P	Smith (1986)
		11	744	100.0	4.73	0.130		Elliott and Ward (1992)
		11	822	100.0	4.73	0.378		Elliott et al. (1994)
		11	2415	100.0	3.90	NA		Smith and Benson (1997)
			341	72.7	3.45	NA		Smith et al. (1997)
Summary statistics: Trachichthyidae							
Mean		13.8	597.3	77.7	3.54	0.211		
Standard deviation		5.5	224.3	29.4	1.64	0.145		
Number of observations		4	4	4	4	3		
Summary statistics: vertebrates							
Mean		18.9	446.3	30.3	1.78	0.076		
Standard deviation		10.6	847.0	29.5	0.90	0.078		
Number of observations		128	122	121	105	90		

*Also referred to as *Cheilodactylus macropterus*. †Data excludes "king tarakihi". ‡Referred to as *Cubiceps caeruleus* for bathymetric distribution (Haedrich, 1972; see Butler, 1979). §Combined data for both forms of *T. bernachii*. ||See also Tsuyuki et al. (1968) for phylogenetic aspects of the family Scorpaenidae. ¶Bathymetric distribution not accurately defined (see Fons and Villiers, 1979). **Also referred to as *Trigla kumu*.

1. For additional details of categories in Table 2, see notes at foot of Table 1.

2. References for life history are as follows: Berycidae, Lehodey et al. (1997); Channichthyidae, Kock (1989, 1992); Centrolophidae, Horn (1984); Cheilodactylidae, Tong and Saito (1977), Robertson (1978); Chimaeridae, Hart (1973); Gadidae, Cohen et al. (1990); Genypteridae, Gordon et al. (1984); Macrouridae, Cohen et al. (1990); Merlucciidae, Cohen et al. (1990); Moridae, Wenner and Musick (1977); Myctophidae, Moser et al. (1984); Nomeidae, Horn (1984); Nototheniidae, Kock (1989, 1992); Oreosomatidae, Pankhurst et al. (1987), Conroy and Pankhurst (1989); Pleuronectidae, D'yakov (1982); Scorpaenidae, Hart (1973); Osamu et al. (1982), Sanchez and Acha (1988); Tetragonuridae, Horn (1984); Triglidae, Washington et al. (1984); Trachichthyidae, Pankhurst et al. (1987).

3. References for bathymetric distribution are as follows: Berycidae, Fischer and Bianchi (1984), Lehodey et al. (1997); Channichthyidae, Hureau (1985a), Kock (1992); Centrolophidae, McDowall (1982), Nakamura et al. (1986), Borodulina (1989); Cheilodactylidae: Elliott and Ward (1994); Chimaeridae, Hart (1973); Gadidae, Cohen et al. (1990); Genypteridae, Smith and Francis (1982); Macrouridae, Nybelin (1957), Hureau and Monod (1973), Siebenaller et al. (1982), Amaoka et al. (1983), Wilson and Waples (1983), Snelgrove and Haedrich (1985), Cohen et al. (1990), Quéro et al. (1990), Merrett et al. (1991), Endo et al. (1994); Merlucciidae, Hart (1973), Inada et al. (1986), Milton and Shaklee (1987), Cohen et al. (1990); Moridae, Cohen et al. (1990); Myctophidae, Afanas'yev et al. (1990), Imsand (1981); Nomeidae, Haedrich (1972); Nototheniidae, Fischer and Hureau (1985), Hureau (1985b), Tiedtke and Kock (1989), Kock (1992); Oreosomatidae, Fischer and Bianchi (1984), Glukov and Kuz'michev (1984), James et al. (1988), Clark et al. (1989), Stewart et al. (1995), Desbruyères and Segonzac (1997), N. G. Elliott (pers. comm.); Pleuronectidae, Amaoka et al. (1983); Scorpaenidae, Hart (1973), Amaoka et al. (1983), Seeb and Gunderson (1988), Siebenaller and Somero (1982), Scott and Scott (1988), Merrett et al. (1991); Tetragonuridae, Fons and Villiers (1979); Triglidae, Marshall (1964), Heemstra (1983); Trachichthyidae, Bell et al. (1992).

Table 3 Summary data for, and list of, species from hydrothermal vents that have had genetic analyses of populations carried out using allozyme electrophoresis.

	Depth range (min.–max.) (m)	Number of loci screened	Number of individuals screened	Polymorphic loci (%)	Number of alleles per locus	Observed heterozygosity (H_o)	Reproductive strategy	Reference
Mollusca								
Bivalvia								
Bathymodiolus spp.		11	82	27.3	1.67	0.067		Moraga et al. (1994)
Bathymodiolus thermophilus	2450–3100	7	280	100.0	5.14	0.140	P	Grassle (1985)
		11	34	18.2	2.09	0.038	P	Moraga et al. (1994)
		26	36	26.9	NA	0.009	P	Craddock et al. (1995b)
Calyptogena magnifica	2450–3100	17	135	5.9	1.24	0.031	L?	Vrijenhoek et al. (1994)
"*Calyptogena pacifica*-like"	1547–2200	17	45	25.5	2.18	0.076		Vrijenhoek et al. (1994)
"*Calyptogena phaseoliformis*-like"	3240–3402	17	56	17.7	1.41	0.058		Vrijenhoek et al. (1994)
Calyptogena ponderosa	421–1767	17	4	23.5	1.41	NA		Vrijenhoek et al. (1994)
Seep mytilids	546–3314	26	211	50.0	NA	0.028		Craddock et al. (1995a)
Vent mytilids	1650–3589	26	7	0.0	1.00	0.000		Craddock et al. (1995a)
Vesicomya cordata	704	17	2	11.8	1.12	NA		Vrijenhoek et al. (1994)
Vesicomya gigas	1246–2020	17	4	17.7	1.24	NA		Vrijenhoek et al. (1994)
Summary statistics: Bivalvia								
Mean		17.4	74.7	27.0	1.85	0.050		
Standard deviation		6.1	89.8	26.2	1.22	0.042		
Number of observations		12	12	12	10	9		
Gastropoda								
Alviniconcha spp.	1600–2500	18	NA	33.3	2.39	0.100	P	Denis et al. (1993)
Crustacea								
Mirocaris aff. *fortunata*	1624–3650	20	1	0.0	1.00	0.000		Creasey et al. (1996)
Rimicaris exoculata	1700–3650	20	448	27.4	1.54	0.048	P?	Creasey et al. (1996)
		7	60	51.4	2.14	NA		Shank et al. (1998)
Ventiella sulfuris	2450–2630	12	472	41.6	3.08	0.158		France et al. (1992)
Summary statistics: Crustacea								
Mean		14.8	245.3	31.5	1.94	0.069		
Standard deviation		6.4	249.3	24.3	0.89	0.081		
Number of observations		4	4	4	4	3		

Polychaeta								
Alvinella pompejana f. *hirsuta*	2000–3100	16	14	31.3	1.38	0.058e	L	Autem *et al.* (1985)
		18	25	36.4	2.33	0.094		Jollivet *et al.* (1995b)
Alvinella pompejana f. *caudata*	2000–3100	16	14	25.0	1.38	0.054e	L	Autem *et al.* (1985)
		18	28	31.7	1.94	0.110		Jollivet *et al.* (1995b)
Paralvinella grasslei	2000–3100	8	14	37.5	1.63	0.146e	L	Autem *et al.* (1985)
		15	24	63.5	3.27	0.237		Jollivet *et al.* (1995b)
Summary statistics: Polychaeta								
Mean		15.2	19.8	37.6	1.99	0.117		
Standard deviation		3.7	6.5	13.5	0.73	0.068		
Number of observations		6	6	6	6	6		
Vestimentifera								
Ridgeia spp.		15	NA	44.0	NA	0.116	L?	Black (1991; from Black *et al.*, 1994)
Ridgeia piscesae (*R. phaeophiale*)	1800–3300	15	1025	46.7	NA	0.116	L?	Southward *et al.* (1995, 1996)
Riftia pachyptila	2000–3100	13	102	31.0	1.69	0.015	L?	Bucklin (1988)
		14	232	52.4	1.72	0.125		Black *et al.* (1994)
Summary statistics: Vestimentifera								
Mean		14.3	453.0	43.5	1.71	0.093		
Standard deviation		1.0	499.7	9.1	0.02	0.052		
Number of observations		4	3	4	2	4		
Summary statistics: vent-endemic species								
Mean		16.1	134.2	32.7	1.91	0.079		
Standard deviation		5.0	228.2	21.0	0.92	0.059		
Number of observations		27	25	27	23	23		

1. For explanations of text, see notes at foot of Table 1.
2. References for life history are as follows: Bivalvia, Berg (1985), Craddock *et al.* (1995b); Crustacea, Herring (1996), Pond *et al.* (1997), Shank *et al.* (1998); Gastropoda: Denis *et al.* (1993); Polychaeta, Desbruyères and Laubier (1991), Zal *et al.* (1995), Jouin-Toulmond *et al.* (1997); Vestimentifera, Young *et al.* (1996).
3. References for bathymetric distribution are as follows: Bivalvia, Desbruyères and Segonzac (1997); Crustacea, Creasey *et al.* (1996), Desbruyères and Segonzac (1997); Gastropoda, Desbruyères and Segonzac (1997); Polychaeta, Autem *et al.* (1985), Jollivet *et al.* (1995b); Desbruyères and Segonzac (1997); Vestimentifera, Desbruyères and Segonzac (1997).

Table 4 Summary data for, and list of, species from seamounts that have had genetic analyses of populations carried out using allozyme electrophoresis

	Depth range (min–max) (m)	Number of loci screened	Number of individuals screened	Polymorphic loci (%)	Number of alleles per locus	Observed heterozygosity (H_0)	Reproductive strategy	Reference
Crustacea								
Eurythenes gryllus	0–6500	14	23	53.3	2.00	0.112	B	Bucklin et al. (1987)
Teleostei								
Centrolophidae								
Hyperoglyphe antarctica	100–600	36	96	13.9	1.50	0.053	P	Bolch et al. (1993)
Schedophilus labyrinthicus	0–?	30	5	13.3	1.17	0.073	P	Bolch et al. (1994)
Summary statistics: Centrolophidae								
Mean		33.0	50.5	13.6	1.34	0.063		
Standard deviation		4.2	64.3	0.4	0.23	0.014		
Number of observations		2	2	2	2	2		
Pentacerotidae								
Pseudopentaceros wheeleri	160–800	200	12	0.0	1.0	NA	P	Borets (1979)

For explanations of text for species listed in Table 4, see notes at foot of Tables 1 and 2. See Tables 1 or 2 for appropriate definitions and references for bathymetric distributions and reproductive strategies of species from seamounts. Reproductive data for *Pentaceros richardsoni* are taken from Seki and Somerton (1994); Bathymetric distributions for *P. richardsoni* are taken from Borets (1980).

allozyme electrophoresis include (see Table 3) numerous bivalve mollusc species (Grassle, 1985; Moraga *et al.*, 1994; Vrijenhoek *et al.*, 1994; Craddock *et al.*, 1995a,b), a gastropod mollusc (Denis *et al.*, 1993), vestimentiferans (Bucklin, 1988; Black, 1991; Black *et al.*, 1994; Southward *et al.*, 1995, 1996) and crustaceans (France *et al.*, 1992; Creasey *et al.*, 1996). Aspects of the genetics of vent organisms, studied using allozyme data, have been reviewed by Jollivet (1996) and Vrijenhoek (1997).

3.1.3. *Seamount Fauna*

To date, few studies have been carried out on species that occur on seamounts. Two of these involved the comparison of both seamount and deep-sea populations of the amphipod *Eurythenes gryllus* (Bucklin *et al.*, 1987) and the teleost *Hyperoglyphe antarctica* (Bolch *et al.*, 1993). Other studies of seamount populations of teleosts have been undertaken by Borets (1979), who examined the pentacerotid fish *Pseudopentaceros wheeleri*, and by Bolch *et al.* (1994), who examined the centrolophid *Schedophilus labyrinthicus*.

3.2. Isoelectric Focusing

IEF is a type of electrophoresis in which proteins migrate within a gel that has a pH gradient. Charged proteins migrate in an electric field along the gel, until the pH of the gel at which the proteins have no net charge (the isoelectric point, pI) is reached. Once proteins reach the isoelectric point, and have reached a steady state, no more migration occurs, and the protein is focused into a narrow band. This band can then be visualized by staining. The advantage of IEF is that it can be used to focus proteins that under standard electrophoretic conditions have very similar charges. Dunn (1993) reported that IEF allows resolution of proteins which have a pI difference of as little as 0.001 pH units.

Only four studies have been carried out on deep-sea organisms using IEF, and all have been on teleosts. Anderson (1982) used IEF as part of an electrophoretic study on Antarctic fish, notably *Notothenia rossii*, *N. neglecta*, *N. gibberifrons* and *Chaenocephalus aceratus*. Rehbein and Oehlenschläger (1983) used IEF on the scorpaenid fish *Sebastes mentella* and *S. marinus*, whilst Trottier *et al.* (1988) used IEF on *S. mentella* and *S. norvegicus*. Rehbein (1983) and Johansen *et al.* (1993) used IEF as part of electrophoretic studies on *S. marinus*, *S. mentella*, *S. viviparus* and *Helicolenus dactylopterus*.

3.3. Restriction Site Analysis

Restriction analysis involves the cutting of DNA into a series of fragments by the use of restriction endonucleases. These fragments are then visualized by electrophoresis. Differences in fragment size and molecular weight are exhibited as variations in migration distance along the gel. Variation in migration rates enables inferences about differences in the DNA sequence of individuals to be made (Dowling *et al.*, 1990). Variation in DNA sequences, and establishment of differing "digestion profiles", may result from base substitution within cleavage sites, addition or deletion of DNA, or sequence rearrangements (Avise, 1994).

Restriction analysis is a relatively novel application, and only a limited number of data have been published with regard to deep-sea organisms. These have focused upon commercially important fish and shellfish species, and have primarily used mitochondrial DNA (mtDNA) for analysis. An advantage of using mtDNA is that the number of transitions to transversions can be used as a dating device (see Avise, 1994), and this may prove to be useful in determining time of divergence between closely related species within and between differing environments (e.g. deep sea and coastal). Data from studies on species of fish, along with some invertebrates, are summarized in Table 5. RFLP analysis has also been carried out on deep-sea bacterial communities (Moyer *et al.*, 1994, 1995), symbionts of metazoan vent-endemic hosts (Haddad *et al.*, 1995; Laue and Nelson, 1997) and polychaetes (*Alvinella pompejana*; Jollivet *et al.*, 1998b).

3.4. DNA Fingerprinting/Microsatellite Analysis

DNA fingerprinting covers a variety of molecular techniques that have different levels of resolution and are therefore appropriate to the study of different biological problems. These include multilocus DNA fingerprinting, single-locus DNA fingerprinting and RAPD analysis.

In multilocus DNA fingerprinting, samples of total cellular DNA are fragmented using restriction endonucleases (usually with tetranucleotide-recognizing restriction endonucleases, such as SAU3A), and the resulting fragments separated according to molecular weight by electrophoresis in an agarose gel. DNA is then denatured and transferred to a nylon or nitrocellulose membrane, to which it is bound by ultraviolet light-induced cross-linking and/or baking. Cloned or synthesized segments of DNA that contain minisatellite (tandemly repeated sequences of DNA with repeat lengths of 7–65 bp) or microsatellite sequences (as for minisatellites but with repeat lengths of 1–6 bp) that have been labelled isotopically or non-

Table 5 Summary of studies that have used restriction fragment length polymorphisms in analyses of population structure of deep-sea organisms.

Species	Number; type of restriction enzymes	Number of individuals	Intraspecific divergence (%)	Frequency of haplotypes	Type of significant genetic heterogeneity between populations	Reference
Champsocephalus gunnari	7; 6-nucleotide 4; 4-nucleotide	60	0.00–0.13 (6-nucleotide) 0.07–0.16 (4-nucleotide)	0.02–0.57	None	Williams et al. (1994)
Hoplostethus atlanticus	10; 6-nucleotide 10; 6-nucleotide 3; 4-nucleotide	49 332	0.19 0.13–0.19	0.02–0.73 <0.01–0.79	Limited spatial None (6-nucleotide) Limited spatial (4-nucleotide) Limited temporal (4-nucleotide)	Ovenden et al. (1989) Smolenski et al. (1993)
Jasus spp.	9; 6-nucleotide 6; 6-nucleotide 4; 4-nucleotide	173 246 24	0.17–0.19 0.26–0.64 NA	0.01–0.77 <0.01–0.37 0.01–0.34	Limited spatial Spatial Limited spatial	Elliott et al. (1994) Smith et al. (1996b) Smith et al. (1997)
Macruronus novaezelandiae	6; 6-nucleotide	49	0.33–0.99	0.02–0.10	NA	Brasher et al. (1992)
Merluccius capensis	6; 6-nucleotide	105	0.12–0.15	0.01–0.81	None	Smith et al. (1996b)
Merluccius paradoxus	11; 6-nucleotide	26	1.3	0.038–0.231	None	Becker et al. (1988)
Nemadactylus macropterus	11; 6-nucleotide	24	0.57	0.042–0.542	None	Becker et al. (1988)
Pseudopentaceros wheeleri	12; NA 3; 4-nucleotide	166–500 84	0.46–1.25 0.64	<0.01–0.59 0.01–0.67	Spatial None	Grewe et al. (1994) Martin et al. (1992)
Rimicaris exoculata	NA; 6-nucleotide NA; 4-nucleotide	228	NA	NA	NA	Dixon and Dixon (1996)
Ridgeia piscesae	3; NA	167–204	NA	0.040–1.000	Spatial	Southward et al. (1996)
Theragra chalcogramma	9; 6-nucleotide	168	0.00–0.54	0.01–0.23	Spatial	Mulligan et al. (1992)

NA, not applicable (data either not given or not appropriate for table category).

isotopically, are then hybridized to the DNA on the membrane. X-ray film is then exposed to the membrane to produce an autoradiograph in which variable loci are visualized (see Fleischer, 1996). Bands may be checked for alignment and intensity by using a densitometer. Multilocus DNA fingerprinting produces gels which contain a large number of bands representing a large number of variable loci (approximately 25 on a single gel; Fleischer, 1996). This technique is appropriate to studies of close relationship such as parentage and is not sufficiently conserved for population-level comparisons. To date, there have been no studies on deep-sea organisms using this technique.

In single-locus DNA fingerprinting, high molecular weight DNA is cut up into small fragments using a restriction enzyme. The digested DNA is run out on to a low melting point agarose gel, and the fragment-containing length of DNA of the correct size (300–600 bp) is excised from the gel and purified. The purified 300–600 bp DNA sequences are inserted into a plasmid, which is then inserted into bacterial cells (usually *Escherichia coli*) by transformation to produce a partial genomic library. The bacterial cells are grown and plated out on a nylon membrane that is then replicated by adding a second membrane. The replicate membrane is denatured and probed with isotopically labelled microsatellite oligonucleotides. Colonies that are positive for the probe on the replicate membrane are excised from the initial nylon membrane and cloned. Following cloning, the length of DNA containing the microsatellites is sequenced and if it contains a sufficient number of repeat sequences, primers flanking the variable region are designed. Once a suitable polymerase chain reaction (PCR) protocol has been optimized, DNA from a randomly selected group of individuals is amplified, and the amplification products are run out on a sequencing or denaturing gel. Loci that have a suitable amount of variation are selected for the study. This protocol is primarily based on Strassmann *et al.* (1996), but there are variations of the basic technique in the literature (e.g. Rassmann *et al.*, 1991; Ellegren *et al.*, 1992; Hughes and Queller, 1993; Fleischer, 1996).

A new approach to the detection of microsatellites removes the necessity to construct a partial genomic DNA library. In this method, microsatellites are amplified using the RAPD method (see below; Ender *et al.*, 1996). RAPD products are electrophoresed on an agarose gel, which is then blotted onto a nylon membrane. The membrane is then probed with isotopically or non-isotopically labelled microsatellite oligonucleotides. RAPD fragments that are positive for the probes are then inserted into a plasmid, and the plasmids are inserted into bacterial cells for cloning and sequencing. The rest of the protocol is similar to that described above. This method has a number of advantages over conventional techniques for detecting microsatellites, including the requirement of only small amounts of DNA for the initial steps and the avoidance of the construction of genomic libraries (see Ender et al., 1996).

Microsatellite DNA analysis is a very useful technique for analysing the population genetics of organisms. However, the technique is complex and requires some degree of training and the provision of a well-equipped molecular laboratory to carry it out successfully. Particularly hazardous is the requirement for ^{32}P-labelled PCR reactions for the detection of microsatellite markers. This can now be replaced for many applications by the more expensive but less hazardous ^{33}P or, where less sensitive labelling is required, ^{35}S. The use of isotopically labelled PCR reactions for microsatellite detection can be completely avoided by the use of fluorescent labelling in conjunction with an automated DNA-sequencing apparatus. Microsatellite primers, specific to a species, can potentially be used on closely related species, and this can provide a greatly shortened route to detection of microsatellite loci. To date, the only deep-sea species which has had interpopulation variation of single-locus minisatellites compared is the orange roughy (Hoplostethus atlanticus; Baker et al., 1992).

The RAPD technique involves the amplification of genomic DNA using small (usually 10 bp) arbitrarily selected primers with a G + C content above 50% (Grosberg et al., 1996). Usually primers are used singly, and they anneal to priming sites in opposite directions to amplify relatively small stretches of DNA (200–2000 bp). The stretch of amplified DNA and primers is known as an RAPD locus. Products of random amplification with RAPD primers are size-separated by electrophoresis on an agarose gel and are usually visualized by ethidium bromide staining. A given RAPD primer can amplify from 0 to 30 products from a genome, and when several sets of primers are used independently, potentially hundreds of RAPD markers can be detected (Grosberg et al., 1996). The bands visualized are scored on the basis of presence or absence. Bands that are present in all individuals of a population are treated as monomorphic; those present in some individuals and not others are polymorphic. Because RAPD is not targeted at a particular region of DNA RAPD loci are anonymous and are probably scattered throughout the genome (e.g. Williams et al., 1990, 1991). This means that RAPD loci have the advantage that there is no need for prior sequence data for the taxa under study. As such, RAPDs may provide useful population markers for many deep-sea organisms for which no previous studies have been carried out. The RAPD method is also relatively cheap and less time consuming than other molecular genetic techniques described.

The bands detected after RAPD amplification should be highly repeatable in any given individual and ideally they should be subject to

Mendelian inheritance. Heritability can only be proved through back-crosses of study organisms, and this imposes some limitation for use of RAPDs with deep-sea organisms, which rarely reach the surface alive seldom live long enough for breeding experiments. Evidence to date suggests that the majority of RAPD bands do behave as Mendelian alleles (e.g. Williams *et al.*, 1990; Hunt and Page, 1992; Levitan and Grosberg, 1993; Grosberg *et al.*, 1996). RAPD bands can be subject to inconsistencies in amplification that can arise from a variety of causes (see Schweder *et al.*, 1995). A third potential problem with RAPD loci is that RAPD alleles are expressed as dominant markers, and assuming a locus is biallelic then a positive scored band may represent a homozygote for the dominant allele or a heterozygote with the dominant and null alleles. It is possible to back-calculate allele and genotype frequencies if populations are in Hardy–Weinberg equilibrium. This is often not the case in populations of marine organisms, and it is likely that RAPD analyses are not suited to the estimation of allelic and genotypic frequencies in such a case. Further-more, there may be more than one allelic variant in a single RAPD locus (Levitan and Grosberg, 1993). However, frequencies of RAPD bands can be used to compare populations using analysis of molecular variance (AMOVA, see Stewart and Excoffier, 1996) or bands can be used as characters with two states in multivariate statistical analyses. RAPD analysis has been undertaken on populations of the orange roughy (*Hoplostethus atlanticus*; Smith *et al.*, 1997) and the tarakihi (*Nemadactylus macropterus*; Smith *et al.*, 1996a).

3.5. Single-stranded Conformational Polymorphism

SSCP analysis is used to detect sequence differences in DNA of 100–1000 bp length (optimum size ~200 bp) (Orita *et al.*, 1989; Sheffield *et al.*, 1993; Potts, 1996). In this method heat is used to denature a length of double-stranded DNA that has been amplified by PCR then the DNA is rapidly cooled. Single-stranded DNA molecules do not reanneal to their complementary strands but anneal to themselves to produce single-stranded DNA molecules with a certain conformation. The conformation of the single strands is dependent on their nucleotide sequence, and strands with slight differences in nucleotide sequence will have dif-ferent conformations. Strands with different conformations have different mobilities when electrophoresed on an acrylamide (sequencing) gel and visualized using ethidium bromide staining (Potts, 1996).

SSCPs can provide a useful method for screening individuals for differences in nucleotide sequence of down to 1 bp in length, especially if the sequence of the amplified region of interest is known (Orita *et al.*,

1989). It may therefore be a useful technique for comparing sequence differences at the level of populations, though it has not yet been used for deep-sea organisms.

Two related techniques, denaturing gradient gel electrophoresis (DGGE) and heteroduplex analysis, perform a similar function (see Potts, 1996). In DGGE, samples of DNA are run on a denaturing gradient acrylamide gel. DNA with different nucleotide sequences will denature at different concentrations of chemical denaturant and will therefore have different mobilities when electrophoresed on a denaturing gradient gel. In heteroduplex analysis, PCR-amplified DNA is heated beyond the denaturation temperature and allowed to cool slowly. Single-stranded DNA molecules slowly reanneal with their complementary strands. However, in heterozygous individuals some strands will reanneal with complementary strands for the other allele, producing an imperfectly matched double strand. Imperfectly matched double DNA strands (heteroduplexes) have a different mobility when electrophoresed on an acrylamide gel compared with perfectly matched DNA strands (homoduplexes). It is therefore possible to screen individuals and score allelic variants of a polymorphic stretch of DNA.

These techniques are useful for screening large numbers of individuals from populations, but only after the region of DNA which has been amplified has been sequenced to reveal in detail the allelic variants that may be expected. If this is not done then differences in nucleotide sequence for regions of polymorphic DNA may be undetected. As with SSCPs, heteroduplex analyses have not been used in the study of deep-sea organisms. However, Brinkhoff and Muyzer (1997) used DGGE on PCR-amplified 16S rDNA fragments in marine bacteria (*Thiomicrospira* spp.), including samples from the Mid-Atlantic Ridge.

3.6. DNA Sequencing

Nucleic acid sequencing can be carried out by three possible methods: (1) cloning, (2) *in vitro* amplification and (3) RNA isolation (see Hillis *et al.*, 1990). Of the three methods, *in vitro* amplification by PCR is the most frequently used in population genetic studies. Under this procedure, DNA is denatured, and a primer known to be complementary to a section of the target DNA is annealed (Avise, 1994). Primer extension then occurs, whereby complementary strands to the DNA between the primers are synthesized by the thermostable DNA polymerase (*Taq*). Target DNA is denatured by heating, and *Taq* polymerase is used to replicate a complementary target DNA sequence. Repeated cooling and heating allow and relatively large amounts of DNA to be replicated. Double- or single-stranded DNA can be used by this process. Sequencing *per se* can be undertaken by three main methods: (1) Maxam–Gilbert, (2) Sanger and (3) automated. The various methods used are reviewed in both Hillis *et al.* (1990) and Avise (1994), although with improvements in technology it is probable that automated sequencers will become progressively more widespread and used in preference to the more laborious manual techniques.

DNA sequencing provides a resolution appropriate to phylogenetic and population-level studies (depending on the variability of the region being used (Hillis and Moritz, 1990)) on deep-sea organisms. The availability of universal primers (e.g. LCO1490 and HCO2198 for cytochrome oxidase I; Folmer *et al.*, 1994) for such regions of DNA are particularly useful as these may be applied to studies of deep-sea taxa for which there are no previous molecular genetic data (e.g. Shank *et al.*, 1998). In the future, sequencing studies are likely to be particularly useful for the study of evolution and biogeography in deep-sea taxa (see Sections 5.6 and 7.2). Such sequencing studies may utilize formalin-fixed archived specimens from museum collections (e.g. France and Kocher, 1996a,b).

Sequencing studies upon deep-sea organisms include: corals (subclasses Ceriantipatharia, Hexacorallia and Octocorallia; France *et al.*, 1996); amphipods (*Abyssorchomene* spp., *Eurythenes gryllus* and *Paralicella* spp.; France and Kocher, 1996a,b); hydrothermal vent-endemic limpets (*Rhyncopelta concentrica*; Tillier *et al.*, 1994); gonostomatids (*Cyclothone* spp.; Miya and Nishida, 1996, 1997); the orange roughy (*Hoplostethus atlanticus*; Baker *et al.*, 1995); the hoki (*Macruronus novaezelandiae*; Baker *et al.*, 1995); the pelagic armourhead (*Pseudopentaceros wheeleri*; Martin *et al.*, 1992); the Greenland halibut (*Reinhardtius hippoglossoides*; Vis *et al.*, 1997); the redfish (*Sebastolobus altivelis*; Bernardi *et al.*, 1992); the walleye pollack (*Theragra chalcogramma*; Shields and Gust, 1995); nototheniids and channichthyids (Bargelloni *et al.*, 1994; Ritchie *et al.*, 1996; Bernardi and Goswami, 1997; Vayda *et al.*, 1997); vestimentiferans (*Escarpia* spp., *Lamellibrachia* spp., *Ridgeia* spp. and *Tevnia jerichonana*; Williams *et al.*, 1993; Kojima *et al.*, 1997; McHugh, 1997; Black *et al.*, 1997); bresiliid shrimps (*Rimicaris exoculata*; Shank *et al.*, 1998); and molluscs (*Calyptogena* spp., *Ectenagena extenta* and *Vesicomya* spp.; Peek *et al.*, 1997). Numerous studies have also sequenced (primarily 16S rDNA) deep-sea bacteria from vents, seamounts, deep-sea sediments (e.g. Kurr *et al.*, 1991; Fuhrman *et al.*, 1992; Lane *et al.*, 1992; DeLong *et al.*, 1994, 1997; Gonzalez *et al.*, 1994; Kato *et al.*, 1994; Haddad *et al.*, 1995; Brinkhoff and Muyzer, 1997; Fuhrman and Davis, 1997) and hydrothermal vent-associated symbionts (Stahl *et al.*, 1984; Lane *et al.*, 1985, 1992; Distel *et al.*, 1988; Cary *et al.*, 1993, 1997; Cary and Giovannoni, 1993; Feldman *et al.*, 1997).

3.7. DNA–DNA Hybridization

Paired nucleotides within the DNA duplex are coupled by hydrogen bonds (two coupling each adenine and thymine base pair, three coupling each cytosine and guanine base pair). Within the DNA duplex, the hydrogen bonds are the weakest links. By heating DNA, the duplexes dissociate into two single strands as a result of hydrogen bond breakage. The remaining DNA duplexes retain structural integrity. In practice, DNA is extracted from cells, separated from RNA and proteins, and sheared into fragments (usually ~500 bp long). As the DNA is cooled, complementary sequences randomly reassociate, with single- or low-copy sequences generally forming more slowly, as a result of the low level of homology between the sequences. By cooling the solution to ~50°C the repetitive sequences reassociate, whilst single-copy sequences generally remain unpaired. Differences in the reaction and activity of single- and double-stranded DNA are then exploited. Double-stranded DNA may be removed by using hydroxyapatite, or alternatively single-stranded DNA may be removed by using S1 nuclease and then precipitated (see Werman *et al.*, 1990). In the case of the hydroxyapatite method, single-copy DNA is retained and labelled, with radioactive iodine forming the "tracer" (see Avise, 1994). The tracer is then added to DNA (the driver) from the target species. The sample is placed in a hydroxyapatite column and heated. Counts of radioactivity at different temperatures record the amount of duplex DNA which has melted (see Avise, 1994).

Hybridization has been used to examine genetic variation in the orange roughy (*Hoplostethus atlanticus*; Baker *et al.*, 1992), hydrothermal vent metazoans (Cary *et al.*, 1993), endosymbiotic bacterial–host associations (Nelson *et al.*, 1984; Edwards and Nelson, 1991) and free-living bacteria (Marteinsson *et al.*, 1995).

3.8. Karyotyping

Karyotyping is a cytological technique that relies on the visualization of karyotype transformations to determine the degree of separation between two or more species. Similar karyotypes are often regarded as being indicative of recent separation between two species, although this may be complicated when taxa exhibit "neutral" karyotypes (see Sola *et al.*, 1981). Whilst karyotyping has been frequently used to analyse species and family-level separation (e.g. Doussau de Bazignan and Ozouf-Costaz, 1985), it is a more difficult technique for elucidation of differences in conspecific populations. However, in some species, population level differentiation has been observed in relation to environmental selection (e.g. *Nucella lapillus* exposure to wave action; Pascoe *et al.*, 1996). Karyotyping may be useful in studies on deep-sea taxa, especially since the role of chromosome replication in speciation has not been addressed. Furthermore, cytological techniques may prove to be useful for monitoring populations exposed to point-source pollutants or radioactive wastes (e.g. Blaxhall, 1975; Dixon and Clarke, 1982).

Amongst deep-sea organisms karyotyping and cytological studies have been carried out on anemones (*Amphianthus radiatus* and *Phelliactis robusta*; Van-Praet and Colombera, 1984); the icefish (*Champsocephalus gunnari*; Doussau de Bazignan and Ozouf-Costaz, 1985); the unicorn icefish (*Channichthys rhinoceratus*; Doussau de Bazignan and Ozouf-Costaz, 1985); the Patagonian toothfish (*Dissostichus eleginoides*; Doussau de Bazignan and Ozouf-Costaz, 1985); the bluemouth (*Helicolenus dactylopterus*; Sola and Cataudella, 1978, cited in Sola *et al.*, 1981); the blue whiting (*Micromesistius poutassou*; Nygren *et al.*, 1974, cited in Sola *et al.*, 1981); the marbled moray cod (*Muraenolepis marmoratus*; Doussau de Bazignan and Ozouf-Costaz, 1985); the antarctic cod (*Notothenia rossii*; Doussau de Bazignan and Ozouf-Costaz, 1985); the emerald rockcod (*Pagothenia bernachii*; Morescalchi *et al.*, 1992); the striped rockcod (*Pagothenia hansoni*; Morescalchi *et al.*, 1992); the magellanic rockcod (*Paranotothenia magellanica*; Doussau de Bazignan and Ozouf-Costaz, 1985); and the scaly rockcod (*Trematomus loennbergii*; Morescalchi *et al.*, 1992).

3.9. Peptide Mapping

High-performance liquid chromatography (HPLC) is a technique employed to isolate specific proteins which are generally small (<30 000 Da), with a high integrity (Scopes, 1993). Reverse-phase HPLC (RPHPLC) uses reverse-phase adsorbents (generally aliphatic chains with 8–18 carbon atoms) to isolate the required proteins. In RPHPLC the matrix is hydrophobic, and the solvent is usually polar. The sample protein is partially denatured, and the hydrophobic residues of the polypeptide chain are exposed to the ligands, with bioactive recovery dependent upon the reversibility of the reaction (Scopes, 1993). Peptide mapping using RPHPLC has been carried out in two studies by Wilson *et al.* (1991) and Wilson (1994) on deep-sea macrourid fish of the genus *Coryphaenoides*. Both studies were undertaken in order to assess phylogenetic relationships of the species within this genus, which currently contains four subgenera (*Chalinura*, *Coryphaenoides*, *Lionurus* and *Nematonurus*). Since the technique primarily relies upon the presence or absence of peaks on chromatograms, the level of intraspecific variation cannot be assessed.

4. MEASUREMENT OF GENETIC VARIATION IN POPULATIONS

Because of the large quantity of data obtained from allozyme electrophoretic studies of population genetics in deep-sea organisms, the following sections deal primarily with the mathematical formulae used to determine the levels of variation within and between populations as well as the level of gene flow between populations based on electrophoretic data obtained for allozymes.

4.1. Measurements of Inter- and Intrapopulation Variation

Most populations of diploid organisms will exhibit some detectable level of genetic variation. Between discrete, isolated populations of diploid organisms some degree of genetic isolation, and hence genetic variation, is also likely to exist. This degree of genetic isolation between populations is because offspring settle close (i.e. the same or a neighbouring population) to their parents (Turner *et al.*, 1985), and hence individuals from any given population are unlikely to represent the full complement of genetic diversity found by sampling a range of populations. This remains the case for populations of species with both short- (i.e. effectively localized populations) and long-lived (i.e. widespread panmictic populations) larval dispersal phases. Intrapopulation variation can be caused by a variety of factors, including random genetic drift, natural selection and mutational divergence (Avise, 1994). Genetic variation may change, both temporally and spatially, but it is unlikely to result in uniformity between populations unless a significant number of individuals migrate each generation between populations (the theoretical minimum number of migrants per deme per generation to offset the effects of random genetic drift is 1; see Section 4.2).

A number of statistics have been employed (see Nei, 1987) to measure inter- and intrapopulation variation in a species. The most commonly used statistics in allozyme surveys are Nei's (1972) genetic identity (I) and distance (D) and the F statistics of Wright (1951). Nei's (1972) normalized identity of genes or genetic identity (I) is a statistical parameter commonly used in allozyme studies on populations. Nei (1972) defined the genetic identity at a single locus as

$$I = \frac{jXY}{\sqrt{jX \, jY}} \tag{1}$$

where

$$jXY = \Sigma x_i y_i \tag{2}$$

$$jX = \Sigma x_i^2 \tag{3}$$

and

$$jY = \Sigma y_i^2 \tag{4}$$

where x_i and y_i are the frequencies of the ith allele in populations X and Y respectively. The I value for all loci within a population is defined as follows:

$$I = \frac{JXY}{\sqrt{JX.JY}} \tag{5}$$

where JX, JY and JXY are the arithmetic means over all loci of jX, jY and jXY, respectively. I values vary from 0 to 1. When two populations have identical gene frequencies across all loci, I is equal to one. When two populations share no alleles at any loci, I equals zero.

Nei (1987) reported that since I varies from 0 to 1 it has been used as a parameter for measuring similarity between two populations. However, a better index is the measurement of standard genetic distance (D) between two populations (Nei, 1972). D is defined as follows:

$$D = -\log_e I \tag{6}$$

where I is the genetic identity for all loci as determined in Equation (5). D varies from zero ($I = 1$) to infinity ($I = 0$). Measurements of both I and D are valid only, however, if populations conform to the Hardy–Weinberg equilibrium.

The theory of the "molecular clock" was proposed in the 1960s (Zuckerkandl and Pauling, 1962, cited in Thorpe, 1982). The basis of the theory is that amino acid substitution in protein molecules is an approximately regular process. Although amino acid substitutions do not occur at regular time intervals, it has been assumed that the number of substitutions in a protein are roughly proportional to time (Thorpe, 1982). Therefore, the number of substitutions between homologous proteins in two species are related to the time of divergence (for a discussion of the general concepts of the hypothesis see Avise, 1994). The relationship between time and genetic distance (D) has been discussed by Thorpe (1982, 1983), and it has been proposed that a value of 1D represents a divergence of approximately 18 million years (see Thorpe, 1982). Using the criterion that 1D equals 18 million years, the time of divergence for congeneric species can be estimated as 3 million years ($I = 0.85$) and for confamilial genera at 23–30 million years ($I = 0.2$–0.3).

The levels at which I and D values become critical have been discussed by Thorpe (1982). Thorpe (1982) and Thorpe and Solé-Cava (1994) concluded that an I value of 0.35 was critical in distinguishing between genera. Approximately 85% of I values between congeneric species are above 0.35 (Thorpe and Solé-Cava, 1994). Between populations of congeneric species 97% of I values are below 0.85, whilst between conspecific populations 98% of I values exceed 0.85 (Thorpe and Solé-Cava, 1994).

Wright (1951) introduced the concept of F statistics or fixation indices. Three indices are used in the determination of F statistics: F_{IS}, F_{IT} and F_{ST}. F_{IS} is the correlation of homologous alleles within individuals relative to a subpopulation. F_{IT} is the corresponding allelic correlation relative to the total population (Avise, 1994). Values for F_{IS} can be obtained according to the formulae given by Nei (1977):

$$F_{IS} = \frac{\bar{H}_S - \bar{H}_0}{\bar{H}_S} \tag{7}$$

where $\bar{H}_S$ and $\bar{H}_0$ are the respective mean expected and observed heterozygosities within a population and are defined as (modified from Nei, 1977)

$$\bar{H}_S = \frac{\sum\limits_{L=1}^{N}(1 - \Sigma_k p_{ik}^2)}{N} \tag{8}$$

$$\bar{H}_0 = \frac{\sum\limits_{L=1}^{N}(1 - \Sigma_k P_{ik})}{N} \tag{9}$$

where k is the kth allele, L is the Lth locus, N is the total number of loci, p is the frequency of the kth allele, P_k is the frequency of homozygotes at the kth allele and i is the ith subpopulation.

F_{IT} can be determined according to the formulae given in Nei (1977):

$$F_{IT} = \frac{\bar{H}_T - \bar{H}_0}{\bar{H}_T} \tag{10}$$

where $\bar{H}_0$ is the mean observed heterozygosity (defined in Equation (9), above), and $\bar{H}_T$ is defined as (modified from Nei, 1977)

$$\bar{H}_T = \frac{\sum\limits_{L=1}^{N}(1 - \Sigma \bar{p}_k^2)}{N} \tag{11}$$

where p_k is the weighted average of p_{ik} over all populations. High values of F_{IS} can be indicative of either positive correlation between uniting gametes due to local inbreeding or of population subdivision (Avise,

1994). The fixation indices, F_{IS}, F_{IT} and F_{ST} are related according to the following equation (modified from Wright, 1951):

$$F_{ST} = 1 - \frac{1 - F_{IT}}{1 - F_{IS}} = \frac{\bar{H}_T - \bar{H}_S}{\bar{H}_T} \qquad (12)$$

F_{ST} may also be calculated from a variety of other statistics including variance of allelic frequencies (see Avise, 1994) and directly from heterozygosity frequencies (see Nei, 1987). F_{ST} is therefore a measure of population differentiation. F_{ST} always has a value between 0 (no intersubpopulation differentiation) and 1 (complete intersubpopulation differentiation).

4.2. Measurement of Gene Flow Between Populations

The statistic used to measure the number of migrants per deme per generation (N_em) can be defined by five methods, of which two are frequently used (Slatkin and Barton, 1989; Avise, 1994). The most commonly used method for determining N_em utilizes the F_{ST} values obtained under the island model. Wright (1951) showed populations with neutral alleles under an equilibrium in an island model can have the level of gene flow between them measured according to the equation

$$N_em = \frac{1 - F_{ST}}{4F_{ST}} \qquad (13)$$

where F_{ST} is the value obtained in Equation (12). Thus an inverse relationship exists between F_{ST} and N_em.

Slatkin (1985) proposed a private alleles method of determining N_em. This method of determining N_em is also relatively frequently used and relies upon the populations being compared having alleles which are endemic to only one population (i.e. private alleles). The relationship between N_em and private alleles can be approximated, according to the following equation:

$$N_em = \exp\{ - [(\ln \{p(1)\} + 2.44)/0.505]\}/(N/25) \qquad (14)$$

where $p(1)$ is the average frequency of all alleles found in only one population and N is the average number of individuals sampled per population.

A third method of determining N_em is that of the maximum-likelihood method as used by Wehrhahn and Powell (1987). This method uses an incomplete beta function to assess the chance of a variant allele being absent in a population (Crow and Kimura, 1970). The probability, $f(0)$ of a variant allele, x, being absent $(x = 0)$ from a population of size N is given by

$$f(0) = I_x(4N_em\,\bar{x},\, 4\,N_em(1 - \bar{x}))|_{x = 1/2N} \qquad (15)$$

where $I\,(.,.)$ is the incomplete beta function. The likelihood that any given population has allele frequencies of $x1,\ldots,\, xR$, is

$$\ln L(N_em) = r \ln C(N_em) + (4\,N_em\,\bar{x} - 1)\sum_{i=1}^{r} x_i + [4\,N_em(1 - \bar{x}) - 1]$$

$$\sum_{i=1}^{r}(1 - x_i) - r \ln 2N + (R - r)\ln f(0) \qquad (16)$$

where $\bar{x}$ is the mean frequency of an allele, r is the number of populations which are polymorphic for the allele, $R - r$ is the number of populations where the allele is absent, and $C(N_em)$ is defined as (Wehrhahn and Powell, 1987)

$$C(N_em)^{-1} = B[4\,N_em\bar{x},\, 4\,N_em(1 - \bar{x})] \qquad (17)$$

where $B(.,.)$ is the beta function.

Wehrhahn and Powell (1987) also used the variance estimate method to determine N_em. This method uses data for the theoretical frequency of alleles among populations, after correction for sampling variance. N_em is defined as being

$$N_em = \frac{1 + 2N\{1 - V(x)]/\bar{x}(1 - \bar{x})\}}{4\{2NV(x)/[x(1 - \bar{x}) - 1]\}} \qquad (18)$$

where N is the number of individuals from each population, x is the gene frequency in a population, and $V(x)$ is the variance in gene frequency.

The final method of determining N_em is from allelic phylogenies. This method requires knowledge of non-recombining DNA segments. By interpreting the correct gene tree and the spatial organization of the sampled subpopulations, a parsimony criterion is applied to the data to estimate the minimal number of migratory events which will be consistent with the phylogenetic tree (Avise, 1994). This can then be used to estimate N_em.

Since all four of the above methods utilize a variety of statistical tests to determine values for N_em, these values are often different. The advantage of the F_{ST} method for determining N_em is that it relies upon the utilization of data from all polymorphic loci at the populations to be compared. In contrast, the private alleles method relies solely upon alleles present only at a single population, and can be more heavily biased because of mis-scoring of electrophoretic gels at some loci. Maximum-likelihood methods are prone to high degrees of bias where small numbers of populations are scored (Slatkin and Barton, 1989). Bias is reduced when a large number of demes are examined, but this may not be easy, practicable or even possible in studies of deep-sea organisms.

The critical value of $N_e m$ for which two populations will be in an equilibrium and have enough migrants to offset the effects of random drift is, theoretically, 1 (Wright, 1931). The values obtained from using the above equations allow estimation of the approximate level (high, moderate or low) of migration between the populations examined. The critical value of $N_e m = 1$ is equivalent to an F_{ST} value of 0.20 and a $p(1)$ value of 0.085 (Avise, 1994). In two populations, therefore, with high gene flow between them, $N_e m$ will be much higher than 1 and F_{ST} and $p(1)$ values will be notably less than 0.2 and 0.085, respectively.

5. GENETIC VARIATION IN DEEP-SEA ORGANISMS

The following analysis of genetic data on deep-sea species is based mainly on allozyme studies. Other types of genetic data are still rare for deep-sea organisms but are discussed where available and relevant. Section 5.6 discusses mitochondrial phylogeography in the context of spatial genetic structure and evolution in deep-sea populations.

5.1. Heterozygosity in Deep-sea Organisms

The neutral theory of molecular evolution (Kimura, 1983) states that high levels of genetic variability should be related either to high mutation rates or temporally stable population sizes. Several reviews have dealt with population heterozygosity (e.g. Somero and Soulé, 1974; Redfield et al., 1980; Hedgecock et al., 1982; Smith and Fujio, 1982; Thorpe and Solé-Cava, 1994), and models have been proposed to account for the observed relationship between genetic variation and habitat (see Redfield et al., 1980; Smith and Fujio, 1982). The relationships between heterozygosity and variance of heterozygosity and polymorphic loci have also been examined in relation to neutralist predictions (e.g. Solé-Cava and Thorpe, 1991).

Here we examine data from population genetic surveys of deep-sea organisms to discern the level of heterozygosity within species, taxa and habitat (see Tables 1–4). Redfield et al. (1980) predicted that deep-sea organisms would have heterozygosity similar to that of shallow-water, low-latitude organisms, and a higher heterozygosity than high-latitude species. This relationship is difficult to test because of the paucity of data on deep-sea species but, where possible, we compare levels of heterozygosity between shallow-water and deep-sea members of taxa.

Amongst the Crustacea (including two deep-sea species), Hedgecock *et al.* (1982) showed that the mean expected heterozygosity was 0.073, whilst in the present survey, deep-sea Crustacea show a mean heterozygosity of 0.092. Although our value is higher than that of Hedgecock *et al.* (1982), the difference between the two means is less than one-third of a standard deviation (see Table 1).

Among vertebrates reviewed here, the mean heterozygosity is 0.076 ± 0.078 (see Table 2). Observed heterozygosity in teleost fish was similar to levels observed in previous studies, where mean heterozygosity in marine teleosts was estimated to be between 0.052 and 0.064 (Somero and Soulé, 1974; Powell, 1975; Smith and Fujio, 1982; Gyllensten, 1985; Ward *et al.*, 1994). One caveat is that the present data incorporate values given for deep-sea fish in the studies by Somero and Soulé (1974) and Smith and Fujio (1982). There is therefore a tendency to normalize the values obtained for observed heterozygosity.

Smith and Fujio (1982) separated the species examined according to taxonomic order and "life zone" (i.e. deep water). Among the deep-water species the mean heterozygosity was 0.044 but the sample size was low ($n = 9$) and did not include any specimens from depths below 1000 m. However, our analysis revealed a high standard deviation of observed heterozygosity, and the mean heterozygosity observed by Smith and Fujio (1982) differs from ours by less than one-half of a standard deviation. We have not examined the relationship between heterozygosity and the different taxonomic orders of fish. Studies using a low number of polymorphic loci (e.g. Smith, 1979) would artificially increase the level of observed heterozygosity in respective taxonomic orders of fish. Numerous studies have been undertaken on commercially important fish stocks (see, among others, Smith, 1979; Elliott and Ward, 1992, 1994; Mork and Giævcr, 1993). Obscrvcd hctcrozygosity in such cxploitcd populations may be affected by anthropogenic impacts (see Smith, 1986), and this may cause bias in comparison between taxonomic orders. This may be particularly significant because of the relatively low number of studies in each taxonomic order.

The relationship between heterozygosity and polymorphic loci has been examined elsewhere (e.g. Kimura and Ohta, 1971; Fuerst *et al.*, 1977; Solé-Cava and Thorpe, 1991). We have examined the relationship between heterozygosity and protein polymorphism (Figure 7). Comparison to the relationship expected under the infinite alleles model of the neutral theory

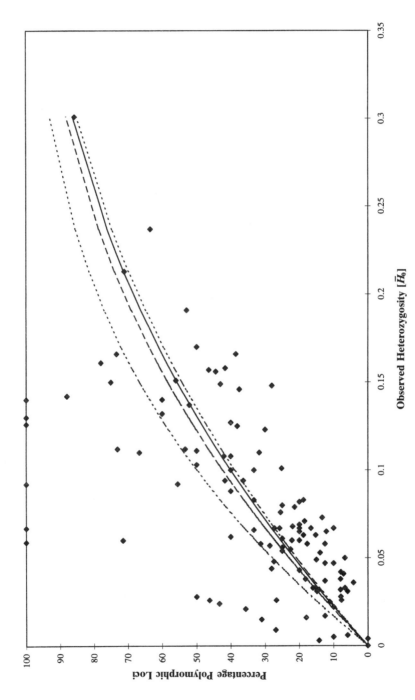

Figure 7 Relationship between observed heterozygosity (H_0) and percentage of polymorphic loci ($P_{0.99}$) in deep-sea organisms. Relationship is based on formula given by equation 19. Solid line indicates expected relationship under infinite alleles model ($q = 0.01$). Dashed line indicates observed relationship ($q = 0.007$). Dotted lines indicate 95% confidence intervals ($q = 0.002$, 0.012). See Tables 1–3 for references.

of molecular evolution (Kimura and Crow, 1964) was made using the formula modified from Fuerst *et al.* (1977):

$$P = 100(1 - q^{H/(1 - H)}) \qquad (19)$$

where P is the percentage of polymorphic loci, H is the average heterozygosity and q is a small quantity. The optimal fit value and 95% confidence limits for q were calculated using a quasi-Newton non-linear regression estimate on the data for polymorphic loci and observed heterozygosity obtained from previous studies (see Tables 1–4) using SYSTAT version 5.04 (Wilkinson, 1990) statistical software. Under the infinite alleles model, q is expected to have a value of 0.01, to correspond with a polymorphic locus being defined as any locus in which the frequency of the most common allele is less than 0.99. From the statistical analysis performed on the data, the best estimate of q was 0.007, with 95% confidence limits of 0.002 and 0.012 (Figure 7). Some variation in this analysis resulted from a q value of 0.05 being assumed in some studies, whilst no value for q was cited in other studies (see Tables 1–4). From these data it appears that the relationship between protein polymorphism and heterozygosity can be explained by the neutral theory (for a discussion of experimental checks on neutrality see Kimura, 1983). Hence, we conclude that in deep-sea organisms, the majority of evolutionary changes and most variability at the molecular level result from random genetic drift of neutral or nearly neutral alleles.

5.2. Life History and Heterozygosity

Smith and Fujio (1982) reported that observed heterozygosities ($\bar{H}_0$) in deep-sea fish were lower than those in shallow-water species (see above) and were typically intermediate values for teleosts. This led to the hypothesis that deep-sea fish exhibited a habitat generalist life history (see Valentine, 1976). This hypothesis states that low heterozygosities would be observed in habitat generalists (e.g. the rat-tail, *Coryphaenoides rupestris*), and higher heterozygosities in habitat specialists (i.e. hydrothermal vent-endemic species). Amongst teleosts, such a relationship was observed in Gadiformes but not in Scorpaeniformes (Smith and Fujio, 1982). We find that mean heterozygosity values vary according to the habitat and type of organism studied. Observed heterozygosity was similar in both deep-sea vertebrates ($\bar{H}_0 = 0.076 \pm 0.078$) and hydrothermal vent-endemic species ($\bar{H}_0 = 0.079 \pm 0.059$) but higher in deep-sea invertebrates ($\bar{H}_0 = 0.127 \pm 0.098$).

Table 6 Statistical analyses of relationships between observed heterozygosity (H_0) and faunal category in deep-sea organisms (above diagonal, probability values of F test; below diagonal, probability values of T test).

	Invertebrates	Vertebrates	Vent-endemic species
Invertebrates	–	0.073	0.013*
Vertebrates	0.002**	–	0.140
Vent-endemic species	0.021*	0.850	–

*$0.05 > p > 0.01$; **$p < 0.01$ after Bonferroni adjustment.

The significance of differences in observed heterozygosity between different organisms was established by F tests to compare variance, and by two-tailed T tests to compare means. After Bonferroni adjustment, there was no significant difference in variance or mean (homoscedastic T test) between deep-sea vertebrates and hydrothermal vent-endemic species (Table 6). However, a significant difference was observed in variance between vent-endemic species and deep-sea invertebrates $(0.01 < p < 0.05$; Table 6). Significant differences were also observed in means between deep-sea invertebrates and both deep-sea vertebrates (homoscedastic T test; $p < 0.01$) and hydrothermal vent-endemic species (heteroscedastic T test; $0.01 < p < 0.05$) (Table 6). The significant relationship between mean observed heterozygosity in deep-sea invertebrates and vertebrates is similar to that reported for invertebrates and vertebrates in general (Selander and Kaufman, 1973; Koehn and Eanes, 1978).

The significant differences in variance and mean observed heterozygosities between deep-sea invertebrates and hydrothermal vent-endemic species (which are also all invertebrates) are contrary to the findings of Nikiforov (1993) and Féral *et al.* (1994). Nikiforov (1993), reported that the observed heterozygosity was higher in species of mollusc which were endemic to volcanogenic hydrothermal environments than in other marine molluscs. Féral *et al.* (1994) found a number of insertions within the rRNA C1 and D1 domains in alvinellid polychaetes, and proposed that this was caused by the high background radiation found at vents (Cherry *et al.*, 1992). The observed differences between non-vent invertebrates and vent-endemic organisms can be explained by a number of hypotheses: (1) low sample size, (2) sample bias, (3) genetic drift, (4) selection and (5) low effective population size. Within the hydrothermal vent-endemic group, only 23 estimates have been used (see Table 3) to discern the mean heterozygosity level. Individual bias from each datum may therefore be relatively large. Until further vent-endemic species and populations are screened, it is not possible to discern the effect of sample size *per se*. Sample bias could also influence the data. The deep-sea invertebrates category includes a number of echinoderms. Echinoderms are rare at hydrothermal vents (for an exception see Tyler *et al*., 1995) and exhibit high observed heterozygosities and therefore may have increased the mean observed heterozygosity for deep-sea invertebrates. Conversely, the vent-endemic group contains a number of species with relatively low heterozygosity. Heterozygosity could be related to phylogenetic constraints rather than environmental influences (Creasey *et al*., 1996), and therefore only comparisons amongst phylogenetically related, habitat-differentiated groups may be valid. This may account for the high observed heterozygosities reported in hydrothermal vent-endemic molluscs (Nikiforov, 1993) and the low observed heterozygosity reported in vent-endemic shrimp (Creasey *et al*., 1996). We have not compared phylogenetically related organisms from the two habitat types, because of the low sample size that would arise in one or both of the groups being compared.

Genetic drift has also been cited as lowering observed heterozygosity (Gilpin, 1991). The majority of studies have recorded the number of migrants per deme per generation ($N_e m$) in excess of the critical value of 1.0 to offset the effects of random genetic drift (see Sections 4.2 and 5.4), even over long distances (see Grassle, 1985; France, 1994; Craddock *et al*., 1995b; Jollivet *et al*., 1995b; Creasey *et al*., 1996). In the bresiliid shrimp *Rimicaris exoculata*, estimates of $N_e m$ derived from two separate formulae were as high as 250 individuals for populations separated by approximately 370 km (Creasey *et al*., 1996).

Selection of alleles at enzyme loci has been proposed to occur in hydrothermal vent-endemic organisms (Jollivet *et al*., 1995a; Creasey *et al*., 1996). Only a relatively small number of enzyme loci would be expected to be affected by directional selection at any time (Gilpin, 1991), so the overall effect of selection upon observed heterozygosity may be limited. If directional selection does occur across a number of loci, it may counteract the high mutation rates that have been proposed for vent organisms (Féral *et al*., 1994; Jollivet *et al*., 1998b). Even if mutation rates are high, the majority of alleles would be neutral or nearly neutral (Kimura, 1983) and will be frequently lost from the population by random genetic drift or directional selection. Furthermore, selection may explain the observed trend of rare alleles in the vent shrimp *Rimicaris exoculata* (Creasey *et al*., 1996). In this species, rare alleles had lower frequencies in larger (i.e. adult) shrimp than smaller (i.e. juvenile) individuals. There are a number of explanations for this phenomenon, but one may be the reduction in frequency and selective elimination of genotypes which include the rare alleles, as the shrimps develop (Creasey *et al*., 1996).

Small effective population size has also been cited as a potential cause of low heterozygosity in populations (Nei *et al.*, 1975; Maruyama and Kimura, 1980; Gilpin, 1991; McCauley, 1991). If a population is subject to frequent bottlenecks or extinctions (see Section 2.2), then the number of alleles within the population may be reduced in proportion to the severity of the bottleneck (Nei *et al.*, 1975). Even where recolonization from other populations is immediate, the probability of successful establishment of a persisting population may be low (i.e. high immigration does not guarantee successful recolonization; McCauley, 1991). Gilpin (1991) showed that heterozygosity markedly decreased in simulations after each population within a metapopulation had become extinct once. With the frequent extinction of vent sites (Actinoir, Parigo and Pogosud in 1987; Pogonord in 1991; Jollivet *et al.*, 1998b), it is possible that vent populations may be periodically subjected to bottlenecks. Even where population census sizes of vent organisms are high, the effective population size may be one to two orders of magnitude lower (Gilpin, 1991) or even less (Maruyama and Kimura, 1980) as a result of repeated bottlenecks (Jollivet *et al.*, 1998b). Small effective population size may also result from stochastic mortality during early life history stages (e.g. Hedgecock *et al.*, 1991, 1992). As a result of low effective population size, the overall level of heterozygosity within a metapopulation may be limited (Gilpin, 1991).

If increased hydrostatic pressure selects for conservation of enzymatic structure, then abyssal and hadal organisms should show increased conservatism and decreased heterozygosity compared with related organisms from shallower depths. Such an explanation has been suggested in the Scorpaeniformes and in comparisons of intertidal and pelagic fish (Smith and Fujio, 1982). In the present study, organisms are grouped into invertebrates, vertebrates and hydrothermal vent-endemic organisms. Heterozygosities of each species within each group were plotted against the lower distribution limit (200 m depth classes). No significant correlation was observed in any group between the lower distributional limit and heterozygosity (invertebrates, $r^2 = 0.030$; vertebrates, $r^2 < 0.001$; vent-endemic species, $r^2 = 0.152$). Similarly, when the upper distribution limit was compared with levels of heterozygosity no significant correlation was observed (invertebrates, $r^2 = 0.047$; vertebrates, $r^2 = 0.004$; vent-endemic species, $r^2 = 0.025$). These results therefore suggest that there is no overall relationship between depth of occurrence and observed heterozygosity in either deep-sea invertebrates or vertebrates, or in hydrothermal vent-endemic organisms. Potential problems with these results are that in many instances the species distribution ranges are not accurately known, and that a relationship may exist between heterozygosity and depth, but at a lower taxonomic level. In the present study, no measure of heterozygosity with depth of occurrence was made at a lower taxonomic level (e.g. class or order; see Smith and Fujio, 1982), as a result of the small sample sizes that would have to be used.

Smith and Fujio (1982) stated that heterozygosity varied with egg type in teleosts, but because of low sample sizes no significant comparisons could be made between reproductive strategy and observed heterozygosity. Crisp (1978) examined the relationship between reproductive strategy and observable genetic consequences, and concluded that species with temporally and spatially large populations, which exhibited high fecundity and planktonic dispersal, should exhibit high genetic variability. Conversely, species with lower dispersal and fecundity may exhibit reduced genetic diversity. Here we divide the reproductive strategies of deep-sea species into three main groups: (1) ovoviviparous, which includes species that exhibit ovoviviparity and viviparity (i.e. juvenile dispersal is generally limited to the resident area of the parent generation), (2) lecithotrophic species, which have very short-lived larval dispersal phases (e.g. abbreviated development in decapod Crustacea such as *Munidopsis* spp.; see Sars, 1889) and (3) teleplanic species, which have long-duration, and potentially long-distance, dispersal phases (e.g. the roundnose grenadier, *Coryphaenoides rupestris*). Initially, all deep-sea species were categorized so as to maximize sample sizes (see Tables 7 and 8). The observed mean heterozygosity was significantly different between ovoviviparous and both lecithotrophic ($0.01 < p < 0.05$ after Bonferroni adjustment) and teleplanic ($0.01 < p < 0.05$ after Bonferroni adjustment) organisms (Table 8). However, since vertebrates generally have lower observed heterozygosities than invertebrates, especially in monomeric and dimeric proteins (Koehn and Eanes, 1978; see also above), any observed significant relationship was probably a result of increased enzyme conservatism in vertebrates relative to invertebrates. Therefore this overall approach to measuring variance of heterozygosity was probably a poor measure. In addition, no vertebrate species were represented in the lecithotrophic category (Tables 7 and 8). Values in each of the three reproductive categories were reassigned into vertebrate and invertebrate groups (including four species of vent-endemic invertebrates), and measurements of means and variances were undertaken separately within each reproductive category for both vertebrates and invertebrates (Tables 7 and 8). Amongst invertebrates there was no significant relationship between reproductive mode and mean observed heterozygosity, although variances were significant ($0.01 < p < 0.05$; Table 8). Amongst vertebrate species, variance and mean observed heterozygosities were significantly different between ovoviviparous and teleplanic categories ($p < 0.01$ for both; Table 8). Such an observation may be explained by sample bias. In our analysis, all available heterozygosity values and life history strategies

Table 7 Relationships between reproductive strategy (as defined in text of Section 5.2) and observed heterozygosity ($\bar{H}_0$) in deep-sea organisms. Mean H_0 (standard deviation, number of observations). Data exclude vent-endemic species.

	Ovoviviparous	Lecithotrophic	Teleplanic
All organisms	0.065 (0.046, 25)	0.132 (0.102, 20)	0.089 (0.091, 83)
Invertebrates	0.135 (0.033, 6)	0.132 (0.102, 20)	0.114 (0.120, 12)
Vertebrates	0.043 (0.021, 19)	NA	0.085 (0.085, 71)

NA, not applicable.

Table 8 Statistical analyses of relationship between observed heterozygosity (H_0) and reproductive strategy (as defined in Section 5.2) in deep-sea organisms (above diagonal, probability values of F test; below diagonal, probability values of T test).

	Ovoviviparous	Lecithotrophic	Planktotrophic
Overall			
Ovoviviparous	–	0.001**	0.001**
Lecithotrophic	0.012*	–	0.430
Planktotrophic	0.008*	0.068	–
Invertebrates			
Ovoviviparous	–	0.012*	0.006*
Lecithotrophic	0.910	–	0.523
Planktotrophic	0.578	0.656	–
Vertebrates			
Ovoviviparous	–	NA	0.001**
Lecithotrophic	NA	–	NA
Planktotrophic	0.001**	NA	–

*$0.01 < p < 0.05$; ** $= p < 0.01$ after Bonferroni adjustment.

were used. This results in some bias since more than one study may have been carried out on some species (e.g. *Sebastes marinus*; Table 2). Similarly, the ovoviviparous category contains only 19 values (Table 7), resulting in a high individual bias. However, if bias is not the cause of the significant relationship we observed, then the results still have to be explained. The current observation is consistent with the observation of Smith and Fujio (1982) that species exhibiting ovoviviparity and viviparity have lower heterozygosities than species with teleplanic eggs/larvae (i.e. pelagic; Smith and Fujio, 1982). Gyllensten (1985) proposed that differences in heterozygosity between marine and freshwater species were related to effective population sizes and migration rates; in comparison to marine species, freshwater species had small effective population sizes, low migration rates between demes and correspondingly low heterozygosities. Our data could be explained as resulting from small effective population sizes and low migration rates in species that exhibit ovoviviparity when compared to species with teleplanic eggs/larvae. Such an inverse relationship between heterozygosity and dispersal capacity has been proposed in anemones (Russo *et al.*, 1994).

5.3. Genetic Identity and Divergence in Deep-sea Organisms

Thorpe (1982, 1983) analysed Nei's (1972) genetic identity (I) of populations at differing levels of taxonomic divergence. Thorpe (1983) plotted probability against genetic identity in order to obtain distribution plots of I values for confamilial genera, congeneric species and conspecific populations. We have repeated this process here, using data obtained solely from deep-sea studies. In publications where allele frequencies were given but I values were not, I values were calculated directly from the published allelic frequencies. It was assumed that genotype frequencies were not significantly different from those expected under Hardy–Weinberg equilibrium for calculations of I from published data. In studies where I value comparison between subpopulations was given (e.g. Grassle, 1985), mean values for both interpopulation and intrapopulation variation were used. In some studies I values were higher or lower than those expected for the relative degree of taxonomic divergence (e.g. between *Sebastes mentella* and *S. marinus*, $I = 0.91$–0.97; Nedreass and Nævdal, 1989). In addition, other studies used specimens where the degree of taxonomic divergence between species/populations examined has not been accurately defined (e.g. Craddock *et al.*, 1995a). These data were still incorporated, however, in order to avoid any *a priori* assumptions about expected values between levels of taxonomic divergence. As in the study by Thorpe (1983), the probability of I values falling into each 0.05 increment of I from 0.00 to 1.00 was examined, and a trend line with a moving average of three data points inserted to offset sampling error resulting from small sample sizes (Figure 8) (Publications used: Doyle, 1972; Murphy *et al.*, 1976; Siebenaller, 1978a; Borets, 1979; Grant and Utter, 1980; D'yakov *et al.*, 1981; Fairbairn, 1981; Anderson, 1982; Richardson, 1982; Wilson and Waples, 1983, 1984; Autem *et al.*, 1985; Grassle, 1985; Smith, 1986; Bucklin *et al.*, 1987; Grant *et al.*, 1987; Bucklin, 1988; Nedreaas and Nævdal, 1989, 1991a,b; Afanas'yev *et al.*, 1990; Elliott and Ward, 1992, 1994; France *et al.*, 1992; Denis *et al.*, 1993; Bolch *et al.*, 1994; Elliott *et al.*, 1994; France, 1994; Moraga *et al.*, 1994; Schneppenheim *et al.*, 1994; Wilson, 1994; Craddock *et al.*, 1995a,b; Duhamel *et al.*, 1995;

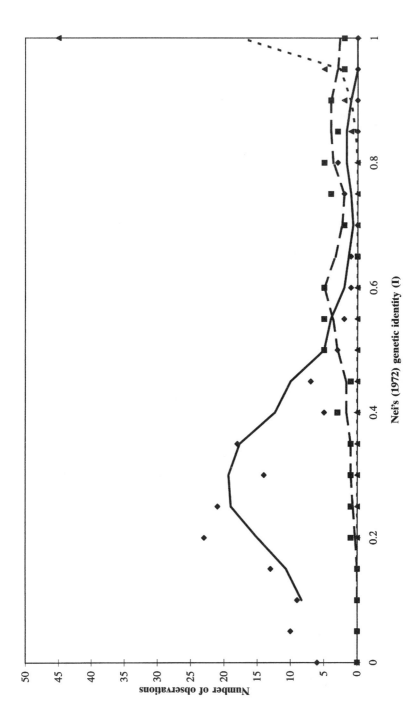

Figure 8 Relationship between Nei's (1972) genetic identity (*I*) and level of taxonomic separation. Data are given for confamilial (diamond data points, solid trend line), congeneric (square, broad dashed) and conspecific (triangle, narrow dashed) levels of taxonomic separation. All trend lines have floating means of three classes. Data are taken from published sources or calculated from published allele frequencies by authors of present review. (For a list of publications used in the Figure please see page 67.)

Hensley *et al.*, 1995; Jollivet *et al.*, 1995b; Creasey *et al.*, 1996, 1997; Creasey, unpubl. data from *Munidopsis* spp.; Rogers, unpubl. data for *Coryphaenoides* spp.). However, it must be noted that, particularly in the case of congeneric species, the total number of data examined is still small. The number of comparisons for confamilial genera was 138, for congeneric species 45 and for conspecific populations 53. Furthermore, despite the relatively large number of confamilial comparisons, the majority of these comparisons use data from three major studies on centrolophid fish (Bolch *et al.*, 1994), macrourid fish (Wilson, 1994) and vesicomyid bivalves (Craddock *et al.*, 1995a). Therefore, if any study represents more than one family, then the data obtained for confamilial genera is probably artificially low. Comparison of Figure 8 with the data of Thorpe (1983; Figure 2) indicates that there is a much higher degree of scatter in the probability plots in the current study. When both sets of data are normalized, our data still exhibit a higher degree of variation than that obtained by Thorpe, but similar trends for confamilial, congeneric and conspecific data are observable in both. Details of the relationship between taxonomic divergence and *I* values are given in Table 9.

The level of variation in observed estimates of genetic identities (*I*) in the present study compared to those of Thorpe (1982, 1983) is probably a result of two major factors. As stated above, the number of conspecific population and congeneric species *I* estimates is small for deep-sea populations, and because of this the individual bias from each study may be relatively large. Furthermore, in a number of studies, the exact taxonomic status of the species observed has not been accurately defined, and arbitrary classification into separate morphotypes/species/genera has occurred (France, 1994; Craddock *et al.*, 1995a). Thorpe (1983) discounted studies where any such potential problems with classification arose; we could not do this because of the limited data available on deep-sea organisms. Again, because of the lack of data, no distinction was made between vertebrates and invertebrates and hydrothermal vent-endemic and non-vent-endemic organisms. However, Thorpe (1983) did divide data according to taxa, and found little variation in comparisons of *I* estimates between vertebrates (excluding birds) and invertebrates. There are similar overall trends between the data in the present study and that of Thorpe (1982, 1983). In our study the normalized distribution curves have peaks at 0.20, 0.55 and 1.0 for confamilial genera, congeneric species and conspecific populations respectively. Thorpe (1983) found the respective peaks of normalized data at 0.30, 0.65 and 1.0. The data we obtained for the relationship between *I* and taxonomic divergence (Table 9) are broadly similar to those reported by Thorpe (1982, 1983). Two per cent of estimates of *I* between conspecific populations are below 0.90, whilst between congeneric species (excluding studies on *Sebastes* spp. by

Table 9   Details of genetic identity (*I*) values and level of taxonomic divergence. Values given indicate the percentage of genetic identities which are above/below, respective *I* values. Publications from which data were obtained are given below the table. Comparative values from Thorpe (1983) are given in parentheses. Data for congeneric species in scrolled parentheses {...} exclude values obtained by Nedreaas and Naevdal (1989, 1991a,b) for *Sebastes* spp., and McDonald *et al.* (1992) for notothenioid fishes.

I value	Conspecific populations	Congeneric species	Confamilial genera
0.90	5.7% below (2.0% below)	13.0% {4.3%} above (0.5% above)	
0.85		78.5% {91.3%} below (98% below)	
0.35		13.0% {15.0%} below (15% below)	72.7% below (80% below)
90% of values at or above/below	0.95/–	0.30/0.95 {0.30/0.80}	0.10/0.45
Median *I* value	1.0	0.55	0.25

Data for Table 9 from Afanas'yev *et al.* (1990), Anderson (1982), Autem *et al.* (1985), Bolch *et al.* (1994), Borets (1979), Bucklin (1988), Bucklin *et al.* (1987), Craddock *et al.* (1995a,b), Creasey *et al.* (1996, 1997), Creasey (unpubl. data for *Munidopsis* spp.), Denis *et al.* (1993), Doyle (1972), Duhamel *et al.* (1995), D'yakov *et al.* (1981), Elliott and Ward (1992, 1994), Elliott *et al.* (1994), Fairbairn (1981), France (1994), France *et al.* (1992), Grant *et al.* (1987), Grant and Utter (1980), Grassle (1985), Hensley *et al.* (1995), Jollivet *et al.* (1995a,b), Moraga *et al.* (1994), Murphy *et al.* (1976), Nedreaas and Naevdal (1989, 1991a,b), Richardson (1982), Schneppenheim *et al.* (1994), Siebenaller (1978a), Smith (1986), Smith *et al.* (1981, 1996a), Wilson (1994) and Wilson and Waples (1983, 1984).

1. Data from Wilson (1994): the four subgenera of *Coryphaenoides* have been treated as separate genera in the current study. *I* values were calculated from allelic frequencies used as part of the data set for 'confamilial genera'.
2. Data from Craddock *et al.* (1995a): data were recorded according to the relationship between the observable taxonomic units given in the original publication. Therefore, types I–V were considered confamilial genera, types Va and Vb were considered congeneric species, etc.

Nedreaas and Nævdal (1989, 1991a,b) and on notothenioid fish by McDonald *et al.* (1992)) 4.3% of *I* values are above this level. Fifteen per cent of estimates for *I* between congeneric species are at or below 0.35, whilst 72.7% of estimates between confamilial genera are at or below this level. Ninety per cent of estimates between conspecific populations, congeneric species and confamilial genera are at or above 0.95, 0.30 and 0.10, respectively. Ninety per cent of estimates between congeneric species and confamilial genera are at or below 0.80 and 0.45, respectively.

It is apparent that the relationship between estimates of genetic identity (I) and levels of taxonomic divergence in deep-sea organisms is similar to those observed in species from other habitats and environments (Thorpe, 1982, 1983). It follows that the probable evolutionary times of divergence between species and genera in the deep sea are likely to be similar to those observed in species and genera from other environments. This suggests that in the deep sea the minimum time for congeneric species to diverge is 3 million years ($I = 0.85$; Thorpe, 1983). Between confamilial genera the divergence time is typically 23–30 million years ($I = 0.2$–0.3; Thorpe, 1983). Therefore speciation in the deep sea apparently occurs at a similar rate to that in terrestrial and other aquatic environments, assuming that mutation also has a similar rate.

5.4. Levels of Gene Flow Between Populations

As discussed in Section 4.2, there are several ways of calculating the probable level of gene flow between two or more populations. Two measures of gene flow, using data from a number of publications, are compared here. When trying to compare the number of migrants per deme per generation (N_em) between populations, both the F statistic (F_{ST}) and the private alleles ($p(1)$) methods of gene flow estimates should give identical values. We have placed an upper limit of 1000 on N_em values, in order to limit excessively high estimates resulting from low F_{ST} or $p(1)$. To minimize effects of high (i.e. 1000) and low (i.e. <0.1) N_em estimates, we used the logarithm of the respective values derived from F_{ST} and $p(1)$. Stepwise linear regression was then performed, using SYSTAT 5.04 (Wilkinson, 1990). Since both methods are measuring the same parameter, they should provide identical estimates for N_em (i.e. the regression coefficient, $r = 1.0$), however, as Figure 9 indicates, this is not the case (References used: Doyle, 1972; Johnson et al., 1973; Murphy et al., 1976; Siebenaller, 1978a; Smith, 1979; D'yakov et al., 1981; Fairbairn, 1981; Smith et al., 1981; Richardson, 1982; Wilson and Waples, 1983, 1984; Autem et al., 1985; Grassle, 1985; Smith, 1986; Bucklin et al., 1987; Grant et al., 1987; Bucklin, 1988; Afanas'yev et al., 1990; Elliott and Ward, 1992, 1994; France et al., 1992; Bolch et al., 1993; Denis et al., 1993; Elliott et al., 1994; France, 1994; Schneppenheim et al., 1994; Craddock et al., 1995b; Duhamel et al., 1995; Hensley et al., 1995; Jollivet et al., 1995b). The actual observed value of the regression coefficient is 0.804 ($r^2 = 0.647$, $n = 448$, F ratio $= 816.3$) which is still significant at the $p<0.001$ level, but indicates some deviation from the theoretical relationship.

Waples (1987) and Johnson et al. (1988) suggested that the private alleles ($p(1)$) method of gene flow measurement was not as accurate as the F_{ST}

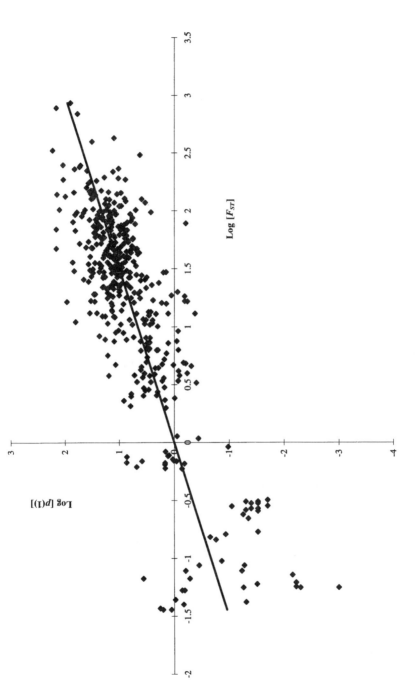

Figure 9 Relationship between numbers of migrants per deme per generation (N_em) derived from logarithms of Wright's (1951, 1965) F_{ST} and Slatkin's (1985) private alleles [$p(1)$] methods for estimating N_em (see Section 4). Trend line is defined according to following equation: $y = 2x/3$; $n = 449$; $r^2 = 0.637$. N_em estimates are taken from published sources or calculated from published allele frequencies by authors of the present review. (For a list of references used in the Figure please see page 71.)

method, since $p(1)$-derived N_em values were subject to numerous biases (see below). The significant relationship observed here, between the two methods, is in contrast to the results of Waples (1987) and Johnson *et al.* (1988), though in agreement with Colgan and Ponder (1994), who found that $p(1)$-derived measures of N_em are useful as comparative estimates of gene flow. Potential biases which may influence the data include:

1. F_{ST} values for N_em are based upon allelic frequencies. In studies where F_{ST} values were not given it was assumed that all populations exhibited complete conformity to the Hardy–Weinberg equilibrium across all loci, so that values for N_em could be estimated. If allelic frequencies were not in Hardy–Weinberg equilibrium, then the actual F_{ST} value would be different to the expected value. As a result N_em values would also vary.
2. The F_{ST}-derived N_em values may be biased by the failure of the assumption that selection is negligible (Colgan and Ponder, 1994).
3. The $p(1)$ method is influenced by the number of polymorphic loci present in a study. If the number of polymorphic loci is low, the chances of a population exhibiting a private allele is also low (i.e. zero), and the theoretical gene flow between populations is artificially high (i.e. infinity). Slatkin (1985) proposed that at least 20 private alleles would be needed to yield an accurate estimate of the level of gene flow between populations. In many deep-sea studies (see Tables 1–4), the number of loci is relatively low (i.e. <20) and the number of alleles per locus is also relatively low (i.e. less than two alleles per locus). Therefore, studies with a large number of private alleles are likely to be too few.
4. The private alleles method may not be linear when N_em values are excessively high (>10) or low (<0.1) (Waples, 1987) and may also be biased by uniform selection (Slatkin, 1985).

Whilst the two methods of determining N_em do not give identical results, they are correlated and show a significant relationship ($p<0.001$). In future, by using these two methods in population genetic studies, a good estimate of gene flow may be obtained. Furthermore, as Colgan and Ponder (1994) stated, significant divergences between the two methods of determining gene flow "should also be taken as a signal that there has been significant disturbance in the evolutionarily recent past – or that sampling does not match the scale of population structure".

5.5. Patterns of Spatial Genetic Variation in Deep-sea Organisms

There have been numerous studies of spatial patterns of genetic variation (differentiation) in shallow-water marine environments (e.g. Marcus, 1977; Winans, 1980; Skibinski *et al.*, 1983; Bulnheim and Scholl, 1986; Burton,

1986; Nishida and Lucas, 1988; Fevolden, 1992; Saavedra *et al.*, 1993). In contrast there are still very few corresponding studies on deep-sea organisms (e.g. Doyle, 1972; Siebenaller, 1978a,b; Hensley *et al.*, 1995; Creasey *et al.*, 1997; Rogers *et al.*, 1998). The studies to date are mainly on commercially important vertebrates from above 1000 m depth (e.g. Fairbairn, 1981; Smith *et al.*, 1981; Smith, 1986; Milton and Shaklee, 1987; Elliott and Ward, 1992; Mulligan *et al.*, 1992; Grewe *et al.*, 1994). Recently, however, the degree of spatial genetic variation in hydrothermal vent organisms has been examined (e.g. Autem *et al.*, 1985; Grassle, 1985; Bucklin, 1988; France *et al.*, 1992; Black *et al.*, 1994; Moraga *et al.*, 1994; Vrijenhoek *et al.*, 1994; Craddock *et al.*, 1995b; Jollivet *et al.*, 1995b; Creasey *et al.*, 1996). Hydrothermal vents are effectively islands of suitable habitat for vent-endemic species, organized along linear ridge systems with geographic barriers in the form of transform faults on a scale of hundreds of kilometres and major geographic barriers between different ridge systems (see Figure 2). They are therefore ideal for the study of the relationships between genetic differentiation and geographic separation of populations. This is especially so in the light of the large overall study effort on vent-endemic organisms which provides valuable data on life history and other aspects of biology to which genetic studies can be related. Invertebrates from other deep-sea habitats, in contrast, are very poorly studied both in terms of population genetics and in terms of general biology.

For the present purpose, we have compared F_{ST} as a relative measure of genetic differentiation between populations of a species (calculated from allozyme data), over different spatial scales for deep-sea fish, deep-sea invertebrates and hydrothermal vent organisms. Where F_{ST} data had not been previously published, the values of F_{ST} were recalculated by the authors from allele frequency data for studies solely using allozymes. Spatial-scale categories for deep-sea fish and invertebrates were transoceanic (i.e. comparisons of populations in different oceans), intraoceanic (i.e. populations from different ocean basins) and intraregional (i.e. populations from within the same ocean basin) (Figure 10). For hydrothermal

---

Figure 10 Mercator projection of the world oceans, between 80°N and 80°S, showing the positions of the major basins (asterisks) and abyssal plains (stars). The 3000 m contour is shown in addition to land outline. Features are numbered as follows: (1) Chukchi Abyssal Plain; (2) Northwind Abyssal Plain; (3) Amundsen Abyssal Plain; (4) Mornington Abyssal Plain; (5) Bellingshausen Abyssal Plain; (6) Hatteras Abyssal Plain; (7) Nares Abyssal Plain; (8) Argentine Abyssal Plain; (9) Demerara Abyssal Plain; (10) Ceará Abyssal Plain; (11) Para Abyssal Plain; (12) Rio Grande Abyssal Plain; (13) Fernando de Noronha Abyssal Plain; (14) Pernambuco Abyssal Plain; (15) Brasilian Abyssal Plain; (16) Gambia Abyssal

Plain; (17) Weddell Abyssal Plain; (18) Cape Verde Abyssal Plain; (19) Madeira Abyssal Plain; (20) Porcupine Abyssal Plain; (21) Iberian Abyssal Plain; (22) Biscay Abyssal Plain; (23) Angola Abyssal Plain; (24) Greenland Abyssal Plain; (25) Boreas Abyssal Plain; (26) Sardino-Balearic Plain; (27) Ionian Basin; (28) Sirte Abyssal Plain; (29) Namibia Abyssal Plain; (30) Cape Abyssal Plain; (31) Euxine Abyssal Plain; (32) Mascarene Plain; (33) Gascoyne Plain; (34) Argo Plain; (35) Papua Abyssal Plain; (36) Raukumara Plain; (37) Glomar Challenger Basin; (38) Central Pacific Basin; (39) Lau Basin; (40) Kalaniopuu Basin; (41) Atka and Tanadak Basins; (42) Amcia Basin; (43) North Tokelau Basin; (44) Kingman Basin; (45) Samoa Basin; (46) Umnak Basin; (47) Unalaska Basin; (48) Little America Basin; (49) Kamehameha Basin; (50) Penrhyn Basin; (51) Sulzberger Basin; (52) Tiki Basin; (53) South-west Pacific Basin; (54) Canada Basin; (55) Cascadia Basin; (56) Catalina Basin; (57) San Quintin and Soledad Basins; (58) San Clemente Basin; (59) Carmen Basin; (60) Tres Marías Basin; (61) Bauer Basin; (62) Yupanqui Basin; (63) Roggeveen Basin; (64) Mexico Basin; (65) Guatemala Basin; (66) Yucatan Basin; (67) Peru Basin; (68) Foxe Basin; (69) Chile Basin; (70) Panama Basin; (71) Clark Basin; (72) Colombia Basin; (73) Blake Basin; (74) Bahama Basin; (75) Venezuela Basin; (76) Bonaire, Grenada, St Croix and Tobago Basins; (77) Yaghan Basin; (78) North American Basin; (79) Ona Basin; (80) Powell Basin; (81) Protector Basin; (82) Labrador Basin; (83) Newfoundland Basin; (84) Argentine Basin; (85) Georgia Basin; (86) Irminger Basin; (87) Brazil Basin; (88) Canary Basin; (89) Sierra Leone Basin; (90) West European Basin; (91) Iceland Basin; (92) Tagus Basin; (93) Guinea Basin; (94) Alboran, West Alboran, South Alboran and Algerian Basins; (95) Angola Basin; (96) Norwegian Basin; (97) Cape Basin; (98) Agulhas Basin; (99) Corso-Ligurian Basin; (100) Corsica Basin; (101) Cefalu Basin; (102) Gela Basin; (103) Mid-Adriatic Basin; (104) South Adriatic Basin; (105) Mirtoon and Herodotus Basins; (106) Argolikos Basin; (107) Lesbos, North Irakia and South Skiros Basins; (108) Antalya, Latakia and Rhodes Basins; (109) Agulhas Basin; (110) Transkei Basin; (111) Mozambique Basin; (112) Comoro Basin; (113) Somali Basin; (114) Madagascar Basin; (115) Mascarene Basin; (116) Amirante Basin; (117) Crozet Basin; (118) Oman Basin; (119) Arabian Basin; (120) Amery Basin; (121) Mid-Indian Ocean Basin; (122) Wharton Basin; (123) Cocos Basin; (124) Nicobar–Simeulue Basin; (125) Andaman Basin; (126) Nias Basin; (127) Enggano Basin; (128) Perth Basin; (129) Australian–Antarctic Basin; (130) South China Basin; (131) Bali Basin; (132) South Makassar Basin; (133) Makassar Basin; (134) Flores Basin; (135) Bone Basin; (136) Sulu Basin; (137) Celebes Basin; (138) Gorontalo Basin; (139) North Banda Basin; (140) South Australian Basin; (141) Weber Basin; (142) Aru Basin; (143) Philippine Basin; (144) Geelwink Basin; (145) Japan Basin; (146) Tusima Basin; (147) Yamato Basin; (148) West Caroline Basin; (149) Sikoku Basin; (150) Parece Vela Basin; (151) Yamato Basin; (152) East Caroline Basin; (153) Kuril Basin; (154) Cipangu Basin; (155) Nadeshda Basin; (156) Manus Basin; (157) Tasman Basin; (158) Coral Basin; (159) North-west Pacific Basin; (160) Ptolemy Basin; (161) Woodlark Basin; (162) Emerald Basin; (163) Melanesian Basin; (164) Komandorskaya Basin; (165) Hooker Basin; (166) Jingu Basin; (167) Lyall Basin; (168) Nordenskjold Basin; (169) Drygalski Basin; (170) Joides Basin; (171) North Fiji Basin; (172) South-west Pacific Basin; (173) South Fiji Basin; (174) Bowers Basin; (175) Ward Basin; (176) Central Pacific Basin. (Sources: International Hydrographic Organisation and Intergovernmental Oceanographic Commission, 1988; International Hydrographic Organisation, Intergovernmental Oceanographic Commission and British Oceanographic Data Centre, 1997.)

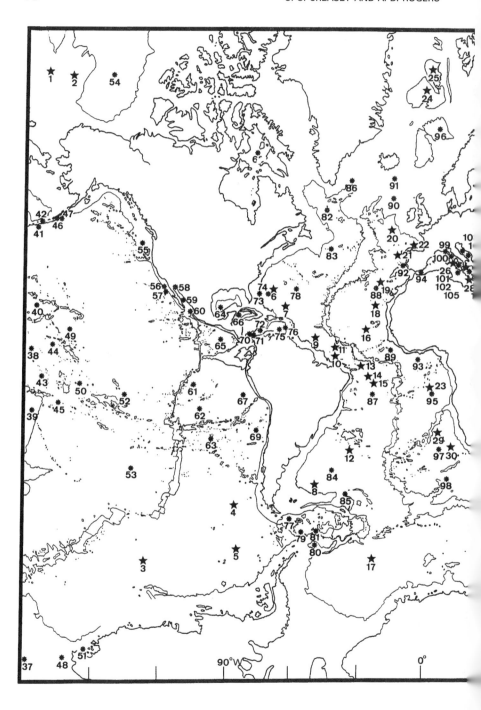

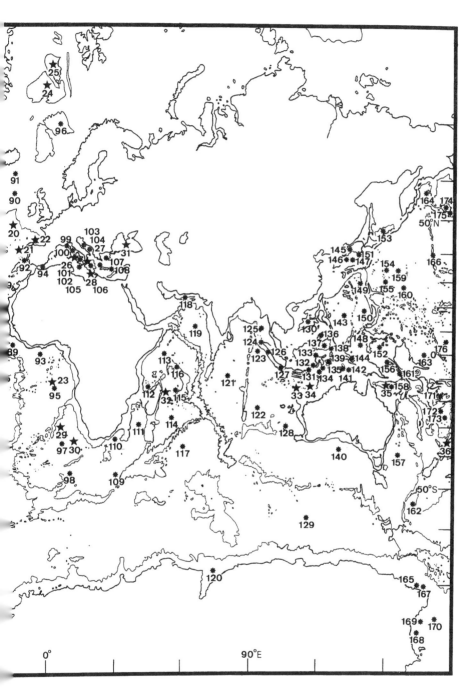

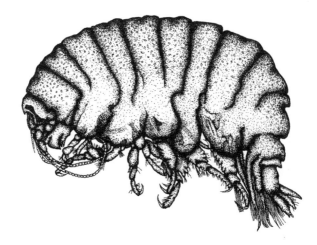

Figure 11 The necrophagous amphipod, *Eurythenes gryllus*, from the North Atlantic (specimen provided by Dr I. G. Priede, University of Aberdeen).

vent organisms the categories were: inter-ridge (i.e. comparison of populations between separate ridge systems), intraridge (i.e. comparison of populations along a ridge system, but from different ridge segment) and intrasegment (i.e. comparison of populations from within the same ridge segment of a ridge system) (see Figure 2).

For deep-sea fish and invertebrates, no significant difference in mean F_{ST} could be detected at different geographical scales (two-tailed t test, $p > 0.05$, after Bonferroni adjustment). This was mainly because of a lack of data for transoceanic and intraoceanic comparisons for fish ($n = 4$ and 13 for transoceanic and intraoceanic comparisons, respectively) and a lack of data for all categories for invertebrates ($n = 0$, 2 and 8 for transoceanic, intraoceanic and intraregion, respectively). It is notable that for invertebrates there were no allozyme data for transoceanic comparisons between populations. France and Kocher (1996a) carried out the only study on transoceanic invertebrate population differentiation using any genetic technique (DNA sequencing), for the amphipod species complex *Eurythenes gryllus* (see Figure 11). For hydrothermal vent organisms, mean F_{ST} values were significantly different between inter-ridge and intraridge comparisons ($p < 0.01$). In general there was a much higher level of genetic differentiation between populations located on different ridges than between populations located along the same ridge axis. There is therefore the potential for genetic isolation of populations from different ridge systems (e.g. Juan de Fuca and East Pacific Rise). Mean F_{ST} values were slightly higher in comparisons of intraridge populations ($F_{ST} = 0.047$) than in intrasegment populations ($F_{ST} = 0.045$), but because of a low sample size in the former category these results are not discussed further (but see also Jollivet, 1996; Vrijenhoek, 1997).

At the spatial scales described above, mean F_{ST} values between species (excluding hydrothermal vent-endemic species) which were categorized into three putative life history types (ovoviviparous, lecithotrophic and teleplanic; see Section 5.2) were tested for significant differences. No significant differences were found between mean F_{ST} values for species displaying different life histories when tested independently as either a deep-sea vertebrate class ($n = 31$ (teleplanic), 8 (lecithotrophic), 1 (ovoviviparous)) or a deep-sea invertebrate class ($n = 3$ (teleplanic), 4 (lecithotrophic), 1 (ovoviviparous)), or when the two classes were combined (two-tailed t test, $p>0.05$, after Bonferroni adjustment). This was because of a small sample size for one or more categories tested.

Of the deep-sea species (vertebrates and invertebrates) only those with proposed planktotrophic development have had population genetic studies undertaken at each of the three spatial scales described above (Tables 1 and 2). No significant results were obtained in the present review when comparison of mean F_{ST} values for planktotrophic species was made between each of the three spatial scales ($p>0.05$, after Bonferroni adjustment). This could also have been affected by the low number of samples in each category ($n = 4$, 12 and 18 for transoceanic, intraocean and intraregion classes, respectively).

Despite the generally insignificant results from comparisons of mean F_{ST} values between different taxonomic categories and varying geographic scales, an examination of genetic differentiation from individual studies of deep-sea animals is useful. One of the first population genetic studies on a deep-sea species was carried out (Doyle, 1972) on the ophiuroid *Ophiomusium lymani* from the Hatteras submarine canyon in the north Atlantic. This study utilized a single enzyme system (esterase) to examine genetic differentiation between populations both along and between different isobaths (Doyle, 1972). It was concluded that genotype frequencies for esterase in *O. lymani* were heterogeneous between bathymetrically segregated populations separated by a horizontal distance of 8 km. In contrast, genotype frequencies were homogeneous between populations separated by over 200 km along isobaths (Doyle, 1972). Interpretations of these results are equivocal, however, as individuals from the deepest station sampled in this study were collected in a different year to those at the other three stations. *O. lymani* is known to show seasonal recruitment in some regions (Gage and Tyler, 1982), and the individuals in the deep sample may therefore represent a different cohort from those taken at the shallower sites.

Subsequent allozyme studies by Ayala and Valentine (1974), Murphy *et al.* (1976) and Hensley *et al.* (1995) revealed little genetic differentiation between populations of *O. lymani*. This is despite the fact that populations in the last of these three studies were taken from a similar range of depths to that of Doyle (1972). All four studies were carried out on populations within limited geographic areas. F_{ST} values calculated here from published allelic frequencies are moderate to low in pairwise comparisons between populations within each of the studies (Doyle, 1972 ($F_{ST} = 0.000$–0.066); Murphy *et al.*, 1976 (0.001–0.036); Hensley *et al.*, 1995 (0.005–0.019)). *O. lymani* has abbreviated lecithotrophic development (Hensley *et al.*, 1995), and in all the studies described above there is sufficient gene flow to maintain panmixia over hundreds of kilometres.

Siebenaller (1978a) studied biochemical genetic differentiation in populations of the deep-sea gastropod *Bathybembix bairdii* from the Southern California Continental Borderland. Allele frequencies were estimated for five populations sampled at depths between 759 and 1156 m. Siebenaller (1978a) concluded there was significant heterogeneity of allele frequencies in four out of the five polymorphic loci scored among the populations sampled. Pairwise F_{ST} values, between the populations sampled by Siebenaller (1978a), were calculated by the authors of the present review. F_{ST} values were low between populations sampled between 910 and 1156 m ($F_{ST} = 0.004$–0.011) but higher between these populations and a single upper-slope population ($F_{ST} = 0.023$–0.030). These results may indicate a lower level of gene flow across isobaths in comparison to that along isobaths. However, in none of the pairwise comparisons based on the data of Siebenaller (1978a) were F_{ST} values high enough to indicate genetic isolation.

An allozyme study on lysianassoid amphipods of the genus *Abyssor-chomene*, from the same geographic area as the *B. bairdii* populations sampled by Siebenaller (1978a), was carried out by France (1994). This study sampled *Abyssorchomene* populations from one deep sill basin (depth 1834–1933 m) and five shallow sill basins (920–1854 m). France (1994) concluded from morphometric and biochemical genetic data that populations from the shallow sill basins were conspecific. Pairwise comparisons of F_{ST} values calculated from these data, by the authors of the present review, show that there were low levels of genetic differentiation between these populations ($F_{ST} = 0.002$–0.011). Morphometric and biochemical genetic data indicated that populations from the deep sill basin were different to those from the shallow sill basins and probably represented a distinct, congeneric species (France, 1994). The deep sill basin in this study was characterized by greater depth and lower temperature water than the shallow sill basins, and may provide a distinct physical environment (France, 1994).

Other studies have examined genetic differentiation between putatively conspecific populations of deep-sea invertebrates separated by depth.

Bucklin *et al.* (1987) and France and Kocher (1996a,b) have both studied regional genetic variation in populations of the lysianassoid amphipod *Eurythenes gryllus*. Bucklin *et al.* (1987) sampled abyssal and seamount populations of *E. gryllus* from the central north Pacific. Allele frequencies, obtained from allozyme data, among abyssal populations of *E. gryllus* were largely homogeneous, indicating moderate levels of gene flow over geographic distances of up to 4000 km ($F_{ST} = 0.036$–0.078). However, significant genetic differentiation was detected between populations of *E. gryllus* collected at the base and summit of Horizon Guyot ($F_{ST} = 0.162$). These two sites were separated by a horizontal distance of approximately 80 km and a depth of 3660 m. Bucklin *et al.* (1987) suggested that *E. gryllus* may comprise a species complex, a conclusion drawn by previous studies on the basis of morphological variation (e.g. Barnard, 1961; Ingram and Hessler, 1983). Using DNA sequencing on archived specimens, France and Kocher (1996a,b) confirmed that *E. gryllus* probably consists of a species complex. These sibling species are apparently bathymetrically and geographically separated (France and Kocher, 1996b).

Etter *et al.* (1997) reported strong genetic differentiation, using DNA sequencing, between populations of gastropods and bivalves from slope and abyssal depths. This genetic differentiation is reflected in morphological variation in gastropods along a similar depth gradient (Etter and Rex, 1990). Whether such variation is intra- or interspecific is uncertain at the present time. Examination of population differentiation, along and across a continental slope, was also carried out by Creasey *et al.* (1997) on the majid spider crab, *Encephaloides armstrongi*. Electrophoretic and morphometric data were compared between populations and both showed gender-biased differentiation. Significant genetic differentiation was detected between all populations of male crabs at depths of 350–650 m ($F_{ST} = 0.010$–0.064). Across a similar depth range, genetic differentiation was not significant between populations of female crabs ($F_{ST} = 0.032$–0.039; Creasey *et al.*, 1997). It was concluded in this study that any depth-related genetic and morphological differentiation would be obscured by high levels of variation detected among populations (Creasey *et al.*, 1997). An exception to this was a single population of small (presumably juvenile) individuals of *E. armstrongi*, sampled from 150 m, which showed significant morphological and genetic differentiation to all other populations, both male and female. A high degree of genetic differentiation was also observed between populations of the galatheid *Munidopsis scobina* (see Figure 12) also sampled from the slope off Oman (S. S. Creasey, unpublished data).

In some species of deep-sea invertebrates inhabiting slope and abyssal habitats, it appears that high levels of gene flow are maintained between populations (e.g. Hensley *et al.*, 1995). However, unexpected levels of

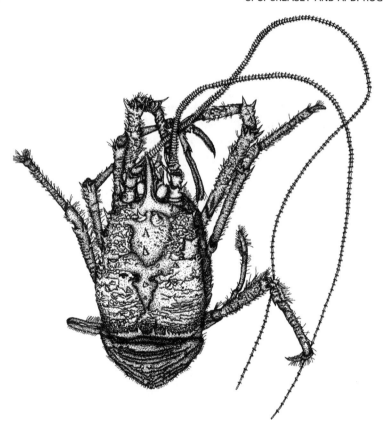

Figure 12 The squat lobster, *Munidopsis scobina*, from the continental slope off the coast of Oman.

genetic and morphological differentiation have been found between populations separated by depth (see above), and in most of these cases it is probable that different depths are inhabited by morphologically similar but genetically distinct species. This implies that depth in terms of physicochemical and ecological variables (see Section 2.1) may play a significant role in speciation through bathymetric allopatry (White, 1987; Ovenden, 1990; France and Kocher, 1996b). In some cases it is possible that horizontal allopatric speciation has occurred with species distributions later extending to occupy the same geographic area, though they remain separated bathymetrically. The unexpectedly high levels of genetic differentiation, over small geographic distances, between conspecific populations, located on the continental slope (Creasey *et al.*, 1997) may be relevant in terms of microevolutionary processes. In *E. armstrongi*, which was sampled from the OMZ in the Arabian Sea, high levels of genetic differentiation were explained by extreme topography, gradients in physicochemical variables, life history and behaviour (Creasey et al., 1997). Also, in the deep sea, varying scales of temporal and spatial patchiness occur. These may range from the local sphere of influence of an organism up to large-scale disturbances such as food falls and benthic storms (Hollister and McCave, 1984; Gage, 1996). This patchiness occurs with random low-intensity recruitment from a system with few apparent barriers to dispersal (Grassle and Maciolek, 1992; Gage, 1996), which in itself may lead to unexpected patterns of spatial genetic variation in deep-sea species. Studies on the population genetics and molecular phylogenetics of taxa occupying the slope regions of the deep sea may provide insights into the evolutionary processes leading to high biological diversity in this zone (see Section 7).

More deep-sea genetic studies have been carried out on vertebrates than on invertebrates. Most work has been related to identifying stock structure for fisheries management. Section 6 of the present review discusses aspects of the exploitation of deep-sea populations as fisheries; other reviews detail the use of biochemical and molecular genetic techniques for the purposes of stock discrimination (e.g. Ryman and Utter, 1987; Ovenden, 1990; Carvalho and Pitcher, 1995). In the present section we examine studies that have produced data relevant to understanding the population structure and dynamics of deep-sea fish.

One of the first population genetic studies carried out on a deep-sea fish was that of Fairbairn (1981) on the Greenland halibut, *Reinhardtius hippoglossoides*, in the north Atlantic (Gulf of St Lawrence, Grand Banks, slope off Newfoundland and Labrador) and north Pacific (eastern Bering Sea). Within the north Atlantic, allozyme data indicated that *R. hippoglossoides* populations were genetically homogeneous (F_{ST} = <0.001; calculated by the authors of present review) with the exception of a population within the Gulf of St Lawrence. However, differences in allele frequencies in these populations were not significant. These data agreed with those obtained from mtDNA sequencing by Vis et al. (1997), who also found that populations in the north Atlantic were genetically homogeneous with slight differences, again not statistically significant, being shown by the Gulf of St Lawrence population. This is not surprising as *R. hippoglossoides* has highly dispersive long-lived pelagic larvae (Vis et al., 1997). Slight genetic differences exhibited by the Gulf of St Lawrence population are difficult to explain but may be related to topographic isolation and/or small effective population size. On the basis of allozyme data, Fairbairn (1981) suggested the Gulf of St Lawrence population formed a separate breeding population.

Significant genetic differences were also detected between populations of *R. hippoglossoides* located in the north Atlantic and north Pacific (Fairbairn, 1981). Despite calculations of F_{ST}-derived numbers of effective migrants per deme per generation (N_em) giving values ($F_{ST} = 0.084$–0.091; $N_em = 2.5$–2.7; calculated by the present authors) above the theoretical level required to maintain panmixia ($N_em \geq 1$; Wright, 1931; Slatkin, 1985), these populations are almost certainly genetically isolated. In contrast to the North Atlantic, a single allozyme study (D'yakov, 1991), of the genetics of *R. hippoglossoides* in the north Pacific (Bering Sea, Sea of Okhotsk) indicated a greater degree of heterogeneity among populations ($F_{ST} = 0.021$–0.071; calculated by the present authors). It would appear that this heterogeneity arises as a result of topographic and hydrographic isolation (D'yakov, 1991). Similar results and conclusions have also been obtained for populations of the walleye pollack, *Theragra chalcogramma*, from the Gulf of Alaska and Bering Sea (Mulligan *et al.*, 1992; Bailey *et al.*, 1997).

Genetic studies comparing populations on transoceanic and intra-oceanic scales have also been carried out on grenadiers (*Coryphaenoides* spp.), and allozyme electrophoresis has been used to compare populations of *Coryphaenoides armatus* from the north Atlantic and north Pacific (Wilson and Waples, 1984). As with comparisons for *R. hippoglossoides*, significant differences in allele frequencies were found. *C. armatus* from the Pacific and Atlantic Oceans is composed of genetically isolated populations ($F_{ST} = 0.214$; calculated by the present authors). The morphologically similar species *C. yaquinae* showed some differences in allozyme-derived allele frequencies between conspecific populations from the central and north-east Pacific Ocean (Wilson and Waples, 1983). These differences were not significant, probably because of the very small sample sizes, though F_{ST} values were relatively high ($F_{ST} = 0.069$; calculated by the present authors). Identification of potential barriers to gene flow between populations of *C. yaquinae* is difficult, but could be related to hydrography, topography or simply isolation by distance. In the congeneric species *C. rupestris*, allozyme studies in the north Atlantic Ocean also indicate genetic differentiation between populations (Logvinenko *et al.*, 1983; Dushenko, 1988b; see Section 6.2.1). In this case hydrography and topography were cited as being responsible for restricting gene flow between populations (Logvinenko *et al.*, 1983; Dushenko, 1988b). In the confamilial species *Macruronus novaezelandiae*, allozyme and mtDNA sequencing indicate genetic differentiation between populations, on the intraoceanic scale, located off the coasts of Australia/Tasmania and from New Zealand (Milton and Shaklee, 1987; Baker *et al.*, 1995; see Section 6.2.2). Within the waters around New Zealand, little genetic differentiation was detected between populations using allozyme data (Smith *et al.*, 1981; see Section 6.2.2). Differentiation was not detected in a subsequent restriction study of mtDNA in populations of *M. novaezelandiae* from New Zealand and Tasmania (Smith *et al.*, 1996b).

One of the most widely studied deep-sea fish species, with respect to population genetics, is the orange roughy, *Hoplostethus atlanticus*, which is fished over seamounts and rises (see Rogers, 1994). Allozyme studies in this species initially revealed little genetic structure in populations located around the coasts of Australia, Tasmania and New Zealand (F_{ST} = 0.001–0.014; calculated by the present authors; Smith, 1986; Elliot and Ward, 1992). Comparisons between the north Atlantic and Southern Hemisphere populations indicated that there was some limited genetic differentiation (F_{ST} = 0.022–0.023; calculated by the present authors from Smith (1986) and Elliot *et al.* (1994)). Subsequent studies utilizing allozyme electrophoresis, restriction analysis and sequencing of mtDNA produced conflicting data on levels of differentiation between geographic localities (Ovenden *et al.*, 1989; Smolenski *et al.*, 1993; Baker *et al.*, 1995; Smith *et al.*, 1997; Smith and Benson, 1997). Baker *et al.* (1995) detected little genetic differentiation in the haplotype frequency of a sequence of the cytochrome-*b* mitochondrial gene in *H. atlanticus* from New Zealand, Tasmania and South Africa. This is contrasted with genetic differentiation detected between *H. atlanticus* populations from Tasmania/Australia and New Zealand (Smolenski *et al.*, 1993; Smith *et al.*, 1996b; see Table 5) and at more regional scales within areas around Tasmania, Australia and New Zealand (Ovenden *et al.*, 1989; Smolenski *et al.*, 1993; Smith and Benson, 1997; see Table 5). Temporal genetic variation has also been detected within populations of *H. atlanticus* at several sites (Smolenski *et al.*, 1993; Smith and Benson, 1997; see Table 5). It seems probable that *H. atlanticus* exhibits genetic differentiation between populations around Australia and New Zealand. However, it is also apparent that spatial genetic structure in this species has not been completely resolved and is further complicated by temporal genetic variation. Mechanisms leading to reproductive isolation and genetic differentiation of *H. atlanticus* stocks may include hydrographic and topographic barriers to dispersal (e.g. East Australian current between Australia and New Zealand; Smolenski *et al.*, 1993).

Data relating to spatial genetic structure in the jackass morwong, *Nemadactylus macropterus*, from Australia and New Zealand are more conclusive. Two allozyme studies (Richardson, 1982; Elliot and Ward, 1994) and one restriction study of mtDNA (Grewe *et al.*, 1994) revealed little genetic variation within populations from Australia (F_{ST} = 0.001–0.008; calculated from allozyme data by the present authors from Richardson (1982) and Elliot and Ward (1994)). Stronger differentiation was detected between *N. macropterus* populations located in Australia and New Zealand (F_{ST} = 0.005–0.009; calculated by the present authors from Elliot and Ward (1994)). In a similar study on the deep-sea trevalla,

Hyperoglyphe antarctica, from South-east Australia, little genetic differentiation was found between populations on seamounts and the continental slope off Tasmania and New South Wales ($F_{ST} = 0.001$–0.004; calculated by the present authors from Bolch *et al.* (1993)).

It is apparent that while populations are generally homogeneous within the boundaries of the continental margins of Australia and New Zealand, there is generally differentiation between these two areas. Explanations for this vary, but it would appear that the hydrographic barrier presented by the East Australian Current may restrict gene flow between the Australian and New Zealand margins (Smolenski *et al.*, 1993). Topography may also play a role in genetic differentiation between populations in this region as several of the species are associated with topographic highs at some stage during the life history. In an allozyme study on the New Zealand ling, *Genypterus blacodes*, genetic differentiation was detected between populations on either side of the subtropical convergence which lies to the south of New Zealand (Smith, 1979). Samples from the convergence zone exhibited an excess homozygosity, and this was cited as evidence of mixing of the genetically different stocks located either side of the front (Smith, 1979). The myctophid *Triphoturus mexicanus*, from Peru and California, has a discontinuous distribution along the west coast of the Americas in this region, and it is apparent that the populations located to the north and south of this discontinuity show genetic differentiation ($F_{ST} = 0.230$; calculated by the present authors from Afanas'yev *et al.* (1990)). It is uncertain whether the genetic differentiation observed between these populations arose prior to the emergence of the Panamanian Isthmus (2–5 million years ago; Lessios, 1979) and is maintained by a hydrographic barrier. It is also conceivable that the Californian and Peruvian populations of this putative species are not conspecific.

The studies quoted indicate that transoceanic comparisons of conspecific populations of deep-sea vertebrates may show significant genetic differentiation (Fairbairn, 1981; Wilson and Waples, 1984). This has arisen as a result of geographic isolation. Within oceans, conspecific populations may be genetically homogeneous, especially in species with a dispersive life history (Martin *et al.*, 1992; Vis *et al.*, 1997). However, in the majority of cases, genetic differentiation is detected between populations within an ocean and often on regional scales (Smith, 1979; Smolenski *et al.*, 1993). Such genetic heterogeneity often occurs because of a restriction of gene flow resulting from hydrographic or topographic or physicochemical barriers, though a species life history and behaviour may also contribute to these factors. Most of these species genitive may not be truly pelagic. Previously, hydrography has not been perceived as a major barrier to the dispersal of pelagic species as larvae or adults and therefore as a factor contributing to the restriction of gene flow between populations. Many pelagic species have therefore been considered to have extremely wide geographic ranges, or even to be cosmopolitan. The pelagic fish *Cyclothone alba* was previously considered to have a tropical circumglobal distribution. Sequencing of mtDNA of this putative species has shown that it probably consists of a complex of genetically distinct clades (species?) located in different geographic regions (Miya and Nishida, 1996, 1997). If *C. alba* does not prove to be an exceptional case it is likely that species diversity in deep-sea vertebrates, especially from the pelagic realm, has been underestimated (Miya and Nishida, 1997). This parallels the situation which exists for deep-sea invertebrates such as *Eurythenes gryllus* (France and Kocher, 1996a,b). It is likely that further genetic studies on deep-sea vertebrates will reveal a great deal about species diversity and evolution in pelagic/benthopelagic taxa (see Section 7).

For hydrothermal vent organisms, genetic differentiation between intraridge populations (i.e. populations located on the same ridge system) is generally low as indicated by low F_{ST} values. F_{ST} values are especially low in comparisons of some intrasegment populations. In the vent-endemic decapod shrimp *Rimicaris exoculata*, for example, mean F_{ST} values were very low (0.001) for comparison of populations located on two vent fields separated by 370 km and situated along the same ridge segment (Creasey *et al.*, 1996). Similarly, F_{ST} values between populations of the vent bivalve *Bathymodiolus thermophilus* located on the same ridge segment were also extremely low (0.009 for the Galapagos Rift (Grassle, 1985); 0.006 for the Lau Basin (Moraga *et al.*, 1994; see also Vrijenhoek, 1997)). In both cases these species are thought to have planktotrophic larvae capable of long-distance dispersal (Dixon and Dixon, 1996; Jollivet, 1996; Shank *et al.*, 1998). In all of these studies, significant heterozygote deficiencies were found at some loci for these sites. Heterozygote deficiencies can originate in a number of ways (see Moraga *et al.*, 1994; Creasey *et al.*, 1996); one possibility is that there is some level of recruitment to these populations of genetically distinct individuals from more distant populations via planktotrophic larvae.

For other vent-endemic species, F_{ST} values for comparisons between intraridge populations are also generally low, though not as low as figures for *R. exoculata* and *B. thermophilus*. In the polychaete *Alvinella pompejana*, F_{ST} values range from 0.020 to 0.300 for comparisons of populations within the East Pacific Rise vent fields located at 13°N (Jollivet *et al.*, 1995b). The high upper range of F_{ST} values for this study occurred in comparisons with a population sample of very low sample size (ELSA, 1987; $n = 7$ individuals), and these high values probably represent sampling error. For *Alvinella caudata*, taken from the same sample sites, F_{ST} values range from 0.008 to 0.038 (Jollivet *et al.*, 1995b). These populations are separated only by tens of kilometres, so low genetic differentiation may be expected between them. Genetic differentiation in these species is higher than in *R. exoculata* and *B. thermophilus* for intrasegment comparisons, and this may result from non-dispersive direct development and a relatively sessile adult stage in alvinellid polychaetes. It may also result from other factors such as differences in the stage of succession or other temporal ecological processes within the vent communities where *Alvinella* was sampled (e.g. Fustec *et al.*, 1987; Jollivet, 1996). This may be responsible for observed differences in genetic differentiation between the same populations of other vent-endemic species which have been sampled in different years, e.g. *B. thermophilus* populations at 13°N, East Pacific Rise and the Galapagos Ridge between 1979 and 1990 (Grassle, 1985; Moraga *et al.*, 1994; Craddock *et al.*, 1995a; see Jollivet, 1996). High genetic differentiation between populations of *Alvinella* could also be a result of hydrographic barriers between sample sites which were not present between sites sampled for *R. exoculata* or *B. thermophilus*.

Another vent-endemic species that lacks a dispersive larval stage is the brooding amphipod *Ventiella sulfuris*. In *V. sulfuris*, F_{ST} values for comparisons between intrasegment populations are also low (France *et al.*, 1992). For populations located on the Galapagos Ridge the F_{ST} value was 0.026, for populations located on the East Pacific Rise between 11°N and 13°N F_{ST} values are 0.008–0.015 and for populations located at the 21°N site the F_{ST} value was 0.013. Again F_{ST} values are higher than for *R. exoculata* and *B. thermophilus*, but are still indicative of a low level of genetic differentiation.

It is apparent that, for vent-endemic species, genetic differentiation between vent fields, located on the same ridge segment, is low almost regardless of the type of life history exhibited. Further studies may demonstrate that species with planktotrophic larvae show a significantly lower level of genetic differentiation even at small spatial scales than species with direct development. At present there are insufficient data to make such a thorough comparison both in terms of the overall number of studies and the number of individuals examined in some existing studies.

At the spatial scale of vent fields separated by major transform faults but still along the same ridge system (i.e. intraridge), comparisons can be made with results from within ridge segments. One such comparison has been made for *Rimicaris exoculata* (Shank *et al.*, 1998), a species with highly dispersive larvae (Dixon and Dixon, 1996; Herring, 1996). In this study, allele frequencies for a population of *R. exoculata* located at the Snake Pit hydrothermal vent field were compared with those obtained by Creasey *et al.* (1996) from the TAG and Broken Spur vent fields. The Snake Pit vent field is separated from Broken Spur by a distance of approximately 300 km and from TAG by approximately 650 km. Also, the Kane Fracture Zone forms a ridge offset of approximately 150 km which lies between the Broken Spur and Snake Pit vent fields (Lawson *et al.*, 1996). Allele frequencies obtained for *R. exoculata* from the Snake Pit vent field by Shank *et al.* (1998) were extremely close to those obtained by Creasey *et al.* (1996). Shank *et al.* (1998) concluded that the ridge offset represented by the Kane transform fault is not an effective barrier to gene flow in *R. exoculata*. It also appears that this species can maintain panmixia over a geographic distance of approximately 650 km.

For populations of the vestimentiferan *Ridgeia piscesae*, located along the North-east Pacific Ridge system, allozyme and RFLP data seem to indicate that there is little genetic differentiation between populations located on the Southern Explorer and Juan De Fuca ridges. These ridges are separated by the Sovanco transform fault that forms an offset of approximately 160 km (Southward *et al.*, 1995, 1996). However, RFLP data do show significant differences in frequencies of rDNA polymorphisms from populations located on the Juan De Fuca Ridge and on the Gorda Ridge (Southward *et al.*, 1996). These ridge segments are separated by the Blanco transform fault, which has an offset of approximately 360 km.

For the amphipod *V. sulfuris*, and the alvinellid polychaetes *A. pompejana* and *A. caudata*, species with direct development, F_{ST} values for comparisons of intraridge populations are higher than those for intrasegment populations (France *et al.*, 1992; Jollivet *et al.*, 1995b). For *V. sulfuris*, F_{ST} values for comparisons of populations from sites at 11/13°N and 21°N, on the East Pacific Rise, ranged from 0.032 to 0.062 (compared to 0.008–0.015 for intrasegment comparisons; France *et al.*, 1992). For *A. pompejana*, F_{ST} values for comparisons of populations at sites 13°N and 21°N on the East Pacific Rise ranged from 0.033–0.089 (compared to 0.020–0.030 for intrasegment comparisons, but see above). For *A. caudata*, F_{ST} values for comparisons of populations at sites 13°N and 21°N on the East Pacific Rise ranged from 0.037–0.087 (compared to 0.008–0.038 for intrasegment comparisons; Jollivet *et al.*, 1995b). The vent fields at 13°N and 21°N are separated by the Rivera Transform fault, which offsets the ridge axis by approximately 240 km (Jollivet, 1996; Vrijenhoek, 1997). In these studies, though, genetic differentiation resulting from disjunctions along the ridge axis may be combined with isolation by distance or temporal ecological factors (see above).

At the scale of ridge axes, populations of hydrothermal vent organisms generally appear to show a higher level of genetic differentiation between populations located on different ridge segments (intraridge populations) separated by transform faults than in populations which are located along the same ridge segment (intrasegment populations). This is because of a combination of disruption of the ridge axis by the transform fault and isolation by distance. If transform faults are barriers to gene flow between vent fields, this is circumstantial evidence that gene flow by transport of propagules (principally larvae) occurs along ridge axes. There is evidence that near-bottom currents close to ridges usually flow along the axis of the ridge as a result of current–topography interactions (Kim *et al.*, 1994; Mullineaux and France, 1995; Jollivet, 1996). This would provide a mechanism for along-ridge dispersal of the larvae, juveniles and adults (if pelagic) of vent-endemic species (see Mullineaux and France, 1995; Mollineux *et al.*, 1995). The size of ridge offset by a transform fault may determine the level of disruption to gene flow between conspecific populations on either side of the fault (Southward *et al.*, 1996). It is also apparent that in species with a highly dispersive life history such transform faults may not prove to be barriers to gene flow (e.g. Creasey *et al.*, 1996; Shank *et al.*, 1998; see above). The sensitivity of different genetic markers (allozymes versus RFLPs) to genetic differentiation at an intraridge scale appears to vary (Southward *et al.*, 1996). Selection of alleles at allozyme loci has been suggested as a cause of differences in results between these and molecular genetic methods (Southward *et al.*, 1996).

Analysis of mean F_{ST} values from inter-ridge and intraridge populations shows that mean F_{ST} values are significantly higher for inter-ridge comparisons (p <0.01). Analysing individual species reveals some notable features of this general trend. For the bivalve *B. thermophilus*, F_{ST} values, for comparisons between populations located on different ridge systems, appear to be correlated to the geographic distance between the ridge axes compared (Vrijenhoek, 1997). The F_{ST} value for populations located on the East Pacific Rise and the Galapagos Ridge is 0.025, which is relatively low (Craddock *et al.*, 1995b; but note the contrasting results of Grassle, 1985). This can be compared with F_{ST} values (calculated during present review) for comparisons between the Lau Basin and North Fiji vent systems ($F_{ST} = 0.378$–0.396) and between the Lau Basin and East Pacific Rise (0.692–0.713; Moraga *et al.*, 1994). There is a moderate level of gene flow between populations of *B. thermophilus* located on the East Pacific Rise and the Galapagos Ridge (Craddock *et al.*, 1995b). This is presumably mediated by the planktotrophic larvae of this species (Jollivet, 1996). There is a high level of genetic differentiation not only between populations of *Bathymodiolus* located in vent fields on different sides of the Pacific ocean ($F_{ST} = 0.378$–0.396) but also between populations located on the Lau Basin and North Fiji vent systems ($F_{ST} = 0.692$–0.782) (Moraga *et al.*, 1994). In the case of transoceanic comparisons, populations may not have been conspecific (Moraga *et al.*, 1994).

Comparisons of populations between 13/21°N, East Pacific Rise and the Galapagos Ridge have been made for other species. For the vestimentiferan *Riftia pachyptila* an F_{ST} value of 0.187 (Bucklin, 1988) indicated that gene flow between these systems for this species was fairly low, and probably barely sufficient to maintain genetic homogeneity in the face of genetic drift (see Section 4.2). This species probably has pelagic lecithotrophic larvae (cf. Young *et al.*, 1996) but it is unknown whether larval duration is sufficient to mediate large-scale gene flow between these two ridge systems. The amphipod *V. sulfuris*, which is iteroparous, showed significant genetic differentiation between populations located on the East Pacific Rise and the Galapagos Ridge ($F_{ST} = 0.442$–0.493) (France *et al.*, 1992). Values of $N_e m$ (0.26–0.32 individual per deme per generation) indicated that gene flow between these ridge systems is probably insufficient to maintain genetic identity in the face of random genetic drift. Furthermore, levels of genetic divergence between populations located on the Galapagos Ridge and the East Pacific Rise suggest that *V. sulfuris* consists of a complex of more than one species (France *et al.*, 1992).

A sharp contrast with the preceding two studies is provided by the bivalve *Calyptogena magnifica*. This exhibits extremely low F_{ST} values (mean $F_{ST} = 0.002$, derived from allozyme data) for comparisons of populations located on the East Pacific Rise and on the Galapagos Ridge (Karl *et al.*, 1995; Vrijenhoek, 1997). F_{ST} values were higher when calculated from scnDNA markers but were still generally low (mean $F_{ST} = 0.021$). *C. magnifica* has lecithotrophic eggs that are positively buoyant (Cary and Giovannoni, 1993; Jollivet, 1996). Presumably once these eggs are released they ascend through the water column away from the vent field. As such, the eggs of *C. magnifica* may be highly dispersive despite a lower larval development time than species that have planktotrophic larvae such as *Bathymodiolus thermophilus*. It is the case that planktotrophic eggs contain a lower amount of lipid than lecithotrophic eggs, possibly making vertical dispersal (and subsequent horizontal non-axial dispersal resulting from current shear) of eggs less likely. This may explain the paradoxical results of observed gene flow between populations of *B. thermophilus* (planktotrophic development) and *C. magnifica* (lecithotrophic development), where the putative longevity of larvae is not correlated with gene flow. Other factors such as long-term population history may also have influenced genetic differentiation between populations of these two species. The extra buoyancy of lecithotrophic eggs, in addition to their function in producing larvae at an advanced stage of development, may well be of evolutionary significance.

5.6. Mitochondrial Phylogeography

mtDNA exists in the haploid form and is usually subject to maternal inheritance (Avise, 1994). Because of higher mutation rates in comparison to those in nuclear DNA, divergence in mtDNA sequences in reproductively isolated populations may be more rapid (Brown et al., 1979; Nei, 1987; Ballard and Kreitman, 1995). As a consequence of these genealogical properties, the geographical structuring, relatedness and possible evolutionary histories within and between clades can be assessed at different phylogenetic levels down to conspecific populations (Hillis and Moritz, 1990). Studies that have examined such relationships introduced the term "phylogeography". Avise (1994) defined phylogeography as "the study of the principles and processes governing the geographic distributions of genealogical lineages, including those at the intraspecific level". Two principal types of phylogeographic population structures have been observed: limited (shallow) and large (Avise et al., 1987).

Shallow-structure phylogeography occurs in species that have highly dispersive life histories, and are not subject to temporally large-scale gene flow restrictions. However, low levels of mtDNA subdivision between conspecific populations can also arise as a result of severe bottlenecks or family-specific mortality in response to spatially or temporally detrimental conditions which ultimately result in decreased mtDNA diversity (Nei et al., 1975; Ovenden, 1990). In general it may be expected that a shallow phylogeographic structure will be exhibited by deep-sea species with broad geographic distributions, efficient larval dispersal and/or substantial adult migration.

Conversely, large phylogeographic distances are a result of long-term impediments to gene flow between conspecific demes (Avise, 1994). Significant, barrier-mediated mtDNA subdivision could have arisen in the past and may or may not be currently in effect (see *Triphoturus mexicanus*, Section 5). Examples of such barriers include the formation of the Isthmus of Panama, which may have caused significant genetic isolation between sea urchin (*Strongylocentrotus droebachiensis*) populations on the eastern and western coasts of North America (Palumbi and Wilson, 1990). Additional barriers could include environmental clines, oceanic currents and gyres (White, 1987; Ovenden, 1990). Among deep-sea organisms, large phylogeographic distances would be expected between populations which have low effective population sizes, limited larval dispersal, sessile adults and/or occupy narrow geographic ranges.

Numerous studies have examined mtDNA divergence between populations of commercial target species (e.g. see reviews in Ovenden, 1990; Avise, 1994; see also Section 3.3). There have been few studies to date on mitochondrial phylogeography in deep-sea species. Some studies on deep-sea fish have revealed genetic population structures analogous to the shallow-type phylogeography described by Avise (1994) (see Section 5.5; e.g. Baker et al., 1995; Vis et al., 1997). Most other studies on the molecular phylogeny of deep-sea species using sequencing or restriction analysis of mtDNA have taken place over relatively small geographic scales with few populations analysed. Evolutionary studies of deep-sea taxa will undoubtedly utilize such techniques in the future.

6. COMMERCIAL EXPLOITATION OF THE DEEP SEA

In 1992 the total world catch of marine fish and shellfish was 82 534 300 t (Food and Agriculture Organisation, 1992). The majority of this catch was of species confined to the continental shelf. Over the last 30 years, progressively more species of deep-sea fish have been exploited. In addition to exploitation of living resources, significant amounts of non-living resources may also be exploited in the future. Thiel (1991) cited five major mineral resource types available in the deep sea: polymetallic nodules, polymetallic crusts, metalliferous sediments, massive sulphides and phosphorite nodules. In the Clarion–Clipperton Zone, between Hawaii and Mexico, an area of 5 million km^2, it has been estimated that 5–10 billion tons of nodules could be exploited (Amann and Beiersdorf, 1993; see Figure 13). In addition, exploitation of the deep sea for petroleum is also now occurring (Emery, 1979; British Petroleum Exploration, 1995). The deep sea has also been cited as a potential or actual sink for dumping of industrial waste products (Pearce et al., 1979), large, decommissioned, offshore structures (e.g. Natural Environment Research Council, 1996), sewage sludge (Swanson et al., 1985) and low-level (Rice, 1978; Hessler and Jumars, 1979) and heat-generating (Milloy et al., 1989) radioactive waste. Currently, no extraction of mineral resources has been undertaken because of commercial unviability. Should increasing levels of hydrocarbon/mineral extraction take place, the environmental consequences may be severe, and damage to populations of deep-sea organisms may occur (Thiel, 1992; Amann and Beiersdorf, 1993; Bluhm, 1993). It would therefore be desirable to assess levels of population and stock structure in areas that may be at risk in the future. This is important, where a population is relatively small and shows a high degree of genetic differentiation from a neighbouring population (e.g. comparison of

Figure 13 Mercator projection of the world Oceans, between 80°N and 80°S, showing areas where manganese nodules have been photographed or sampled (asterisks) and areas suitable for the formation of oil (diagonal lines). The 3000 m contour is shown in addition to land outline (Horn et al., 1972; Seibold and Berger, 1996; International Hydrographic Organisation, Intergovernmental Oceanographic Commission and British Oceanographic Data Centre, 1997).

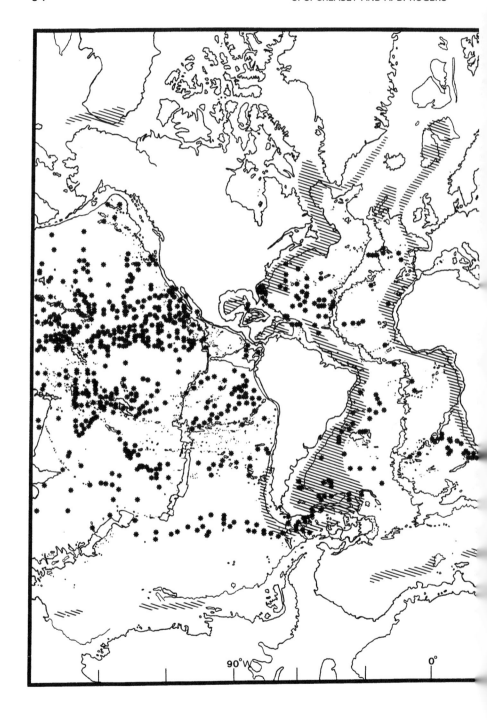

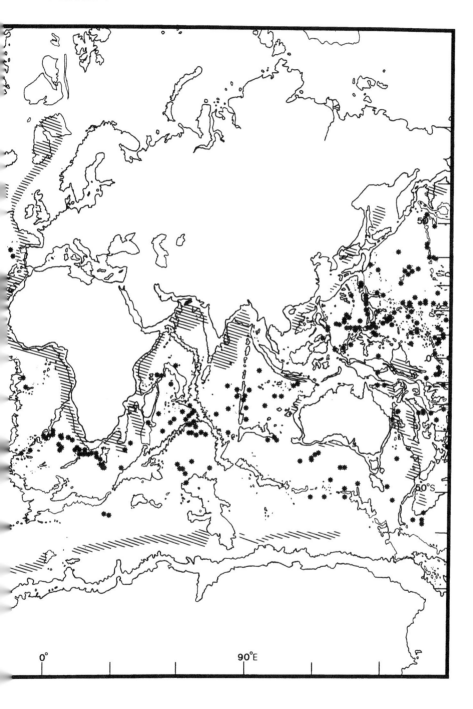

seamount and abyssal populations of *Eurythenes gryllus*; Bucklin *et al.*, 1987).

6.1. Non-biotic Exploitation of the Deep Sea

6.1.1. *Mineral Extraction*

The first deep-sea drilling project was undertaken by the CUSS I barge owned by the Continental, Union, Shell and Superior oil companies, in 1961. CUSS I drilled a 200 m sediment core from the sea floor at a depth of 3800 m (Maxwell, 1993). Following the CUSS I project the *Glomar Challenger* commenced the 15-year, 96-leg Deep-Sea Drilling Project (DSDP) in 1968. Whilst the DSDP was ongoing, improvements in technology, and a realization of recoverable resources, made the potential of mineral exploitation more attractive (Fellerer, 1975, cited in Schütt and Ottow, 1980; see Figure 13). During November 1978, polymetallic nodules were successfully mined from a depth of 5000 m in the Pacific Ocean (Thiel *et al.*, 1993). Subsequently, mining has been proposed as an economically viable venture (Clark and Li, 1991; Xie, 1993) with a potentially high return on investment (see Lenoble, 1993). More recently, licences have been granted to explore the feasibility of commercially mining metal-rich sediments of hydrothermal origin, from the Manus Basin, near Papua New Guinea (Anderson, 1998). In the near future it is proposed to test mining systems for the recovery of manganese nodules on a commercial scale from the deep-sea bed (Nakao, 1995). The potential impact of mining on the deep-sea fauna is considerable. At the community level, damage may occur during mineral collection. The turbidity cloud resulting from mineral collection may float down-current and cover sessile organisms, not only within but also outside the direct impact area (Burns, 1980). Similarly, when waste material is discharged below the photic zone, into the water column, significant areas of the sea floor may be covered. Additional impacts may also occur in relation to machinery noise and accidental spillages, etc. (see Amann and Beiersdorf, 1993). In the case of nodule mining, this process would also remove a specific hard-substratum fauna (Bluhm, 1993). As a result of the slow recovery rate observed in deep-sea communities (Grassle, 1977; Thiel, 1992; Thiel *et al.*, 1992), coupled with the slow growth rate of some deep-sea organisms (Turekian *et al.*, 1975; Mortensen *et al.*, 1995), mining may damage communities for prolonged periods.

At the population level the impacts of deep-sea mining may also be significant. Some metal residues may be returned in suspension to the deep sea (Bluhm, 1993). The most probable pollutants to be released at high concentrations from nodule residues at the temperature and salinity observed within the deep sea are copper, cobalt and cadmium (Lavelle, 1981). Following exposure to copper, populations of molluscs have shown a decrease in heterozygosity, and at some loci this pollutant may act selectively (see Hvilsom, 1983; Hawkins *et al.*, 1989; Hummel *et al.*, 1995). Cobalt has also been shown to have an effect at the population genetic level, although no evidence of genotoxicity has been observed (Nyberg and Bogar, 1986). The effect of metals may be limited, however, since rapid dilution of high concentrations in the water column would be expected (Lavelle, 1981), although Amann and Beiersdorf (1993) cited that sediment plume persistence was "on the order of days at 10 km from the [impact] source". In addition, inputs of heavy metals relative to background concentrations should also be carefully monitored. Conspecific populations of mussels (*Mytilus edulis*) exposed to identical concentrations of copper have exhibited differing responses. In a population where the copper acted as the stressor, the frequency of abnormal embryos increased (Hoare *et al.*, 1995). Therefore, whilst heavy metal inputs into the deep sea may be low relative to coastal regions, the effect (either direct or indirect) on the resident deep-sea fauna may be significant.

6.1.2. *Oil*

6.1.2.1. *Sources of pollution from oil exploration*   Sediments on continental slopes are generally thick and have a high carbon content as they are formed in the vicinity of fertile, nearshore waters. In addition, the presence of OMZs in such areas favours the burial of organic matter (Seibold and Berger, 1996). These factors lead to the potential for the formation of oil fields (see Figure 13). Oil fields have already been discovered in the deep sea in the Gulf of Mexico and the continental slope west of northern Britain (Anonymous, 1993; Hartley, 1996; Seibold and Berger, 1996). Commercial production from these fields is already taking place, and these are probably the first of many similar oil extraction operations on the continental slope in many localities around the world.

As with other forms of exploitation in the deep sea, the development of deep-sea oil wells has taken place without a thorough appreciation of their potential impacts. This results mainly from a lack of data about many aspects of the biology of the deep-sea benthos lying beyond the shelf break. For example, in tranches licensed for oil exploration west of the Orkney and Shetland Islands, data from studies carried out in the late nineteenth century are often the only information for these areas (Hartley, 1996). The potential impact of oil pollution in these regions has generated considerable opposition from environmental pressure groups (Seibold and Berger, 1996; see Rose, 1997).

The sources of pollution from oil operations in the deep sea may be summarized as: drill cuttings and muds; produced water; sand; accidental spillage; flaring; seabed engineering; discharge of sanitary waste; and seismic survey noise.

Drill cuttings are particles of crushed rock produced by the action of the drill bit as it penetrates the substratum. They are contaminated with drilling muds, lubricating mixtures that include various injection chemicals and contaminants from the oil-bearing formation. Drilling muds were previously oil-based, but evidence of the environmental damage caused by such fluids has motivated a shift towards water-based muds (GESAMP, 1993). Where these muds are not suitable because of the nature of the formation in which drilling is taking place, pseudo-oil-based muds (POBMs) are used as drilling fluids. Water-based drilling muds consist of varying quantities of barium sulphate (weighting agent) and significant quantities of other chemicals (Rogers, 1997). POBMs use a mineral oil as a principal component.

The drill cuttings from wells are either released on the seabed or they are returned to the rig and discharged over the side at the surface (Rogers, 1997). Input of drilling muds causes contamination by heavy metals such as mercury, chromium, zinc, cadmium, copper, lead, nickel and barium. Drill cuttings and muds are the most significant sources of potential pollution of the deep sea around deep-water drilling operations. For further discussion of drilling muds and biological effects see GESAMP (1993) and Engelhardt et al. (1989).

Produced water is a mixture of formation water and injection seawater. It is contaminated with compounds originating in formation, chemicals from the injection process and oil. Produced water is discharged over the side of the platform, and is more likely to affect shallow-water organisms, especially pleuston (Rogers, 1997).

Formation sand is also discharged from the oil platform, and this contains a residue of oil adhering to the sand grains. Formation sand is a possible source of contamination and pollution of the deep sea.

Accidental overspill of contaminated water from collection trays under operating machinery also tends to be discharged into the sea. Such contamination is not likely to be significant when compared to other sources of pollution from oil extraction operations. Major spillages resulting from shipping accidents, or during oil transfer operations, are more serious but again are more likely to affect surface or near-surface environments. Waste gases from the oil extraction process are ignited and released into the atmosphere, and they are therefore not considered as significant in the present context.

Seabed engineering can cause sediment plumes, for example by the dragging and positioning of anchors and the construction/placement of well shoes and other submerged installations. The biological affects of such plumes on deep-sea organisms have already been discussed (see Section 6.1.1).

The discharge of sanitary waste from oil platforms may cause some organic enrichment of sediments around oil platforms. This is less likely to be significant than other sources of pollution.

The effects of seismic surveying by the use of airguns, gas exploders and vibrators has been a cause of concern because of possible effects on fish and cetaceans. There are no data on the effects of such noise that are applicable to the deep sea, and, as such, seismic surveying will not be considered further here.

6.1.2.2. *Potential consequences to the deep-sea fauna of pollution arising from oil production*   By far the most significant factor, when considering potential damage to the deep-sea benthos, is the discharge of drill cuttings (along with sand) directly on to the seabed or from the drilling rig. The area affected by drill cuttings depends on a number of factors, and these include: the depth of water over which the cuttings are released into the sea; oceanographic conditions in the areas of release; and the properties of the drill cuttings, such as chemical composition, volume and particle size.

At present there are no specific data on the effects of drill cuttings on deep-sea fauna. Studies on the shallower-water North Sea/Norwegian oil fields have indicated that barium sulfate from drilling muds may contaminate sediments up to 6 km from an individual oil platform, covering an area of up to 100 km^2 (Olsgard and Gray, 1995). For two other production platforms investigated by Olsgard and Gray (1995), distances at which contamination could be detected from the oil platform were 4 and 5 km, respectively. Such results supported the findings of GESAMP (1993) that contamination from oil platforms can cover large areas of the seabed.

Effects on the biological communities in terms of reduced diversity can by detected by sensitive methods of multivariate statistical analysis of species diversity over most of the contaminated areas (Olsgard and Gray, 1995). These effects have previously been attributed to the toxic effects of chemicals or to organic enrichment by oils, but the responses of communities to drill cuttings may also be interpreted as a response to physical disturbance, i.e. sedimentation (Gray, 1982). Studies on low-level toxicity mining effluents released into the marine environment have shown that the effects of sedimentation can be the same as those of organic enrichment, namely that species diversity may be severely reduced (Olsgard and Hasle, 1993). Toxins often reduce both species diversity and numbers (Rygg, 1986; Olsgard, 1993).

Sedimentation resulting from drill cuttings is likely to have a significant impact on fauna of the deep-sea benthic community. Many of these species are sessile suspension feeders that are known to be vulnerable to sedimentation and anoxia. The recovery from such effects, as with sedimentation from manganese nodule harvesting, is likely to be extremely slow.

Previous studies have also shown that significant oil contamination of sediments also occurs in the vicinity of oil platforms. Davies and Kingston (1992) showed that oil concentrations at distances between 5 and 10 km from oil platforms in the Shetland Basin had risen from 3–90 ppm in 1979 to 80–900 ppm in 1988. Similar patterns of oil contamination have been observed in sediments around other North Sea wells, with elevated concentrations of oil occurring up to 12 km away from the platform (Kingston, 1992; GESAMP, 1993). Oil has directly toxic effects on marine organisms and can cause mortality in the case of severe contamination. Where chronic contamination has occurred, sublethal effects may occur such as modification of stimuli response and feeding behaviour, reduced growth, reduced reproductive success, tissue damage, disruption of cell structure and excessive mucus production (e.g. Loya and Rinkevich, 1979, 1980).

Specific toxic effects of oil and the various other chemicals that are used in the drilling processes are difficult to predict, often because they are highly species-specific. This may be illustrated by barite, which has been shown by some studies to have a low level of toxicity (Cabrera, 1971; George, 1975; Starckzak et al., 1992) but which has been shown to affect colonization of sediments by estuarine animals (Tagatz and Tobia, 1978). In addition, different stages of the life history of marine organisms can show different susceptibilities to such pollutants (e.g. Smith Derby and Capuzzo, 1985). As pointed out above, the specific toxicity of the chemical components of drill tailings may be masked by the overall effects of sedimentation, but it is likely to be a contributory factor to environmental damage.

Genetic diversity may decrease in a population subject to long-term chronic stress induced by the presence of pollutants (Battaglia et al., 1980; Alberte et al., 1994; Murdoch and Herbert, 1994). This occurs because of strong selective pressures promoting optimal phenotypes for survival and reproduction in the presence of pollutants and by eliminating less fit phenotypes and associated genotypes from a population (Street and Montagna, 1996). Such chronic stress is likely to occur in the vicinity of oil rigs because of seabed contamination, as described above. In a study on harpacticoid copepods in the Gulf of Mexico, the mitochondrial haplotype diversity of populations sampled near oil platforms (<50 m) was shown to be less than that in populations away from oil platforms (>3 km, Street and Montagna, 1996). In this study there was a strong relationship between haplotype diversity and the level of contaminants associated with drilling and oil production. Interestingly, reduced genetic diversity in the affected populations took place by the elimination of less common haplotypes, with dominant haplotypes becoming more common near the oil platforms (Street and Montagna, 1996). Such reductions in the genetic diversity of populations of organisms located near deep-water oil wells may take place, though significance in terms of the genetic diversity of a species within a geographic region is likely to be small unless the number of oil wells is very high. Such a reduction in genetic diversity may be more marked in deep-sea organisms as a result of long generation times and low population densities compared to shallow-water species.

6.1.3. Radioactive Waste

The effect of radioactive waste on the deep-sea biota is difficult to assess, since it largely depends on the type and amount of waste dumped. It has been proposed that heat-generating radioactive waste would have an engineered barrier with a 500-year lifespan to prevent radionuclides entering the local environment (Milloy et al., 1989). However, Milloy et al. (1989) also proposed that additional barriers would consist of the deep-sea substratum and the ocean itself. Whilst this will limit direct exposure to man, exposure to the environment can still occur. If the intensity of deep-sea biotic exploitation increases, then commercially important food chains may become contaminated. The dispersal of radionuclides with long half-lives into other habitats may result because of diel and ontogenetic migration. Even if migration of radionuclides occurs at a slow rate over a sustained period this may be significant (Rice, 1978).

The effects of radionuclides at the population level are also difficult to assess, since radiation effects depend upon the target species, age of individuals at time of exposure and duration and degree of exposure (i.e. acute or chronic) (Woodhead and Pond, 1987). Exploited species, with low fecundities or slow growth rates and late maturation, may be particularly susceptible to irradiation (Woodhead and Pond, 1987). It has been proposed that radiation-induced "gene mutations may have negative (cell death or genetic disease), neutral (no discernible effects) or positive effects (increased heterozygosity)" upon organisms (International Atomic Energy Agency, 1988).

Negative effects of radiation include chromosomal aberrations, which may result in cell death, or, in the case of germ cells, aberrations which become manifest in filial generations (International Atomic Energy Agency, 1988). At the population level it was suggested that neutral and positive effects would be exhibited as increased population fitness, although an overall increase in mutation rate should be "considered detrimental" (International Atomic Energy Agency, 1988). One of the most probable effects of radiation on deep-sea organisms would be an increase in mutation rate (International Atomic Energy Agency, 1988). However, a number of studies examining exposure of populations to radiation indicate that the positive effects may be limited, and detrimental effects more pronounced (see below).

Under the neutral theory of molecular evolution (Kimura, 1983) the majority of mutations at a gene locus are either neutral or nearly neutral. Within a population, therefore, the majority of mutations will not result in an increase in fitness. Furthermore, as the mutation rate increases, the level of heterozygosity in a population increases (Kimura, 1983, p. 44). The phenomenon of heterosis, in which heterozygotes have a greater fitness than homozygotes, has recently been studied in relation to marine species (Zouros and Mallett, 1989; Hummel et al., 1995). Therefore, the observed "positive" effect of radiation-induced, increases in heterozygosity would be manifested merely as a consequence of an increased mutation rate. This may not result in an increased fitness to heterozygotes either because of heterosis, or as a result of novel mutations arising within populations. In addition, Woodhead and Pond (1987) reported that, in the fish *Oryzias latipe*, the rate of dominant lethal mutations increased in proportion to radiation dosage. Acute, radiation-induced pathological effects in fish included: decreased fertility and variable gonadal response; damage to the central nervous system, gastrointestinal tract and haemopoietic system; and osmotic imbalance resulting from destruction of the gill epithelium (Woodhead and Pond, 1987). Chronic, radiation-induced effects included an inverse relationship between fertility and dose–response as a result of decreased brood size and an increase in temporary and permanent infertility (Woodhead, 1977; Woodhead and Pond, 1987). Chronic radiation exposure of populations may also result in chromosomal aberrations (Woodhead and Pond, 1987; Lamb et al., 1991) and morphological and behavioural mutations (Woodhead and Pond, 1987).

In addition, radiation-induced effects on populations in the deep sea, and ultimately on man, may be affected by the geochemical associations of the radioisotope with the sediment type (Vangenechten et al., 1983), the natural behaviours of species within a community (Nilsson et al., 1984) and the faunal interactions and species compositions within communities (Robbins et al., 1977).

6.2. Commercial Deep-sea Fisheries

Within the deep-sea environment numerous species are fished commercially. Problems arising from exploitation of these fisheries are that many of the reproductive and life history strategies of the exploited species are poorly understood. The level of fisheries regulation is also often limited since many of these fisheries are located in international waters (Rogers, 1994). Few genetic studies have been carried out on these species in order to determine the effect of fishing effort on the population structure of exploited and unexploited populations and on temporal variations within populations. Deep-sea species which are commercially exploited and have had genetic surveys undertaken include (see Tables 1–4 for references): the gonatid squid (*Berryteuthis magister*; Okutani, 1988); the icefish (*Chaenocephalus aceratus, C. gunnari*; Kock, 1992); the red gurnard (*Chelidonichthys kumu*; Roughley, 1951); the roundnose grenadier (*Coryphaenoides (Coryphaenoides) rupestris*; Cohen *et al.*, 1990); the New Zealand ling (*Genypterus blacodes*; Horn, 1993); the bluemouth (*Helicolenus dactylopterus*; Rogers, 1994); the orange roughy (*Hoplostethus atlanticus*; Gordon and Hunter, 1994); the deep-sea trevalla (*Hyperoglyphe antarctica*; Horn and Massey, 1989); the blue grenadier or hoki (*Macruronus novaezelandiae*; Livingston *et al.*, 1991); the hake (*Merluccius capensis, M. gayi, M. hubbsi, M. paradoxus, M. productus*; Cohen *et al.*, 1990); the jackass morwong (*Nemadactylus macropterus*; Rogers, 1994); the Antarctic cod (*Notothenia rossii, N. neglecta, N. gibberifrons*; Kock, 1992); the armourhead (*Pseudopentaceros wheeleri*; Rogers, 1994); the Greenland halibut (*Reinhardtius hippoglossoides*; Geistdoerfer, 1982); the rock-eye rockfish (*Sebastes aleutianus*; Rogers, 1994); the Pacific Ocean perch (*Sebastes alutus*; Rogers, 1994); the rosethorn rockfish (*Sebastes helvomaculatus*; Rogers, 1994); Atlantic redfish (*Sebastes marinus, S. mentella, S. viviparus*; Gordon and Hunter, 1994); the black rockfish (*Sebastes melanops*; Rogers, 1994); the red-stripe rockfish (*Sebastes proriger*; Rogers, 1994); the shortspine thornyhead (*Sebastolobus alascanus*; Rogers, 1994); the blue warehou (*Seriolella brama*; Bolch *et al.*, 1994); the white warehou (*Seriolella caerulea*; Livingston *et al.*, 1991); and the spotted warehou (*Seriolella punctata*; Clark and King, 1989). Of these commercially fished species, two, the orange roughy (*Hoplostethus atlanticus*) and the pelagic armourhead (*Pseudopentaceros wheeleri*), have been reviewed recently (Rogers, 1994). The former has been subjected to several population genetic surveys (see Table 2). Here we review genetic aspects of two other deep-sea fisheries, for the roundnose grenadier (*Coryphaenoides (Coryphaenoides) rupestris*) and for the hoki (*Macruronus novaezelandiae*).

6.2.1. *The Roundnose Grenadier,* Coryphaenoides rupestris, *Fishery*

The roundnose grenadier (*Coryphaenoides (Coryphaenoides) rupestris*) is a deep-sea macrourid fish that is distributed approximately between 400

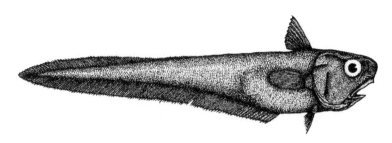

Figure 14   The roundnose grenadier, *Coryphaenoides rupestris*. (Redrawn after Joubin, 1929–36.)

and 2000 m (Whitehead *et al.*, 1986; Haedrich and Merrett, 1988; see Figure 14). It is endemic to the north Atlantic Ocean and is typically found along the continental slope, with an almost continuous distribution along both sides of the Atlantic between 40°N and 65°N. It has been reported as far south as 20°N, and two additional specimens from the Bahamas have also been recorded (Gordon and Hunter, 1994).

Development of the fishery began in the 1950s, initially in the form of exploratory fishing off Newfoundland, with subsequent commercial fishing commencing in 1967 (Atkinson, 1995). Roundnose grenadier have been caught using pelagic and bottom trawls, although the latter method of capture is the more efficient (Gordon and Hunter, 1994). This species has been recorded at depths of up to 500 m off the bottom, and individuals may show diel migration, but there is conflicting evidence about this (Gordon and Hunter, 1994; Atkinson, 1995). In the eastern Atlantic, a British Ministry of Agriculture Food and Fisheries (MAFF)-funded benthic trawl survey found no evidence of diel migration. However, in the western Atlantic, off the coast of Newfoundland, size distributions of captured fish varied according to the time of day. Total biomass caught was greater during the day than at night, but the proportion of large fish caught was greater at night. This was explained by selective predation, with small fish migrating into the water column at night to feed on small planktonic organisms (Savvatimsky, 1969). Diets in both large and small fish are varied and may consist of numerous species of benthic and pelagic prey (see Atkinson, 1995).

MAFF-funded surveys showed that the catch rates of fish varied from area to area, but that there was a year-round consistency in catch rates in different areas (see Gordon and Hunter, 1994). Overall, the roundnose grenadier comprised 73% by weight of potentially marketable species and 37% of the total value of the catch. The fish potentially has a wide marketability, because the flesh has a flavour and consistency similar to that of the Atlantic cod (*Gadus morhua*). Major products are likely to include fresh and frozen fillets, and it is expected that markets may increase in both Europe and Japan (Larsen, 1992).

Within any fishery that is to be maintained for a prolonged period, stock analysis is essential to determine maximum sustainable yields. Important factors which must be considered in determining potential sustainable yield include fecundity, longevity, age at maturity and degree of population structure within stocks. Several European governments have carried out otolith and scale surveys on populations of *C. rupestris* to ascertain the age structure. Gordon and Hunter (1994) found that up to 50% of the fish were aged between 16 and 18 years, with the oldest individual recorded as being 72 years. Female fish mature at approximately 50 cm total length, which generally corresponds to an age of 8–10 years (Bergstad, 1990). Males are smaller than females, but probably mature at a similar age. However, age of maturity increases with latitude, since fish from the more northerly latitudes have a slower growth rate than those inhabiting areas where surface waters are more temperate (Sahrhage, 1988).

Female roundnose grenadier have an average fecundity of 32 300 eggs per fish ($n = 21$, size range 75–105 cm total length; Gordon and Hunter, 1994). However, the number of reproductive cycles per annum is not known, and may even vary from population to population. An additional problem is that the sex ratio varies with depth, with the proportion of males increasing as depth increases (up to 90%; Duschenko, 1988a). The eggs of the roundnose grenadier are planktonic and typically 2.3–2.4 mm in diameter, with a large lipid globule, diameter 0.80–1.02 mm (Grigor'ev and Serebryakov, 1983). Passive drift of eggs and larvae has been reported by Duschenko and Savvatimskiy (1988) to be a possible mechanism of stock integration.

The North Atlantic fishery of the roundnose grenadier has been in progress for the last three decades. The fishery allegedly exploits two separate stocks, namely the north-east and north-west Atlantic fisheries, but there is little genetic evidence in support of this stock discrimination, since few population studies have been carried out. Logvinenko *et al.* (1983) concluded that the north Atlantic fishery as a whole consisted of several reproductively isolated populations. These populations were the north-east Atlantic, the north-west Atlantic, the northern Mid-Atlantic Ridge and the southern Mid-Atlantic Ridge stocks. The Mid-Atlantic Ridge population was divided into two stocks because of the high degree of arching and faulting of the ridge system between the two sampled populations. One potential problem is that whilst numbers of fish surveyed were high, the numbers of loci per individual were low, with stock discrimination relying mainly on frequency data of alleles at one locus (see Table 2; Duschenko, 1988b). The level of genetic identity between two populations can be estimated more accurately by sampling a high number of loci from a relatively low number of individuals (Gorman and Renzi, 1979). Subsequently, Troyanovsky and Lisovsky (1995) proposed that the north Atlantic held one population, with a primary spawning site along the Mid-Atlantic Ridge. Larvae and juveniles were proposed to migrate from this site to three distinct subpopulation areas, forming the north-west Atlantic stock (from Newfoundland to Greenland), the north-east Atlantic stock (from Iceland to south-west Ireland) and a Norwegian stock. The length of this passive migration would be up to 2 years, when fish of 10–15 cm length recruit into adult populations or feeding grounds (Atkinson, 1995). Small numbers of specimens are recorded in areas as far south as the Bay of Biscay and the eastern coast of America, and north to the Arctic circle. The north-east Atlantic and Norwegian stocks were regarded as having secondary spawning areas (see Troyanovsky and Lisovsky, 1995).

Duschenko (1988a) advocated structuring of the north Atlantic roundnose grenadier population into discrete subpopulations. Duschenko (1988a,b) stated that environmental pressures may selectively favour certain genotypes in juvenile (planktonic) roundnose grenadiers, and that this would manifest itself as an increased level of genetic variation within a given population. Furthermore, this variation would not be exhibited uniformly across all hierarchical age categories of fish, and hence a genetic structuring of different generations, each exhibiting different dominant alleles, may arise. Duschenko (1988a) found that different intrapopulation size classes exhibited differing allele frequencies (see Purcell et al., 1996). Additional data which support the structuring of the population into discrete stocks are those of Duschenko and Savvatimskiy (1988), who report that the maturation rate of fish decreases with increasing latitude (decreasing temperature). These authors concluded that colder Arctic waters decrease the rate of maturation. It is therefore important not only to divide the fishery into three latitudinal regions but also to examine the effects of fisheries at different longitudes. The data presented by Duschenko and Savvatimskiy (1988) indicate that a marked decrease in the proportion of mature individuals occurs if the ambient temperature drops below 5°C. Therefore, in more Arctic waters, the proportion of mature individuals is reduced and hence the effective size of the breeding population is less (assuming density of individuals is uniform). Under the assumption that the number of migrants per generation both to and from all populations is equal, should maximum sustainable yield decreases with increasing latitude. The presence of this clinal relationship between latitude and maturation may also contribute, at least in part, to the problem of spawning cycles. Individuals from the southerly latitudes may both mature sooner and spawn more frequently than those from more northerly latitudes (i.e. temporal separation of spawning periods; see Ovenden, 1990). Morphometric data, as well as physiological status and genetic tags, have indicated that discrete populations may exist. Duschenko and Savvatimskiy (1988) cite two studies showing that variation in morphometric traits is linked to habitat.

The intensity of fishing for roundnose grenadier has varied widely on an annual basis, with maximum catches occurring in both the north-east and north-west Atlantic in the 1970s. The north-western Atlantic fishery peaked in 1971, with total catches amounting to 83 800 t, whilst the north-eastern (including mid-Atlantic populations up to 42°W) Atlantic fishery peaked in 1975 with a total landing of 30 738 t (Food and Agriculture Organisation, 1992). Since the 1970s catches have declined in both Atlantic regions, with each fishery currently landing about 10 000 t per annum, with current landings (1992 data) being slightly below this figure (7071 t in the north-west Atlantic and 6849 t in the north-east Atlantic fishery) (Food and Agriculture Organisation, 1992). Gordon and Hunter (1994) report that this decline is partly a result of catch limits imposed on the Greenland halibut (*Reinhardtius hippoglossoides*) fishery, in which the roundnose grenadier comprises a large by-catch.

The roundnose grenadier poses problems typical of many deep-sea fish of commercial interest. The species is relatively long-lived, with a large geographic range of distribution (Atkinson, 1995; Troyanovsky and Lisovsky, 1995). Standing stock biomass of unexploited populations is also relatively high, with an estimated maximum sustainable yield of 24 000–30 000 t. The species is also highly vulnerable to contemporary capture gear either directly or as a by-catch (Atkinson, 1995). However, the level of understanding of stock structure is limited, with regard to population-level distinctions, spawning periods and life history. Genetic studies indicate that stocks are discrete (Logvinenko *et al.*, 1983; Duschenko, 1988b), but have not incorporated data from a large number of polymorphic allozyme loci, or utilized more novel molecular techniques. With the advent of molecular techniques, which can be used on ethanol-preserved specimens, the degree of population structuring in this commercially important species should be more satisfactorily resolved.

6.2.2. *The Blue Grenadier*, Macruronus novaezelandiae, *Fishery*

The blue grenadier or hoki (*Macruronus novaezelandiae*) is a deep-water benthic fish endemic to the temperate waters of the south-west Pacific (Paxton *et al.*, 1989; see Figure 15). Hoki may grow to a length of 1.1 m and generally occupy areas along the continental slope and shelf, with a typical bathymetric distribution of 200–700 m (Milton and Shaklee, 1987). Mature hoki migrate to shallower waters (400–600 m) with the onset of

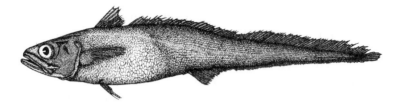

Figure 15 The hoki, *Macruronus novaezelandiae*. (Redrawn from a print supplied by N. Elliott, CSIRO Division of Marine Research, Hobart, Tasmania.)

spawning. Spawning occurs in late winter and early spring, peaking in late July, with the sex ratio typically being 1:1 in commercially unexploited populations (Langley, 1993). Spawning typically lasts 20–27 days. During spawning aggregations, fish may migrate vertically, and may be found up to several hundred metres above the sea floor at night. At dawn the fish return to the seabed. The maximal spawning peak occurs at night, although fish may spawn throughout the day (Langley, 1993). Spawning periods are consistent annually, although the size of spawning fish decreases as the spawning season progresses (Ballara and Sullivan, 1994).

Juvenile hoki are inshore fish, and progress to deeper waters with the onset of sexual maturity. Maturity typically occurs in fish aged 4–5 years (Ballara and Sullivan, 1994) with a total length in excess of 65 cm (Livingston *et al.*, 1991). In shallow-water areas, juveniles may account for up to 90% of the total hoki population (Livingston *et al.*, 1991). Langley (1993) reported that winter water temperature is one of the critical factors influencing survival of juvenile fish. Survival is higher when water temperatures are higher. Typically, the sex ratio of any population is 1:1; however, in commercially exploited populations the percentage of mature males declines. This is a result of males being recruited into the fishery at an earlier age than females. The single major fishery for hoki is that of the southern Pacific, with eastern and western boundaries at 120°W and 150°E, respectively. Northern and southern boundaries are 25°S and 60°S, respectively. Within this area a significant increase in the intensity of fishing and landings of hoki has occurred. In 1983, the total catch was 44 555 t, by 1991 this had risen to 337 882 t, with a peak catch in 1990 of 391 997 t (Food and Agriculture Organisation, 1992). This high-intensity fishing effort not only affects the target species but also affects species caught as by-catch. In one area of the hoki fishery, large percentages of commercially important by-catch species are also caught, including the ling (*Genypterus blacodes*); the sea perch (*Helicolenus* sp.); the bluenose (*Hyperoglyphe antarctica*); rattails (family Macrouridae); the hake

(*Merluccius australis*); the common warehou (*Seriolella brama*); the white warehou (*Seriolella caerulea*); the silver warehou (*Seriolella punctata*); and the barracouta (*Thyrsites atun*) (Ballara and Sullivan, 1994).

To date only four studies have been undertaken to examine population structure in the hoki, two of which used electrophoresis (Smith *et al.*, 1981; Milton and Shaklee, 1987), and two of which used mtDNA (Baker *et al.*, 1995; Smith *et al.*, 1996b). Smith *et al.* (1981) sampled hoki from the 200 mile (320 km) exclusive economic zone around New Zealand. They found no differences in genotype frequencies between the nine regional samples examined, and it was proposed that the hoki in New Zealand waters should be fished as a single stock. Milton and Shaklee (1987) and Baker *et al.* (1995) both showed that the New Zealand stock was genetically isolated from the south-eastern Australian and Tasmanian stock. Within the Australian and Tasmanian stock there was a high degree of homogeneity, and Milton and Shaklee (1987) proposed that the hoki in these waters could be treated as a single interbreeding unit. However, Smith *et al.* (1996b) found no significant differentiation in haplotype frequencies between the New Zealand and Tasmanian stocks.

7. PROSPECTS FOR FUTURE STUDIES ON THE GENETICS OF DEEP-SEA SPECIES

The following section details some aspects of population genetics in deep-sea organisms that are likely to be studied in the near future. It also details the advantages and disadvantages of certain techniques for different aspects of this work. Shortfalls of present research practices are also highlighted, and areas in which the collection of additional data may be of use to genetic studies are also discussed. Finally, a brief discussion of theoretical tests of neutrality is made, and the applicability of these tests to future studies on the evolutionary genetics of deep-sea organisms is assessed.

7.1. Genetic Techniques, Biodiversity and Spatial Population Structure

Genetic techniques are clearly powerful in discerning stock structure in commercially important species of deep-sea animals, both now and in the future. Their utility, however, goes beyond this when the practical difficulties in studying aspects of the biology and evolution of deep-sea organisms are considered.

It is becoming clear that the diversity of deep-sea benthic communities is extremely high (e.g. Lambshead, 1993; Gage, 1996). However, the systematics and distribution of many invertebrate taxa that constitute this diversity are poorly understood. This is mainly because of difficulties in discerning levels of morphological variation which represent specific differences for many groups of deep-sea invertebrates and even fish. The application of biochemical and molecular phylogenetic techniques is likely to allow the resolution of previously unrecognized biodiversity within such phyla. This will also allow us to gain an accurate understanding of the distribution and evolution of many deep-sea taxa at a variety of spatial and temporal scales for the first time. Examples already exist whereby biochemical and molecular studies have revolutionized our ideas of diversity and species distribution within groups (e.g. France and Kocher, 1996a; Miya and Nishida, 1996, 1997). Such studies are likely to lead to a better understanding of macroevolutionary processes in the deep-sea fauna.

Within species, biochemical and molecular genetics can assist in discerning aspects of population biology, life-history processes and geographic structure of intraspecific populations. Such phenomena are extremely intractable to study using more traditional techniques because of the intrinsic difficulties involved in monitoring deep-water populations over large spatial and temporal scales. It is possible to study the modes of reproduction in deep-sea species by analysing genotype and allele frequencies within populations. Evidence for the limited role of asexual reproduction in the colonization of the gorgonian *Acanella arbuscula* by the anemone *Amphianthus inornata* has been obtained by analysis of genotype frequencies using starch gel electrophoresis (Bronsdon *et al.*, 1997). Allozyme electrophoresis was used in conjunction with mor-phometric analyses by Creasey *et al.* (1997) on populations of the spider crab *Encephaloides armstrongi* from the continental slope of Oman. It was found that that *E. armstrongi* exhibited gender-biased dispersal, with female crabs forming a resident population in the sample area. Multilocus or single-locus microsatellite DNA analyses are particularly suited to such applications.

Estimations have been made of the dispersal potential of deep-sea organisms, using biochemical and molecular genetic techniques, par-ticularly on hydrothermal vent-endemic species (e.g. Jollivet *et al.*, 1995a; Creasey *et al.*, 1996). Biochemical and molecular genetic techniques have given rise to the possibility of identifying the species to which many larvae belong, and may allow us to determine with a greater accuracy the true dispersal capabilities of different types of larval propagules (e.g. Nedreaas and Nævdal, 1991a). The study of naturally hybridizing populations of species has also become a possibility (e.g. *Echinus esculentus* and *E. acutus* on the Norwegian slope). Such studies will enable us to gain a better understanding of microevolutionary processes occurring within deep-sea species.

The application of biochemical genetic techniques may be limited in deep-sea work because of the requirement for fresh or rapidly frozen material that can be extremely difficult to transport from remote regions of the world to the laboratory. Since DNA can be extracted from material preserved in alcohol or high-salt buffering solutions, preservation of material for molecular genetic studies on long-distance cruises is a much more practical option. However, the cost of molecular techniques both in money and time is significantly higher than biochemical genetic approaches. Furthermore, the presence of certain alleles in functional proteins within populations or samples can have an intrinsic scientific value over and above that of a "genetic marker". Studies on allele frequencies in enzyme loci of deep-sea fish and vent-endemic polychaetes have suggested that certain genotypes are selected, and this may have contributed to the speciation process (Jollivet et al., 1995a).

The value of genetic data collected in the future for studies of macro- and microevolutionary processes in deep-sea species will be greatly enhanced by the collection of additional biological data. The collection of additional data such as sex ratios, size frequencies, age structure, etc., can all be extremely useful in the interpretation of population genetic data. During the present review we have found instances of species not being identified, especially in studies of vent-endemic organisms, and occasions when species have been misidentified. The lag that exists between publication of the results of molecular genetic studies and morphological species descriptions is likely to lead to difficulties in the future when comparing results between different genetic studies, and at worst could reduce the value of some of the surveys. It is acknowledged that morphological systematics work can take a long time to appear, compared to genetic work. This is because taxonomic specialists are few and far between, on a global scale. It is, however, crucial that detailed systematic work is made to determine accurately which species are the subject of genetics work and vice versa. Ideally, morphological descriptions and genetic work should be carried out on the same specimens. An additional problem encountered during the preparation of the present review is that of apparent inaccuracies in basic data (e.g. allelic frequencies). Some of these may be typographical errors, but the importance of getting basic data correct cannot be overemphasized. It is clear that any genetic analysis based on incorrect data limits the potential usefulness of a publication to future scientists.

More detailed studies on the population and reproductive biology of deep-sea organisms with the aid of molecular genetic techniques will require a greater accuracy in the determination of where specimens are collected. Manned submersibles or sophisticated new-generation ROVs make the collection of intact specimens from precise localities possible. The cost of such operations is likely to be large, but is necessary if we are to advance our understanding of deep-sea biology to a level comparable to that of shallow-water organisms. This has already taken place for studies on vent-endemic species, but for the major part of the deep sea, collections are still made by long-distance trawls or other remote-sampling gear. Where such old technology is being used, at least some material should be placed in media which preserve DNA so that such collections can be accessed by molecular geneticists in the future.

7.2. DNA Polymorphism, Deep-sea Organisms and Neutralist Predictions

The neutral mutation–random drift hypothesis (neutral theory) proposed by Kimura (1968, 1983) assumes that at the molecular level, genetic variability within species is not caused by Darwinian selection but by the random drift of neutral or nearly neutral mutant alleles. Section 5 of the present review discussed a number of aspects of the neutral theory of molecular evolution, alongside data from allozyme studies and previous reviews that have tested conformity to the theory. Traditionally, allozymes have been the most frequently studied markers to discern population-level boundaries within a species (see Section 3.1). Allozyme electrophoresis is limited to the detection of non-synonymous (amino acid-altering) muta-tions, and as a technique can typically detect only 30% of all mutations at an enzyme locus (Nei, 1987). Furthermore, the amount of mutation at an enzyme locus depends on both enzyme structure and function (Harris *et al.*, 1977; Koehn and Eanes, 1978; Nei, 1987). As a consequence, allozymes may not prove to be the optimal measures of genetic divergence and conformity to neutral theory expectations.

With the advent and utilization of high-resolution molecular tech-niques, such as restriction enzymes and DNA sequencing (see Section 3), the degree of polymorphism arising from both non-synonymous and synonymous (silent) mutations can be discerned at the nucleotide level. Furthermore, such techniques allow polymorphism to be studied at both coding and non-coding regions of the genome, as well as research to focus on either conservative or highly variable regions. Polymorphism in DNA can be measured by two quantifiable parameters: (1) the average number of pairwise nucleotide variations between two organisms, and (2) the number of polymorphic (segregating) sites along a sequence. In order to test the level of DNA polymorphism against that predicted under the neutral theory, a number of indices and measurements have been proposed, some of which may require knowledge of the evolutionary relationships of the taxa screened. Direct, phylogenetic or statistical parameters have been proposed as suitable measures of polymorphism (Ballard and Kreitman, 1995; and references therein). In this section, a brief overview is given of three of the statistical tests which may be applicable to measurement of DNA polymorphism, and comparison to neutralist predictions, within deep-sea species. The test statistics outlined are those of (1) Hudson–Kreitman–Aguadé (1987), (2) McDonald–Kreitman (1991) and (3) Tajima (1989). Underlying principles, assumptions and requirements of each statistic are discussed, along with testing procedures. However, for a full discussion of the limitations and utilization of the statistics, readers are referred to the original manuscripts and subsequent publications (e.g. Tajima, 1993, 1996).

Hudson et al. (1987) proposed a quantifiable statistical test (X^2) that could be used to determine the goodness of fit of observed polymorphisms to that obtained under neutralist predictions based on a constant rate of mutation. The model requires estimates of polymorphism and the time of divergence between two species from an ancestral species. The model also makes a number of assumptions including: (1) species sampled have discrete generations; (2) all mutations are neutral; (3) the infinite-site model is conformed to (Kimura, 1969); (4) independent mutations arise at each locus and at each gamete, each generation; (5) the numbers of mutations per generation at each locus in each gamete are Poisson distributed; (6) recombination within loci does not occur; (7) loci are not linked; (8) sampled species population sizes are known and stable; and (9) species are derived from a single ancestral population which was at stationarity at divergence, and had a population size which is the mean of the species sampled (Hudson et al., 1987). From three statistical methods of testing observed data, Hudson et al. (1987) concluded that an accurate estimate (X^2) of the χ^2 distribution could be discerned from sequence data if the total number of sites compared and number of variable sites within and between species were known. Testing of significance of data from neutral theory expectations was possible assuming that X^2 followed a χ^2 distribution with the appropriate degrees of freedom (Hudson et al., 1987).

McDonald and Kreitman (1991) used data from the alcohol dehydrogenase (Adh) locus in order to determine a statistic to test whether molecular evolution and polymorphism in the fruit fly (Drosophila melanogaster) species group met neutral theory expectations. Under the test, it is assumed that mutations between species are fixed differences, whilst those within species represent polymorphisms. In order to test the hypothesis the number of replacement and synonymous substitutions for fixed differences between, and polymorphisms within, species are required. Under the McDonald–Kreitman (1991) model, the ratio of neutral replacement mutations to synonymous fixed substitutions is equal to the ratio of neutral replacement mutations to synonymous polymorphisms. The significance of the statistic can be tested using a G test of independence. Modification of the resulting G value can be made by dividing by Williams's continuity correction to obtain an adjusted G value (G_{adj}). The significance of G_{adj} to a χ^2 distribution with the appropriate number of degrees of freedom may then be tested (Sokal and Rohlf, 1995).

Tajima (1989) proposed a statistical method for testing conformity of DNA polymorphism to neutral theory expectations. Under the model of Tajima (1989) it is assumed that the infinite-site model (Kimura, 1969) is in effect, and that neither selection occurs on, nor recombination between, DNA sequences. Unlike the Hudson–Kreitman–Aguadé (1987) and McDonald–Kreitman (1991) tests, the Tajima (1989) statistic does not require data on the evolutionary distance between species at the molecular level. The test statistic (D) can be applied to studies in which only the amount of DNA polymorphism is known (Tajima, 1989, 1993). Conformity to neutral theory expectations can be assessed by assuming D emulates a beta distribution, with a variance of 1 and mean of 0 (Tajima, 1989, 1993). If D is significantly different from 0, then the neutral mutation hypothesis may be rejected, although some variance of D could arise as a result of population history (see Tajima, 1993).

By using statistics such as those outlined above, the assumption that all mutations are neutral may be tested, although this hypothesis may be distinct to that of evaluating whether the neutral theory holds (Fu and Li, 1993b). There are other statistics that test the neutral theory using other types of genetic data (Fu and Li, 1993a). At present, data are not available to test the validity of the neutral theory in relation to the evolution of deep-sea taxa using such statistics. Because allozyme data derived from studies on deep-sea species, especially those from hydrothermal vents, have suggested selection, the above tests may prove to be a useful line of research for the future. Such tests would broaden genetic studies on deep-sea species from the realms of molecular ecology to theoretical evolutionary genetics.

8. CONCLUSIONS

Bathyal and abyssal environments are characterized by relatively stable physical parameters, especially temperature, salinity, oxygen concentration and hydrostatic pressure. Exceptions to this stable environment are found within hydrothermal vent fields, hydrocarbon seeps, groundwater seeps, subduction seeps and OMZs. There is evidence that, in species inhabiting these environments, some enzyme loci may exhibit temperature- and pressure-mediated selection. Organisms may also exhibit enzymatic, metabolic and morphological adaptation to conditions of low oxygen concentrations and/or the presence of high concentrations of naturally occurring toxic compounds. At present there are no data on the effects of such adverse environmental factors on the genetics of deep-sea species.

Biochemical techniques have been used in the majority of genetic studies on deep-sea species and populations. These techniques have the disadvantage that they require fresh tissue for enzyme extraction but the advantage that enzyme loci are functional proteins and can demonstrate environmentally driven selection. Molecular genetic techniques have the disadvantage that they are expensive and generally require a long period of optimization for a particular study. However, these techniques can utilize tissues preserved in alcohol or buffering solutions, which is a major consideration when deep-sea cruises are of long duration and in remote locations. Biochemical and molecular genetic techniques can be applied at different systematic levels of genetic separation, but molecular techniques have a broader spectrum of application.

The observed relationship between heterozygosity and polymorphic loci in the deep sea was similar to that expected under the infinite-alleles model of the neutral theory of molecular evolution (Kimura and Crow, 1964). These data therefore imply that, from biochemical data, the neutral theory may be in effect in populations of deep-sea organisms. Additional comparisons to neutral theory expectations of population genetics from deep-sea organisms should be made in the future using molecular data.

Probable causes for significant differences in observed heterozygosity between deep-sea vertebrates, deep-sea invertebrates and hydrothermal vent-endemic organisms are low sample sizes for, and taxonomic bias within, the different groups. Similar sources of bias, alongside inconsistencies in methodology, may account for trends between observed heterozygosity and both reproductive strategy and bathymetric distribution. Significant differences were found between vertebrates with ovoviviparous and teleplanic reproductive strategies. It may be concluded that low heterozygosity in ovoviviparous species could have arisen as a result of small effective population sizes and low migration rates between populations. Such conclusions are consistent with those previously cited for marine organisms which exhibit differing reproductive strategies (Gyllensten, 1985; Russo *et al.*, 1994).

Analysis of the relationship between genetic identity and systematic separation for deep-sea taxa in the present review revealed similar results to those obtained for taxa from other habitats (Thorpe, 1982, 1983). It can therefore be concluded that levels of genetic identity between conspecific, congeneric and confamilial populations are broadly similar between deep-sea organisms and those from other habitats. These data imply that speciation may occur at a similar rate in the deep sea in comparison to that in other environments, and that approximate times of evolutionary divergence for species and genera are 3 million and 25 million years, respectively.

The estimates of gene flow given by the F_{ST} and private alleles methods are significantly correlated. Both indices are suitable for estimating relative levels of gene flow between populations, providing sample sizes are adequate. Divergence between the estimates may indicate inadequate sampling or disturbance at the population level.

The lack of correlation between genetic population structure and both scale of geographic separation and reproductive strategy in deep-sea vertebrates and invertebrates is probably a result of low sample size. Spatial genetic structure at intraoceanic scales is difficult to predict, in both invertebrates and vertebrates. Conversely, in hydrothermal vent-endemic organisms, significant genetic differentiation is observed between populations at differing geographic scales. It can be concluded that these observations are a result of either past or present hydrographic and topographic barriers, or species-specific behavioural or life history parameters.

Commercial exploitation of deep-sea habitats is increasing, and is likely to continue to do so for the foreseeable future. Population genetic studies may prove to be invaluable tools in estimating possible effects of anthropogenic impacts on deep-sea fauna. Impact assessments should not be restricted to lethal effects (i.e. changes in species diversity) but should include sublethal effects, such as selection, that influence the genetic structure of populations. Genetic studies could also be useful in indicating sublethal effects of potential pollutants on populations which otherwise appear to be unaffected, as well as the degree of panmixia and probable damage to populations in a target area.

ACKNOWLEDGEMENTS

We gratefully acknowledge financial support from the Natural Environment Research Council (CASE studentship Award No. GT4/94/247/P) and the Marine Biological Association (MBA) of the UK bursary scheme. We would also like to thank Professor Michael Whitfield for the use of facilities at the MBA, and the MBA library staff for their assistance during the preparation of the manuscript. Additional thanks are also due to the University of Southampton.

We would also like to acknowledge all who have helped in reviewing and preparing the manuscript: Didier Jollivet, Nigel Merrett, Ben Planque for assistance during preparation of the manuscript, and Susana Lopes and Professors Paul Tyler and Alan Southward as well as anonymous referees for comments and suggestions for manuscript revision. Thanks are also due to Drs I. G. (Monty) Priede, John Gage and Eve Southward for supplying specimens of *Eurythenes gryllus*, *Munidopsis scobina* and *Rimicaris exoculata*, respectively. In addition, thanks are due to Nick Elliott for a photograph of *Macruronus novaezelandiae*, and for, as then, unpublished data.

REFERENCES

Afanas'yev, K. I., Bekker, B. E. and Fetisov, A. N. (1990). Electrophoretic investigations of the isozymes of three species of the family Myctophidae. *Journal of Ichthyology* **30**, 28–37.

Alberte, R. S., Suba, G. K., Procacinni, G., Zimmerman, R. C. and Fain, R. S. (1994). Assessment of genetic diversity of seagrass populations using DNA fingerprinting: implications for population stability and management. *Proceedings of the National Academy of Sciences of the USA* **91**, 1049–1053.

Alcock, A. (1899). "An account of the Deep-Sea Brachyura Collected by the Royal Indian Marine Survey ship Investigator". Calcutta.

Amann, H. and Beiersdorf, H. (1993). The environmental impact of deep sea mining. *In* "25th Annual Offshore Technology Conference", vol. 1. "Geology, Earth Sciences and Environment", pp. 213–231. Houston, Texas.

Amaoka, K., Nakaya, K., Araya, H. and Yasui, T. (1983). "Fishes from the North Eastern Sea of Japan and the Okhotsk Sea off Hokkaido." Japanese Fisheries Resource Conservation Association. Tokyo.

Anderson, I. (1998). Riches spill from Davy Jones's locker. *New Scientist* **2116**, 13.

Anderson, R. C. (1982). Electrophoretic analysis of Antarctic fish from South Georgia. *Animal Blood Groups and Biochemical Genetics* **13**, 11–18.

Anonymous (1993). DeepStar project spawns new approach to deepwater development. *Journal of Petroleum Technology* **45**, 704–705.

Atkinson, D. B. (1995). The biology and fishery of the roundnose grenadier (*Coryphaenoides rupestris* Gunnerus, 1765) in the north west Atlantic. *In* "Deep-water Fisheries of the North Atlantic Oceanic Slope" (A. G. Hopper, ed.), pp. 113–160. Kluwer, Dordrecht.

Autem, M., Salvidio, S., Pasteur, N., Desbruyères, D. and Laubier, L. (1985). Evidence of genetic isolation between the two sympatric forms of *Alvinella pompejana* (Polychaeta: Ampharetidae) annelids colonising hydrothermal vents of the East Pacific Rise. *Compte Rendus Hebdomadaires des Sèances de l'Academie des Sciences de Paris, Series III* **301**, 131–135.

Avise, J. C. (1994). "Molecular Markers, Natural History and Evolution". Chapman and Hall, London.

Avise, J. C., Arnold, J., Ball, R. M., Bermingham, E., Lamb, T., Neigel, J. E., Reeb, C. A. and Saunders, N. C. (1987). Intraspecific phylogeography: the mitochondrial DNA bridge between population genetics and systematics. *Annual Review in Ecology and Systematics* **18**, 489–522.

Ayala, F. J. and Valentine, J. W. (1974). Genetic variability in the cosmopolitan deep-water ophiuran *Ophiomusium lymani*. *Marine Biology* **27**, 51–57.

Ayala, F. J., Valentine, J. W., Hedgecock, D. and Barr, L. G. (1975). Deep-sea asteroids: high genetic variability in a stable environment. *Evolution* **29**, 203–212.

Baco, A. R., Smith, C. R. and Vrijenhoek, R. C. (1994). Deep-sea whale skeleton communities on the California slope: structure, dynamics and vent-seep affinities. *EOS, Transactions of the American Geophysical Union* **76**, 0568.

Bailey, K. M., Stabeno, P. J. and Powers, D. A. (1997). The role of larval retention and transport features in the mortality and potential gene flow of walleye pollack. *Journal of Fish Biology* **51** (Supplement A), 135–154.

Baker, C. S., McCarthy, M., Smith, P. J., Perry, A. P. and Chambers, G. K. (1992). DNA fingerprints of orange roughy, *Hoplostethus atlanticus*: a population comparison. *Marine Biology* **113**, 561–567.

Baker, C. S., Perry, A., Chambers, G. K. and Smith, P. J. (1995). Population variation in the mitochondrial cytochrome *b* gene of the orange roughy *Hoplostethus atlanticus* and the hoki *Macruronus novaezelandiae*. *Marine Biology* **122**, 503–509.

Baker, E. T., Lavelle, J. W., Feely, R. A., Massoth, G. J and Walker, S. L. (1989). Episodic venting of hydrothermal fluids from the Juan de Fuca Ridge. *Journal of Geophysical Research* **94**, 9237–9250.

Ballara, S. L. and Sullivan, K. J. (1994). Catch rates, size composition, and spawning condition of hoki in the Puysegur area, 1992. *New Zealand Fisheries Technical Reports* **40.**

Ballard, J. W. O. and Kreitman, M. (1995). Is mitochondrial DNA a strictly neutral marker? *Trends in Ecology and Evolution* **10**(12), 485–488.

Bargelloni, L., Ritchie, P. A., Patarnello, T., Battaglia, B., Lambert, D. M. and Meyer, A. (1994). Molecular evolution at subzero temperatures: mitochondrial and nuclear phylogenies of fishes from Antarctica (Suborder Notothenioidei) and the evolution of antifreeze glycopeptides. *Molecular Biology and Evolution* **11**, 854–863.

Barnard, J. L. (1961). Gammaridean Amphipoda. *Galathea Report* **5**, 23–128.

Barnard, J. L. and Shulenberger, E. (1976). Classification of the abyssal amphipod *Paralicella tenuipes* Chevreux. *Crustaceana* **31**(3), 267–274.

Barry, J. P., Greene, H. G., Orange, D. L., Baxter, C. H., Robison, B. H., Kochevar, R. E., Nybakken, J. W., Reed, D. L. and McHugh, C. M. (1996). Biologic and geologic characteristics of cold seeps in Monterey Bay, California. *Deep-Sea Research I* **43**, 1739–1762.

Barry, J. P., Kochever, R. E. and Baxter, C. H. (1997). The influence of pore-water chemistry and physiology on the distribution of vesicomyid clams at cold seeps in Monterey Bay: implications for patterns of chemosynthetic community organization. *Limnology and Oceanography* **42**(2), 318–328.

Battaglia, B., Bisol, P. M. and Rodinò, E. (1980). Experimental studies on some genetic effects of marine pollution. *Helgoländer Meeresuntersuchungen* **33**, 587–595.

Becker, I. I., Stewart Grant, W., Kirby, R. and Robb, F. T. (1988). Evolutionary divergence between sympatric species of southern African hakes, *Merluccius capensis* and *M. paradoxus*. II. Restriction enzyme analysis of mitochondrial DNA. *Heredity* **61**, 21–30.

Bell, J. D., Lyle, J. M., Bulman, C. M., Graham, K. J., Newton, G. M. and Smith, D. C. (1992). Spatial variation in reproduction and occurrence of non-reproductive adults in orange roughy, *Hoplostethus atlanticus* Collett (Trachichthyidae) from south-eastern Australia. *Journal of Fish Biology* **40**, 107–122.

Belman, B. W. and Gordon, M. S. (1979). Comparative studies on the metabolism of shallow-water and deep-sea marine fishes. V. Effects of temperature and hydrostatic pressure on oxygen consumption in the mesopelagic zoarcid *Melanostigma pammelas*. *Marine Biology* **50**, 275–281.

Bennett, B. A., Smith, C. R., Glaser, B. and Maybaum, H. L. (1994). Faunal community structure of a chemoautotrophic assemblage on whale bones in the deep Northeast Pacific Ocean. *Marine Ecology Progress Series* **108**, 205–223.

Berg, C. J. Jr (1985). Reproductive strategies of molluscs from abyssal hydrothermal vent communities. *Bulletin of the Biological Society of Washington* **6**, 185–197.

Berger, W. H. (1981). Palaeoceanography: the deep-sea record. *In* "The Sea", vol. 7. "The Oceanic Lithosphere" (C. Emiliani, ed.), pp. 1437–1519. Wiley, New York.

Bergstad, O. A. (1990). Distribution, population structure, growth and reproduction of the roundnose grenadier *Coryphaenoides rupestris* (Pisces: Macrouridae) in the deep waters of the Skagerrak. *Marine Biology* **107**, 25–39.

Bernardi, G. and Goswami, U. (1997). Molecular evidence for cryptic species among the Antarctic fish *Trematomus bernachii* and *Trematomus hansoni*. *Antarctic Science* **9**(4), 381–385.

Bernardi, G., Sordino, P. and Powers, D. A. (1992). Nucleotide sequence of the 18S ribosomal ribonucleic acid gene from two teleosts and two sharks and their molecular phylogeny. *Molecular Marine Biology and Biotechnology* **1**, 187–194.

Bert, T. M. (1986). Speciation in western Atlantic stone crabs (Genus: *Menippe*): the role of geological processes and climatic events in the formation and distribution of species. *Marine Biology* **93**, 157–170.

Bisol, P. M., Costa, R. and Sibuet, M. (1984). Ecological and genetical survey on two deep-sea holothurians: *Benthogone rosea* and *Benthodytes typica*. *Marine Ecology Progress Series* **15**, 275–281.

Black, M. B. (1991). Genetic (allozyme) variation in Vestimentifera (*Ridgeia* spp.) from hydrothermal vents of the Juan de Fuca Ridge (Northeast Pacific Ocean). MSc Thesis, University of Victoria, British Columbia.

Black, M. B., Lutz, R. A. and Vrijenhoek, R. C. (1994). Gene flow among vestimentiferan tube worm (*Riftia pachyptila*) populations from hydrothermal vents of the eastern Pacific. *Marine Biology* **120**, 33–39.

Black, M. B., Halanych, K. M., Maas, P. A. Y., Hoeh, W. R., Hashimoto, J., Desbruyères, D., Lutz, R. and Vrijenhoek, R. C. (1997). Molecular systematics of vestimentiferan tubeworms from hydrothermal vents and cold-water seeps. *Marine Biology* **130**, 141–149.

Blaxhall, P. C. (1975). Fish chromosome techniques – a review of selected literature. *Journal of Fish Biology* **7**, 315–320.

Bluhm, H. (1993). Effects of deepsea mining for manganese nodules on the abyssal megabenthic community. *In* "25th Annual Offshore Technology Conference", vol. 1. "Geology, Earth Sciences and Environment", pp. 521–529. Richardson, Texas.

Bolch, C. J. S., Elliott, N. G. and Ward, R. D. (1993). Enzyme variation in South-eastern Australian samples of the blue-eye or deepsea trevalla, *Hyperoglyphe antarctica* Carmichael 1818 (Teleostei: Stromateoidei). *Australian Journal of Marine and Freshwater Research* **44**, 687–697.

Bolch, C. J. S., Ward, R. D. and Last, P. R. (1994). Biochemical systematics of the marine fish family Centrolophidae (Teleostei: Stromateoidei) from Australian waters. *Australian Journal of Marine and Freshwater Research* **45**, 1157–1172.

Borets, L. A. (1979). The population structure of the boarfish, *Pentaceros richardsoni*, from the Emperor seamounts and the Hawaiian ridge. *Journal of Ichthyology* **19**, 15–20.

Borets, L. A. (1980). The distribution and structure of the range of the boarfish, *Pentaceros richardsoni*. *Journal of Ichthyology* **20**(3), 141–143.

Borodulina, O. D. (1989). On the distribution of *Centrolophus niger* and *Schedophilus huttoni* (Centrolophidae) in the southern part of the Pacific Ocean. *Journal of Ichthyology* **29**, 157–160.

Brasher, D. J., Ovenden, J. R. and White, R. W. G. (1992). Mitochondrial DNA variation and phylogenetic relationships of *Jasus* spp. (Decapoda: Palinuridae). *Journal of Zoology* **227**, 1–16.

Briggs, J. C. (1991). Global species diversity. *Journal of Natural History* **25**, 1403–1406.

Brinkhoff, T. and Muyzer, G. (1997). Increased species diversity and extended habitat range of sulfur-oxidizing *Thiomicrospira* spp. *Applied and Environmental Microbiology* **63**(10), 3789–3796.

British Petroleum Exploration (1995). "Foinaven Phase One". Public Affairs Department, British Petroleum Exploration, Aberdeen.

Bronsdon, S. K., Tyler, P. A., Rice, A. L. and Gage, J. D. (1993). Reproductive biology of two epizoic anemones from the deep north eastern Atlantic Ocean. *Journal of the Marine Biological Association of the U.K.* **73**, 531–542.

Bronsdon S. K., Rogers, A. D., Tyler, P. A., Rice, A. L. and Gage, J. D. (1997). Genetic study of the extent and consequences of sexual and asexual reproduction in the deep-sea epizoic anemones *Amphianthus inornata* and *Kadosactis commensalis* (Cnidaria: Anthozoa). *Marine Biology* **128**, 231–239.

Brown, W. M., George, M. and Wilson, A. C. (1979). Rapid evolution of animal mitochondrial DNA. *Proceedings of the National Academy of Sciences of the USA* **76**, 1967–1971.

Bruun, A. F. (1959). General introduction to the reports and list of deep-sea stations. *Galathea Reports* **1**, 7–48.

Bucklin, A. (1988). Allozymic variability of *Riftia pachyptila* populations from the Galapagos Rift and 21°N hydrothermal vents. *Deep-Sea Research* **35**, 1759–1768.

Bucklin, A., Wilson, R. R. Jr and Smith, K. L. Jr (1987). Genetic differentiation of seamount and basin populations of the deep-sea amphipod *Eurythenes gryllus*. *Deep-Sea Research* **34**, 1795–1810.

Bulnheim, H.-P. and Scholl, A. (1986). Genetic differentiation between populations of *Talitrus saltator* and *Talorchestia deshayesii* (Crustacea: Amphipoda) from coastal areas of the north-western European continent. *Marine Biology* **92**, 525–536.

Burns, R. E. (1980). Assessment of environmental effects of deep ocean mining of manganese nodules. *Helgoländer Meeresuntersuchungen* **33**, 433–442.

Burton, R. S. (1986). Evolutionary consequences of restricted gene flow among natural populations of copepods, *Tigriopus californicus*. *Bulletin of Marine Science* **39**(2), 526–535.

Butler, J. L. (1979). The nomeid genus *Cubiceps* (Pisces) with a description of a new species. *Bulletin of Marine Science* **29**, 226–241.

Butler, T. H. (1980). Shrimps of the Pacific coast of Canada. *Canadian Bulletin of Fisheries and Aquatic Sciences* **202**.

Butterfield, D. A., Massoth, G. J., McDuff, R. E., Lupton, J. E. and Lilley, M. D. (1990). The chemistry of phase separated hydrothermal fluids from ASHES vent field, Juan de Fuca Ridge. *Journal of Geophysical Research* **95**, 12 895–12 922.

Cabrera, J. (1971). Survival of the oyster *Crassostrea virginica* (Gmelin) in the laboratory under the effects of oil drilling fluids spilled in the Laguna de Tamiahua, Mexico. *Gulf Research Reports* **3**, 197–213.

Carvalho, G. R. and Pitcher, T. J. (eds) (1995). "Molecular Genetics in Fisheries". Chapman and Hall, London.

Cary, S. C. and Giovannoni, S. J. (1993). Transovarian inheritance of endosymbiotic bacteria in clams inhabiting deep-sea hydrothermal vents and cold seeps. *Proceedings of the National Academy of Sciences of the USA* **90**, 5695–5699.

Cary, S. C., Warren, W., Anderson, E. and Giovannoni, S. J. (1993). Identification and localization of bacterial endosymbionts in hydrothermal vent taxa with symbiont-specific polymerase chain reaction amplification and *in situ* hybridization techniques. *Molecular Marine Biology and Biotechnology* **2**(1), 51–62.

Cary, S. C., Cottrell, M. T., Stein, J. L., Camacho, F. and Desbruyères, D. (1997). Molecular identification and localization of filamentous symbiotic bacteria associated with the hydrothermal vent annelid *Alvinella pompejana*. *Applied and Environmental Microbiology* **63**(3), 1124–1130.

Cary, S. C., Shank, T. and Stein, J. (1998). Worms bask in extreme temperatures. *Nature* **391**, 545–546.

Cherry, R., Desbruyères, D., Heyraud, M. and Nolan, C. (1992). High levels of natural radioactivity in hydrothermal vent polychaetes. *Compte Rendus hebdomadaires des Sèances de l'Academie des Sciences de Paris Ser III* **315**, 21–26.

Chevaldonné, P. and Olu, K. (1996). Occurrence of anomuran crabs (Crustacea: Decapoda) in hydrothermal vent and cold-seep communities: a review. *Proceedings of the Biological Society of Washington* **109**, 286–298.

Chevaldonné, P., Jollivet, D., Vangriesheim, A. and Desbruyères, D. (1997). Hydrothermal-vent alvinellid polychaete dispersal in the eastern Pacific. 1. Influence of vent site distribution, bottom currents and biological patterns. *Limnology and Oceanography* **42**, 67–80.

Childress, J. J. (1975). The respiratory rates of midwater crustaceans as a function of depth of occurrence and relation to the oxygen minimum layer off southern California. *Comparative Biochemistry and Physiology* **50A**, 787–799.

Childress, J. J. (1977). Effects of pressure, temperature and oxygen on the oxygen consumption rate of the midwater copepod *Gaussia princeps*. *Marine Biology* **39**, 19–24.

Childress, J. J. and Fisher, C. R. (1992). The biology of hydrothermal vent animals: physiology, biochemistry and autotrophic symbiosis. *Oceanography and Marine Biology Annual Review* **30**, 331–441.

Childress, J. J. and Mickel, T. J. (1985). Metabolic rates of animals from the hydrothermal vents and other deep-sea habitats. *Bulletin of the Biological Society of Washington* **6**, 249–260.

Childress, J. J. and Somero, G. N. (1979). Depth-related enzymic activities in muscle, brain and hearts of deep-living pelagic marine teleosts. *Marine Biology* **52**, 273–283.

Childress, J. J. and Theusen, E. V. (1992). Metabolic potential of deep-sea animals:

regional and global scales. *In* "Deep-sea Food Chains and the Global Carbon Cycle" (G. T. Rowe and V. Pariente, eds), pp. 217–236. Kluwer, Dordrecht.

Clark, A. L. and Li, C. (1991). Marine mineral resources of the East China Sea–scientific and economic opportunities. *Marine Mining* **10**, 117–144.

Clark, M. R. and King, K. J. (1989). Deepwater fish resources off the North Island, New Zealand: results of a trawl survey, May 1985 to June 1986. *New Zealand Fisheries Technical Reports* **11**.

Clark, M. R., King, K. J. and McMillan, P. J. (1989). The food and feeding relationships of the black oreo, *Allocyttus niger*, smooth oreo, *Pseudocyttus maculatus*, and eight other fish species from the continental slope of the south-west Chatham Rise, New Zealand. *Journal of Fish Biology* **35**, 465–484.

Cohen, D. M., Inada, T., Iwamoto, T. and Scialabba, N. (1990). FAO species catalogue, vol. 10. Gadiform fishes of the world (Order: Gadiformes). An annotated and illustrated catalogue of cods, hakes, grenadiers and other gadiform fishes known to date. *FAO Fisheries Synopsis* No. 125.

Colgan, D. J. and Ponder, W. F. (1994). The evolutionary consequences of restrictions on gene flow: examples from hydrobiid snails. *The Nautilus, Supplement* **2**, 25–43.

Conroy, A. M. and Pankhurst, N. W. (1989). Size-fecundity relationships in the smooth oreo, *Pseudocyttus maculatus*, and the black oreo, *Allocyttus niger* (Pisces: Oreosomatidae). *New Zealand Journal of Marine and Freshwater Research* **23**, 525–527.

Cossins, A. R. and Macdonald, A. G. (1989). The adaptation of biological membranes to temperature and pressure: fish from the deep and cold. *Journal of Bioenergetics and Biomembranes* **21**, 115–135.

Costa, R. and Bisol, P. M. (1978). Genetic variability in deep-sea organisms. *Biological Bulletin* **155**, 125–133.

Costa, R., Bisol, P. M. and Sibuet, M. (1982). Genetic variability in deep-sea holothurians. *In* "International Echinoderms Conference, Tampa Bay" (J. M. Lawrence, ed.), pp. 189–191. Balkema, Rotterdam.

Craddock, C., Hoeh, W. R., Gustafson, R. G., Lutz, R. A., Hashimoto, J. and Vrijenhoek, R. C. (1995a). Evolutionary relationships among deep-sea mytilids (Bivalvia: Mytilidae) from hydrothermal vents and cold-water methane/sulfide seeps. *Marine Biology* **121**, 477–485.

Craddock, C., Hoeh, W. R., Lutz, R. A. and Vrijenhoek, R. C. (1995b). Extensive gene-flow among mytilid (*Bathymodiolus thermophilus*) populations from hydrothermal vents of the Eastern Pacific. *Marine Biology* **124**, 137–146.

Craig, H., Horibe, Y., Farley, K. A., Welhan, J. A., Kim, K. R. and Hey, R. N. (1987). Hydrothermal vents in the Mariana Trough: results of the first *Alvin* dives. *EOS, Transactions of the American Geophysical Union* **68**, 1531.

Creasey, S., Rogers, A. D. and Tyler, P. A. (1996). A genetic comparison of two populations of the deep-sea vent shrimp *Rimicaris exoculata* (Decapoda: Caridea: Bresiliidae) from the Mid-Atlantic Ridge. *Marine Biology* **125**, 473–482.

Creasey, S., Rogers, A. D., Tyler, P. A., Young, C. and Gage, J. (1997). The population biology and genetics of the deep-sea spider crab, *Encephaloides armstrongi* Wood-Mason 1891 (Decapoda: Majidae). *Philosophical Transactions of the Royal Society B: Biological Sciences* **352**, 365–379.

Crisp, D. J. (1978). Genetic consequences of different reproductive strategies in marine invertebrates. *In* "Marine Organisms: Genetics, Ecology and Evolution" (B. Battaglia and J. A. Beardmore, eds), pp. 257–273. Plenum Press, New York.

Crow, J. F. and Kimura, M. (1970). "An Introduction to Population Genetics Theory". Harper and Row, New York.

Dahlhoff, E., Schneidemann, S. and Somero, G. N. (1990). Pressure-temperature interactions on M_4-lactate dehydrogenase from hydrothermal vent fishes: evidence for adaptation to elevated temperatures by the zoarcid *Thermaces andersoni* but not by the bythitid *Bythites hollisi*. *Biological Bulletin* **179**, 134–139.

Davies, J. M. and Kingston, P. F. (1992). Sources of environmental disturbance associated with offshore oil and gas development. *In* "North Sea Oil and the Environment – Developing Oil and Gas Resources, Environmental Impacts and Responses" (W. J. Cairns, ed.), pp. 417–440. International Council on Oil and the Environment/Elsevier, London.

DeLong, E. F., Wu, K. Y., Prezelin, B. B. and Jovine, R. V. M. (1994). High abundance of archaea in antarctic marine picoplankton. *Nature, London* **371**, 695–697.

DeLong, E. F., Franks, D. G. and Yayanos, A. A. (1997). Evolutionary relationships of cultivated psychrophilic and barophilic deep-sea bacteria. *Applied and Environmental Microbiology* **63**, 2105–2108.

Denis, F., Jollivet, D. and Moraga, D. (1993). Genetic separation of two allopatric populations of hydrothermal snails *Alviniconcha* spp. (Gastropoda) from two south western Pacific back-arc basins. *Biochemical Systematics and Ecology* **21**, 431–440.

Desbruyères, D. and Laubier, L. (1991). Systematics, phylogeny, ecology and distribution of the Alvinellidae (Polychaeta) from deep-sea hydrothermal vents. *Ophelia* Supplement **5**, 31–45.

Desbruyères, D. and Segonzac, M. (eds) (1997). "Handbook of Deep-sea Hydrothermal Vent Fauna". Éditions IFREMER, Brest.

Distel, D. L., Lane, D. J., Olsen, G. J., Giovannoni, S. J., Pace, B., Pace, N. R., Stahl, D. A. and Felbeck, H. (1988). Sulfur-oxidising bacterial endosymbionts: analysis of phylogeny and specificity by 16S rRNA sequences. *Journal of Bacteriology* **170**, 2506–2510.

Dixon, D. R. and Clarke, K. R. (1982). Sister chromatid exchange: a sensitive method for detecting damage caused by exposure to environmental mutagens in the chromosomes of adult *Mytilus edulis*. *Marine Biology Letters* **3**, 163–172.

Dixon, D. R. and Dixon, L. R. J. (1996). Results of DNA analysis conducted on vent-shrimp postlarvae collected above the Broken Spur vent field during the CD 95 cruise, August 1995. *BRIDGE Newsletter* **11**, 9–15.

Doflein, F. and Balss, M. (1913). Die Galatheiden der Deutschen Tiefsee-Expedition. *Valdivia Expedition* **XX**, 125–181.

Doussau de Bazignan, M. and Ozouf-Costaz, C. (1985). A rapid karyotyping technique applied to seven species of antarctic fishes. *Cybium* **9**, 57–74.

Dowling, T. E., Moritz, C. and Palmer, J. D. (1990). Nucleic acids II. Restriction site analysis. *In* "Molecular Systematics" (D. M. Hillis and C. Moritz, eds), pp. 250–317. Sinauer, Sunderland, Mass.

Doyle, R. W. (1972). Genetic variation in *Ophiomusium lymani* (Echinodermata) populations in the deep sea. *Deep-Sea Research* **19**, 661–664.

Duhamel, G., Ozouf-Costaz, C., Cattaneo-Berrebi, G. and Berrebi, P. (1995). Interpopulation relationships in two species of Antarctic fish *Notothenia rossii* and *Champsocephalus gunnari* from the Kerguelen Islands: an allozyme study. *Antarctic Science* **7**, 351–356.

Dunn, M. J. (1993). "Gel Electrophoresis: Proteins". Bios, Oxford.

Duschenko, V. V. (1986). Polymorphism of NADP-dependent malate-dehydrogenase in *Sebastes mentella* (Scorpaenidae) from the Irminger sea. *Journal of Ichthyology* **27**, 129–131.

Duschenko, V. V. (1988a). The formation of the commercial stock of the north Atlantic rock grenadier. *Canadian Translations of Fisheries and Aquatic Sciences* No. 5340, 21 pp.

Duschenko, V. V. (1988b). Intraspecific structure of the rock grenadier, *Coryphaenoides rupestris*, of the North Atlantic in relation to population interchange of juveniles: genetic processes. *Journal of Ichthyology* **28**, 38–48.

Duschenko, V. V. and Savvatimskiy, P. I. (1988). Intraspecific structure of rock grenadier, *Coryphaenoides rupestris*, of the northern Atlantic: variability of local groups and reasons for their formation. *Journal of Ichthyology* **28**, 22–30.

D'yakov, Y. P. (1982). The fecundity of the Greenland halibut, *Reinhardtius hippoglossoides* (Pleuronectidae), from the Bering Sea. *Journal of Ichthyology* **22**, 59–64.

D'yakov, Y. P. (1991). Population structure of Pacific black halibut, *Reinhardtius hippoglossoides*. *Journal of Ichthyology* **31**, 16–28.

D'yakov, Y. P., Koval, E. Z. and Bogdanov, L. V. (1981). Interspecies biochemical polymorphism and population structure of the greenland halibut *Reinhardtius hippoglossoides* Walbaum (Pleuronectidae) in the Bering Sea and the Sea of Okhotsk. *Journal of Ichthyology* **21**, 29–35.

Edmond, J. M., Campbell, A. C., Palmer, M. R., Klinkhammer, G. P., German, C. R., Edmonds, H. N., Elderfield, H., Thompson, G. and Rona, P. (1995). Time series studies of vent fluids from the TAG and MARK sites (1986, 1990) Mid-Atlantic Ridge: a new solution chemistry model and a mechanism for Cu/Zn zonation in massive sulphide ore bodies. *In* "Hydrothermal Vents and Processes" (L. M. Parsons, C. L. Walker and D. R. Dixon, eds), pp. 77–86. Geological Society Special Publication, No. 87, The Geological Society, London.

Edwards, D. B. and Nelson, D. C. (1991). DNA-DNA solution hybridization studies of the bacterial symbionts of hydrothermal vent tube worms (*Riftia pachyptila* and *Tevnia jerichonana*). *Applied and Environmental Microbiology* **57**, 1082–1088.

Ellegren, H., Johansson, M., Sandberg, K. and Andersson, L. (1992). Cloning of highly polymorphic microsatellites in the horse. *Animal Genetics* **23**, 133–142.

Elliott, N. G. and Ward, R. D. (1992). Enzyme variation in Orange Roughy, *Hoplostethus atlanticus* (Teleostei: Trachichthyidae) from Southern Australia and New Zealand waters. *Australian Journal of Marine and Freshwater Research* **43**, 1561–1571.

Elliott, N. G. and Ward, R. D. (1994). Enzyme variation in jackass morwong, *Nemadactylus macropterus* (Schneider, 1801) (Teleostei: Cheilodactylidae), from Australian and New Zealand waters. *Australian Journal of Marine and Freshwater Research* **45**, 51–67.

Elliott, N. G., Smolenski, A. J. and Ward, R. D. (1994). Allozyme and mitochondrial DNA variation in orange roughy, *Hoplostethus atlanticus* (Teleostei: Trachichthyidae): little differentiation between Australian and North Atlantic populations. *Marine Biology* **119**, 621–627.

Emery, K. O. (1979). Potential for deep-ocean petroleum. *Ambio Special Report* **6**, 87–92.

Emlet, R. B., McEdward, L. R. and Strathmann, R. R. (1987). Echinoderm larval ecology viewed from the egg. *In* "Echinoderm Studies" (M. Jangoux and J. M.

Lawrence, eds), vol. 2, pp. 55–136. Balkema, Rotterdam.

Ender, A., Schwenk, K., Städdler, T., Streit, B. and Schierwater, B. (1996). RAPD identification of microsatellites in *Daphnia*. *Molecular Ecology* **5**, 437–441.

Endo, H., Tsutsui, D. and Amaoka, K. (1994). Range extensions of two deep-sea macrourids *Coryphaenoides filifer* and *Squalogadus modificatus* to the Sea of Okhotsk. *Japanese Journal of Ichthyology* **41**, 330–333.

Engelhardt, F. R., Ray, J. P. and Gillam, A. H. (eds) (1989). "Drilling Wastes". Elsevier Applied Science, London.

Etter, R. J. and Rex, M. A. (1990). Population differentiation decreases with depth in deep-sea gastropods. *Deep-Sea Research* **37**(8A), 1251–1261.

Etter, R. J., Chase, M. R., Rex, M. A. and Quattro, J. (1997). Evolution in the deep sea: a molecular genetic approach. *In* "Eighth Deep Sea Biology Symposium, Monterey, California 1997", p. 31. Monterey Bay Aquarium Research Institute, Monterey.

Fairbairn, D. J. (1981). Biochemical genetic analysis of population differentiation in Greenland halibut (*Reinhardtius hippoglossoides*) from the Northwest Atlantic, Gulf of St Lawrence, and Bering Sea. *Canadian Journal of Fisheries and Aquatic Science* **38**, 669–677.

Felbeck, H., Powell, M. A., Hand, S. C. and Somero, G. N. (1985). Metabolic adaptations of hydrothermal vent animals. *Bulletin of the Biological Society of Washington* **6**, 261–272.

Feldman, R. A., Black, M. B., Cary, C. S., Lutz, R. A. and Vrijenhoek, R. C. (1997). Molecular phylogenetics of bacterial endosymbionts and their vestimentiferan hosts. *Molecular Marine Biology and Biotechnology* **6**, 268–277.

Fellerer, R. (1975). Some technical and economic aspects of deepsea mining. *De Ingenieur* **87**, 634–661.

Féral, J. P., Philippe, H., Desbruyères, D., Laubier, L., Derelle, E. and Chenuil, A. (1994). Phylogénie moléculaire de polychètes Alvinellidae des sources hydrothermales actives de l'océan Pacifique. *Compte Rendus hebdomadaires des Sèances de l'Academie des Sciences, Sciences de la Vie* **317**, 771–779.

Fevolden, S. E. (1992). Allozymic variability in the Iceland scallop *Chlamys islandica*: geographic variation and lack of growth-heterozygosity correlations. *Marine Ecology Progress Series* **85**, 259–268.

Fischer, W. and Bianchi, G. (1984). FAO species identification sheets for fishery purposes. Western Indian Ocean (fishing area 51), vols 1–6. FAO, Rome.

Fischer, W. and Hureau, J. C. (eds) (1985). FAO species identification sheets for fishery purposes. Southern ocean (fishing areas 48, 58 and 88) (CCAMLR Convention Area), vol. 1. Prepared and published with the support of the Commission for the Conservation of Antarctic Marine Living Resources. FAO, Rome.

Fisher, C. R. (1995). Toward an appreciation of hydrothermal-vent animals: their environment, physiological ecology, and tissue stable isotope values. *In* "Seafloor Hydrothermal Systems, Physical, Chemical, Biological and Geological Interactions" (S. E. Humphris, R. A. Zierenberg, L. S. Mullineaux and R. E. Thomson, eds), pp. 297–316. Geophysical Monograph No. 91, American Geophysical Union, Washington, DC.

Fleischer, R. C. (1996). Application of molecular methods to the assessment of genetic mating systems in vertebrates. *In* "Molecular Zoology, Advances, Strategies and Protocols" (J. D. Ferraris and S. R. Palumbi, eds), pp. 133–161. Wiley-Liss, New York.

Folmer, O., Hoeh, W. R., Black, M. B. and Vrijenhoek, R. C. (1994). Conserved primers for PCR amplification of mitochondrial DNA from different invertebrate phyla. *Molecular Marine Biology and Biotechnology* **3**, 294–299.

Fons, R. and Villiers, L. (1979). Catch of a perciform Stromateoidei, *Tetragonurus cuvieri* Risso 1810, in the area of Banyuls-sur-mer (Pyrenees Orientales, France). *Vie et Milieu* **28/29**, 157–163.

Fonteneau, A. (1991). Monts sous-marins et thons dans l'Atlantique tropical est. *Aquatic Living Resources* **4**, 13–25.

Food and Agriculture Organisation (1992). *FAO Yearbook. Fishery Statistics: Catches and Landings.* 1992, vol. 74. Food and Agriculture Organisation Rome.

Food and Agriculture Organisation (1997). Review of the state of world fishery resources: marine fisheries. FAO Fisheries Circular 920, FAO Marine Resources Service, Fishery Research Division, FAO, Rome.

Fossing, H., Gallardo, V. A., Jørgensen, B. B., Hüttel, M., Nielsen, L. P., Schulz, H., Canfield, D. E., Forster, S., Glud, R. N., Gunderson, J. K., Küver, J., Ramsing, N. B., Teske, A., Thamdrup, B. and Ulloa, O. (1995). Concentration and transport of nitrate by the mat-forming sulphur bacterium *Thioploca*. *Nature, London* **374**, 713–715.

Fouquet, Y., Von Stackelberg, U., Charlou, J. L., Donval, J. P., Erzinger, J., Foucher, J. P., Herzig, P., Mühe, R., Soakai, S., Wiedicke, M. and Whitechurch, H. (1991). Hydrothermal activity and metallogenesis in the Lau back-arc basin. *Nature, London* **349**, 778–781.

France, S. C. (1994). Genetic population structure and gene flow among deep-sea amphipods, *Abyssorchomene* spp., from six California continental borderland basins. *Marine Biology* **118**, 67–77.

France, S. C. and Kocher, T. D. (1996a). Geographic and bathymetric patterns of mitochondrial 16S rRNA sequence divergence among deep-sea amphipods, *Eurythenes gryllus*. *Marine Biology* **126**, 633–643.

France, S. C. and Kocher, T. D. (1996b). DNA sequencing of formalin-fixed crustaceans from archival research collections. *Molecular Marine Biology and Biotechnology* **5**, 304–313.

France, S. C., Hessler, R. R. and Vrijenhoek, R. C. (1992). Genetic differentiation between spatially-disjunct populations of the deep-sea, hydrothermal vent-endemic amphipod *Ventiella sulfuris*. *Marine Biology* **114**, 551–559.

France, S. C., Rosel, P. E., Agenbroad, J. E., Mullineaux, L. S. and Kocher, T. D. (1996). DNA sequence variation of mitochondrial large-subunit rRNA provides support for a two-subclass organisation of the Anthozoa (Cnidaria). *Molecular Marine Biology and Biotechnology* **5**, 15–28.

Fu, Y.-X. and Li, W.-H. (1993a). Statistical tests of neutrality of mutations. *Genetics* **133**, 693–709.

Fu, Y.-X. and Li, W.-H. (1993b). Maximum likelihood estimation of population parameters. *Genetics* **134**, 1261–1270.

Fuerst, P. A., Chakraborty, R. and Nei, M. (1977). Statistical studies on protein polymorphism in natural populations. I. Distribution of single-locus heterozygosity. *Genetics* **86**, 455–483.

Fuhrman, J. A. and Davis, A. A. (1997). Widespread Archaea and novel bacteria from the deep sea as shown by 16S rRNA gene sequences. *Marine Ecology Progress Series* **150**, 275–285.

Fuhrman, J. A., McCallum, K. and Davis, A. A. (1992). Novel major archaeobacterial group from marine plankton. *Nature, London* **356**, 148–149.

Fujio, Y. and Kato, Y. (1979). Genetic variation in fish populations. *Bulletin of the*

Japanese Society of Scientific Fisheries **45**, 1169–1178.

Fustec, A., Desbruyères, D. and Juniper, S. K. (1987). Deep-sea hydrothermal vent communities at 13°N on the East Pacific Rise: microdistribution and temporal variations. *Biological Oceanography* **4**, 121–164.

Gage, J. D. (1984). The analysis of population dynamics in deep-sea benthos. *In* "Proceedings of the Nineteenth European Marine Biology Symposium" (P. E. Gibbs, ed.), pp. 201–212. Cambridge University, Cambridge.

Gage, J. D. (1995). Benthic community and fluxes in relation to the oxygen minimum zone in the Arabian Sea. Cruise Report: R.R.S. Discovery 211/94 9th October–11th November 1994 Muscat to Owen Basin and adjacent continental slope off Masirah Island to Muscat. Scottish Association for Marine Sciences, Oban.

Gage, J. D. (1996). Why are there so many species in deep-sea sediments? *Journal of Experimental Marine Biology and Ecology* **200**, 257–286.

Gage, J. D. and Tyler, P. A. (1982). Growth and reproduction of the deep-sea brittlestar *Ophiomusium lymani* Wyville Thomson. *Oceanologica Acta* **5**, 73–83.

Gage, J. D. and Tyler, P. A. (1991). "Deep-sea Biology: A Natural History of Organisms at the Deep-Sea Floor". Cambridge University Press, Cambridge.

Gauldie, R. W. and Johnston, A. J. (1980). The geographical distribution of phosphoglucomutase and glucose phosphate isomerase alleles of some New Zealand fishes. *Comparative Biochemistry and Physiology* **66B**, 171–183.

Gauldie, R. W. and Smith, P. J. (1978). The adaptation of cellulose acetate electrophoresis to fish enzymes. *Comparative Biochemistry and Physiology* **61B**, 421–425.

Gebruk, A. V., Galkin, S. V., Vereschaka, A. L., Moskalev, L. I. and Southward, A. J. (1997). Ecology and biogeography of the hydrothermal vent fauna of the Mid-Atlantic Ridge. *Advances in Marine Biology* **32**, 93–144.

Geistdoerfer, P. (1982). L'exploitation commerciale des poissons de grande profondeur dans l'Atlantique nord. *Oceanis* **8**, 29–55.

George, R. Y. (1975). Potential effects of oil drilling and dumping activities on marine biota. *In* "Environmental Aspects of Chemical Use in Well-drilling Operations. Conference Proceedings, May 1975, Houston, Texas", pp. 333–355. Report No. EPA-560/1-75-004, US Environmental Protection Agency.

GESAMP (1993). Impact of oil and related chemicals and wastes on the marine environment. GESAMP Reports and Studies No. 50, International Maritime Organisation, London.

Gibson, R. N. (1983). Antarctic nemerteans: the anatomy, distribution and biology of *Parborlasia corrugatus* (McIntosh, 1876) (Heteronemertea, Lineidae). *Biology of the Antarctic Seas XV, Antarctic Research Series* **39**, paper 4, 289–316.

Gilpin, M. (1991). The genetic effective size of a metapopulation. *Biological Journal of the Linnean Society* **42**, 165–175.

Glukov, A. A. and Kuz'michev, A. P. (1984). New record of *Squaliolus laticaudus* (Squalidae) and *Neocyttus helgae* (Zeidae) in the Northeast Atlantic. *Journal of Ichthyology* **24**, 122–124.

Gonzalez, J. M., Sato, T., Kato, C. and Horikoshi, K. (1994). Isolation and characterization of hyperthermophilic Archaebacteria from Southwestern Pacific hydrothermal vents. *JAMSTEC Japanese Journal of Deep Sea Research* **10**, 471–479.

Gooch, J. L. and Schopf, T. M. (1972). Genetic variability in the deep sea: relation to environmental variability. *Evolution* **26**, 545–552.

Gordon, D. J., Markle, D. F. and Olney, J. E. (1984). Ophidiiformes: development and Relationships. *In* "Ontogeny and Systematics of Fish" (H. G. Moser, ed.), pp. 308–319. Special Publication No. 1, American Society of Ichthyologists and Herpetologists.

Gordon, J. D. M. and Hunter, J. E. (1994). "Study of Deep-water Fish Stocks to the West of Scotland", vols I and II. Scottish Association for Marine Science, Oban.

Gorman, G. C. and Renzi, J. (1979). Genetic distance and heterozygosity estimates in electrophoretic studies: effects of sample size. *Copeia* **2**, 242–249.

Graham, M. S., Haedrich, R. L. and Fletcher, G. L. (1985). Haematology of three deep-sea fishes: a reflection of low metabolic rates. *Comparative Biochemistry and Physiology* **80A**, 79–84.

Grant, W. S. and Utter, F. M. (1980). Biochemical genetic variation in walleye pollack, *Theragra chalcogramma*: population structure in the southeastern Bering Sea and Gulf of Alaska. *Canadian Journal of Fisheries and Aquatic Sciences* **37**, 1093–1100.

Grant, W. S., Leslie, R. W. and Becker, I. I. (1987). Genetic stock structure of the southern African hakes *Merluccius capensis* and *M. paradoxus*. *Marine Ecology Progress Series* **41**, 9–20.

Grant, W. S., Becker, I. I. and Leslie, R. W. (1988). Evolutionary divergence between sympatric species of southern African hakes, *Merluccius capensis* and *M. paradoxus*. I. Electrophoretic analysis of proteins. *Heredity* **61**, 13–20.

Grasshoff, M. (1972). Die Gorgonaria des ostlichen Nordatlantik und des Mittelmeres. I. Die familie Ellisellidae (Cnidaria: Anthozoa). *Meteor Forschungsergerbnisse D* **10**, 73–87.

Grassle, J. F. (1977). Slow recolonisation of deep-sea sediment. *Nature, London* **265**, 618–619.

Grassle, J. F. (1986). The ecology of deep-sea hydrothermal vent communities. *Advances in Marine Biology* **23**, 301–363.

Grassle, J. F. and Maciolek, N. J. (1992). Deep-sea species richness: regional and local diversity estimates from quantitative bottom samples. *The American Naturalist* **139**, 313–341.

Grassle, J. P. (1985). Genetic differentiation in populations of hydrothermal vent mussels (*Bathymodiolus thermophilus*) from the Galapagos Rift and 13°N on the East Pacific Rise. *Bulletin of the Biological Society of Washington* **6**, 429–442.

Gray, J. S. (1982). Effects of pollutants on marine ecosystems. *Netherlands Journal of Sea Research* **16**, 424–443.

Grewe, P. M., Smolenski, A. J. and Ward, R. D. (1994). Mitochondrial DNA diversity in jackass morwong (*Nemadactylus macropterus*: Teleostei) from Australian and New Zealand waters. *Canadian Journal of Fisheries and Aquatic Sciences* **51**, 1101–1109.

Grigor'ev, G. V. and Serebryakov, V. P. (1983). Eggs of rock grenadier, *Coryphaenoides rupestris* (Macrouridae). *Journal of Ichthyology* **23**, 161–163.

Grosberg, R. K., Levitan, D. R. and Cameron, B. B. (1996). Characterization of genetic structure and genealogies using RAPD-PCR markers: a random primer for the novice and nervous. *In* "Molecular Zoology, Advances, Strategies and Protocols" (J. D. Ferraris and S. R. Palumbi, eds), pp. 67–100. Wiley-Liss, New York.

Gyllensten, U. (1985). The genetic structure of fish: differences in the intraspecific distribution of biochemical genetic variation between marine, anadromous, and freshwater species. *Journal of Fish Biology* **26**, 691–699.

Haddad, A., Camacho, F., Durand, P. and Cary, S. C. (1995). Phylogenetic characterization of the epibiotic bacteria associated with the hydrothermal vent polychaete *Alvinella pompejana*. *Applied and Environmental Microbiology* **61**, 1679–1687.

Haedrich, R. L. (1972). Ergebnisse der Forschungsreisen des FFS "Walther Herwig" nach Südamerika. XXIII. Fishes of the family Nomeidae (Perciformes, Stromateoidei). *Archiv für Fischereiwissenschaft* **23**, 73–88.

Haedrich, R. L. and Merrett, N. R. (1988). Summary atlas of deep-living demersal fishes in the North Atlantic Basin. *Journal of Natural History* **22**, 1325–1362.

Hamel, J.-F., Hammelman, J. H. and Dufresne, L. (1993). Gametogenesis and spawning of the sea cucumber *Psolus fabricii* (Duben and Koran). *Biological Bulletin* **184**, 125–143.

Hannington, M. D., Jonasson, I. R., Herzig, P. M. and Petersen, S. (1995). Physical and chemical processes of seafloor mineralization at mid-ocean Ridges. *In* "Seafloor Hydrothermal Systems, Physical, Chemical, Biological and Geological Interactions" (S. E. Humphris, R. A. Zierenberg, L. S. Mullineaux and R. E. Thomson, eds), pp. 115–157. Geophysical Monograph No. 91, American Geophysical Union, Washington, DC.

Harris, H., Hopkinson, D. A. and Edwards, Y. H. (1977). Polymorphism and the subunit structure of enzymes: A contribution to the neutralist-selectionist controversy. *Proceedings of the National Academy of Sciences of the USA* **74**, 698–701.

Hart, J. L. (1973). Pacific fishes of Canada. *Bulletin of the Fisheries Research Board of Canada* No. 180. 740 pp.

Hartley, J. (1996). Environmental considerations for oil and gas operations west of Shetland. *Marine Environmental Management Review of 1995 and Future Trends 1996* **3**, paper 19, 113–116.

Harvey, R. and Gage, J. D. (1984). Observation on the reproduction and postlarval morphology of pourtalesid sea urchins in the Rockall Trough area (N.E. Atlantic Ocean). *Marine Biology* **82**, 181–190.

Hawkins, A. J. S., Rusin, J., Bayne, B. L. and Day, A. J. (1989). The metabolic/physiological basis of genotype-dependent mortality during copper exposure in *Mytilus edulis*. *Marine Environmental Research* **28**, 253–257.

Haymon, R. M., Fornari, D. J., Von Damme, K., Lilley, M., Perfit, M., Edmond, J., Shanks III, W. C., Lutz, R., Grebmeier, J., Carbotte, S., Wright, D., McLaughlin, E., Smith, M. and Olsen, E. (1993). Volcanic eruption of the mid-ocean ridge along the East Pacific Rise at 9° 45–52'N: I. Direct submersible observation of seafloor phenomena associated with an eruption event in April, 1991. *Earth and Planetary Science Letters* **119**, 85–101.

Hecker, B. (1985). Fauna from a cold-sulfur seep in the Gulf of Mexico: comparison with hydrothermal vent communities and evolutionary implications. *Bulletin of the Biological Society of Washington* **6**, 465–473.

Hedgecock, D., Tracey, M. L. and Nelson, K. (1982). Genetics. *In* "The Biology of Crustacea", vol. 2. "Embryology, Morphology and Genetics" (L. G. Abele, ed.), pp. 283–403. Academic Press, New York.

Hedgecock, D., Nelson, K. and Banks, M. A. (1991). Does variance in reproductive success limit effective population sizes of marine organisms? A proposed test in the Dabob Bay population of Pacific oysters, using enzymatic amplification of mitochondrial DNA. *Journal of Shellfish Research* **10**, 237.

Hedgecock, D., Chow, V. and Waples, R. S. (1992). Effective population numbers of shellfish broodstocks estimated from temporal variance in allelic frequencies. *Aquaculture* **108**, 215–232.

Heemstra, P. C. (1983). Triglidae. *In* "FAO Species Identification Sheets for Fishery Purposes. Western Indian Ocean" (W. Fischer and G. Bianchi, eds), vol. V. FAO, Rome.

Hekinian, R., Fevrier, M., Bischoff, J. L., Picot, P. and Shanks, W. C. (1980). Sulfide deposits from the East Pacific Rise near 21°N. *Science, NY* **207**, 1433–1444.

Hensley, R. T., Beardmore, J. A. and Tyler, P. A. (1995). Genetic variance in *Ophiomusium lymani* (Ophiuroidea: Echinodermata) from lower bathyal depths in the Rockall Trough (northeast Atlantic). *Marine Biology* **121**, 469–475.

Herring, P. J. (1996). Travelling shrimp. *BRIDGE Newsletter* **11**, 6–8.

Hessler, R. R. and Jumars, P. A. (1979). The relation of benthic communities to radioactive waste disposal in the deep sea. *Ambio Special Report* **6**, 93–96.

Hessler, R. R. and Kaharl, V. A. (1995). The deep-sea hydrothermal vent community: an overview. *In* "Seafloor Hydrothermal Systems, Physical, Chemical, Biological and Geological Interactions" (S. E. Humphris, R. A. Zierenberg, L. S. Mullineaux and R. E. Thomson, eds), pp. 72–84. Geophysical Monograph No. 91, American Geophysical Union, Washington, DC.

Hessler, R. R. and Sanders, H. L. (1967). Faunal diversity in the deep-sea. *Deep-Sea Research* **14**, 65–78.

Hillis, D. M. and Moritz, C. (eds) (1990). "Molecular Systematics". Sinauer, Sunderland, Mass.

Hillis, D. M., Larson, A., Davis, S. K. and Zimmer, E. A. (1990). Nucleic acids III: sequencing. *In* "Molecular Systematics". (D. M. Hillis and C. Moritz, eds), pp. 318–370. Sinauer, Sunderland, Mass.

Hoare, K., Davenport, J. and Beaumont, A. R. (1995). Effects of exposure and previous exposure to copper on growth of veliger larvae and survivorship of *Mytilus edulis* juveniles. *Marine Ecology Progress Series* **120**, 163–168.

Holden, M. J. (1991). North sea cod and haddock stocks in collapse or the end of the "gadoid outburst"? ICES Committee Meeting Papers and Reports 1991/G:41.

Hollister, C. D. and McCave, I. N. (1984). Sedimentation under deep-sea storms. *Nature, London* **309**, 220–225.

Horn, D. R., Horn, B. M and Delach, M. N. (1972). Distribution of ferromanganese deposits in the world ocean. *In* "Conference on Ferromanganese Deposits on the Ocean Floor" (D. R. Horn, ed.), pp. 9–17. Columbia University, New York.

Horn, M. H. (1984). Stromateoidei. *In* "Ontogeny and Systematics of Fish". (H. G. Moser, ed.), pp. 620–628. Special Publication No. 1, American Society of Ichthyologist and Herpetologists.

Horn, P. L. (1993). Growth, age structure and productivity of ling, *Genypterus blacodes* (Ophidiidae), in New Zealand waters. *New Zealand Journal of Marine and Freshwater Research* **27**, 385–397.

Horn, P. L. and Massey, B. R. (1989). Biology and abundance of alfonsin and bluenose off the lower east coast North Island. *New Zealand Fisheries Technical Report* No. 15.

Hovland, M. and Judd, A. G. (1988). "Seabed Pockmarks and Seepages". Graham and Trotman, London.

Hubbs, C. L. (1959). Initial discoveries of fish faunas on seamounts and offshore banks in the eastern Pacific. *Pacific Science* **13**, 311–316.

Hudson, R. R., Kreitman, M. and Aguadé, M. (1987). A test of neutral molecular evolution based on nucleotide data. *Genetics* **116**, 153–159.

Hughes, C. R. and Queller, D. C. (1993). Detection of highly polymorphic microsatellite loci in a species with little allozyme polymorphism. *Molecular Ecology* 2, 131–137.

Hummel, H., Bogaards, R. H., Amiard-Triquet, C., Bachelet, G., Desprez, M., Marchand, J., Rybarczyk, H., Sylvand, B., de Wit, Y. and de Wolf, L. (1995). Uniform variation in genetic traits of a marine bivalve related to starvation, pollution and geographic clines. *Journal of Experimental Marine Biology and Ecology* 191, 133–150.

Hunt, G. J. and Page, R. E. (1992). Patterns of inheritance with RAPD molecular markers reveal novel types of polymorphism in the honey bee. *Theoretical and Applied Genetics* 85, 15–20.

Hureau, J. C. (1985a). Family Channichthyidae – Icefishes. *In* "FAO Species Identification Sheets for Fishery Purposes. Southern Ocean (Areas 48, 58, and 88)" (W. Fischer and J. C. Hureau, eds), vol. II, pp. 261–277. FAO, Rome.

Hureau, J. C. (1985b). Family Nototheniidae – Antarctic rock cods. *In* "FAO Species Identification Sheets for Fishery Purposes. Southern Ocean (Areas 48, 58, and 88)" (W. Fischer and J. C. Hureau, eds), pp. 323–385, vol. II. FAO, Rome.

Hureau, J. C. and Monod, T. (1973). "Clofnam I and II. Check-list of the Fishes of the North-Eastern Atlantic and of the Mediterranean." UNESCO, Paris.

Hureau, J.-C., Geistdoerfer, P. and Rannou, M. (1979). The ecology of deep-sea benthic fishes. *Sarsia* 64, 103–108.

Hutchings, J. A. and Myers, R. A. (1994). What can be learned from the collapse of a renewable resource? Atlantic cod, *Gadus morhua*, of Newfoundland and Labrador. *Canadian Journal of Fisheries and Aquatic Sciences* 51, 2126–2146.

Hvilsom, M. M. (1983). Copper-induced differential mortality in the mussel *Mytilus edulis*. *Marine Biology* 76, 291–295.

Hyman, L. H. (1959). "The Invertebrates", vol. 5. "Smaller Coelomate Groups". McGraw-Hill, New York.

Imaoka, T., Ikimura, S., Okutani, T., Oguro, C., Oji, T., Shigei, M. and Horikawa, H. (1990). "Echinoderms from Continental Shelf and Slope around Japan", vol. I. Japan Fisheries Resource Conservation Association, Tokyo.

Imaoka, T., Ikimura, S., Okutani, T., Oguro, C., Oji, T. and Kanazawa, K. (1991). "Echinoderms from continental shelf and slope around Japan", vol. II. Japan Fisheries Resource Conservation Association, Tokyo.

Imsand, S. (1981). Comparison of the food of *Triphoturus mexicanus* and *T. nigrescens*, two lantern fishes of the Pacific Ocean. *Marine Biology* 63, 87–100.

Inada, T., Takeda, M. and Hatanaka, H. (1986). "Important Fishes Trawled off Patagonia". Japanese Marine Fishery Resource Research Centre, Tokyo.

Ingram, C. L. and Hessler, R. R. (1983). Distribution and behavior of scavenging amphipods from the central North Pacific. *Deep-Sea Research* 30, 683–706.

Ingram, C. L. and Hessler, R. R. (1987). Population biology of the deep-sea amphipod *Eurythenes gryllus*: inferences from instar analyses. *Deep-Sea Research* 34A, 1889–1910.

International Atomic Energy Agency (1988). Assessing the impact of deep sea disposal of low level radioactive waste on living marine sources. Technical Reports Series No. 288, IAEA, Vienna.

International Hydrographic Organisation and Intergovernmental Oceanographic Commission (1988). "Gazetteer of Geographical Names of Undersea Features Shown (or Which Might be Added) on the GEBCO and on the IHO Small-scale International Chart Series (1:2,250,000 and smaller)", parts 1 and 2.

International Hydrographic Organisation, Monaco.
International Hydrographic Organisation, Intergovernmental Oceanographic Commission and British Oceanographic Data Centre (1997). "GEBCO-97: The 1997 Edition of The GEBCO Digital Atlas". Published on behalf of the Intergovernmental Oceanographic Commission (of UNESCO) and the International Hydrographic Organisation as part of the General Bathymetric Chart of the Oceans (GEBCO), British Oceanographic Data Centre, Birkenhead.
Ivanov, A. V. (1963). "Pogonophora". Academic Press. London.
James, G. D., Inada, T. and Nakamura, I. (1988). Revision of the oreosomatid fishes (Family Oreosomatidae) from the southern oceans, with a description of a new species. *New Zealand Journal of Zoology* **15**, 291–326.
Jamous, D., Memery, L., Andrie, C., Jean-Baptiste, P. and Merlivat, L. (1992). The distribution of helium^3 in the deep western and southern Indian Ocean. *Journal of Geophysical Research* **97**(C2), 2243–2250.
Jennings, S. and Kaiser, M. J. (1998). The effects of fishing on marine ecosystems. *Advances in Marine Biology* **34**, 201–352.
Johansen, T., Nedreaas, K. and Nævdal, G. (1993). Electrophoretic discrimination of blue mouth, *Helicolenus dactylopterus* (De La Roche, 1809), from *Sebastes* spp. in the Northeast Atlantic. *Sarsia* **78**, 25–29.
Johnson, A. G. and Utter, F. M. (1976). Electrophoretic variation in intertidal and subtidal organisms in Puget Sound, Washington. *Animal Blood Groups and Biochemical Genetics* **7**, 3–14.
Johnson, A. G., Utter, F. M. and Hodgins, H. O. (1972). Electrophoretic investigation of the family Scorpaenidae. *Fisheries Bulletin* **70**, 403–413.
Johnson, A. G., Utter, F. M. and Hodgins, H. O. (1973). Estimate of genetic polymorphism and heterozygosity in three species of rockfish (genus *Sebastes*). *Comparative Biochemistry and Physiology* **44B**, 397–406.
Johnson, K. S., Childress, J. J., Beehler, C. L. and Sakamoto, C. M. (1994). Biogeochemistry of hydrothermal vent mussel communities: the deep-sea analogue to the intertidal zone. *Deep-Sea Research* **41**, 993–1011.
Johnson, M. S., Clarke, B. and Murray, J. (1988). Discrepancies in the estimation of gene flow in *Partula*. *Genetics* **120**, 233–238.
Jollivet, D. (1996). Specific and genetic diversity at deep-sea hydrothermal vents: an overview. *Biodiversity and Conservation* **5**, 1619–1653.
Jollivet, D., Desbruyères, D., Ladrat, C. and Laubier, L. (1995a). Evidence for differences in the allozyme thermostability of deep-sea hydrothermal vent polychaetes Alvinellidae: a possible selection by habitat. *Marine Ecology Progress Series* **123**, 125–136.
Jollivet, D., Desbruyères, D., Bonhomme, F. and Moraga, D. (1995b). Genetic differentiation of deep-sea hydrothermal vent alvinellid populations (Annelida: Polychaeta) along the East Pacific Rise. *Heredity* **74**, 376–391.
Jollivet, D., Chevaldonné, P. and Planque, B. (1998a). Hydrothermal-vent alvinellid polychaete dispersal in the eastern Pacific. 2. Long-term effects of vent dynamics on the genetic structure of populations. *Journal of Marine Biology* (in press).
Jollivet, D., Dixon, L. R. J., Desbruyeres, D. and Dixon, D. R. (1998b). Ribosomal (rDNA) variation in a deep-sea hydrothermal vent polychaete, *Alvinella pompejana*, from 13°N on the East Pacific Rise. *Journal of the Marine Biological Association of the United Kingdom* **78**, 113–130.
Joubin, M. (1929–36). "Faune Ichthologique de l'Atlantique Nord". Conseil Permanent Internationale pour l'Exploration de la Mer, Copenhagen.
Jouin-Toulmond, C., Zal, F. and Hourdez, S. (1997). Genital apparatus

and ultrastructure of the spermatozoa in *Alvinella pompejana* (Annelida: Polychaeta). *Cahiers de Biologie Marine* **38**(2), 128–129.

Kamykowski, D. and Zentara, S.-J. (1990). Hypoxia in the world ocean as recorded in the historical data set. *Deep-Sea Research* **37**, 1861–1874.

Karl, S. A., Schutz, S., Desbruyères, D., Lutz, R. and Vrijenhoek, R. C. (1995). Molecular analysis of gene flow in the hydrothermal vent clam (*Calyptogena magnifica*). *Molecular Marine Biology and Biotechnology* **5**, 193–202.

Kartavtsev, Y. P. (1994). Wide-scale genetic differentiation among pink shrimp *Pandalus borealis* populations. *In* "Genetic and Evolution of Aquatic Organisms" (A. R. Beaumont, ed.), pp. 41–52. Chapman and Hall, London.

Kato, C., Sato, T., Smorawinska, M., Hata, S. and Horikoshi, K. (1994). The properties of barophilic bacteria isolated from deep-sea mud samples and cloning of a pressure response gene from a barophilic bacterium. *JAMSTEC Japanese Journal of Deep-Sea Research* **10**, 454–463.

Katugin, O. N. (1995). Genetic differentiation in *Berryteuthis magister* from the North Pacific. *ICES Marine Science Symposia* **199**, 459–467.

Ketchen, K. S., Bourne, N. and Butler, T. H. (1983). History and present status of fisheries for marine fishes and invertebrates in the Strait of Georgia, British Columbia. *Canadian Journal of Fisheries and Aquatic Science* **40**, 1095–1119.

Kim, S. L., Mullineaux, L. S. and Helfrich, K. R. (1994). Larval dispersal via entrainment into hydrothermal vent plumes. *Journal of Geophysical Research* **99**(C6), 12 655–12 665.

Kimura, M. (1968). Genetic variability maintained in a finite population due to mutational production of neutral and nearly neutral isoalleles. *Genetical Research* **11**, 247–269.

Kimura, M. (1969). The number of heterozygous nucleotide sites maintained in a finite population due to steady flux of mutations. *Genetics* **61**, 893–903.

Kimura, M. (1983). "The Neutral Theory of Molecular Evolution". Cambridge University Press, Cambridge.

Kimura, M. and Crow, J. F. (1964). The number of alleles that can be maintained in a finite population. *Genetics* **49**, 725–738.

Kimura, M. and Ohta, T. (1971). Protein polymorphism as a phase of molecular evolution. *Nature, London* **229**, 467–469.

Kimura, M., Tanaka, T., Kyo, M., Ando, M., Oomori, T., Izawa, E. and Yoshikawa, I. (1989). Study of topography, hydrothermal deposits and animal colonies in the Middle Okinawa Trough hydrothermal areas using the submersible "Shinkai 2000" system. *JAMSTECTR Deepsea Research* **5**, 224–244.

Kingston, P. F. (1992). Impact of offshore oil production installations on the benthos of the North Sea. *ICES Journal of Marine Science* **49**, 45–53.

Klinkhammer, G., Bender, M. and Weiss, R. F. (1977). Hydrothermal manganese in the Galapagos Rift. *Nature, London* **269**, 319–320.

Klinkhammer, G., Rona, P., Greaves, M. and Elderfield, H. (1985). Hydrothermal manganese plumes in the Mid-Atlantic Ridge rift valley. *Nature, London* **314**, 727–731.

Knudsen, J. (1970). The deep-sea Bivalvia. *In* "The John Murray Expedition". 1933–34. Scientific Reports", vol. XI. "Zoology", pp. 167–234. British Museum (Natural History), London.

Kock, K.-H. (1989). Reproduction in fish around Elephant Island. *Archiv für Fischereiwissenschaft* **39**, 171–210.

Kock, K.-H. (1992). "Antarctic Fish and Fisheries". Cambridge University Press, Cambridge.

Koehn, R. K. and Eanes, W. F. (1978). Molecular structure and protein variation within and among populations. *Evolutionary Biology* **11**, 39–100.

Kojima, S., Segawa, R., Hashimoto, J. and Ohta, S. (1997). Molecular phylogeny of vestimentiferans collected around Japan, revealed by the nucleotide sequences of mitochondrial DNA. *Marine Biology* **127**, 507–513.

Kurr, M., Huber, R., König, H., Jannasch, H. W., Fricke, H., Trincone, A., Kristjansson, J. K. and Stetter, K. O. (1991). *Methanopyrus kandleri* nov. gen. and sp. nov. represents a novel group of hyperthermophilic methanogens, growing at 110°C. *Archives of Microbiology* **156**, 239–247.

Lamb, T., Bickham, J. W., Gibbons, J. W., Smolen, M. J. and McDowell, S. (1991). Genetic damage in a population of slider turtles (*Trachemys scripta*) inhabiting a radioactive reservoir. *Archives of Environmental Contamination and Toxicology* **20**, 138–142.

Lambshead, P. J. D. (1993). Recent developments in marine benthic biodiversity research. *Océanis* **19**, 5–24.

Lane, D. J., Stahl, D. A., Olsen, G. J. and Pale, N. R. (1985). Analysis of hydrothermal vent-associated symbionts by ribosomal RNA sequences. *Bulletin of the Biological Society of Washington* **6**, 389–400.

Lane, D. J., Harrison, A. P., Stahl, D., Pace, B., Giovannoni, S. J., Olsen, G. J. and Pace, N. R. (1992). Evolutionary relationships among sulfur- and iron-oxidizing eubacteria. *Journal of Bacteriology* **174**, 269–278.

Langley, A. D. (1993). Spawning dynamics of hoki in the Hokitika Canyon. *New Zealand Fisheries Technical Reports*, No. **34**, 29 pp.

Larsen, E. P. (1992). Development of a new fishery in Denmark. Catching, handling and utilisation of roundnose grenadier and greater argentine. *In* "Pelagic Fish. The Resource and its Exploitation" (J. R. Burt, R. Hardy and K. J. Whittle, eds), pp. 278–284. Fishing News Books, Oxford.

Laue, B. E. and Nelson, D. C. (1997). Sulfur-oxidizing symbionts have not co-evolved with their hydrothermal vent tube worm hosts: and RFLP analysis. *Molecular Marine Biology and Biotechnology* **6**, 180–188.

Lavelle, J. W. (1981). Dispersion of particulates discharged during deep-sea mining. ICES Committee Meeting Papers and Reports 1981/E:28.

Lawson, K. A., Searle, R. C. and Pearce, J. A. (1996). Detailed volcanic geology of the MARNOK area, Mid-Atlantic Ridge north of Kane transform. *In* "Tectonic, Magmatic, Hydrothermal and Biological Segmentation of Mid-Ocean Ridges" (C. J. Macleod, P. A. Tyler and C. L. Walker, eds), pp. 61–102. Geological Society Special Publication No. 118, Geological Society, London.

Lehodey, P., Grandperrin, R. and Marchal, P. (1997). Reproductive biology and ecology of a deep-demersal fish, alfonsino *Beryx splendens*, over the seamounts of New Caledonia. *Marine Biology* **128**, 17–27.

Lenoble, J.-P. (1993). New scenarios of the world metal markets and the eventual contribution from deep sea mining. *In* "25th Annual Offshore Technology Conference", vol. 1. "Geology, Earth Sciences and Environment", pp. 197–202. Houston, Texas.

Lessios, H. A. (1979). Use of Panamanian sea urchins to test the molecular clock. *Nature, London* **280**, 599–601.

Levin, L. A., Huggett, C. L. and Wishner, K. F. (1991). Control of deep-sea benthic community structure of oxygen and organic-matter gradients in the eastern Pacific Ocean. *Journal of Marine Research* **49**, 763–800.

Levitan, D. R. and Grosberg, R. K. (1993). The analysis of paternity and maternity in the marine hydrozoan *Hydractinia symbiolongicarpus* using randomly amplified polymorphic DNA (RAPD) markers. *Molecular Ecology* **2**, 315–326.

Lilley, M. D., Butterfield, D. A., Olson, E. J., Lupton, J. E., Macko, S. A. and McDuff, R. E. (1993). Anomalous CH_4 and NH_4^+ concentrations at an unsedimented mid-ocean-ridge hydrothermal system. *Nature, London* **364**, 45–47.

Lilley, M. D., Feely, R. A. and Trefry, J. H. (1995). Chemical and biochemical transformations in hydrothermal plumes. *In* "Seafloor Hydrothermal Systems, Physical, Chemical, Biological and Geological Interactions". (S. E. Humphris, R. A. Zierenberg, L. S. Mullineaux and R. E. Thomson, eds), pp. 369–391. Geophysical Monograph No. 91, American Geophysical Union, Washington, DC.

Livingston, M. E., Uozumi, Y. and Berben, P. H. (1991). Abundance, distribution and spawning condition of hoki and other mid-slope fish on the Chatham Rise, July 1986. *New Zealand Fisheries Technical Reports* No. 25.

Lloyd, R. E. (1907). Contributions to the fauna of the Arabian Sea, with descriptions of new fishes and Crustacea. *Records of the Indian Museum* **1**, 1–12.

Logvinenko, B. M., Nefedov, G. N., Massal'skaya, L. M. and Polyanskaya, I. B. (1983). A population analysis of rock grenadier based on the genetic polymorphism of non-specific esterases and myogenes. Canadian Translations of Fisheries and Aquatic Sciences No. 5406.

Lowry, P. S., Elliott, N. G., Yearsley, G. K. and Ward, R. D. (1996). Genetic variation and phylogenetic relationships of seven oreo species (Teleostei, Oreosomatidae) inferred from allozyme analysis. *Fisheries Bulletin* **94**, 692–706.

Loya, Y. and Rinkevich, B. (1979). Abortion effect in corals induced by oil pollution. *Marine Ecology Progress Series* **1**, 77–80.

Loya, Y. and Rinkevich, B. (1980). Effects of oil pollution on coral reef communities. *Marine Ecology Progress Series* **3**, 167–180.

Lutz, R. A. (1988). Dispersal of organisms at deep-sea hydrothermal vents: a review. *Oceanologica Acta*, Special Volume **8**, 23–29.

Lutz, R. A. and Kennish, M. J. (1993). Ecology of deep-sea hydrothermal vent communities: a review. *Reviews of Geophysics* **31**(3), 211–242.

Lutz, R. A., Jablonski, D. and Turner, R. D. (1984). Larval development and dispersal at deep-sea hydrothermal vents. *Science, N.Y.* **226**, 1451–1454.

McCauley, D. E. (1991). Genetic consequences of local population extinction and recolonisation. *Trends in Ecology and Evolution* **6**, 5–8.

MacDonald, A. G. and Cossins, A. R. (1985). The theory of homeoviscous adaptation of membranes applied to deep-sea animals. *Symposia of the Physiological Society* **39**, 301–322.

McDonald, J. H. and Kreitman, M. (1991). Adaptive protein evolution at the *Adh* locus in *Drosophila*. *Nature, London* **351**, 652–654.

McDonald, M. A., Smith, M. H., Smith, M. W., Novak, J. M., Johns, P. E. and Devries, A. L. (1992). Biochemical systematics of notothenioid fishes from Antarctica. *Biochemical Systematics and Ecology* **20**, 233–241.

McDowall, R. M. (1982). The centrolophid fishes of New Zealand (Pisces: Stromateoidae). *Journal of the Royal Society of New Zealand* **12**, 103–142.

McGlade, J. M., Annand, M. C. and Kenchington, T. J. (1983). Electrophoretic identification of *Sebastes* and *Helicolenus* in the Northwestern Atlantic. *Canadian Journal of Fisheries and Aquatic Sciences* **40**, 1861–1870.

McHugh, D. (1997). Molecular evidence that echiurans and pogonophorans are derived annelids. *Proceedings of the National Academy of Sciences of the USA* **94**, 8006–8009.

McHugh, D. and Tunnicliffe, V. (1994). Ecology and reproductive biology of the hydrothermal vent polychaete *Amphisamytha galapagensis* (Ampharetidae). *Marine Ecology Progress Series* **106**, 111–120.

McLean, J. H. (1992). Cocculiniform limpets (Cocculinidae and Pyropeltidae) living on whale bone in the deep sea off California. *Journal of Molluscan Studies* **58**, 401–414.

Manwell, C. and Baker, C. M. A. (1968). Genetic variation of isocitrate, malate and 6 phosphogluconate dehydrogenases in snails of the genus *Cepaea*. Introgressive hybridisation, polymorphism and pollution? *Comparative Biochemistry and Physiology* **26**, 195–209.

Manwell, C. and Baker, C. M. (1970). "Molecular Biology and the Origin of Species: Heterosis, Protein Polymorphism and Animal Breeding". Sidgewick and Jackson, London.

Marcus, N. H. (1977). Genetic variation within and between geographically separated populations of the sea urchin, *Arbacia punctulata*. *Biological Bulletin* **153**, 560–576.

Marshall, T. C. (1964). "Fishes of the Great Barrier Reef". Angus and Robertson, Sydney.

Marteinsson, V. T., Watrin, L., Prieur, D., Caprais, J. C., Raguénès, G. and Erauso, G. (1995). Phenotypic characterisation, DNA similarities and protein profiles of twenty sulfur-metabolizing hyperthermophilic anaerobic Archaea isolated from hydrothermal vents in the Southwestern Pacific Ocean. *International Journal of Sytematic Bacteriology* **45**, 623–632.

Martel, A., Larrivée, D. H. and Himmelman, J. H. (1986). Behaviour and timing of copulation and egg-laying in the neogastropod *Buccinum undatum* L. *Journal of Experimental Marine Biology and Ecology* **96**, 27–42.

Martin, A. P., Humphreys, R. and Palumbi, S. R. (1992). Population genetic structure of the armourhead, *Pseudopentaceros wheeleri*, in the North Pacific Ocean: Application of the polymerase chain reaction to fisheries problems. *Canadian Journal of Fisheries and Aquatic Sciences* **49**, 2386–2391.

Maruyama, T. and Kimura, M. (1980). Genetic variability and effective population size when local extinction and recolonisation of subpopulations are frequent. *Proceedings of the National Academy of Sciences of the USA* **77**, 6710–6714.

Maxwell, A. E. (1993). An abridged history of deep ocean drilling. *Oceanus* **36**(4), 8–12.

Menzies, R. J. (1965). Condition for the existence of life on the abyssal sea floor. *Oceanography and Marine Biology Annual Review* **3**, 195–210.

Menzies, R. J., George, R. Y. and Rowe, G. T. (1973). "Abyssal Environment and Ecology of the World Oceans". Wiley, New York.

Merrett, N. R., Haedrich, R. L., Gordon, J. D. M. and Stehmann, M. (1991). Deep demersal fish assemblage structure in the Porcupine Seabight (Eastern North Atlantic): results of single warp trawling at lower slope to abyssal soundings. *Journal of the Marine Biological Association of the UK* **71**, 359–373.

Milloy, C., Nicholson, D. and Dutton, T. (1989). A review of international HGW deep ocean engineering disposal studies. *Underwater Technology* **15**, 10–16.

Mills, R. A. (1995). Hydrothermal deposits and metalliferous sediments from TAG, 26°N Mid-Atlantic Ridge. *In* "Hydrothermal Vents and Processes". (L. M. Parson, C. L. Walker and D. R. Dixon, eds), pp. 121–132. Special Publication

No. 87, Geological Society, London.

Milton, D. A. and Shaklee, J. B. (1987). Biochemical genetics and population structure of blue grenadier, *Macruronus novaezelandiae* (Hector) (Pisces: Merluccidae), from Australian waters. *Australian Journal of Marine and Freshwater Research* **38**, 727–742.

Miya, M. and Nishida, M. (1996). Molecular phylogenetic perspective on the evolution of the deep-sea fish genus *Cyclothone* (Stomiiformes: Gonostomatidae). *Ichthyological Research* **43**, 375–398.

Miya, M. and Nishida, M. (1997). Speciation in the open ocean. *Nature, London* **389**, 803–804.

Moraga, D., Jollivet, D. and Denis, F. (1994). Genetic differentiation across the Western Pacific populations of the hydrothermal vent bivalve *Bathymodiolus* spp. and the Eastern Pacific (13°N) population of *Bathymodiolus thermophilus*. *Deep-Sea Research* **41**, 1551–1567.

Morescalchi, A., Pisano, E., Stanyon, R. and Morescalchi, M. A. (1992). Cytotaxonomy of Antarctic teleosts of the *Pagothenia/Trematomus* complex (Nototheniidae, Perciformes). *Polar Biology* **12**, 553–558.

Mork, J. and Giæver, M. (1993). The genetic population structure of the blue whiting (*Micromesistius poutassou*). ICES Committee Meeting Papers and Reports 1993/H:5.

Mortensen, P. B., Hovland, M., Brattegard, T. and Farestveit, R. (1995). Deepwater bioherms of the scleractinian coral *Lophelia pertusa* (L.) at 64° on the Norwegian shelf: Structure and associated megafauna. *Sarsia* **80**, 145–158.

Moser, H. G., Ahlstrom, E. H. and Paxton, J. R. (1984). Myctophidae: development. In "Ontogeny and Systematics of Fish" (H. G. Moser, ed.), pp. 218–238. Special Publication No. 1, American Society of Ichthyologists and Herpetologists.

Moyer, C. L., Dobbs, F. C. and Karl, D. M. (1994). Estimation of diversity and community structure through restriction fragment length polymorphism distribution analysis of bacterial 16S rRNA genes from a microbial mat at an active, hydrothermal vent system, Loihi seamount, Hawaii. *Applied and Environmental Microbiology* **60**, 871–879.

Moyer, C. L., Dobbs, F. C. and Karl, D. M. (1995). Phylogenetic diversity of the bacterial community from a microbial mat at an active, hydrothermal vent system, Loihi Seamount, Hawaii. *Applied Environmental Microbiology* **61**, 1555–1562.

Mulligan, T. J., Chapman, R. W. and Brown. B. L. (1992). Mitochondrial DNA analysis of walleye pollack, *Theragra chalcogramma*, from the Eastern Bering Sea and Shelikof Strait, Gulf of Alaska. *Canadian Journal of Fisheries and Aquatic Science* **49**, 319–326.

Mullineaux, L. S. and France, S. C. (1995). Dispersal mechanisms of deep-sea hydrothermal vent fauna. In "Seafloor Hydrothermal Systems, Physical, Chemical, Biological and Geological Interactions" (S. E. Humphris, R. A. Zierenberg, L. S. Mullineaux and R. E. Thomson, eds), pp. 408–424. Geophysical Monograph No. 91, American Geophysical Union, Washington, DC.

Mullineaux, L. S. and Mills, S. W. (1997). A test of the larval retention hypothesis in seamount-generated flows. *Deep-Sea Research I* **44**, 745–770.

Mullineaux, L. S., Wiebe, P. H. and Baker, E. T. (1995). Larvae of benthic invertebrates in hydrothermal vent plumes over Juan de Fuca ridge. *Marine Biology* **122**, 585–596.

Murdoch, M. and Hebert, P. D. N. (1994). Mitochondrial DNA diversity of brown bullhead from contaminated and relatively pristine sites in the Great Lakes. *Environmental Toxicology and Chemistry* **13**, 1–9.

Murphy, L. S., Rowe, G. T. and Haedrich, R. L. (1976). Genetic variability in deep-sea echinoderms. *Deep-Sea Research* **23**, 339–348.

Murton, B. J., Klinkhammer, G., Becker, K., Briais, A., Edge, D., Hayward, N., Millard, N., Mitchell, I., Rouse, I., Rudnicki, M., Sayanagi, K., Sloan, H. and Parson, L. (1994). Direct evidence for the distribution and occurrence of hydrothermal activity between 27°N–30°N on the Mid-Atlantic Ridge. *Earth and Planetary Science Letters* **81**, 245–252.

Nævdal, G. (1978). Differentiation between *"marinus"* and *"mentella"* types of redfish by electrophoresis of haemoglobins. *Fiskeridirektoratets skrifter, Bergen, Serie Havundersøkelser* **16**, 359–368.

Nakamura, I., Inada, T., Masatume, T. and Hatanaka, H. (1986). "Important Fishes Trawled off Patagonia". Japanese Fisheries Resource Conservation Association, Tokyo.

Nakanuma, T., Wada, H. and Fujioka, K. (1996). Biological community and sediment fatty acids associated with the deep-sea whale skeleton at the Torishima Seamount. *Journal of Oceanography* **52**, 1–15.

Nakao, S. (1995). Deep-sea mineral activity in Japan. *Marine Technology Society Journal* **29**, 74–78.

Natural Environment Research Council (1996). Scientific Group on Decommissioning Offshore Structures, first report, April, 1996. A Report by the Natural Environment Research Council for the Department of Trade and Industry, Natural Environment Research Council, Swindon.

Nedreaas, K. and Nævdal, G. (1989). Studies of Northeast Atlantic species of redfish (genus *Sebastes*) by protein polymorphism. *Journal du Conseil International pour l'Exploration de la Mer* **46**, 76–93.

Nedreaas, K. and Nævdal, G. (1991a). Identification of 0- and 1-group redfish (genus *Sebastes*) using electrophoresis. *ICES Journal of Marine Science* **48**, 91–99.

Nedreaas, K. and Nævdal, G. (1991b). Genetic studies of redfish (*Sebastes* spp.) along the continental slopes from Norway to Greenland. *ICES Journal of Marine Science* **48**, 173–186.

Nedreaas, K., Nævdal, G. and Johansen, T. (1992). Electrophoretic studies of redfish (Genus *Sebastes*) from Icelandic and Greenland waters. ICES Committee Meetings Papers and Reports 1992/G:36.

Nei, M. (1972). Genetic distance between populations. *American Naturalist* **106**, 283–292.

Nei, M. (1977). *F*-statistics and analysis of gene diversity in subdivided populations. *Annals of Human Genetics* **41**, 225–233.

Nei, M. (1987). "Molecular Evolutionary Genetics". Columbia University Press, Columbia.

Nei, M., Maruyama, T. and Chakraborty, R. (1975). The bottleneck effect and genetic variability in populations. *Evolution* **29**, 1–10.

Nelson, D. C., Waterbury, J. B. and Jannasch, H. W. (1984). DNA base composition and genome size of the prokaryotic symbiont in *Riftia pachyptila* (Pogonophora). *FEMS Microbiology Letters* **24**, 267–271.

Nesis, K. N. (1997). Gonatid squids in the Subarctic North Pacific: ecology, biogeography, niche diversity and role in the ecosystem. *Advances in Marine Biology* **32**, 243–324.

Neyman, A. A., Sokolova, M. N., Vinogradova, N. G. and Pasternak, F. A. (1973).

Some patterns of distribution of bottom fauna in the Indian Ocean. *In* "Ecological Studies 3: The Biology of the Indian Ocean" (B. Zeitzschel, ed.), pp. 467–473. Springer-Verlag. Berlin.

Nikiforov, S. M. (1993). Allozyme variation in the populations of marine mollusks inhabiting areas affected by volcanogenic hydrothermal outpourings. *Russian Journal of Marine Biology* **19**, 336–339.

Nilsson, M., Mattsson, S. and Holm, E. (1984). Radioecological studies of activation products released from a nuclear power plant into the marine environment. *Marine Environmental Research* **12**, 225–242.

Nishida, M. and Lucas, J. S. (1988). Genetic differences between geographic populations of the crown-of-thorns starfish throughout the Pacific region. *Marine Biology* **98**, 359–368.

Nybelin, O. (1957). Deep-sea bottom-fishes. Reports of the Swedish Deep-Sea Expedition, vol. II. Zoology, vol. 20, pp. 247–345, plates 1–7.

Nyberg, D. and Bogar, A. E. (1986). Genotypic and subgenotypic variation in heavy-metal tolerance in *Paramecium*. *American Naturalist* **127**, 615–628.

Nygren, A., Bergkvist, G., Windahl, T. and Jahnke, G. (1974). Cytological studies in Gadidae (Pisces). *Hereditas* **76**, 173–178.

Okiyama, M. (1993). Why do gonatid squid *Berryteuthis magister* lose tentacles on maturation? *Nippon Suisan Gakkaishi* **59**, 61–65.

Okutani, T. (1988). Evidence of spawning of *Berryteuthis magister* in the northeastern Pacific (Cephalopoda: Gonatidae). *Bulletin of the Ocean Research Institute, University of Tokyo* **26**, 193–200.

Olsgard, F. (1993). Do toxic algal blooms affect subtidal soft-bottom communities? *Marine Ecology Progress Series* **102**, 269–285.

Olsgard, F. and Gray, J. S. (1995). A comprehensive analysis of the effects of offshore oil and gas exploration and production on the benthic communities of the Norwegian continental shelf. *Marine Ecology Progress Series* **122**, 277–306.

Olsgard, F. and Hasle, J. R. (1993). Impact of waste from titanium mining on benthic fauna. *Journal of Experimental Marine Biology and Ecology* **172**, 185–213.

Olu, K., Lance, S., Sibuet, M., Henry, P., Fiala-Médioni, A. and Dinet, A. (1997). Cold seep communities as indicators of fluid expulsion through mud volcanoes seaward of the Barbados accretionary prism. *Deep-Sea Research I* **44**, 811–841.

Orita, M., Iwahana, H., Kanazawa, H. and Sekiya, T. (1989). Detection of polymorphism of human DNA by gel electrophoresis as a single-strand conformation polymorphism. *Proceedings of the National Academy of Sciences of the USA* **86**, 2766–2770.

Osamu, O., Amaoka, K. and Mitani, F. (1982). "Fishes of the Kyushu-Palau Ridge and Tosa Bay". Japanese Fisheries Resource Conservation Association, Tokyo.

Ovenden, J. R. (1990). Mitochondrial DNA and marine stock assessment: a review. *Australian Journal of Marine and Freshwater Research* **41**, 835–853.

Ovenden, J. R., Smolenski, A. J. and White, R. W. G. (1989). Mitochondrial DNA restriction site variation in Tasmanian populations of orange roughy (*Hoplostethus atlanticus*), a deep-water marine teleost. *Australian Journal of Marine and Freshwater Research* **40**, 1–9.

Oyarzún, C., Galleguillos, R. and Monsalves, J. (1993). Variabilidad genética en el grenadero de profundidad *Macrourus holotrachys* Günther, 1878, capturado en la zona pesquera de Talcahuano (Pisces, Gadiformes, Macrouridae). *Revista de Biología Marina, Valparaíso* **28**, 331–340.

Palumbi, S. R. and Wilson, A. C. (1990). Mitochondrial DNA diversity in the sea urchins *Strongylocentrotus purpuratus* and *S. droebachiensis*. *Evolution* **44**, 403–415.

Pankhurst, N. W., McMillan, P. J. and Tracey, D. M. (1987). Seasonal reproductive cycles in three commercially exploited fishes from the slope waters off New Zealand. *Journal of Fish Biology* **30**, 193–211.

Pascoe, P. L., Patton, S. J., Critcher, R. and Dixon, D. R. (1996). Robertsonian polymorphism in the marine gastropod, *Nucella lapillus*: advances in karyology using rDNA loci and NORs. *Chromosoma* **104**, 455–460.

Paull, C. K., Hecker, B., Commeau, R., Freeman-Lynde, R. P., Neumann, C., Corso, W. P., Golubic, S., Hook, J. E., Sikes, E. and Curray, J. (1984). Biological communities at the Florida escarpment resemble hydrothermal vent taxa. *Science* **226**, 965–967.

Paxton, J. R., Hoese, D. F., Allan, G. R. and Hanley, J. E. (1989). "Zoological Catalogue of Australia", vol. 7. "Pisces. Petromyzontidae to Carangidae". Australian Government Publishing Service, Canberra.

Payne, R. H. and Li, I.-H. (1982). Biochemical population genetics of redfishes (*Sebastes*) off Newfoundland. *Journal of Northwest Atlantic Fishery Science* **3**, 169–172.

Pearce, J., Caracciolo, J., Grieg, R., Wenzloff, D. and Steimle, F. Jr (1979). Benthic fauna and heavy metal burdens in marine organisms and sediments of a continental slope dumpsite off the northeast coast of the United States (Deepwater dumpsite 106). *Ambio Special Report* **6**, 101–104.

Peek, A. S., Gustafson, R. G., Lutz, R. and Vrijenhoek, R. C. (1997). Evolutionary relationships of deep-sea hydrothermal vent and cold-water seep clams (Bivalvia: Vesicomyidae): results from the mitochondrial cytochrome oxidase subunit I. *Marine Biology* **130**, 151–161.

Pennec, J.-P., Wardle, C. S., Harper, A. A. and Macdonald, A. G. (1988). Effects of high hydrostatic pressure on the isolated hearts of shallow water and deep sea fish: results of *Challenger* cruise 6B/85. *Comparative Biochemistry and Physiology* **89A**, 2, 215–218.

Plüger, W. L., Herzig, P. M., Becker, K. P., Deissmann, G., Schöps, D., Lange, J., Jenisch, A., Ladage, S., Richnow, H. H., Schulze, T. and Michaelis, W. (1990). Discovery of hydrothermal fields at the Central Indian Ridge. *Marine Mining* **9**, 73–86.

Pond, D., Dixon, D. and Sargent, J. (1997). Wax ester reserves facilitate dispersal of hydrothermal vent shrimps. *Marine Ecology Progress Series* **146**, 289–290.

Potts, W. K. (1996). PCR-based cloning across large taxonomic distances and polymorphism detection: MHC as a case study. *In* "Molecular Zoology: Advances, Strategies, and Protocols" (J. D. Ferraris and S. R. Palumbi, eds), pp. 181–194. Wiley-Liss, New York.

Powell, J. R. (1975). Protein variation in natural populations of animals. *Evolutionary Biology* **8**, 79–119.

Purcell, M. K., Kornfield, I., Fogarty, M. and Parker, A. (1996). Interdecadal heterogeneity in mitochondrial DNA of Atlantic haddock (*Melanogrammus aeglefinus*) from Georges Bank. *Molecular Marine Biology and Biotechnology* **5**, 185–192.

Quéro, J. C., Hureau, J. C., Karrer, C., Post, A. and Saldanha, L. (1990). "Clofeta I–III. Check-list of the Fishes of the Eastern Tropical Atlantic". JNICT, Portugal.

Rasmussen, T., Thollesson, M. and Nilssen, E. M. (1993). Preliminary investigations on the population genetic differentiation of the deep water prawn *Pandalus borealis* Kröyer 1838, from northern Norway and the Barents Sea. ICES Committee Meetings Papers and Reports 1993/K:11.

Rassmann, K., Schlötterer, C. and Tautz, D. (1991). Isolation of simple-sequence loci for use in polymerase chain reaction-based DNA fingerprinting. *Electrophoresis* **12**, 113–118.

Redfield, J. A., Hedgecock, D., Nelson, K. and Salini, J. P. (1980). Low heterozygosity in tropical marine crustaccans of Australia and the trophic stability hypothesis. *Marine Biology Letters* **1**, 303–318.

Rehbein, H. (1983). Differentiation of redfishes from the northeastern Atlantic (*Sebastes marinus* L., *S. mentella* Travin, *S. viviparus* Krøyer and *Helicolenus dactylopterus* D. Delaroche 1809) by isoelectric focusing of sarcoplasmic proteins. ICES Committee Meetings Papers and Reports 1983/G:40.

Rehbein, H. and Oehlenschläger, J. (1983). Differentiation between the red or rose-fish (*Sebastes marinus*) and its deeper sea-level variety (*Sebastes mentella*). *Allgemeine Fischereizeitung* **35**, 397–400.

Rex, M. A. (1981). Community structure in the deep-sea benthos. *Annual Review of Ecology and Systematics* **12**, 331–353.

Rice, A. L. (1978). Radio-active waste disposal and deep-sea biology. *Oceanologica Acta* **1**(4), 483–491.

Rice, A. L., Aldred, R. G., Darlington, E. and Wild, R. A. (1982). The quantitative estimation of the deep-sea megabenthos: a new approach to an old problem. *Oceanologica Acta* **5**, 63–72.

Richardson, B. J. (1982). Geographical distribution of electrophoretically detected protein variation in Australian commercial fishes II. Jackass morwong, *Cheilodactylus macropterus* Bloch and Schneider. *Australian Journal of Marine and Freshwater Research* **33**, 927–931.

Richardson, P. L. (1980). Anticyclonic eddies generated near Corner Rise seamounts. *Journal of Marine Research* **38**, 673–686.

Ritchie, P. A., Bargelloni, L., Meyer, A., Taylor, J. A., MacDonald, J. A. and Lambert, D. M. (1996). Mitochondrial phylogeny of trematomid fishes (Nototheniidae, Perciformes) and the evolution of Antarctic fish. *Molecular Phylogenetics and Evolution* **5**, 383–390.

Robbins, J. A., Krezoski, J. R. and Mozley, S. C. (1977). Radioactivity in sediments of the great lakes: Post-depositional redistribution by deposit-feeding organisms. *Earth and Planetary Science Letters* **36**, 325–333.

Robertson, D. A. (1978). Spawning of tarakihi (Pisces: Cheilodactylidae) in New Zealand waters. *New Zealand Journal of Marine and Freshwater Research* **12**, 277–286.

Roden, G. I. (1991). Mesoscale flow and thermohaline structure around Fieberling Seamount. *Journal of Geophysical Research* **96**, 16 653–16 672.

Rogers, A. D. (1994). The biology of seamounts. *Advances in Marine Biology* **30**, 305–350.

Rogers, A. D. (1997). The biology of *Lophelia pertusa* (Linnaeus 1758) and oil exploration West of Shetland. Report to Greenpeace UK, London.

Rogers, A. D., Gibson, R. and Tunnicliffe, V. (1996). A new genus and species of monostiliferous hoplonemertean colonizing an inchoate hydrothermal field on Juan de Fuca Ridge. *Deep-Sea Research I* **43**, 1581–1599.

Rogers, A. D., Clarke, A. and Peck, L. (1998). Population genetics of the Antarctic heteronemertean *Parborlasia corrugatus* (McIntosh 1876) from the South Orkney Islands. *Marine Biology* **131**, 1–13.

Rogers, J. S. (1972). Measures of genetic similarity and genetic distance. Studies in genetics VII. University of Texas Publication 7213, pp. 145–153.

Rokop, F. J. (1977). Seasonal reproduction of the brachiopod *Frieleia halli* and the scaphopod *Cadulus californicus* at bathyal depths in the deep-sea. *Marine Biology* **43**, 237–246.

Rose, C. (1997). "Putting the Lid on Fossil Fuels: Why the Atlantic Should be a Frontier Against Oil Exploration". Greenpeace, London.

Roughley, T. C. (1951). "Fish and Fisheries of Australia". Angus and Robertson, Sydney.

Russo, C. A. M., Solé-Cava, A. M. and Thorpe, J. P. (1994). Population structure and genetic variation in two tropical sea anemones (Cnidaria, Actinidae) with different reproductive strategies. *Marine Biology* **119**, 267–276.

Rygg, B. (1986). Heavy metal pollution and log-normal distributions of individuals among species in benthic communities. *Marine Pollution Bulletin* **17**, 31–36.

Ryman, N. and Utter, F. (eds) (1987). "Population Genetics and Fishery Management". University of Washington, Seattle.

Saavedra, C., Zapata, C., Guerra, A. and Alvarez, G. (1993). Allozyme variation in European populations of the oyster *Ostrea edulis. Marine Biology* **115**, 85–95.

Sahrhage, D. (1988). Commercially important grenadiers of the North Atlantic. Canadian Translations of Fisheries and Aquatic Sciences No. 5376.

Saltzman, J. and Wishner, K. F. (1997a). Zooplankton ecology in the eastern tropical Pacific oxygen minimum zone above a seamount: 1. General trends. *Deep-Sea Research I* **44**, 907–930.

Saltzman, J. and Wishner, K. F. (1997b). Zooplankton ecology in the eastern tropical Pacific oxygen/minimum zone above a seamount: 2. Vertical distribution of copepods. *Deep-Sea Research I* **44**(6), 931–954.

Sanchez, R. P. and Acha, E. M. (1988). Development and occurrence of embryos, larvae and juveniles of *Sebastes oculatus* with reference to two southwest Atlantic scorpaenids: *Helicolenus dactylopterus lahillei* and *Pontinus rathboni. Meeresforschung* **32**, 107–133.

Sanders, H. L., Hessler, R. R. and Hampson, G. R. (1965). An introduction to the study of the deep-sea benthic faunal assemblages along the Gay Head–Bermuda transect. *Deep-Sea Research* **12**, 845–867.

Sars, G. O. (1889). Bidrag til Kundskaben om Decapodernes Forvandlinger. II. *Lithodes- Eupagurus- Spiropagurus- Galathodes- Galathea- Munida- Porcellana- Nephrops. Archiv for Mathematik og Naturvidenskab* **3**, 133–201.

Savvatimsky, P. I. (1969). The grenadier of the North Atlantic. Fisheries Research Board of Canada Translation Series 2879.

Scheirer, D., Johnson, K., Baker, E., Forsyth, D., Graham, D. and Southward, A. J. (1996). First evidence of hydrothermal venting along the Southeast Indian Ridge. *EOS* **77** (fall meeting suppl.), 684.

Schneppenheim, R., Kock, K.-H., Duhamel, G. and Janssen, J. (1994). On the taxonomy of the *Lepidonotothen squamifrons* group (Pisces, Perciformes, Notothenioidei). *Archive of Fishery and Marine Research* **42**(2), 137–148.

Schopf, T. J. M. and Gooch, J. L. (1971). A natural experiment using deep-sea invertebrates to test the hypothesis that genetic homozygosity is proportional to environmental stability. *Biological Bulletin* **141**, 401.

Schütt, C. and Ottow, J. C. G. (1980). Reductive microbial dissolution of manganese nodules as a possible hazard of deep-sea mining. *Helgoländer Meeresuntersuchungen* **33**, 443–451.

Schweder, M. E., Shatters, R. G. Jr, West, S. H. and Smith, R. L. (1995). Effect of transition interval between melting and annealing temperatures on RAPD analyses. *Biotechniques* **19**, 38–42.

Scopes, R. K. (1993). "Protein Purification Principles and Practice", 3rd edn. Springer-Verlag, New York.

Scott, W. B. and Scott, M. G. (1988). Atlantic fishes of Canada. *Canadian Bulletin of Fisheries and Aquatic Sciences*, No. **219**, 731 pp.

Sedwick, P. N., Gamo, T. and McMurty, G. M. (1990). Manganese and methane anomalies in the North Fiji Basin. *Deep-Sea Research* **37**, 891–896.

Seeb, L. W. and Gunderson, D. R. (1988). Genetic variation and population structure of pacific ocean perch (*Sebastes alutus*). *Canadian Journal of Fisheries and Aquatic Sciences* **45**, 78–88.

Seibold, E. and Berger, W. H. (1996). "The Sea Floor: An Introduction to Marine Geology", 3rd edn. Springer-Verlag, New York.

Seki, M. P. and Somerton, D. A. (1994). Feeding ecology and daily ration of the pelagic armourhead, *Pseudopentaceros wheeleri* at southeast Hancock seamount. *Environmental Biology of Fishes* **39**(1), 73–84.

Selander, R. K. and Kaufman, D. W. (1973). Genic variability and strategies of adaptation in animals. *Proceedings of the National Academy of Sciences of the USA* **70**, 1875–1877.

Shank, T. M., Lutz, R. A. and Vrijenhoek, R. C. (1998). Molecular systematics of shrimp (Decapoda: Bresiliidae) from deep-sea hydrothermal vents I: enigmatic "small orange" shrimp from the Mid-Atlantic Ridge are juvenile *Rimicaris exoculata*. *Molecular Marine Biology and Biotechnology* **7**, 88–96.

Shanks, W. C., Böhlke, J. K. and Seal, R. R. (1995). Stable isotopes in Mid-Ocean Ridge hydrothermal systems: interactions between fluids, minerals, and organisms. *In* "Seafloor Hydrothermal Systems, Physical, Chemical, Biological and Geological Interactions" (S. E. Humphris, R. A. Zierenberg, L. S. Mullineaux and R. E. Thomson, eds), pp. 194–221. Geophysical Monograph No. 91, American Geophysical Union, Washington, DC.

Sheffield, V. C., Beck, J. S., Kwitek, A. E., Sandstrom, D. W. and Stone, E. M. (1993). The sensitivity of single-strand conformation polymorphism analysis for the detection of single base substitutions. *Genomics* **16**, 325–332.

Shields, G. F. and Gust, J. R. (1995). Lack of geographic structure in mitochondrial DNA sequences of Bering Sea walleye pollack, *Theragra chalcogramma*. *Molecular Marine Biology and Biotechnology* **4**, 69–82.

Shulenberger, E. and Barnard, J. L. (1976). Amphipods from an abyssal trap set in the North Pacific gyre. *Crustaceana* **31**, 241–258.

Siebenaller, J. F. (1978a). Genetic variation in deep-sea invertebrate populations: the bathyal gastropod *Bathybembix bairdii*. *Marine Biology* **47**, 265–275.

Siebenaller, J. F. (1978b). Genetic variability in deep-sea fishes of the genus *Sebastolobus* (Scorpaenidae). *In* "Marine Organisms: Genetics, Ecology and Evolution" (B. Battaglia and J. A. Beardmore, eds), pp. 95–122. Plenum Press, New York.

Siebenaller, J. F. (1983). The pH-dependence of the effects of hydrostatic pressure on the M_4-lactate dehydrogenase homologs of scorpaenid fishes. *Marine Biology Letters* **4**, 233–243.

Siebenaller, J. F. (1984). Analysis of the biochemical consequences of ontogenetic vertical migration in a deep-living teleost fish. *Physiological Zoology* **57**, 598–608.

Siebenaller, J. F. and Somero, G. N. (1982). The maintenance of different enzyme activity levels in congeneric fishes living at different depths. *Physiological Zoology* **55**, 171–179.

Siebenaller, J. F. and Somero, G. N. (1989). Biochemical adaptation to the deep-sea. *CRC Critical Reviews in Aquatic Sciences* **1**, 1–25.

Siebenaller, J. F., Somero, G. N. and Haedrich, R. L. (1982). Biochemical characteristics of macrourid fishes differing in their depths of distribution. *Biological Bulletin, Marine Biological Laboratory, Woods Hole* **163**, 240–249.

Skibinski, D. O. F., Beardmore, J. A. and Cross, T. F. (1983). Aspects of the population genetics of *Mytilus* (Mytilidae; Mollusca) in the British Isles. *Biological Journal of the Linnean Society* **19**, 137–183.

Skúladóttir, U., Pálsson, J., Bragason, G. S. and Brynjólfsson, S. (1991). The variation in size and age at change of sex, maximum length of ovigerous periods of the shrimp, *Pandalus borealis*, at different temperatures in Icelandic waters. ICES Committee Meetings Papers and Reports 1991/K:5.

Slatkin, M. (1985). Rare alleles as indicators of gene flow. *Evolution* **39**, 53–65.

Slatkin, M. and Barton, N. H. (1989). A comparison of three indirect methods for estimating average levels of gene flow. *Evolution* **43**, 1349–1368.

Smith, C. R. and Baco, A. R. (1997). Whale-fall communities on the Northwest Pacific slope: succession and food-web structure. *In* "Eighth Deep Sea Biology Symposium, Monterey, California 1997", p. 111. Monterey Bay Aquarium Research Institute, Monterey.

Smith, C. R., Kukert, H., Wheatcroft, R. A., Jumars, P. A. and Deming, J. W. (1989). Vent fauna on whale remains. *Nature, London* **341**, 127–128.

Smith, K. L. Jr (1978). Metabolism of the abyssopelagic rattail *Coryphaenoides armatus* measured *in situ*. *Nature, London* **274**, 362–364.

Smith, K. L. Jr and Hessler, R. R. (1974). Respiration of benthopelagic fishes: *In situ* measurements at 1230 meters. *Science, N.Y.* **184**, 72–73.

Smith, P. J. (1979). Glucosephosphate isomerase and phosphoglucomutase polymorphisms in the New Zealand ling *Genypterus blacodes*. *Comparative Biochemistry and Physiology* **62B**, 573–577.

Smith, P. J. (1986). Genetic similarity between samples of the orange roughy *Hoplostethus atlanticus* from the Tasman Sea, south-west Pacific Ocean and North-east Atlantic ocean. *Marine Biology* **91**, 173–180.

Smith, P. J. and Benson, P. G. (1997). Genetic diversity in orange roughy from the east of New Zealand. *Fisheries Research* **31**, 197–214.

Smith, P. J. and Francis, R. I. C. C. (1982). A glucose phosphate isomerase polymorphism in New Zealand ling, *Genypterus blacodes*. *Comparative Biochemistry and Physiology* **73B**, 451–455.

Smith, P. J. and Fujio, Y. (1982). Genetic variability in marine teleosts: high variability in habitat specialists and low variability in habitat generalists. *Marine Biology* **69**, 7–20.

Smith, P. J., Patchell, P. J. and Benson, P. G. (1981). Genetic tags in the New Zealand hoki *Macruronus novaezelandiae*. *Animal Blood Groups and Biochemical Genetics* **12**, 37–45.

Smith, P. J., Roberts, C. D., McVeagh, S. M. and Benson, P. G. (1996a). Genetic evidence for two species of tarakihi (Teleostei: Cheilodactylidae: *Nemadactylus*) in New Zealand waters. *New Zealand Journal of Marine and Freshwater Research* **30**, 209–220.

Smith, P. J., McVeagh, S. M. and Ede, A. (1996b). Genetically isolated stocks of orange roughy (*Hoplostethus atlanticus*), but not of hoki (*Macruronus novaezelandiae*), in the Tasman Sea and Southwest Pacific Ocean around New

Zealand. *Marine Biology* **125**, 783–793.

Smith, P. J., Benson, P. G. and McVeagh, S. M. (1997). A comparison of three genetic methods used for stock discrimination of orange roughy, *Hoplostethus atlanticus*: allozymes, mitochondrial DNA, and random amplified polymorphic DNA. *Fishery Bulletin U.S.* **95**, 800–811.

Smith Derby, J. G. and Capuzzo, J. M. (1985). Physiological and behavioural effects of drilling fluid on marine crustaceans. *In* "Wastes in the Ocean", vol. 4. "Energy Wastes in the Ocean" (I. W. Duedall, D. R. Kester, P. K. Park and B. H. Ketchum, eds), pp. 289–306. Wiley, New York.

Smolenski, A. J., Ovenden, J. R. and White, R. W. G. (1993). Evidence of stock separation in southern hemisphere orange roughy (*Hoplostethus atlanticus*, Trachyichthyidae) from restriction-enzyme analysis of mitochondrial DNA. *Marine Biology* **116**, 219–230.

Snelgrove, P. V. R. and Haedrich, R. L. (1985). Structure of the deep demersal fish fauna off Newfoundland. *Marine Ecology Progress Series* **27**, 99–107.

Snelgrove, P. V. R., Grassle, J. F. and Petrecca, R. F. (1992). The role of food patches in maintaining high deep-sea species diversity: field experiments using hydrodynamically unbiased colonisation trays. *Limnology and Oceanography* **37**, 1543–1550.

Sokal, R. R. and Rohlf, F. J. (1995). "Biometry", 3rd edn. Freeman, New York.

Sokolova, M. N. (1997). Trophic structure of abyssal macrobenthos. *Advances in Marine Biology* **32**, 429–525.

Sola, L. and Cataudella, S. (1978). I cromosomi di quattro specie di Scorpaenidae mediterranei (Pisces, Scorpaeniformes). *Atti dell'Academia Nazionale dei Lincei, Rendiconte, Ser. VIII* **44**, 393–396.

Sola, L., Cataudella, S. and Capanna, E. (1981). New developments in vertebrate cytotaxonomy III. Karyology of bony fishes: a review. *Genetica* **54**, 285–328.

Solé-Cava, A. M. and Thorpe, J. P. (1991). High levels of genetic variation in natural populations of marine lower invertebrates. *Biological Journal of the Linnean Society* **44**, 65–80.

Somero, G. N. (1982). Physiological and biochemical adaptations of deep-sea fishes: adaptive responses to the physical and biological characteristics of the abyss. *In* "The Environment of the Deep-Sea. Rubey" (W. G. Ernst and J. G. Morin, eds), vol. II, pp. 257–278. Prentice-Hall, Englewood Cliffs.

Somero, G. N. and Siebenaller, J. F. (1979). Inefficient lactate dehydrogenases of deep-sea fishes. *Nature, London* **282**, 100–102.

Somero, G. and Soulé, M. (1974). Genetic variation in marine fishes as a test of the niche-variation hypothesis. *Nature, London* **249**, 670–672.

Somero, G. N., Anderson, A. E. and Childress, J. J. (1989). Transport metabolism and detoxification of hydrogen sulfide in animals from sulfide-rich marine environments. *C.R.C. Critical Reviews in Aquatic Sciences* **1**, 591–614.

Southward, A. J. and Dando, P. R. (1988). Distribution of Pogonophora in canyons of the Bay of Biscay: factors controlling abundance and depth range. *Journal of the Marine Biological Association of the UK* **68**, 627–638.

Southward, E. C., Tunnicliffe, V. and Black, M. (1995). Revision of the species of *Ridgeia* from northeast Pacific hydrothermal vents, with a redescription of *Ridgeia piscesae* Jones (Pogonophora: Obturata = Vestimentifera). *Canadian Journal of Zoology* **73**, 282–295.

Southward, E. C., Tunnicliffe, V., Black, M. B., Dixon, D. R. and Dixon, L. R. J. (1996). Ocean-ridge segmentation and vent tubeworms (Vestimentifera) in the NE Pacific. *In* "Tectonic, Magmatic, Hydrothermal and Biological Segmentation of Mid-Ocean Ridges" (C. J. Macleod, P. A. Tyler and C. L. Walker, eds), pp. 211–224. Geological Society Special Publication No. 118, Geological Society, London.

Spiess, F. N., MacDonald, K. C., Atwater, T., Ballard, R., Guerrero, J., Hawkins, J., Haymon, R., Hessler, R., Juteau, T., Kastner, M., Larson, R., Luyendyk, B., MacDougall, J. D., Miller, S., Normark, W., Orcutt, J. and Rangin, C. (1980). East Pacific Rise: hot springs and geophysical experiments. *Science, New York* **207**, 1421–1433.

Stahl, D. A., Lane, D. J., Olsen, G. J. and Pace, N. R. (1984). Analysis of hydrothermal-vent associated symbionts by ribosomal RNA sequences. *Science, New York* **224**, 409–411.

Starczak, V. R., Fuller, C. M. and Butman, C. A. (1992). Effects of barite on aspects of ecology of the polychaete *Mediomastus ambiseta*. *Marine Ecology Progress Series* **85**, 269–282.

Stepien, C. A. and Rosenblatt, R. H. (1996). Genetic divergence in antitropical pelagic marine fishes (*Trachurus*, *Merluccius*, and *Scomber*) between North and South America. *Copeia* **3**, 586–598.

Stewart, B. D., Fenton, G. E., Smith, D. C. and Short, S. A. (1995). Validation of otolith-increment age estimates for a deepwater fish species, the warty oreo *Allocyttus verrucosus*, by radiometric analysis. *Marine Biology* **123**, 29–38.

Stewart, C. N. and Excoffier, L. (1996) Assessing population genetic structure and variability with RAPD data: application to *Vaccinium macrocarpon* (American cranberry). *Journal of Evolutionary Biology* **9**, 153–171.

Stockton, W. L. and DeLaca, T. E. (1982). Food falls in the deep sea: occurrence, quality, and significance. *Deep-Sea Research* **29**, 157–169.

Strassmann, J. E., Solis, C. R., Peters, J. M. and Queller, D. C. (1996). Strategies for finding and using highly polymorphic DNA microsatellite loci for studies of genetic relatedness and pedigrees. *In* "Molecular Zoology, Advances, Strategies and Protocols" (J. D. Ferraris and S. R. Palumbi, eds), pp. 163–180. Wiley-Liss, New York.

Street, G. T. and Montagna, P. A. (1996). Loss of genetic diversity in Harpacticoida near offshore platforms. *Marine Biology* **126**, 271–282.

Sullivan, K. M. and Somero, G. N. (1980). Enzyme activities of fish skeletal muscle and brain as influenced by depth of occurrence and habitats of feeding and locomotion. *Marine Biology* **60**, 91–99.

Swanson, R. L., Champ, M. A., O'Connor, T., Park, P. J., O'Connor, J., Meyer, G. F., Stanford, H. M., Erdheim, E. and Verber, J. (1985). Sewage-sludge dumping in the New York Bight apex: a comparison with other proposed ocean dumpsites. *In* "Wastes in the Ocean", vol. 6. "Nearshore Waste Disposal" (B. H. Ketchum, J. M. Capuzzo, W. V. Burt, I. W. Duedall, P. K. Park and D. R. Kester, eds), pp. 461–488. Wiley, New York.

Tagatz, M. E. and Tobia, M. (1978). Effect of barite ($BaSO_4$) on development of estuarine communities. *Estuarine and Coastal Marine Sciences* **7**, 401–407.

Tajima, F. (1989). Statistical method for testing the neutral mutation hypothesis by DNA polymorphism. *Genetics* **123**, 585–595.

Tajima, F. (1993). Statistical analysis of DNA polymorphism. *Japanese Journal of Genetics* **68**, 567–595.

Tajima, F. (1996). The amount of DNA polymorphism maintained in a finite population when the neutral mutation rate varies among sites. *Genetics* **143**, 1457–1465.

Thiel, H. (1991). The requirement for additional research in the assessment of environmental disturbances associated with deep seabed mining. *In* "Marine Biology: Its Accomplishment and Future Prospect" (J. Mauchline and T. Nemoto, eds), pp. 133–144. Elsevier, Amsterdam.

Thiel, H. (1992). Deep-sea environmental disturbance and recovery potential. *Internationale Revue der Gesamten Hydrobiologie und Hydrographie* **77**, 331–339.

Thiel, H., Bluhm, H., Borowski, C., Bussau, C., Gooday, A. J., Maybury, C. and Schriever, G. (1992). The impact of mining on deep-sea organisms. The DISCOL project. *Ocean Challenge* **3**(1), 40–46.

Thiel, H., Foell, E. J. and Schriever, G. (1993). Economics and the environment: co-operative aspects of future deep-sea mining activities. *In* "25th Annual Offshore Technology Conference", vol. 1. "Geology, Earth Sciences and Environment", pp. 203–212. Houston, Texas.

Thorpe, J. P. (1979). Enzyme variation and taxonomy: the estimation of sampling errors in measurements of interspecific genetic similarity. *Biological Journal of the Linnean Society* **11**, 369–386.

Thorpe, J. P. (1982). The molecular clock hypothesis: biochemical evolution, genetic differentiation and systematics. *Annual Review of Ecology and Systematics* **13**, 139–168.

Thorpe, J. P. (1983). Enzyme variation, genetic distance and evolutionary divergence in relation to levels of taxonomic separation. *In* "Protein Polymorphism: Adaptive and Taxonomic Significance" (G. S. Oxford and D. Rollinson, eds), pp. 131–152. Academic Press, London.

Thorpe, J. P. and Solé-Cava, A. M. (1994). The use of allozyme electrophoresis in invertebrate systematics. *Zoologica Scripta* **23**, 3–18.

Tiedtke, J. E. and Kock, K.-H. (1989). Structure and composition of the demersal fish fauna around Elephant Island. *Archiv für Fischereiwissenschaft* **39**, 143–169.

Tillier, S., Masselot, M., Guerdoux, J. and Tillier, A. (1994). Monophyly of major gastropod taxa tested from partial 28S rRNA sequences, with emphasis on Euthyneura and hot-vent limpets Peltospiroidea. *The Nautilus, Supplement* **2**, 122–140.

Tirmizi, N. M. (1970). Crustacea: Galatheidae. *In* "The John Murray Expedition 1933–34. Scientific Reports", vol. XI. "Zoology", pp. 167–234. British (Natural History) Museum, London.

Tizard, T. H., Moseley, H. N., Buchanan, J. Y. and Murray, J. (1885). Narrative of the cruise of H.M.S. Challenger with a general account of the scientific results of the expedition. "Reports of the Scientific Results of the Exploring Voyage of H.M.S. Challenger 1873–1876". Neill, Edinburgh.

Tong, L. J. and Saito, R. (1977). Further postlarvae of tarakihi in New Zealand waters. *New Zealand Journal of Marine and Freshwater Research* **11**, 159–162.

Torres, J. J., Belman, B. W. and Childress, J. J. (1979). Oxygen consumption rates of midwater fishes as a function of depth of occurrence. *Deep-Sea Research* **26A**, 185–197.

Trottier, B. L., Rubec, P. J. and Ricard, A. C. (1988). Biochemical separation of Atlantic Canadian redfish: *Sebastes mentella* and *Sebastes norvegicus*. *Canadian Journal of Zoology* **67**, 1332–1335.

Troyanovsky, F. M. and Lisovsky, S. F. (1995). Russian (USSR) fisheries research in deep waters (below 500 m.) in the North Atlantic. *In* "Deep-water Fisheries of the North Atlantic Oceanic Slope" (A. G. Hopper, ed.), pp. 357–365. Kluwer, Dordrecht.

Tsuyuki, H., Roberts, E., Lowes, R. H. and Hadaway, H. (1968). Contribution of protein electrophoresis to rockfish (Scorpaenidae) systematics. *Journal of the Fisheries Research Board of Canada* **25**, 2477–2501.

Tunnicliffe, V. (1981). High species diversity and abundance of the epibenthic community in an oxygen-deficient basin. *Nature, London* **294**, 354–356.

Tunnicliffe, V. (1991). The biology of hydrothermal vents: ecology and evolution. *Oceanography and Marine Biology Annual Review* **219**, 319–407.

Tunnicliffe, V., Fowler, C. M. R. and McArthur, A. G. (1996). Plate tectonic history and hot vent biogeography. *In* "Tectonic, Magmatic, Hydrothermal and Biological Segmentation of Mid-Ocean Ridges" (C. J. Macleod, P. A. Tyler and C. L. Walker, eds), pp. 225–238. Geological Society Special Publication No. 118, Geological Society, London.

Tunnicliffe, V., McArthur, A. G. and McHugh, D. (1998). A biogeographic perspective of the deep-sea hydrothermal vent fauna. *Advances in Marine Biology* **34**, 353–442.

Turekian, K. K., Cochran, J. K., Kharkar, D. P., Cerrato, R. M., Vaišnys, J. R., Sanders, H. L., Grassle, J. F. and Allen, J. A. (1975). Slow growth rate of a deep-sea clam determined by ^{228}Ra chronology. *Proceedings of the National Academy of Sciences of the USA* **72**, 2829–2832.

Turner, R. D., Lutz, R. A. and Jablonski, D. (1985). Modes of molluscan larval development at deep-sea hydrothermal vents. *Bulletin of the Biological Society of Washington* **6**, 167–184.

Tyler, P. A. (1995). Conditions for the existence of life at the deep-sea floor: An update. *Oceanography and Marine Biology Annual Review* **53**, 221–244.

Tyler, P. A. and Gage, J. D. (1980). Reproduction and growth of the deep-sea brittlestar *Ophiura ljungmani* (Lyman). *Oceanologica Acta* **3**, 177–185.

Tyler, P. A., Muirhead, A., Billett, D. S. M. and Gage, J. D. (1985). Reproductive biology of the deep-sea holothurians *Laetmogone violacea* and *Benthogone rosea* (Elasipoda: Holothuroidea). *Marine Ecology Progress Series* **23**, 269–279.

Tyler, P. A., Harvey, R., Giles, L. A. and Gage, J. D. (1992). Reproductive strategies and diet in deep-sea nuculanid protobranchs (Bivalvia: Nuculoidea) from the Rockall Trough. *Marine Biology* **114**, 571–580.

Tyler, P. A., Paterson, G. J. L., Sibuet, M., Guille, A., Murton, B. J. and Segonzac, M. (1995). A new genus of ophiuroid (Echinodermata: Ophiuroidea) from hydrothermal mounds along the Mid-Atlantic Ridge. *Journal of the Marine Biological Association of the UK* **75**, 977–986.

United States Board of Geographic Names (1981). "Gazetteer of Undersea Features", 3rd edn. Defense Mapping Agency, Washington, DC.

Valentine, J. W. (1976). Genetic strategies of adaptation. *In* "Molecular Evolution" (F. J. Ayala, ed.), pp. 78–94. Sinauer, Sunderland, Mass.

Valentine, J. W. and Ayala, F. J. (1974). Genetic variation in *Frieleia halli*, a deep-sea brachiopod. *Deep-Sea Research* **22**, 37–44.

Van Dover, C. L. and Williams, A. B. (1991). Egg size in squat lobsters (Galatheoidea): constraint and freedom. *In* "Crustacean Issues 7. Crustacean Egg Production" (A. Wenner and A. Kuris, eds), pp. 143–156. Balkema, Rotterdam.

Vangenechten, J. H. D., Aston, S. R. and Fowler, S. W. (1983). Uptake of Americium-241 from two experimentally labelled deep-sea sediments by three benthic species: a bivalve mollusc, a polychaete and an isopod. *Marine Ecology Progress Series* **13**, 219–228.

Van-Praet, M. and Colombera, D. (1984). Bivalent chromosomes of two abyssal actinia (Cnidaria, Anthozoa). *Bulletin de la Société Zoologique de France* **109**, 227–230.

Vayda, M. E., Small, D. J., Yuan, M.-L., Costello, L. and Sidell, B. D. (1997). Conservation of the myoglobin gene among Antarctic notothenioid fishes. *Molecular Marine Biology and Biotechnology* **6**(3), 207–216.

Vinogradova, N. G. (1997). Zoogeography of the abyssal and hadal zones. *Advances in Marine Biology* **32**, 325–387.

Vis, M. L., Carr, S. M., Bowering, W. R. and Davidson, W. S. (1997). Greenland halibut (*Reinhardtius hippoglossoides*) in the North Atlantic are genetically homogeneous. *Canadian Journal of Aquatic and Fisheries Science* **54**, 1813–1821.

Vrijenhoek, R. C. (1997). Gene flow and genetic diversity in naturally fragmented metapopulations of deep-sea hydrothermal vent animals. *Journal of Heredity* **88**, 285–293.

Vrijenhoek, R. C., Schultz, S. J., Gustafson, R. G. and Lutz, R. A. (1994). Cryptic species of deep-sea clams (Mollusca: Bivalvia: Vesicomyidae) from hydrothermal vent and cold-water seep environments. *Deep-Sea Research* **41A**(8), 1171–1189.

Waples, R. S. (1987). A multispecies approach to the analysis of gene flow in marine shore fishes. *Evolution* **41**, 385–400.

Ward, R. D., Woodwark, M. and Skibinski, D. O. F. (1994). A comparison of genetic diversity levels in marine, freshwater, and anadromous fishes. *Journal of Fish Biology* **44**, 213–232.

Washington, B. B., Moser, H. G., Laroche, W. A. and Olney, J. E. (1984). Scorpaeniformes: Development. *In* "Ontogeny and Systematics of Fish" (H. G. Moser, ed.), pp. 405–428. Special Publication No. 1, American Society of Ichthyologists and Herpetologists.

Wehrhahn, C. F. and Powell, R. (1987). Electrophoretic variation, regional differences, and gene flow in the coho salmon (*Oncorhynchus kisutch*) of southern British Columbia. *Canadian Journal of Fisheries and Aquatic Sciences* **44**, 822–831.

Weiss, R. F., Lonsdale, P., Lupton, J. E., Bainbridge, A. E. and Craig, H. (1977). Hydrothermal plumes in the Galapagos Rift. *Nature, London* **267**, 600–603.

Wenner, C. A. and Musick, J. A. (1977). Biology of the morid fish *Antimora rostrata* in the western North Atlantic. *Journal of the Fisheries Research Board of Canada* **34**, 2362–2368.

Werman, S. D., Springer, M. S. and Britten, R. J. (1990). Nucleic acids I: DNA–DNA hybridization. *In* "Molecular Systematics" (D. M. Hillis and C. Moritz, eds), pp. 204– 249. Sinauer, Sunderland, Mass.

White, B. N. (1987). Oceanic anoxic events and allopatric speciation in the deep-sea. *Biological Oceanography* **5**, 243–259.

Whitehead, P. J. P., Bauchot, M.-L., Hureau, J.-C., Nielsen, J. and Tortonese, E. (1986). "Fishes of the Northeastern Atlantic and the Mediterranean", vols 1 and 2. UNESCO, Paris.

Wilkinson, L. (1990). "SYSTAT: The System for Statistics." SYSTAT, Evanston, Ill.

Williams, J. G. K., Kubelik, A. R., Livak, K. J., Rafalski, J. A. and Tingey, S. V. (1990). DNA polymorphisms amplified by arbitrary primers are useful as genetic markers. *Nucleic Acids Research* **18**, 6531–6535.

Williams, J. G. K., Kubelik, A. R., Rafalski, J. A. and Tingey, S. V. (1991). Genetic data analysis with RAPD markers. *In* "More Gene Manipulations in Fungi" (J.

W. Bennett and L. L. Lasure, eds), pp. 433–439. Academic Press, San Diego.

Williams, N. A., Dixon, D. R., Southward, E. C. and Holland, P. W. H. (1993). Molecular evolution and diversification of the vestimentiferan tube worms. *Journal of the Marine Biological Association of the UK* **73**, 437–452.

Williams, R., Smolenski, A. J. and White, R. W. G. (1994). Mitochondrial DNA variation of *Champsocephalus gunnari* Lönnberg (Pisces: Channichthyidae) stocks on the Kerguelen plateau, southern Indian Ocean. *Antarctic Science* **6**, 347–352.

Wilson, R. R. Jr (1994). Interrelationships of the subgenera of *Coryphaenoides* (Gadiformes: Macrouridae): comparison of protein electrophoresis and peptide mapping. *Copeia* **1994**, 42–50.

Wilson, R. R. Jr and Waples, R. S. (1983). Distribution, morphology, and biochemical genetics of *Coryphaenoides armatus* and *C. yaquinae* (Pisces: Macrouridae) in the central and eastern North Pacific. *Deep-Sea Research* **30**(11A), 1127–1145.

Wilson, R. R. Jr and Waples, R. S. (1984). Electrophoretic and biometric variability in the abyssal grenadier *Coryphaenoides armatus* of the western North Atlantic, eastern South Pacific and eastern North Pacific Oceans. *Marine Biology* **80**, 227–237.

Wilson, R. R. Jr, Siebenaller, J. F. and Davis, B. J. (1991). Phylogenetic analysis of species of three subgenera of *Coryphaenoides* (Teleostei: Macrouridae) by peptide mapping of homologs of LDH-A_4. *Biochemical Systematics and Ecology* **19**, 277–287.

Winans, G. A. (1980). Geographic variation in the milkfish *Chanos chanos*. I. Biochemical evidence. *Evolution* **34**, 558–576.

Wishard, L. N., Utter, F. M. and Gunderson, D. R. (1980). Stock separation of five rockfish species using naturally occurring biochemical genetic markers. *Marine Fisheries Review* **42**, 64–73.

Wishner, K., Levin, L., Gowing, M. and Mullineaux, L. (1990). Multiple roles of the oxygen minimum in benthic zonation on a deep seamount. *Nature, London* **346**, 57–59.

Woodhead, A. D. and Pond, V. (1987). Effects of radiation exposure on fish. *In* "Oceanic Processes in Marine Pollution", vol. 1. "Biological Processes And Wastes In The Ocean" (J. M. Capuzzo and D. R. Kester, eds), pp. 157–180. Kreiger, Malabar.

Woodhead, D. S. (1977). The effects of chronic irradiation on the breeding performance of the guppy, *Poecilia reticulata* (Osteichthyes: Teleostei). *International Journal of Radiation Biology* **32**, 1–22.

Wright, S. (1931). Evolution in Mendelian populations. *Genetics* **16**, 97–159.

Wright, S. (1951). The genetical structure of populations. *Annals of Eugenics* **15**, 323–354.

Wright, S. (1965). The interpretation of population structure by F-statistics with special regard to systems of mating. *Evolution* **19**, 395–420.

Wright, S. (1978). "Evolution and the Genetics of Populations", vol. 4. "Variability Within and Among Natural Populations". University of Chicago Press, Chicago.

Wyrtki, K. (1962). The oxygen minima in relation to ocean circulation. *Deep-Sea Research* **9**, 11–23.

Xie, L. (1993). Deepsea mining in China. *In* "25th Annual Offshore Technology Conference", vol. 1. "Geology, Earth Sciences and Environment", pp. 233–240. Richardson, Texas.

Young, C. M. and Tyler, P. A. (1993). Embryos of the deep-sea echinoid *Echinus affinis* require high pressure for development. *Limnology and Oceanography* **38**, 178–181.

Young, C. M., Vázquez, E., Metaxas, A. and Tyler, P. A. (1996). Embryology of vestimentiferan tube worms from deep-sea methane/sulphide seeps. *Nature, London* **381**, 514–516.

Zal, F., Jollivet, D., Chevaldonné, P. and Desbruyères, D. (1995). Reproductive biology and population structure of the deep-sea hydrothermal vent worm *Paralvinella grasslei* (Polychaeta: Alvinellidae) at 13°N on the East Pacific Rise. *Marine Biology* **122**, 637–648.

Zezina, O. N. (1997). Biogeography of the bathyal zone. *Advances in Marine Biology* **32**, 389–426.

Zouros, E. and Mallett, A. L. (1989). Genetic explanations of the growth/ heterozygosity correlation in marine mollusks. *In* "Reproduction, Genetics and Distributions of Marine Organisms. Proceedings of the 23rd European Marine Biology Symposium" (J. S. Ryland and P. A. Tyler, eds), pp. 317–324. Olsen and Olsen, Fredensborg.

Zuckerkandl, E. and Pauling, L. (1962). Molecular disease, evolution and genic heterogeneity. *In* "Horizons in Biochemistry" (M. Kasha and B. Pullman, eds), pp. 189–225. Academic Press, New York.

Growth Performance and Mortality in Aquatic Macrobenthic Invertebrates

T. Brey

*Alfred Wegener Institute for Polar and Marine Research, PO 120161,
D-27515 Bremerhaven, Germany*

*Growth performance and mortality are two topics related closely to
population dynamics of benthic macroinvertebrates. A new measure of
overall growth performance for benthic invertebrate populations, the index*

ψ = log(maximum body mass/maximum age) is introduced. This index makes growth of populations and species comparable and is likely to be a species-specific feature. Differences in the index ψ among taxa and living modes as well as the relationship between growth performance and exploitation by man are analysed and discussed. Section 4 on mortality analyses the relationships between mortality and productivity in benthic invertebrate populations. An empirical model to estimate the natural mortality rate M of benthic populations from maximum body mass, maximum age and water temperature is constructed.

1. INTRODUCTION

Populations are the basic units of ecosystem trophic structure. Hence we have to learn about properties and dynamics of populations in order to understand the organization and dynamics of the whole system. Regarding ecosystem trophic flows, population consumption and production are the most significant parameters, which are in turn determined by processes such as recruitment, individual growth and population mortality.

A huge amount of information on macrobenthic population dynamics is scattered through the literature, each bit referring to a certain species at a certain location during a certain period of time. Many attempts have been made to collate this information in order to analyse the relationships among various population parameters (e.g. productivity and individual age) or between population parameters and other factors (e.g. growth and temperature). These analyses aimed either to identify principles underlying the observed relationships or to establish empirical relationships which might serve as substitutes for more extensive methods.

Here, I will follow the second procedure and use empirical data on benthic invertebrate populations to deal with two questions: how to estimate growth performance and how to estimate natural mortality rate from easy-to-obtain biotic and abiotic parameters.

2. METHODS

2.1. Data Sources

This review is based on a large-scale collection of data on the population dynamics of aquatic macrobenthic invertebrates. Data on the growth, mortality and production of 963 populations referring to 476 different invertebrate species were extracted from 403 publications (see the references — population dynamics, (D)).

The data extracted were mostly from international journals, but a significant part had to be taken from unrefereed literature such as local journals, unpublished reports and Ph.D. theses (see the references — population dynamics, (D)).

2.2. Data Evaluation

Three sets of data on population dynamics were collected: (i) data on growth, i.e. maximum age, maximum body mass and growth function type and parameters; (ii) data on mortality, i.e. parameters of mortality function; and (iii) data on productivity, i.e. biomass, production, P/B ratio.

In many cases, parameters not provided directly in the publication, e.g. maximum body mass or growth function parameters, had to be derived indirectly from information given in figures and tables. All units were transformed to the following standards: the unit of time is the year, the unit of area is the inverse square metre, the unit of size is the millimetre, the unit of mass is the kilojoule and the unit of temperature is the kelvin. Mass units were converted to kilojoules using conversion factors provided in the literature (see the references — conversion factors, (C)) when necessary.

Additional parameters collected were taxonomic information, life mode, water depth and water temperature. Average annual water temperature at each location was inferred from various publications (see the references — temperature, (T)) when not provided by the original author. Obviously not all parameters mentioned here were available for all the populations included. All information is summarized in one data file (Microsoft Excel format), which is available on request from the author.

Note that data sources (D) and evaluation data (C and T) are not especially quoted in the text, where general (G) references are quoted.

2.3. Data Distribution

Table 1 indicates that data on growth ($N = 887$) and productivity ($N = 963$) are much more frequent than data on mortality ($N = 103$). Mollusca and Insecta larvae have the highest share (about 30% each) in the data on growth as well as on productivity, whereas about two-thirds of the mortality data refer to molluscs.

The distribution of the data with respect to geographical latitude (77.5°S to 74.5°N, Figure 1a) and water depth (0–2900 m, Figure 1b)

Table 1   Distribution of benthic invertebrate data sets among taxa and topics.

Taxon	Species	Genera	Families/ orders	Data sets		
				Growth	Mortality	Productivity
Mollusca	151	94	39	337	65	325
Polychaeta	45	30	17	97	8	98
Crustacea	57	37	16	123	9	156
Echinodermata	35	26	6	38	18	51
Insecta larvae	175	111	10	273	3	309
Others	13	10	5	19	0	24
Sum	476	308	93	887	103	963

Data drawn from the bibliography – population dynamics.

indicates that the majority of the data refer to shallow waters (0–10 m water depth) in northern boreal regions (30°N to 60°N). Accordingly, the bulk of the data represent moderate temperature regimes with average annual temperatures between 280 and 290 K, although several populations living under "extreme" temperature conditions (minimum 271.2 K, maximum 303 K) are included, too.

From a purely statistical point of view, this uneven distribution of data with respect to taxon and abiotic parameters may limit the validity of any general conclusions drawn here. They reflect, however, the historical development as well as the actual distribution of research activities in benthic population dynamics, and there is no possibility of changing this situation in the foreseeable future. Hence we have to work with the data available.

2.4. Statistical Analysis

Fitting of non-linear functions, e.g. growth functions, was carried out by the SIMPLEX algorithm (Nelder and Mead, 1965). One-way and multiple ANOVA was applied according to Sachs (1978) and Sokal and Rohlf (1981), and the Games–Howell test was used for *post hoc* comparisons of means. Multiple linear regressions were used according to Draper and Smith (1981).

Figure 1   Distribution of the 963 data sets on benthic population dynamics with respect to (a) geographical latitude and (b) water depth.

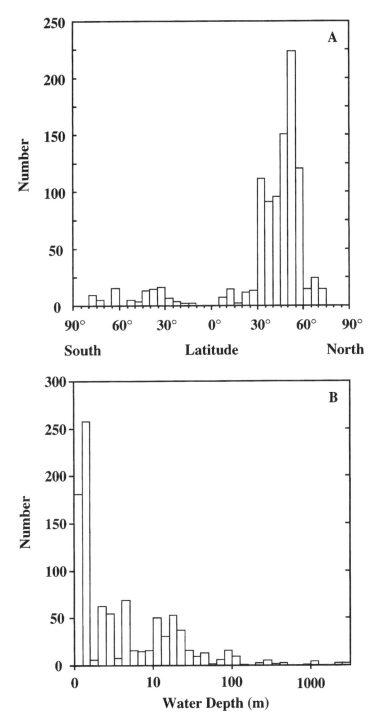

3. GROWTH PERFORMANCE OF BENTHIC INVERTEBRATES

Growth of the individual is one of the main characteristics of most multicellular organisms and hence an important parameter in population dynamics. Environmental conditions, e.g. food availability, temperature or other physiological stress, can affect growth directly (see Taylor, 1960; Pauly, 1980; Brey and Clarke, 1993), and, conversely, growth will adjust to environmental conditions within species–specific limits. These interactions are likely to happen on evolutionary time scales, too. Substantial evidence that recent species are separated by differences in growth (e.g. DeAngelis *et al.*, 1985; Reiss, 1991; Pauly *et al.*, 1994) supports the idea of individual growth playing a significant role in the evolution of species. Systematic investigations of this topic, however, are lacking, especially concerning benthic invertebrates.

This section aims to develop tools which will enable us to compare growth between different taxa based on the concept of "overall growth performance" introduced for fish by Pauly (1979). Two questions are posed: (1) How can we measure growth performance of benthic invertebrates? (2) Is growth performance a species–specific feature?

3.1. Growth and Growth Models

Individual growth is defined as the change of body mass M with time t. Growth can be positive as well as negative, e.g. during periods of starvation. Body mass M, body size S and body surface SU are related by $M = a_1 S^{b_1}$ and $SU = a_2 S^{b_2}$ (a and b are constants characteristic for a population) and hence growth can be described by changes in S and SU, too. To keep things simple, I will focus on positive growth in body mass M.

Growth of most benthic invertebrates follows the same principles as in other animals:

- There are species-specific limits of body mass M.
- Growth in M is a non-linear process. It accelerates during early phases of life, but will finally slow down with increasing age.

This general growth pattern may be explained by the different proportion of catabolism (breakdown of tissues) and anabolism (synthesis of tissues) to body mass. It seems that energy requirement increases at a higher rate with body mass than does energy intake, thus limiting maximum attainable body mass (see Ursin, 1967, 1979; Reiss, 1991). For the description of lifetime growth many different models of the type

$$M_t = M_\infty f(t) \tag{1}$$

where M_∞ is the asymptotic limits of body mass M and t is time, have been developed, which generally produce negative exponential or sigmoid growth patterns (e.g. Gompertz, 1825; von Bertalanffy, 1938; Richards, 1959; Pauly, 1979; Schnute, 1981). All of these models show excellent empirical capacities, but the von Bertalanffy growth function (VBGF) is the one most commonly used in marine ecology and fishery biology:

- Specialized VBGF (isometric growth):

$$M_t = M_\infty \{1 - \exp[-K(t - t_0)]\}^3 \qquad (2a)$$

- generalized VBGF (allometric growth):

$$M_t = M_\infty \{1 - \exp[-K(t - t_0)]\}^D \qquad (2b)$$

where M_∞ is the asymptotic limits of body mass M, K and D are constants defining the velocity of approaching M_∞ and t_0 is the theoretical age at which $M_t = 0$.

3.2. Definition and Measures of Growth Performance

Individual growth is a non-linear process which has to be described by multiparameter non-linear models such as the VBGF. Therefore, it is difficult to compare growth among different organisms or taxa in a definite and statistically proper way. Several attempts have been made to solve this problem (e.g. the index ω of Gallucci and Quinn, 1979), but Pauly (1979) was the first who developed a consistent concept of "overall growth performance" (OGP) to make individual growth comparable. OGP measures how "well" an organism grows, in a similar way to the use of acceleration as a measure of the performance of a car.

Pauly (1979) and Munro and Pauly (1983) introduced several closely related indices of OGP which are derived from the specialized VBGF to characterize growth of fish. The index P is proportional to the maximum rate of body mass increase during the lifetime, i.e. the mass increase at the inflexion point of the VBGF:

$$M_t = M_\infty \{1 - \exp[-K(t - t_0)]\}^3 \qquad (3)$$

$$\Rightarrow (\delta M / \delta t)_{\text{Max}} = \tfrac{4}{9} K\, M_\infty$$

$$= \tfrac{4}{9} \times 10^P$$

$$\Rightarrow P = \log(K M_\infty)$$

where K and M_∞ are parameters of the VBGF and $(\delta M / \delta t)_{\text{Max}}$ is the instantaneous increase in body mass at inflexion point of VBGF.

Moreau et al. (1986) demonstrated that the index P and the closely related index φ developed by the same authors are suitable for statistical comparisons of OGP. The index ω of Gallucci and Quinn (1979) showed very poor statistical properties, making comparisons of OGP based on ω (e.g. Appeldoorn, 1981; Duineveld and Jenness, 1984; Beukema and Meehan, 1985) less reliable.

3.3. Extended Measures of Growth Performance

Since the VBGF is a suitable model for the description of benthic invertebrate growth, OGP of these organisms can be characterized and compared by indices such as P. This concept could easily be extended to other growth models, because all common models describing growth in body mass have one (and only one) inflexion point. Therefore, the maximum rate of body mass increase $(\delta M/\delta t)_{\text{Max}}$ could be used as a measure of OGP. For large-scale comparisons of OGP, however, a more general measure based on easy-to-obtain parameters is required, because analysis of growth in benthic invertebrates is a time-consuming and expensive approach.

   In physics, performance is defined as labour/time. Labour is an equivalent of energy, and energy is an equivalent of mass. If we apply this concept to the ecological problem of OGP, then it is obvious that growth performance could be defined by the relationship between the maximum body mass observed, M_{Max} (kJ), and the time required to build up this body mass, i.e. the maximum age observed, A_{Max} (years). This approach would be valid for individuals as well as for populations:

$$\text{index of overall growth performance OGP} = f(M_{\text{Max}}, A_{\text{Max}}) \qquad (4)$$

where M_{Max} is the maximum body mass and A_{Max} is the maximum age. M_{Max} and A_{Max} can be interpreted as being more or less equivalent to M_∞ and K of the VBGF, and hence an index ψ can be formulated accordingly from $P = \log(KM_\infty)$

$$\psi = \log(M_{\text{Max}}/A_{\text{Max}}) \qquad (5)$$

The empirical comparison of ψ with P based on the data sets available indicates linear and highly significant relationships (Figure 2). Therefore, ψ is equivalent to those indices developed and tested for fish populations and can be used to measure growth performance in benthic invertebrates.

3.4. Is Growth Performance Specific for Species?

Many investigations show that individual growth of benthic invertebrate species can be extremely variable (e.g. Weymouth et al., 1931; Taylor, 1960;

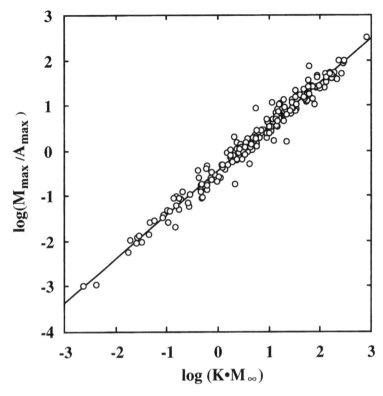

Figure 2 Index of growth performance ψ. Empirical relation between $P = \log(KM_\infty)$ and $\psi = \log(M_{\text{Max}}/A_{\text{Max}})$ in benthic invertebrate populations. $\log(M_{\text{Max}}/A_{\text{Max}}) = -0.452 + 0.980 \log(KM_\infty)$. $N = 216$, $r = 0.986$ and $P < 0.001$.

Gilbert, 1973; Appeldoorn, 1981; Beukema and Meehan, 1985). Differences in growth parameter values (e.g. K and M_∞ of the VBGF) or in maximum age A_{Max} and maximum body mass M_{Max} between populations of one species may easily exceed several hundred per cent. This variability is mainly caused by environmental factors such as temperature or food supply (e.g. Taylor, 1960; Ansell, 1968; Gilbert, 1973; Appeldoorn, 1983).

The data of Pauly (1979), Munro and Pauly (1983), Moreau *et al.* (1986) and − with restrictions − Vakily (1992) indicate that closely related species differ in overall growth performance (OGP, measured by the parameter P) despite the high intraspecific variability in growth parameter values. Obviously the intraspecific variability of OGP is lower than the variability of single parameters of the growth model. This is a result of the antagonistic nature of the two basic parameters of growth models, i.e. the asymptotic limit of body mass (e.g. M_∞ of the VBGF) and the "speed" parameter (e.g. K of the VBGF). Within a species there seems to exist a broad band of possible values of M_∞ and K. Statistically, high values of M_∞ combine with low values of K, and vice versa. Examples for benthic invertebrates are given by Taylor (1960), Ansell (1968), Gilbert (1973), Appeldoorn (1981) and MacDonald and Thompson (1988). The OGP indices are derived from the product of the two growth parameters, and hence their variability is lower.

If OGP is indeed consistently much less affected by external factors than the asymptotic limit of body mass (M_∞) and the "speed" parameter (K), it can be interpreted as a species-specific feature and be used for the ecological characterization and separation of species. Moreover, one may ask whether OGP is not only species-specific but a genetically determined feature. In the following I will analyse whether the OGP index ψ is a species-specific parameter in benthic invertebrates.

As a first step the basic precondition for a species-specific feature, i.e. the intraspecific inverse relationship between $1/A_{\mathrm{Max}}$ and M_{Max}, has to be verified. The data in Table 2 referring to 24 species or genera indicate that the relationship between $1/A_{\mathrm{Max}}$ and M_{Max} is inverse in all taxa.

As a second step I analyse whether the OGP index ψ is species-specific or only a characteristic feature of higher taxonomic levels. The central problem of this investigation is the fact that a species is only the lowest level of the taxonomic hierarchy. If OGP is a species-specific, perhaps genetically fixed feature, then higher taxonomic levels (genus, family, etc.) will affect species OGP too, because taxonomic and evolutionary distance are closely related. Therefore we should expect, on the one hand, closely related species (e.g. from the same genus) to have similar OGPs. On the other hand, the intraspecific variability of OGP should be small enough to separate these species, especially if they are quite similar in many other features or if they live sympatrically (e.g. see Schoener, 1986). It has to be kept in mind, however, that less related species may also show similar or even identical OGPs owing to convergent evolutionary development in the feature of growth. Since we do not know the minimum taxonomic distance for convergence in OGP, the interspecific comparison of OGP data of many species is not sufficient to answer the above question. Many comparisons will show differences, many others, however, will not.

Therefore, a second approach aimed at the variability of OGP is required. If the previous assumptions are correct, the variability of OGP should increase with increasing taxonomic level; for example, variability should be low within a species, higher within the superior genus and higher again within the superior family, etc.

The appropriate statistical approach for this problem would be a nested ANOVA which compares OGP variability within taxa with variability among taxa. Our data, however, were not sufficient to allow for this kind

Table 2 Empirical relation between $\log(1/A_{\text{Max}})$ and $\log(M_{\text{Max}})$ in various benthic invertebrate taxa using linear regression: $\log(1/A_{\text{Max}}) = a + b\,\log(M_{\text{Max}})$. Species were summarized into genera, when a previous ANCOVA did not detect significant differences. N is the number of data sets.

Taxon	N	a	b	r	P
Abra alba	17	−0.388	−0.228	−0.624	0.0074
Abra ovata	6	−1.273	−0.694	−0.715	0.0339
Corbicula spp.	6	−0.285	−0.232	−0.771	0.0724
Haliotis spp.	5	0.843	−0.678	−0.812	0.0947
Lymnaea spp.	5	−0.099	−0.706	−0.876	0.1244
Macoma spp.	20	−0.842	−0.225	−0.457	0.0427
Mytilus edulis	10	−0.249	−0.331	−0.677	0.0316
Nucula spp.	13	−0.974	−0.383	−0.842	0.0003
Spisula spp.	9	−0.099	−0.336	−0.830	0.0057
Venus spp.	5	−0.563	−0.300	−0.948	0.0140
Ampelisca brevicornis	8	−0.461	−0.406	−0.930	0.0008
Corophium volutator	16	−0.383	−0.317	−0.940	0.0001
Corophium spp.*	11	−0.259	−0.233	−0.843	0.0011
Diastylis rathkei	8	−0.328	−0.247	−0.767	0.0264
Gammarus spp.	15	−0.599	−0.822	−0.601	0.0179
Ampharete spp.	12	−0.678	−0.658	−0.472	0.1216
Nephtys hombergii	9	−0.358	−0.869	−0.660	0.0530
Strongylocentrotus spp.	4	0.394	−0.725	−0.999	0.0008
Cricotopus spp.	5	−0.764	−0.729	−0.795	0.1079
Polypedilum spp.	9	−2.977	−1.940	−0.574	0.1060
Cheumatopsyche spp.	8	−0.694	−0.590	−0.928	0.0009
Diplectrona spp.	8	−0.348	−0.379	−0.607	0.1105
Hydropsyche spp.	17	−0.098	−0.253	−0.904	0.0001
Parapsyche spp.	7	−0.054	−0.182	−0.776	0.0404
Mean slope			−0.519		

*Without *C. volutator*.

of test. Therefore two hypotheses had to be tested separately:

1. Random distribution of ψ:
   H_0 — the ψ values are distributed randomly and do not depend on taxon;
   H_A — the ψ values depend on taxon.
2. Variability of ψ:
   H_0 — the variability of ψ within a taxon is independent of the position of this taxon in the taxonomic hierarchy;
   H_A — the variability of ψ increases with taxonomic level, i.e. in the direction species → genus → family → order → class.

Table 3 Comparison of overall growth performance ψ among taxa on various taxonomic levels using five separate one-way ANOVAs. Independent variable: (1) species, (2) genus, (3) family/order, (4) subclass/class and (5) substem/stem. Dependent variable: index ψ. Conditions: each ANOVA includes only those taxa that include ≥ 4 independent values of ψ and ≥ 2 taxa on the inferior taxonomic levels (except species).

(a) ANOVA.

Taxonomic level	No. of taxa	No. of data	P
Species	35	242	<0.001
Genus	48	418	<0.001
Family/order	34	671	<0.001
Subclass/class	9	874	<0.001
Substem/stem	7	881	<0.001

(b) *Post hoc* comparison of means.

Taxonomic level	No. of pairwise comparisons	No. of significant different pairs ($\alpha = 0.05$)	As % of all combinations
Species	595	344	57.8
Genus	1128	545	48.3
Family/order	561	239	42.6
Subclass/class	36	22	61.1
Substem/stem	21	11	52.4

These two hypotheses were tested by one-way ANOVAs. Because of the somewhat inconsistent taxonomic definitions, I combined some taxonomic levels and used the following hierarchy: species, genus, family/order, subclass/class, substem/stem.

Table 3 indicates clearly that ψ is a taxon-specific feature. There are significant differences between taxa at all hierarchical levels. Moreover, on each level about 50% of all pair-wise comparisons indicate significant differences between taxa, much more than to be expected from purely random effects.

The results summarized in Table 4 show clearly that the variability of OGP within a taxon increases with increasing taxonomic level. It is lowest at the species level and highest when all invertebrate data (887 populations referring to 443 different species) are combined. These findings indicate strongly that in benthic invertebrates OGP, measured by the index ψ, is a species-specific feature.

Table 4 Comparison of the variability of overall growth performance ψ within taxa of various taxonomic levels using one-way ANOVA. Independent variable: taxon (species, genus, family/order, subclass/class, substem/stem). Dependent variable: standard deviation SD of index ψ within each taxon of the corresponding level.

(a) ANOVA.

Source	Degrees of freedom	Sum of squares	Mean square	F	P
Taxonomic level	4	4.560	1.267	26.415	<0.001
Residual	128	6.018	0.048		

(b) Table of means and *post hoc* comparison of means.

Taxonomic level	N	Mean SD of ψ	SE	Family/ order	Subclass/ class	Substem/ stem
Species	35	0.208	0.028	*	*	*
Genus	48	0.376	0.035	*	*	*
Family/order	34	0.587	0.042		–	*
Subclass/class	9	0.827	0.072			–
Substem/stem	7	0.833	0.061			
All data†	1	1.022	–			

SE, standard error.
*Significant difference, $\alpha = 0.05$.
†Not used in the test, because only one value of SD of ψ.

3.5. The Effect of Temperature on Growth Performance

Individual growth is based on physiological processes which depend on temperature. Therefore, it is likely that temperature affects one or both of the parameters (A_{Max} and M_{Max}) used to construct the OGP index ψ and hence the index ψ itself. According to the general effects of temperature on physiological rates (Precht *et al.*, 1973; Peters, 1986; Regier *et al.*, 1990), we should expect an increase of OGP with increasing temperature. If OGP, however, is a species-specific parameter, the index ψ should be independent of temperature within the temperature range a species is adapted to; that is, possible effects of temperature on A_{Max} and M_{Max} should cancel out each other and leave the index ψ more or less unaffected at the species level.

Potential temperature effects can be tested by the Arrhenius equation, i.e. linear regression of $\log(1/A_{Max})$, $\log(M_{Max})$ and index ψ versus $1/T$ (temperature in K). Based on all data sets with temperature data

($N = 874$, 443 species), $\log(1/A_{\text{Max}})$ and $1/T$ are significantly related (slope $= -3022.978$; $P<0.001$), whereas $\log(M_{\text{Max}})$ is not significantly affected by temperature ($P = 0.705$). The relationship between the OGP index ψ and $1/T$ is also significant, although the correlation is distinctly weaker than the one between $\log(1/A_{\text{Max}})$ and $1/T$:

$$\psi = 9.164 - 2774.792/T \qquad N = 874, r = 0.195, P < 0.001 \qquad (6)$$

The temperature coefficient Q_{10} of the rate $M_{\text{Max}}/A_{\text{Max}}$ derived from the above regression is between 2.1 and 2.3, close to the values found for many physiological processes and biological activities (Precht *et al.*, 1973; Regier *et al.*, 1990). These findings indicate that across a wide temperature range (-1.8 to $+30°C$) and beyond species limits, increased physiological rates in warmer waters accelerate growth and hence shorten lifespan, but do not affect the maximum body mass attained during a lifetime.

At the species level, however, things look different. Table 5 shows the results of the same regressions for 20 species (all with $N \geqslant 5$) and additionally for 20 genera (all with $N \geqslant 8$). In 12 of the 20 species, the index ψ is not significantly affected by temperature. In four of the remaining species ψ is affected negatively by temperature, and only in four species (*Nephtys hombergi*, *Hyella azteca*, *Asellus aquaticus* and *Argopecten purpuratus*) is a positive effect equal to the one observed in the total data set detectable. At the genus level, the picture is similar: temperature does not affect ψ in 11 of 20 genera. The relationship is negative in five of the remaining nine genera and positive in four genera only (*Nephtys*, *Pontoporeia*, *Chironomus* and *Baetis*). Obviously there is no general and consistent positive effect of temperature on the index ψ at the species and genus levels. The relationship between temperature and OGP is either non-existent or rather variable and seems to depend on the taxon in question.

These findings indicate that OGP is more or less independent of temperature within the temperature range a species is adapted to. In the ideal case, the trends for A_{Max} and M_{Max} are in opposite directions with temperature, and consequently OGP remains constant. Examples are all species and genera in Table 5 where the relationship between A_{Max} and/or M_{Max} and temperature is significant, but the relationship between ψ and temperature is not significant. The overall positive relationship between ψ and temperature in the broad temperature range ($+1.8$ to $+30°C$) and beyond species limits indicates that the OGP of species is adjusted to temperature. Each of the 443 different species included in the above regression went through an evolutionary adaptation to a certain temperature range. Obviously this adaptation included OGP, because the "average" OPG of a species depends on the temperature range that the species lives in. These results strongly support the hypothesis that OGP is a species-specific feature.

3.6. Growth Performance of Selected Taxa

ANOVA is used to compare ψ values of different taxa, and an auximetric grid (a plot of $\log(1/A_{Max})$ versus $\log(M_{Max})$ *sensu* Pauly (1979, 1984) is used for data representation. Figure 3a presents an auximetric grid of all OGP data included in this study. ψ values of benthic invertebrates range between -3 and $+2$, well below the range of P values found in fish, 0 to $+7$ (modified after Froese and Pauly, 1996). Figure 3b indicates that, as expected from the above analysis, there is considerable overlap in OGP between major taxonomic groups. In the following, I compare OGP at various taxonomic levels within the groups Bivalvia, Crustacea and Insecta larvae, where sufficient data are available.

3.6.1. *Bivalvia*

At the superfamily/family level, the Pectinacea show by far the highest average growth performance (mean $\psi = 1.36$, Table 6, Figure 4). The residual families fall into one group with intermediate OGP ranging from $\psi = 0.20$ to 0.47 (Cardiacea, Myacea, Mactracea, Veneracea, Unionacea and Mytilacea), and a second group with low OGP values between $\psi = -0.61$ and -1.61 (Nuculacea, Lucinacea, Pisidiidae, Tellinacea and Nuculanacea). These results indicate that the evolutionarily more primitive taxa such as Nuculacea and Nuculanacea (both subclass Ctenidiobranchia) and Lucinacea (primitive Veneroidea) have low OGP values. The highest OGP values are found in "modern" taxa (see Allen, 1985), i.e. Pectinacea, Mytilacea and Unionacea. All of these are highly efficient suspension feeders which have developed special adaptations: the Pectinacea can swim (to escape from predators), the Mytilacea are able to generate large banks using byssus threads (possibly for resistance to currents and wave impact) and the Unionacea successfully colonized fresh waters (for less competition).

3.6.1.1. *Species of the superfamily Tellinacea*   The taxon Tellinacea is the only superfamily with sufficient data (20 species, 87 OGP values) for a comparison of growth performance among several species. The data contain one suspension-feeding surf clam (*Donax vittatus*) and seven deep-burrowing species with long, thin inhalant siphons used for surface deposit feeding and facultative suspension feeding (Brafield and Newell, 1961; Olafsson, 1989). Among the Tellinacea species, *D. vittatus* distinctly shows the highest growth performance (mean $\psi = -0.04$; Table 7 and Figure 5). If all data referring to the genus *Donax* are considered (five species, nine values), the average OGP is even higher ($\psi = +0.13$). Mean ψ values of the remaining species range between -1.56 (*Abra ovata*) and -0.73 (*A. alba*) without a clear ranking. These data indicate that surf

Table 5 Linear regression of $\log(1/A_{Max})$, $\log(M_{Max})$ and of overall growth performance ψ versus $1/T$ (K) on the level of species (all species with $N \geq 5$) and genus (all genera with $N \geq 8$), respectively.

Taxon		N	log(1/A_{Max})		log(M_{Max})		index ψ	
			Slope	P	Slope	P	Slope	P
Nephtys hombergi	Polychaeta	9	–	NS	–	NS	–2 869	0.041
Ampharete acutifrons	Polychaeta	10	–	NS	–	NS	–	–
Owenia fusiformis	Polychaeta	5	–5897	0.000	10 554	0.002	4 657	0.031
Cardium edule	Bivalvia	5	7188	0.028	–	NS	–	NS
Mytilus edulis	Bivalvia	10	–8078	0.004	–	NS	–	NS
Argopecten purpuratus	Bivalvia	5	–3301	0.011	–	NS	–3 869	0.037
Placopecten magellanicus	Bivalvia	8	–	NS	–	NS	NS	NS
Abra alba	Bivalvia	17	–	NS	–	NS	3 204	0.090
Macoma balthica	Bivalvia	18	–	NS	–	NS	–	NS
Tellina fabula	Bivalvia	5	–	NS	–	NS	–	NS
Mercenaria mercenaria	Bivalvia	6	–	NS	–	NS	–	NS
Ampelisca brevicornis	Crustacea	8	–	NS	5 685	0.019	3 881	0.004
Corophium volutator	Crustacea	8	–3994	0.057	16 402	0.023	12 408	0.033
Hyalella azteca	Crustacea	5	–2147	0.001	–757	0.064	–1 390	0.020
Diastylis rathkei	Crustacea	8	–	NS	–	NS	–	NS
Asellus aquaticus	Crustacea	8	–	NS	–	NS	–9 755	0.020
Corydalus cornutus	Insecta larvae	5	756	0.012	–	NS	–	NS

				P		P		P
Diplectrona modesta	Insecta larvae	8	–	NS	–	NS	–	NS
Macronema carolina	Insecta larvae	7	–4726	0.001	–	NS	–	NS
Parapsyche cardis	Insecta larvae	7	–	NS	–	NS	–	NS
Nephtys	Polychaeta	11	–	NS	–	NS	–6 284	0.093
Ampharete	Polychaeta	12	–	NS	–	NS	–	NS
Pectinaria	Polychaeta	9	–	NS	–	NS	–	NS
Spisula	Bivalvia	9	–7360	0.021	–	NS	–	NS
Nucula	Bivalvia	13	–6046	0.001	13 614	0.001	7 567	0.006
Pisidium	Bivalvia	8	–	NS	–	NS	–	NS
Abra	Bivalvia	40	–	NS	3 906	0.008	4 495	0.004
Macoma	Bivalvia	21	–	NS	–	NS	–	NS
Tellina	Bivalvia	9	–	NS	–	NS	–	NS
Anodonta	Bivalvia	8	–1389	0.021	–	NS	–	NS
Ampelisca	Crustacea	23	–	NS	–	NS	–	NS
Corophium	Crustacea	11	–	NS	6 061	0.045	6 031	0.013
Gammarus	Crustacea	16	–4607	0.004	5 816	0.002	–	NS
Pontoporeia	Crustacea	8	–5292	0.022	–	NS	–7 577	0.013
Chironomus	Insecta larvae	11	–9734	0.001	–	NS	–11 747	0.001
Polypedilum	Insecta larvae	9	–5470	0.059	2 157	0.003	–	NS
Tanytarsus	Insecta larvae	8	–	NS	–	NS	–	NS
Baetis	Insecta larvae	10	–3851	0.051	5 126	NS	–6 317	0.002
Cheumatopsyche	Insecta larvae	8	–2851	0.018	5 126	0.001	2 275	0.006
Hydropsyche	Insecta larvae	17	–1793	0.001	5 779	0.001	3 985	0.001

P, probability of error; NS, not significant ($P \geq 0.05$).

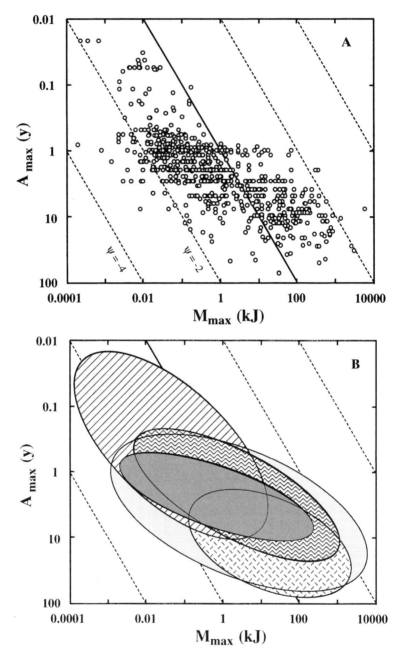

Figure 3 Auximetric grid comparing OGP in benthic invertebrates. Diagonal lines indicate equal values of ψ. Solid diagonal line: $\psi = 0$. (a) Data for 887 populations. (b) Approximate range of OGP in major taxonomic groups: ☐, Mollusca; ■, Polychaeta; ▨, Crustacea; ◿, Insecta larvae; ◩, Echinodermata.

Table 6 Comparison of the OGP index ψ of 11 bivalve superfamilies/families using one-way ANOVA, $N = 236$ (bivalve superfamilies/families with <5 OGP data are excluded). Independent variable: superfamily/family. Dependent variable: OGP index $\psi = \log(M_{\mathrm{Max}}/A_{\mathrm{Max}})$.

(a) ANOVA.

Source	Degrees of freedom	Sum of squares	Mean square	F	P
Taxon	11	134.763	12.251	29.058	<0.001
Residual	228	94.441	0.414		

(b) Table of means and *post hoc* comparison of means.

Superfamily/family	N (species/data)	Mean ψ	SE	2	3	4	5	6	7	8	9	10	11	12
1 Cardiacea	4/10	0.197	0.114	*	_	_	_	*	_	*	*	*	_	_
2 Lucinacea	3/5	−1.427	0.256		*	*	*	_	_	*	_	_	*	*
3 Mactracea	7/12	0.433	0.186			_	*	_	*	*	*	_	_	_
4 Myacea	4/9	0.322	0.305				_	*	_	_	_	_	_	_
5 Mytilacea	7/22	0.674	0.120					*	_	*	*	*	_	_
6 Nuculacea	5/13	−1.613	0.122						_	*	_	*	*	*
7 Nuculanacea	5/8	−0.607	0.356							*	_	_	_	_
8 Pectinacea	11/30	1.356	0.081								*	*	*	*
9 Pisidiidae	12/20	−0.956	0.248									_	*	*
10 Tellinacea	20/87	−0.722	0.065										*	*
11 Unionacea	9/18	0.466	0.038											_
12 Veneracea	11/25	0.442	0.138											

SE, Standard error.
*Significant difference, $\alpha = 0.05$.

clams have an exceptionally high OGP among the Tellinacea. Again, as discussed above at the superfamily level, the taxon with the highest OGP shows special features which separate it from related taxa. Owing to their burrowing technique and mobility (e.g. Ansell and Trevallion, 1969) *Donax* species are adapted to high-energy beaches, especially in upwelling areas, where primary production and hence food supply is exceptionally high, and competition by other suspension feeders is low.

3.6.1.2. *Species of the superfamily Pectinacea* Scallops show a generally high OGP, but Figure 6 indicates some differences between species. The data are not sufficient for appropriate statistical testing at the species level, but the OGP of species of the genus *Chlamys* is distinctly lower (mean $\psi = 0.898$) than that of species belonging to the various

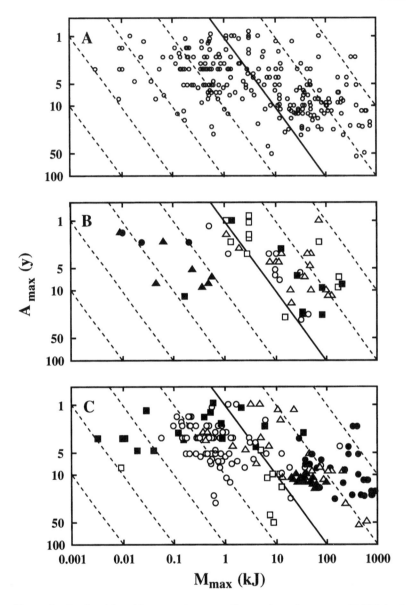

Figure 4 Auximetric grid comparing overall growth performance (OGP) in the class Bivalvia (*N* = 286, mean ψ = −0.139). Diagonal lines indicate equal values of ψ. Solid diagonal line: $\psi = 0$. (a) All data (236 populations). (b) Cardiacea (○), Lucinacea (●), Mactracea (▣), Myacea (■), Mytilacea (△) and Nuculacea (▲). (c) Nuculanacea (□), Pectinacea (●), Pisidiidae (■), Tellinacea (○), Unionacea (▲), and Veneracea (△).

Table 7 Comparison of the OGP index ψ of eight bivalve species of the superfamilly Tellinacea using one-way ANOVA, $N = 69$ (species with <3 OGP data are excluded). Independent variable: species. Dependent variable: OGP index $\psi = \log(M_{Max}/A_{Max})$.

(a) ANOVA.

Source	Degrees of freedom	Sum of squares	Mean square	F	P
Taxon	7	5.886	0.841	10.169	<0.001
Residual	61	5.044	0.083		

(b) Table of means and *post hoc* comparison of means.

Species	N (data)	Mean ψ	SE	2	3	4	5	6	7	8
1 *Abra alba*	17	−0.731	0.062	−	*	−	*	−	*	−
2 *A. nitida*	14	−0.950	0.058		*	−	*	−	−	−
3 *A. ovata*	6	−1.563	0.089			−	*	*	−	*
4 *A. prismatica*	3	−1.172	0.098				*	−	−	−
5 *Donax vittatus*	3	−0.036	0.033					*	−	*
6 *Macoma balthica*	18	−0.833	0.093						−	−
7 *Tellina fabula*	5	−1.076	0.142							−
8 *T. tenuis*	3	−0.999	0.069							

SE, standard error.
*Significant difference, $\alpha = 0.05$.

Pecten genera (mean $\psi = 1.657$). The highest OGP values recorded ($\psi \approx 2.2$) refer to the Peruvian scallop *Argopecten purpuratus* during an El Niño event, when coastal surface water temperatures at the Peruvian coast are extraordinarily high (Mendo and Jurado, 1993).

3.6.2. *Crustacea*

Most of the 121 OGP data from the substem Crustacea refer to the suborder Amphipoda ($N = 88$) and only very few to other taxa (Cumacea, 8; Decapoda 12; Isopoda, 15). Despite this, the data indicate a clear and significant ranking in OGP (Figure 7). Decapods show the highest growth performance (mean $\psi = 0.898$), Cumacea (mean $\psi = -0.676$) and Isopoda (mean $\psi = -0.796$) hold intermediate positions, whereas amphipods show the lowest values (mean $\psi = -1.143$).

3.6.2.1. *Genera of the suborder Amphipoda* The seven genera compared in Table 8 and Figure 8 can be separated into three groups: *Bovallia*,

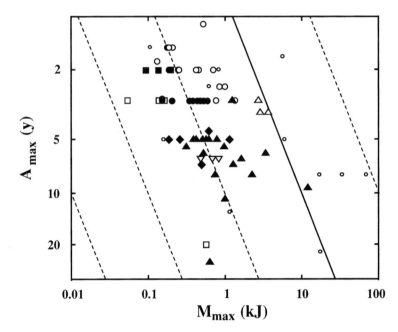

Figure 5 Auximetric grid comparing overall growth performance in eight species of the family Tellinacea ($\geqslant 3$ data points per species). Diagonal lines indicate equal values of ψ. Solid diagonal line: $\psi = 0$. Small circles represent all species with <3 data points. ○, *Abra alba*; ●, *A. nitida*; □, *A. ovata*; ■, *A. prismatica*; △, *Donax vittatus*; ▲, *Macoma balthica*; ◆, *T. fabula*; ▽, *T. tenuis*.

with the single Antarctic species *B. gigantea*, shows by far the highest OGP (mean $\psi = +0.285$); the *Gammarus* species show intermediate values (mean $\psi = -0.690$); and the remaining genera, *Ampelisca*, *Corophium*, *Hyalella* and *Pontoporeia*, show similar low OGP with average $\psi < -1$. The genus *Gammarus* is a good example for a small range of OGP values (ψ between -1.187 and -0.041, Figure 8) despite a large variability in A_{Max} (0.3–8.5 years) and M_{Max} (0.10–4.14 kJ).

  3.6.2.2. *Species of the genus* Ampelisca   This genus is of particular interest, because five of the seven species included in the analysis (*A. armoricana*, *A. brevicornis*, *A. sarsi*, *A. tenuicornis* and *A. typica*) occur sympatrically (Bay of Morlaix, Dauvin, 1988a,b,c,d, 1989). There should exist distinct differences in the OGP of at least some of these species, if growth performance has any function in species separation. An ANOVA comparing the three species with sufficient data shows that OGP is significantly ($P < 0.001$) different among *A. breviconis* (mean $\psi = -0.928$, *A. tenuicornis* (mean $\psi = -1.547$) and *A. sarsi* (mean $\psi = -1.990$. The

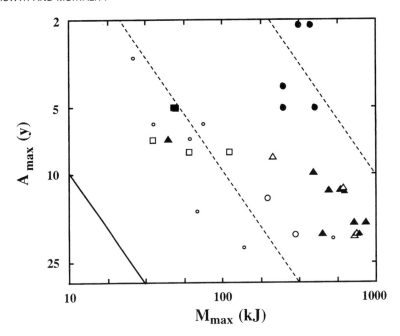

Figure 6 Auximetric grid comparing overall growth performance in six species of the family Pectinacea ($\geqslant 2$ data points per species). Diagonal lines indicate equal values of ψ. Solid diagonal line: $\psi = 0$. Small circles represent all species with <2 data points. O, *Adamussium colbecki*; ●, *Argopecten purpuratus*; □, *Chlamys patagonica*; ■, *Chlamys varia*; △, *Patinopecten caurinus*; ▲, *Placopecten magellanicus*.

remaining two species have intermediate OGP values close to *A. sarsi* (Figure 9). The Pacific species *A. auracana* shows a ψ value similar to *A. brevicornis*, whereas *A. agassizi* from Georges Bank falls in the group with intermediate OGP. This example demonstrates clearly that OGP can play a significant role in the ecological separation of closely related species. Moreover, it may indicate "character displacement" of OGP (*sensu* Brown and Wilson, 1956) among the sympatric species.

3.6.3. *Insecta Larvae*

In terms of abundance, biomass and energy flow, larvae of pterygote insects are one of the most important groups of freshwater benthic communities. In the marine environment, they are restricted to brackish water areas, and hence have been neglected in most previous comparative studies on benthic population dynamics. The average OGP of insect larvae

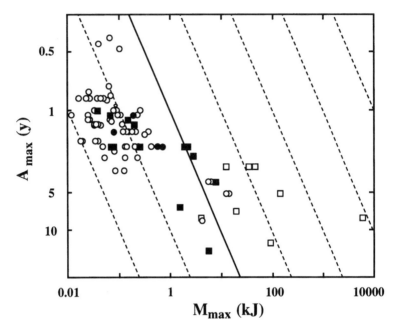

Figure 7 Auximetric grid comparing overall growth performance in the sub-stem Crustacea ($N = 110$, mean $\psi = -0.859$). Diagonal lines indicate equal values of ψ. Solid diagonal line: $\psi = 0$. ○, Amphipoda; ●, Cumacea; □, Decapoda; ■, Isopoda.

is low (mean $\psi = -1.104$, see Figure 10). Two orders, Megaloptera (mean $\psi = 0.726$) and Odonata (mean $\psi = -0.330$), show significantly ($P < 0.001$) higher OGP than the Trichoptera (mean $\psi = -0.962$), Plecoptera (mean $\psi = -1.043$), Ephemeroptera (mean $\psi = -1.056$) and Diptera (mean $\psi = -1.401$). The latter group has the lowest OGP values among the Insecta. The data available contain a vast number of insect species, but only very few of them provide sufficient OGP values for statistical comparisons. Even at the level of genera, only the order Diptera fulfils minimum requirements for testing.

3.6.3.1. *Genera of the order Diptera* Figure 11 indicates that the Diptera cover a wide range of OGP values between -4 and 0. The nine genera compared statistically (Table 9) fall into three groups: the genera *Procladius* (mean $\psi = -0.607$) and *Chironomus* (mean $\psi = -0.816$) show comparatively high OGP values, whereas *Tanytarsus* (mean $\psi = -2.138$) and *Cladotanytarsus* (mean $\psi = -1.964$) show exceptionally low values. Further separation of the remaining genera is omitted by the low number of data (Table 9).

Table 8 Comparison of the OGP index ψ in six genera of the suborder Amphipoda using one-way ANOVA, $N = 67$ (genera with <4 OGP data are excluded). Independent variable: genus. Dependent variable: OGP index $\psi = \log (M_{Max}/A_{Max})$.

(a) ANOVA.

Source	Degrees of freedom	Sum of squares	Mean square	F	P
Taxon	5	15.234	3.045	36.632	<0.001
Residual	61	5.074	0.083		

(b) Table of means and *post hoc* comparison of means.

Genus	N (species/data)	Mean ψ	SE	2	3	4	5	6
1 *Ampelisca*	7/23	−1.406	0.089	*	–	*	–	–
2 *Bovallia*	1/4	0.285	0.075		*	*	*	*
3 *Corophium*	2/11	−1.337	0.065			*	*	–
4 *Gammarus*	5/16	−0.690	0.046				*	*
5 *Hyalella*	1/5	−1.636	0.022					*
6 *Pontoporeia*	2/8	−1.410	0.063					

SE, standard error.
*Significant difference, $\alpha = 0.05$.

3.7. Growth Performance of Different Living Types

A further interesting question is whether OGP is related to the living mode of the species in question. All data were grouped according to three parameters, (i) feeding (four categories: suspension feeder, grazer, deposit feeder and predator/scavenger); (ii) mobility (two categories: motile and sessile) and (iii) position (two categories: infauna and epifauna), and tested by full-interaction ANOVA. According to Table 10, OGP is affected by all three parameters. Suspension feeders show the highest OGP (mean $\psi = -0.046$), followed closely by predators/scavengers (mean $\psi = -0.128$). The OGP of grazers is distinctly lower (mean $\psi = -0.592$), and deposit feeders show by far the lowest values (mean $\psi = -1.027$, Table 10b). The significant interaction between feeding and position refers to suspension feeders only, where OGP is higher in infaunal species (mean $\psi = 0.052$) than in epifaunal species (mean $\psi = -0.102$). Mobile species (mean $\psi = -0.785$) show significantly lower OGP than sessile species (mean $\psi = -0.262$). This difference is affected by position (Table 10c), although epifauna and infauna do not differ significantly for all data levels.

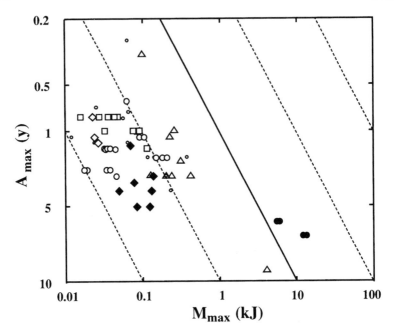

Figure 8 Auximetric grid comparing overall growth performance in six amphipod genera (≥4 data points per genus). Diagonal lines indicate equal values of ψ. Solid diagonal line: ψ = 0. Small circles represent all genera with <4 data points. ○, *Ampelisca*; ●, *Bovallia*; □, *Corophium*; △, *Gammarus*; ◇, *Hyalella*; ◆, *Pontoporeia*.

The parameters feeding and motility used here suffer from a certain extent of subjectivity, because the classification of many taxa into one or another category may be questionable (compare with the classification of Jumars and Fauchald (1977)). Nevertheless, the results indicate a certain ranking of OGP according to living mode. The overall OGP spectrum ranges from sessile suspension feeders such as mussels and clams to motile infaunal deposit feeders such as capitellid polychaetes. Two factors, energetic efficiency of food intake and costs of mobility, may play significant roles here.

3.8. Growth Performance and Exploitation

Table 11 summarizes the 30 species showing the highest OGP values. As expected from the previous discussion, molluscs (12 bivalves and seven gastropods) form the majority of these species. Twelve out of the 30 species (40%) are exploited by man, either on a commercial or on an

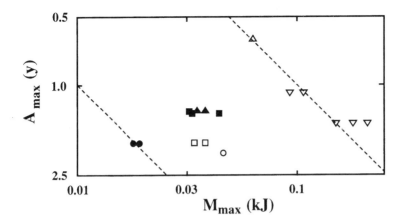

Figure 9 Auximetric grid comparing overall growth performance in seven species of the genus *Ampelisca*. Diagonal lines indicate equal values of ψ. ○, *A. agassizi*; □, *A. amoricana*; △, *A. auracana*; ▽, *A. brevicornis*; ●, *A. sarsi*; ■, *A. tenuicornis*; ▲, *A. typica*.

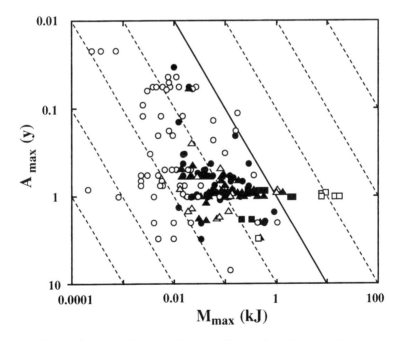

Figure 10 Auximetric grid comparing overall growth performance in six orders of the Insecta ($N = 273$, mean $\psi = -1.104$). Diagonal lines indicate equal values of ψ. Solid diagonal line: $\psi = 0$. ○, Diptera; ●, Ephemeroptera; □, Megaloptera; ■, Odonata; △, Plecoptera; ▲, Trichoptera.

180   T. BREY

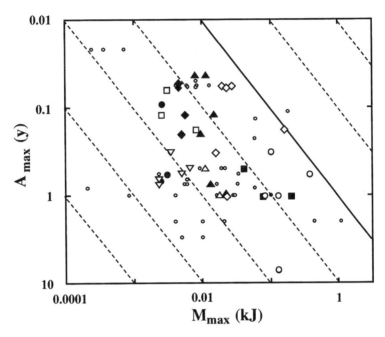

Figure 11 Auximetric grid comparing overall growth performance in nine genera of the order Diptera ($\geq$4 data points per genus). Diagonal lines indicate equal values of ψ. Solid diagonal line: $\psi = 0$. Small circles represent all genera with <4 data points. ○, *Chironomus*; ●, *Cladotanytarsus*; □, *Cricotopus*; ■, *Glyptotendipes*; △, *Limnochironomus*; ▲, *Polypedilum*; ◇, *Procladius*; ◆, *Simulium*; ▽, *Tanytarsus*.

artisanal basis, compared with about 5% of all 477 species. If all 887 populations included here are ranked according to the index ψ, all exploited populations are situated in the top 20% of the data. This indicates a strong tendency of human exploitation towards species with high OGP, i.e. high OGP is likely to coincide with potentially high yield. Therefore, OGP may be a useful tool for the identification of potential benthic resources; likewise, species with low OGP are not potentially suitable for exploitation.

4. MORTALITY IN BENTHIC INVERTEBRATES

Mortality is one of the processes regulating size and structure of a population. It may be separated into three categories: (i) episodic events of more or less simultaneous mass mortality induced by habitat disturbances; (ii) mortality caused by genetic limits of longevity such as the

Table 9 Comparison of the OGP index ψ in nine genera of the order Diptera using one-way ANOVA, $N = 59$ (species with <4 OGP data are excluded). Independent variable: genus. Dependent variable: OGP index $\psi = \log (M_{Max}/A_{Max})$.

(a) ANOVA.

Source	Degrees of freedom	Sum of squares	Mean square	F	P
Taxon	8	14.471	1.889	9.517	<0.001
Residual	50	9.503	0.190		

(b) Table of means and *post hoc* comparison of means.

Genus	N (species/ data)	Mean ψ	SE	2	3	4	5	6	7	8	9
1 *Chironomus*	4/11	−0.816	0.199	*	_	_	*	_	_	*	*
2 *Cladotanytarsus*	3/4	−1.964	0.238		_	_	_	_	*	_	_
3 *Cricotopus*	2/5	−1.406	0.069			_	_	_	_	_	*
4 *Glyptotendipes*	2/4	−1.004	0.101				*	_	_	_	*
5 *Limochironomus*	2/4	−1.679	0.022					*	*	*	*
6 *Polypedilum*	5/9	−1.169	0.136						_	_	*
7 *Procladius*	2/7	−0.607	0.236							_	*
8 *Simulium*	3/7	−1.197	0.076								*
9 *Tanytarsus*	6/8	−2.138	0.079								

SE, standard error.
*Significant difference, $\alpha = 0.05$.

more or less synchronous death of adults after reproduction; and (iii) the monotonous decrease in number of an age class with time, a process caused by, for example, predation, parasitism and diseases. The last is the type of mortality we will deal with here.

With respect to energy flow within an ecosystem, the energy/matter transfer from a prey to a predator population is proportional to prey mortality caused by the predator. Hence, natural mortality is an approximate measure for the amount of energy/matter transferred from the prey population to those populations feeding on it. With regard to populations exploited by man, mortality has basically the same significance. Moreover, fishing mortality (caused by man) and natural mortality (caused by other predators) are both parameters required for the successful management of exploited stocks.

Table 10 Effects of living mode on the OGP index ψ using three-way, full-interaction ANOVA, $N = 883$ (significant sources are shown only). Independent variables: feeding (suspension feeder, grazer, deposit feeder, predator/scavenger), mobility (sessile, motile) and position (infauna, epifauna). Dependent variable: OGP index $\psi = \log(M_{Max}/A_{Max})$.

(a) ANOVA.

Source	Degrees of freedom	Sum of squares	Mean square	F	P
Feeding	3	54.454	18.151	22.191	<0.001
Mobility	1	27.682	27.682	33.843	<0.001
Feeding × position	2	16.884	8.442	10.321	<0.001
Mobility × position	1	8.209	8.209	10.037	0.002
Residual	874	714.898	0.818		

(b) Feeding: table of means and *post hoc* comparison of means.

Feeding type	N (data)	Mean ψ	SE	1	2	3	4
1 Suspension feeder	258	−0.046	0.066		*	*	−
2 Grazer	123	−0.592	0.102			*	*
3 Deposit feeder	412	−1.027	0.038				*
4 Predator/scavenger	90	−0.128	0.089				

*Significant difference, $\alpha = 0.05$.

(c) Interaction between mobility and position.

Mobility type	Position type	Epifauna	Infauna	All
Motile	ψ	−0.590	−1.071	−0.785
	SE	0.054	0.061	
	N	328	223	
Sessile	ψ	0.061	−0.490	−0.262
	SE	0.092	0.064	
	N	137	195	
All	ψ	−0.398	−0.800	−0.588

SE, standard error.

In the following sections I will analyse two questions related to mortality which are of ecological as well as of fishery biological interest: (1) How are mortality and productivity related empirically? (2) Is it possible to estimate natural mortality from other population parameters?

4.1. Mortality and Mortality Models

Mortality of a population is the result of all processes causing the death of single individuals. Mortality of an individual can be defined statistically as the probability of death for this individual. Concerning a group of individuals with synchronous life history, e.g. an age class, total mortality corresponds to the sum of individual mortalities. The curve describing decrease in number with time can show various shapes which correspond to different mortality models (e.g. see Krebs, 1984).

Empirical evidence shows that, as in many other groups of aquatic and terrestrial animals, mortality of many benthic invertebrate populations can be described by one model, the single negative exponential mortality model (SNEMM):

$$\delta N/\delta t = -Z\, N_t \qquad (7)$$

$$\Leftrightarrow N_t = N_0\, e^{-Zt}$$

where Z is the instantaneous rate of mortality, and N_t and N_0 are the numbers at time t and time zero, respectively. This model indicates that the rate of mortality Z is constant over time. Regarding exploited populations, fishing mortality F (caused by man) is separated from natural mortality M by

$$Z = F + M \qquad (8)$$

4.2. The Relationship Between Mortality and Productivity

It is obvious that there are relationships between mortality and production of a population. In a steady state, the amount of energy/matter transferred to predators will equal the amount of energy/matter newly produced (i.e. elimination = production, see Crisp, 1984). Allen (1971) analysed the mathematical relationships between the mortality rate Z and somatic production/biomass ratio P_s/B in steady-state populations on the basis of various mortality and growth models. He found that

$$Z = P_s/B \qquad (9)$$

Table 11 The 30 species with the highest OGP index ψ, sorted according to maximum index value.

Species	Group	Region	Index ψ	Exploited
Cancer polydon	Crustacea	P, Chile	2.874	Yes
Argopecten purpuratus	Bivalvia	P, Peru	1.697–2.248	Yes
Gorgonia sp.	Cnidaria	A, USA	1.581–2.104	No
Haliotis tuberculata	Gastropoda	A, Europe	1.702–1.994	Yes
H. midae	Gastropoda	A, South Africa	1.975–1.982	Yes
Evechinus chloroticus	Echinodermata	P, New Zealand	1.409–1.938	No
Perna viridis	Bivalvia	Hong Kong	1.017–1.859	Yes
Physa gyrina	Gastropoda	FW, USA	1.720	No
Placopecten magellanicus	Bivalvia	A, USA	1.375–1.718	Yes
Holothuria atra	Echinodermata	P, Marshall Islands	1.715	No
Turbo sarmaticus	Gastropoda	I, South Africa	1.711	Yes
Echinus esculentus	Echinodermata	Europe	1.409–1.652	No
Egeria radiata	Bivalvia	Nigeria	1.623	Yes
Patinopecten caurinus	Bivalvia	P, USA	1.399–1.573	Yes

Mesodesma donacium	Bivalvia	P., Peru	1.558	Yes
Polinices duplicatus	Gastropoda	A, USA	1.519	No
Orconectes limosus	Crustacea	FW, Poland	1.445	No
Spisula sachalinesis	Bivalvia	Sea of Japan	1.261–1.431	Yes
Crassadoma gigantea	Bivalvia	P, USA	1.421	No*
Scapharca inaequivalis	Bivalvia	Mediterranean	1.405	No
Mya arenaria	Bivalvia	A	0.642–1.394	No
Haliotis iris	Gastropoda	P, New Zealand	1.388	Yes
Nereis virens	Polychaeta	A, Europe	0.526–1.386	No†
Thais chocolata	Gastropoda	P, Chile	1.351	Yes
Mercenaria mercenaria	Bivalvia	A	0.835–1.331	No
Parechinus angulosus	Echinodermata	A, South Africa	1.325	No
Allocentrotus fragilis	Echinodermata	P, USA	1.247	No
Mellita quinquiesperforata	Echinodermata	A, USA	1.194–1.224	No
Corydalus cornutus	Insecta larvae	FW, USA	0.888–1.243	No
Venerupis decussata	Bivalvia	Mediterranean	0.924–1.239	No

A, Atlantic Ocean; I, Indian Ocean; P, Pacific Ocean; FW, fresh water.
*Recreational fishery only (MacDonald *et al.*, 1989).
†Bait fishery.

provided that mortality can be described by the SNEMM and growth by the VBGF, by a negative exponential model or by a linear model. Other combinations of mortality and growth models, however, did not result in equally simple relationships. (The same holds true for Richard and Gompertz growth functions (personal observation), which were not analysed by Allen (1971).) The data from benthic invertebrate populations from the SNEMM and VBGF confirm the linear relationship between Z and P_s/B empirically:

$$Z = 0.020 + 1.036\ P_s/B \qquad N = 67,\ r = 0.961,\ P < 0.001$$

$$P_s/B = 0.063 + 0.890\ Z \qquad N = 67,\ r = 0.961,\ P < 0.001$$

(10)

The intercept and slope are not significantly ($\alpha = 0.05$) different from 0 and 1, respectively. This relationship is extremely helpful in situations when only one of these parameters is known.

Very often, however, growth of a benthic population is either not known or does not follow the VBGF model. Therefore I will analyse whether the approximation $Z \approx P_s/B$ can be used to estimate the mortality rate from productivity and vice versa. An ANCOVA (Table 12) shows that the growth model does affect the relationship between Z and P_s/B, although at a rather low level of significance ($P = 0.044$). Despite this effect, the variability of the relationship between Z and P_s/B seems to be sufficiently low (Figure 12) to establish general linear regressions which may be used to estimate one parameter from the other:

$$Z = 0.082 + 0.925\ P_s/B \qquad N = 103,\ r = 0.961,\ P < 0.001$$

$$P_s/B = 0.036 + 0.997\ Z \qquad N = 103,\ r = 0.961,\ P < 0.001$$

(11)

4.3. Natural Mortality Rate

The natural mortality rate M is an important parameter in population dynamics, especially in exploited stocks. M is required to estimate the part of mortality caused by man (i.e. F, see Ricker (1975), or for practical applications in benthic invertebrates see Clasing et al. (1994) and Etim and Brey (1994)). M is required for multispecies stock assessment models too (e.g. Jarre et al., 1991). These models integrate several trophic levels, i.e. natural prey–predator relationships, and hence do not function without information on natural mortality (e.g. Anonymous, 1993).

Unfortunately, M is very difficult to calculate for exploited populations (see Ricker, 1975; Pauly, 1980). Therefore, any empirical approach to the estimation of natural mortality would be extremely helpful. For fish, Pauly

Table 12 Comparison of the effects of growth model type on the relation between Z and P_S/B using two-way nested ANOVA, $n = 103$. Independent variables: productivity P_S/B and growth model (VBGF, 67; Gompertz, 8; unknown, 28). Dependent variable: mortality rate Z.

Source	Degrees of freedom	Sum of squares	Mean square	F	P
P_S/B	1	16.657	16.657	75.132	<0.001
Growth model	2	0.008	0.004	0.017	0.983
P_S/B (growth model)	2	1.430	0.715	3.225	0.044
Residual	97	21.507	0.222		

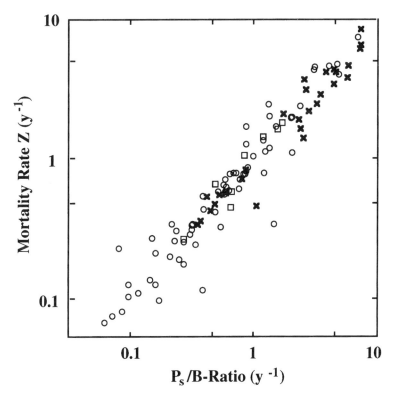

Figure 12 Relation between the mortality rate Z and productivity P_s/B in benthic invertebrates. Growth models: ○, VBGF; □, Gompertz; ×, unknown. Note the logarithmic scales on both axes.

$Z = 0.082 + 0.925P_s/B$ $N = 103, r = 0.961, P < 0.001$

$P_s/B = 0.036 + 0.997Z$ $N = 103, r = 0.961, P < 0.001$

Table 13 Investigation of the relation between various parameters and the natural mortality rate *M* in unexploited populations using five-way, full-interactin ANOVA, $N = 92$ (significant terms shown only). Independent variables: $\log(M_{Max})$, $\log(1/A_{Max})$, $1/T$, $\log(D+1)$ and taxon (substem/stem). Dependent variable: natural mortality rate $\log(M)$.

(a) ANOVA.

Source	Degrees of freedom	Sum of squares	Mean square	F	P
$\log(1/A_{Max})$	1	10.732	10.732	265.009	<0.001
$\log(D+1)$	1	0.574	0.574	14.161	<0.001
$(1/T)\log(D+1)$	1	0.581	0.581	14.343	<0.001
$\log(1/A_{Max})\log(D+1)$	1	0.186	0.186	4.582	0.035
Residual	87	3.523	0.041		

(b) Model coefficients ($N = 92$, $r = 0.921$).

Variable	Coefficient	SE	P
Intercept	0.687	0.058	<0.001
$\log(1/A_{Max})$	1.129	0.069	<0.001
$\log(D+1)$	4.050	1.076	<0.001
$(1/T)\log(D+1)$	−1139.373	300.850	<0.001
$\log(1/A_{Max})\log(D+1)$	−0.140	0.065	0.035

SE, standard error.

(1980) found an empirical relationship between *M* and parameters of the VBGF as well as temperature which can be used to estimate *M* in exploited populations. In the following I will analyse whether or not similar empirical relationships exist for benthic invertebrates.

4.3.1. *Direct Estimation of Natural Mortality Rate*

Based on Pauly's (1980) approach and the correspondence of the VBGF parameters K and M_∞ to the parameters A_{Max} and M_{Max} (see Section 3), I used a multiple linear model to analyse the relationship between the mortality rate *M* and various parameters. The resulting model is highly significant ($N = 92$, $r = 0.921$), but rather complex with interactions between $1/A_{Max}$, temperature and water depth which are not easy to interpret (Table 13). In contrast to Pauly's (1980) model, no effect of body mass (M_{Max}) was detectable. The plot of fitted versus measured values of the mortality rate *M* (Figure 13) indicates considerable variance, which

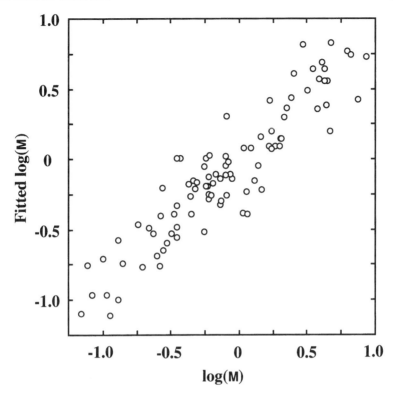

Figure 13 Natural mortality rate *M*. Fitted values (model in Table 13) versus measured values.

makes any estimate of natural mortality by this empirical model rather doubtful. More data on mortality are required to improve the performance of this model.

4.3.2. *Indirect Estimation of Natural Mortality Rate*

As shown above (equation (11)), the annual mortality rate Z and the annual P_s/B ratio of benthic invertebrates are linearly related. Hence, we can use P_s/B as a substitute for the indirect estimation of the mortality rate M from other population parameters. This approach may benefit from the much higher number of P_s/B data available.

Previous models of this kind established by Warwick (1980), Hoenig (1983) and Etim and Brey (1994) used only one independent variable, A_{Max}, to estimate the annual P_s/B ratio. Here, the combination of the parameters A_{Max}, M_{Max} and temperature resulted in a highly significant

Table 14 Investigation of the relation between various parameters and the annual P_S/B ratio in unexploited populations using five-way, full-interaction ANOVA, $N = 837$ (significant terms shown only). Independent variable: annual productivity ratio log (P_S/B). Dependent variables: $\log(M_{Max})$, $\log(1/A_{Max})$, $1/T$, $\log(D + 1)$ and taxon (substem/stem).

(a) ANOVA.

Source	Degrees of freedom	Sum of squares	Mean square	F	P
$\log(1/A_{Max})$	1	85.980	85.980	1655.421	<0.001
$\log(M_{Max})$	1	0.656	0.656	12.635	<0.001
$1/T$	1	0.268	0.268	5.156	0.023
Residual	833	43.265	0.052		

(b) Model coefficients ($N = 837$, $r = 0.935$).

Variable	Coefficient	SE	P
Intercept	1.684	0.466	<0.001
$\log(1/A_{Max})$	0.993	0.024	<0.001
$\log(M_{Max})$	−0.035	0.010	<0.001
$1/T$	−303.904	133.837	0.023

SE, standard error.

multiple model (Table 14). Variability (Figure 14) is slightly lower than in the above model used to estimate M directly but much lower than in the previous models using only A_{Max} to estimate P_s/B.

The relation between mortality rate and productivity is highly significant (equation (12)), and these two models are suitable for estimation of the natural mortality rate M in benthic invertebrate populations. Confidence limits of the estimate of M can be computed according to Draper and Smith (1981). A problem remaining with intensely exploited populations is correctly estimating of A_{Max} and M_{Max}, because heavy fishing tends to remove all large specimens from the population. In those cases, independent estimates of A_{Max} and M_{Max}, i.e. from unexploited populations or from pre-exploitation times, may be required.

An Excel spreadsheet containing calculation routines for estimating population parameters is available from the author.

4.4. Mortality and Taxonomic Position

Mortality rates may be typical for a certain species, but in contrast to overall growth performance they cannot be interpreted as a species-

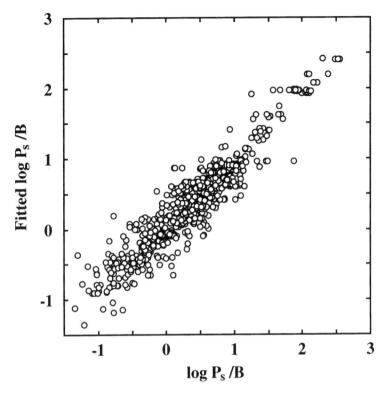

Figure 14 Annual P_s/B ratio. Fitted values (model in Table 14) versus measured values.

specific feature. Mortality is the product of "outside" forces such as predation which act within the limits given by prey population parameters such as growth and recruitment, that is, to maintain a steady state, the mortality suffered by a population cannot exceed the level determined by the productivity of the population (see above), which in turn depends on the growth and recruitment rates. Therefore, the mortality rate is related to various population parameters, e.g. A_{Max} and M_{Max} (see above) or the growth constant K of the VBGF (Brey and Gage, 1997). It is, however, not subject to the evolution of the species by itself, but the levels of mortality observed in natural populations are the products of the coevolution of prey and predator species.

Nevertheless we are able to identify taxon-specific differences in mortality. Figure 15 indicates clearly that although there is a wide variability of productivity ($\approx$ mortality) values within each taxonomic order/subclass, taxa consisting mainly of small, short-lived species (e.g.

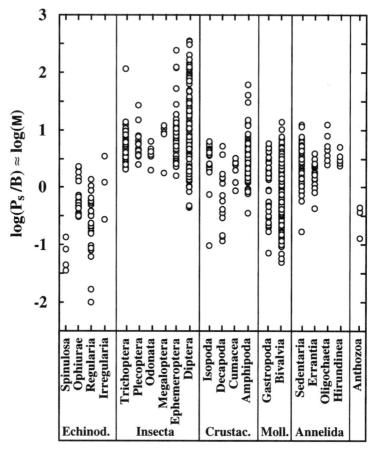

Figure 15 Annual P_s/B ratio ($\approx$ natural mortality rate M) in various benthic invertebrate orders/subclasses.

orders/subclasses of the Insecta) are separated from taxa consisting of large, long-lived species (e.g. orders/subclasses of the Echinodermata).

5. RELATIONSHIPS BETWEEN GROWTH PERFORMANCE, MORTALITY AND PRODUCTIVITY

The previous section showed that the mortality rate Z and somatic productivity P_s/B are mathematically and statistically (equations (10) and

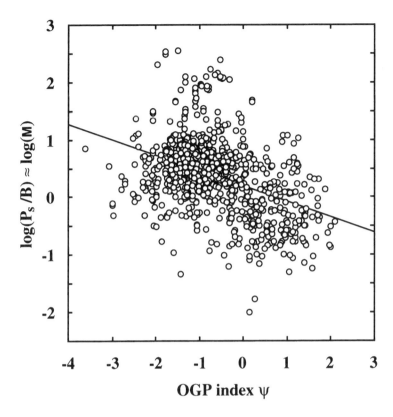

Figure 16 Empirical relation between the index of overall growth performance ψ and the annual P_s/B ratio in benthic invertebrate populations.

$\log(P_s/B) = 0.193 - 0.269\ \psi \quad N = 860, r = -0.411, P < 0.001$

(11)) closely related. For populations in a steady state we can assume that $Z \approx P_s/B$. On the other hand, P_s/B, and hence Z, do not correlate well with the overall growth performance index ψ:

$$\log(P_s/B) = 0.193 - 0.269\ \psi \qquad N = 860, r = -0.411, P < 0.001 \quad (12)$$

The relationship is not only weak, but also negative (Figure 16). This discrepancy is related to the well-documented negative relationship between the population P_s/B ratio and individual body mass (e.g. see Banse and Mosher, 1980; Schwinghamer *et al.*, 1986; Plante and Downing, 1989; Brey, 1990; Morin and Bourassa, 1992; Brey and Clarke, 1993; Tumbiolo and Downing, 1994; for theoretical background, see Schmidt-Nielsen, 1984; Peters, 1986; Reiss, 1991). Populations with a high P_s/B ratio consist of fast-growing but small individuals, a combination which cannot result in high values of OGP (equation (5)).

Obviously, maximizing OGP and maximizing P_s/B are different if not opposite ecological strategies. Remarkably, the interest of human exploitation focuses on those species with high OGP (see Section 4) and not on those with a high P_s/B ratio, although these populations would offer a higher maximum sustainable yield. Concerning this choice of food, however, humans fit well into the general picture of positive correlation between predator and prey size (see Krebs, 1984). Man just seems to follow the ecological principle of maximizing foraging efficiency by concentrating on larger prey species.

ACKNOWLEDGEMENTS

This investigation depends on the work and the publications of several hundred colleagues from all over the world. Special thanks are due to A. Clarke (British Antarctic Survey, Cambridge, UK), J. Gage (Dunstaffnage Marine Laboratory, Oban, UK), A. D. Huryn (Institute of Entomology, University of Georgia, Athens, Georgia, USA), A. Josefson (National Environment Research Institute, Roskilde, Denmark) and M. Nakaoka (Ocean Research Institute, University of Tokyo, Japan), who provided unpublished data or out-of-print material.

This is AWI Publication No. 1432.

REFERENCES

(G): general
(T): temperature data
(C): conversion factors
(D): population dynamics

Adreani, L., Bonacina, C. and Bonomi, G. (1981). Production and population dynamics in profundal lacustrine Oligochaeta. *Verhandlungen der Internationalen Vereinigung für Limnologie* **21**, 967–974. (D)

Al-Adhub, A. H. Y. and Bowers, A. B. (1977). Growth and breeding of *Dichelopandalus bonnieri* in Isle of Man waters. *Journal of the Marine Biological Association of the UK* **57**, 229–238. (D)

Albright, R. and Armstrong, D. (1982). "*Corophium* spp. Productivity in Grays Harbor, Washington", Technical Report. Washington State Department of Game, Aberdeen. (D)

Aldridge, D. W. and McMahon, R. F. (1978). Growth, fecundity, and bioenergetics in a natural population of the asiatic freshwater clam, *Corbicula manilensis* Philippi, from north central Texas. *Journal of Molluscan Studies* **44**, 49–70. (D)

Ali, M. H. and Salman, S. D. (1987). Growth and production of the amphipod *Parhyale basrensis* (Talitridae) in the Shatt al-Arab region. *Marine Ecology Progress Series* **40**, 231–238. (D)

Allen, J. A. (1985). Recent Bivalvia: their form and evolution. In "The Mollusca" (E. R. Trueman and M. R. Clarke, eds), vol. 10, pp. 337–403. Academic Press, Orlando. (G)

Allen, K. R. (1971). Relation between production and biomass. *Canadian Journal of Fisheries and Aquatic Sciences* **28**, 1537–1581. (G)

Ambrogi, R. (1990). Secondary production of *Prinospio caspersi* (Annelida: Polychaeta: Spionidae). *Marine Biology* **104**, 437–442. (D)

Ambrogi, R. and Ambrogi, A. O. (1985). The estimate of secondary production of the marine bivalve *Spisula subtruncata* (Da Costa) in the area of the Po river delta. *Marine Ecology* **6**, 239–250. (D)

Ambrogi, R. and Ambrogi, A. O. (1987). Temporal variations of secondary production in the marine bivalve *Spisula subtruncata* off the Po river delta (Italy). *Estuarine Coastal and Shelf Science* **25**, 369–379. (D)

Ambrogi, R., Fontana, P. and Gambi, M. C. (1995). Population dynamics and estimate of secondary production of *Owenia fusiformis* Delle Chiaje (Polychaeta, Oweniidae) in the coastal area of the Po river delta (Italy). In "Biology and Ecology of Shallow Coastal Waters" (A. Eleftheriou, A. D. Ansell and C. J. Smith, eds), pp. 207–214. Olsen and Olsen, Fredensborg. (D)

Andersin, A.-B., Lassig, J. and Sandler, H. (1984). On the biology and production of *Pontoporeia affinis* Lindstr. in the Gulf of Bothnia. *Limnologica* **15**, 395–401. (D)

Andersson, E. (1969). Life-cycle and growth of *Asellus aquaticus* (L.). *Reports of the Institute of Freshwater Research Drottningholm* **49**, 5–26. (D)

Ankar, S. (1980). Growth and production of *Macoma balthica* (L.) in a Northern Baltic soft bottom. *Ophelia Supplement* **1**, 31–48. (D)

Ankar, S. and Elmgren, R. (1978). The benthic macro- and meiofauna of the Askö-Landsort area (northern Baltic Proper). A stratified random sampling survey. *Contributions of the Askö Laboratory, University of Stockholm, Sweden* **11**, 1–115. (C)

Anonymous (1944). Atlas klimatischer Karten der Ozeane. US Department of Agriculture, Weather Bureau. Deutsche Bearbeitung und Herausgabe: Marineobservatorium. (T)

Anonymous (1967). "Monatskarten für den Südatlantischen Ozean", 3rd edn. Deutsches Hydrographisches Institut, Hamburg. (T)

Anonymous (1968). Temperature and salinity at the fixed Finnish stations 1962–1964. *Finnish Marine Research* **225**. (T)

Anonymous (1969). Temperature and salinity at the fixed Finnish stations 1965–1966. *Finnish Marine Research* **231**. (T)

Anonymous (1971). "Monatskarten für den Nordatlantischen Ozean", 4th edn. Deutsches Hydrographisches Institut, Hamburg. (T)

Anonymous (1993). Report of the Working Group on long-term management measures. ICES C.M. 1993/Assess:7. (G)

Ansell, A. D. (1968). The rate of growth of the hard clam *Mercenaria mercenaria* (L.) throughout the geographical range. *Journal du Conseil Permanent International pour l'Exploration de la Mer* **31**, 364–409. (G)

Ansell, A. D. and Lagardère, F. (1980). Observations on the biology of *Donax trunculus* and *D. vittatus* at Ile d'Oléron (French Atlantic coast). *Marine Biology* **57**, 287–300. (D)

Ansell, A. D. and Trevallion, A. (1969). Behavioural adaptations of intertidal molluscs from a tropical sandy beach. *Journal of Experimental Marine Biology and Ecology* **4**, 9–35. (G)

Ansell, A. D., Sivadas, P., Narayanan, B., Sankaranarayanan, V. N. and Trevallion, A. (1972a). The ecology of two sandy beaches in south west India. I. Seasonal changes in physical and chemical factors, and in the meiofauna. *Marine Biology* **17**, 38–62. (D)

Ansell, A. D., Sivadas, P., Narayanan, B. and Trevallion, A. (1972b). The ecology of two sandy beaches in South West India. III. Observations on the population of *Donax incarnatus* and *D. spiculum*. *Marine Biology* **17**, 318–332. (D)

Appeldoorn, R. S. (1983). Variation in the growth rate of *Mya arenaria*, its relationship to the environment as analyzed through principal components analysis and the ω parameter of the von Bertalanffy equation. *Fisheries Bulletin US* **81**, 75–84. (G)

Arntz, W. E. and Brunswig, D. (1975). An approach to estimating the production of macrobenthos and demersal fish in a Western Baltic *Abra alba* community. *Merentutkimuslaitoksen Julkaisu/Havsforskninginstituttet Skrifter* **239**, 195–205. (C)

Arntz, W. E., Brey, T., Tarazona, J. and Robles, A. (1987). Changes in the structure of a shallow sandy-beach community in Peru during an El Niño event. The Benguela and comparable ecosystems. *South African Marine Science* **5**, 645–658. (D)

Asmus, H. (1987). Secondary production of an intertidal mussel bed community related to its storage and turnover compartments. *Marine Ecology Progress Series* **39**, 251–266. (D)

Atkinson, E. G. and Wacasey, J. W. (1976). Caloric values of zoobenthos and phytobenthos from the Canadian Arctic. *Department of Environmental and Fisheries Marine Service Technical Report* **632**, 1–23. (C)

Atkinson, E. G. and Wacasey, J. W. (1983). Caloric equivalents for benthic marine organisms from the Canadian Arctic. *Canadian Technical Report on Fisheries and Aquatic Sciences* **1216**, 1–31. (C)

Baden, S. P. and Phil, L. (1984). Abundance, biomass and production of mobile epibenthic fauna in *Zostera marina* (L.) meadows, western Sweden. *Ophelia* **23**, 65–90. (D)

Banse, K. and Mosher, S. (1980). Adult body mass and annual production/biomass relationships of field populations. *Ecological Monographs* **50**, 355–379. (G)

Barkai, R. and Griffiths, C. L. (1988). An energy budget for the South African abalone *Haliotis midae* Linnaeus. *Journal of Molluscan Studies* **54**, 43–51. (D)

Bast, H.-D. and von Oertzen, J.-A. (1976). Zusammenstellung von Energie-äquivalenten aquatischer Organismen unter besonderer Berücksichtigung der Ostsee, Teil 2. *Wissenschaftliche Zeitschrift der Universität Rostock. Mathematisch und Naturwissenschaftliche Reihe* **25**, Heft 3. (C)

Benke, A. C. (1976). Dragonfly production and prey turnover. *Ecology* **57**, 915–927. (D)

Benke, A. C. and Benke, S. S. (1975). Comparative dynamics and life histories of coexisting dragonfly populations. *Ecology* **56**, 302–317. (D)

Benke, A. C. and Parsons, K. A. (1990). Modelling black fly production dynamics in blackwater streams. *Freshwater Biology* **24**, 167–180. (D)

Benke, A. C. and Wallace, J. B. (1980). Trophic basis of production among net-spinning caddisflies in a southern Appalachian stream. *Ecology* **61**, 108–118. (D)

Benke, A. C., van Arsdall, T. C. and Gillespie, D. M. (1984). Invertebrate productivity in a subtropical blackwater river: the importance of habitat and life history. *Ecological Monographs* **54**, 25–63. (D)

Bergh, G. (1974). Production of *Macoma balthica* (L.) (Lamellibranchiata) and notes on other ecologically important animals in Tvåren Bay in the Baltic. *Zoon* **2**, 143–152. (D)

Berkman, P. A. (1990). The population biology of the Antarctic scallop, *Adamussium colbecki* (Smith 1902) at New Harbor, Ross Sea. *In* "Antarctic Ecosystems. Ecological Change and Conservation" (K. R. Kerry and G. Hempel, eds), pp. 281–288. Springer-Verlag, Berlin. (D)

Berry, A. J. and bin Othmann, Z. (1983). An annual cycle of recruitment, growth and production in a Malaysian population of the trochean gastropod *Umbonium vestiarium* (L.). *Estuarine Coastal and Shelf Science* **17**, 357–363. (D)

Berry, P. F. (1978). Reproduction, growth and production in the mussel, *Perna perna* (Linnaeus), on the east coast of South Africa. *Investigational Report of the Oceanographic Research Institute Durban* **48**, 1–28. (D)

Beukema, J. J. (1980). Calcimass and carbonate production by molluscs on the tidal flats in the Dutch Wadden Sea: I. The tellinid bivalve *Macoma balthica*. *Netherlands Journal of Sea Research* **14**, 323–338. (D)

Beukema, J. J. (1982). Calcimass and carbonate production by molluscs on the tidal flats in the Dutch Wadden Sea: I. The edible cockle, *Cerastoderma edule*. (*Netherlands*) *Journal of Sea Research* **15**, 391–405. (D)

Beukema, J. J. and de Vlas, J. (1979). Population parameters of the lugworm, *Arenicola marina*, living on tidal flats in the Dutch Wadden Sea. *Netherlands Journal of Sea Research* **13**, 331–353. (D)

Beukema, J. J. and Meehan, B. W. (1985). Latitudinal variation in linear growth and other shell characteristics of *Macoma balthica*. *Marine Biology* **90**, 27–33. (G)

Billett, D. S. M. (1991). Deep-sea holothurians. *Oceanography and Marine Biology Annual Review* **29**, 259–317. (C)

Blankley, W. O. and Branch, G. M. (1985). Ecology of the limpet *Nacella delesserti* (Philippi) at Marion Island in the sub-Antarctic Southern Ocean. *Journal of Experimental Marine Biology and Ecology* **92**, 259–281. (D)

Bode, A. (1989). Production of the intertidal Chiton *Acanthochitona crinita* within a community of *Corallina elongata* (Rhodophyta). *Journal of Molluscan Studies* **55**, 37–44. (D)

Bone, D. G. (1972). Aspects of the biology of the Antarctic amphipod *Bovallia gigantea* Pfeffer at Signey Island, South Orkney Islands. *British Antarctic Survey Bulletin* **27**, 105–122. (D)

Bosnia, A., Kaisin, F. J. and Tablado, A. (1990). Population dynamics and production of the freshwater snail *Chilina gibbosa* Sowerby 1841 (Chilinidae, Pulmonata) in a North-Patagonian reservoir. *Hydrobiologia* **190**, 97–110. (D)

Brafield, A. E. and Newell, G. E. (1961). The behaviour of *Macoma balthica* (L). *Journal of the Marine Biological Association of the UK* **41**, 81–87. (G)

Brawn, V. M., Peer, D. L. and Bentley, R. J. (1968). Caloric content of the standing crop of benthic and epibenthic invertebrates of St. Margaret's Bay, Nova Scotia. *Canadian Journal of Fisheries and Aquatic Sciences* **25**, 1803–1811. (C)

Bremer, P. and Vijverberg, J. (1982). Production, population biology and diet of *Neomysis integer* (Leach) in a shallow Frisian lake (The Netherlands). *Hydrobiologia* **93**, 41–51. (D)

Bréthes, J.-C., Desrosiers, G. and Fortin, G. (1986). Croissance et production du bivalve *Mesodesma arctatum* (Conrad) sur la côte nord du golfe du Saint-Laurent. *Canadian Journal of Zoology* **64**, 1914–1919. (D)

Brey, T. (1986). Estimation of annual *P/B*-ratio and production of marine benthic invertebrates from length-frequency data. *Ophelia Supplement* **4**, 45–54. (D)

Brey, T. (1990a). Confidence limits for secondary production estimates: Application of the bootstrap to the increment summation method. *Marine Biology* **106**, 503–508. (D)

Brey, T. (1990b). Estimating productivity of macrobenthic invertebrates from biomass and mean individual weight. *Meeresforschung* **32**, 329–343. (G)

Brey, T. (1991a). The relative significance of biological and physical disturbance for community structure: An example from intertidal and subtidal sandy bottoms. *Estuarine Coastal and Shelf Science* **33**, 339–360. (G)

Brey, T. (1991b). Population dynamics of *Sterechinus antarcticus* (Echinodermata: Echinoidea) on the Weddell Sea shelf and slope, Antarctica. *Antarctic Science* **3**, 251–256. (D)

Brey, T. and Clarke, A. (1993). Population dynamics of marine benthic invertebrates in Antarctic and subantarctic environments: are there unique adaptations? *Antarctic Science* **5**, 253–266. (G)

Brey, T. and Gage, J. (1997). Interactions of growth and mortality in benthic invertebrate populations: empirical evidence for a mortality/growth continuum. *Archive of Fishery and Marine Research* **45**, 45–59. (G)

Brey, T. and Hain, S. (1992). Growth, reproduction and production of *Lissarca notorcadensis* (Bivalvia: Philobryidae) on the Weddell Sea shelf, Antarctica. *Marine Ecology Progress Series* **82**, 219–226. (D)

Brey, T., Rumohr, H. and Ankar, S. (1988). The energy content of macrobenthic invertebrates: general conversion factors from weight to energy. *Journal of Experimental Marine Biology and Ecology* **117**, 271–278. (C)

Brey, T., Arntz, W. E., Pauly, D. and Rumohr, H. (1990). *Arctica* (*Cyprina*) *islandica* in Kiel Bay: growth, production, and ecological significance. *Journal of Experimental Marine Biology and Ecology* **136**, 217–235. (D)

Brey, T., Pearse, J., Basch, L., McClintock, J. and Slattery, M. (1995). Growth and production of *Sterechinus neumayeri* (Echinoidea, Echinodermata) in McMurdo Sound, Antarctica. *Marine Biology* **124**, 279–292. (D)

Bright, G. R. (1982). Secondary benthic production in a tropical island stream. *Limnology and Oceanography* **27**, 472–480. (D)

Britton, R. H. (1985). Life cycle and production of *Hydrobia acuta* Drap. (Gastropoda: Prosobranchia) in a hypersaline coastal lagoon. *Hydrobiologia* **122**, 219–230. (D)

Brown, A. V. and Fitzpatrick, L. C. (1978). Life history and population energetics of the Dobson fly, *Corydalus cornutus*. *Ecology* **59**, 1091–1108. (D)

Brown, J. and Wilson, E. O. (1956). Character displacement. *Systematic Zoology* **5**, 49–64. (G)

Brunswig, D. (1973). Der Nahrungswert makrobenthischer Fischnährtiere der Kieler Bucht im Jahresgang. Diplom thesis, Univ. Kiel, Germany. (C)

Buchanan, J. B. and Warwick, R. M. (1974). An estimate of benthic macrofaunal production in the offshore mud of the Northumberland coast. *Journal of the Marine Biological Association of the UK* **54**, 197–222. (D)

Burke, M. V. and Mann, K. H. (1974). Productivity and production:biomass ratios of bivalve and gastropod populations in an Eastern Canadian estuary. *Canadian Journal of Fisheries and Aquatic Sciences* **31**, 167–177. (D)

Butler, M. G. (1982). Production dynamics of some arctic *Chironomus* larvae. *Limnology and Oceanography* **27**, 728–736. (D)

Caquet, T. (1993). Comparative life-cycle, biomass and secondary production of three sympatric freshwater gastropod species. *Journal of Molluscan Studies* **59**, 43–50. (D)

Carey, A. G. (1962). An ecological study of two benthic animal populations in Long Island Sound. PhD Thesis, Yale University. (D)

Carrasco, F. D. and Arcos, D. F. (1980). Estimación de la produccion secundaria de *Paraprinospio pinnata* (Spionidae, Polychaeta) frente a Bahia de Concepción, Chile. *Boletim de Instituto Oceanográfico Sao Paulo* **29**, 79–82. (D)

Carrasco, F. D. and Arcos, D. F. (1984). Life history and production of the sublittoral amphipod *Ampelisca araucana*. *Marine Ecology Progress Series* **14**, 245–252. (D)

Caspers, N. (1975). Kalorische Werte der dominierenden Invertebraten zweier Waldbäche des Naturparks Kottenforst-Wille. *Archiv für Hydrobiologie* **75**, 484–489. (C)

Caspers, N. (1978). Life history and dynamics of a *Hydropsyche instabilis* Curtis (Trichoptera, Hydropsychidae) population in a West German woodland brook. *Verhandlungen der Internationalen Vereinigung für Limnologie* **20**, 2617–2621. (D)

Cederwall, H. (1977). Annual macrofauna production of a soft bottom in the Northern Baltic Proper. *In* "Biology of Benthic Organisms" (B. F. Keegan, P. O. Ceidigh and P. J. S. Boaden, eds), pp. 155–164. Pergamon, Oxford. (D)

Chambers, M. R. and Milne, H. (1975). The production of *Macoma balthica* (L.) in the Ythan estuary. *Estuarine Coastal and Marine Science* **3**, 443–455. (D)

Chambers, M. R. and Milne, H. (1979). Seasonal variation in the condition of some intertidal invertebrates of the Ythan estuary, Scotland. *Estuarine Coastal and Marine Science* **8**, 411–419. (C)

Charles, W. N., East, K., Brown, D., Gray, M. C. and Murray, T. D. (1973). The production of larval Chironomidae in the mud at Loch Leven, Kinross. *Proceedings of the Royal Society of Edinburgh* **74**, 241–258. (D)

Cheung, S. G. (1993). Population dynamics and energy budgets of green-lipped mussel *Perna viridis* (Linnaeus) in a polluted harbour. *Journal of Experimental Marine Biology and Ecology* **168**, 1–24. (D)

Claereboudt, M. R. and Himmelman, J. H. (1996). Recruitment, growth and production of giant scallops (*Placopecten magellanicus*) along an environmental gradient in Baie des Chaleurs, eastern Canada. *Marine Biology* **124**, 661–670. (D)

Clarke, A., Skadsheim, A. and Holmes, L. J. (1985). Lipid biochemistry and reproductive biology in two species of Gammaridae (Crustacea: Amphipoda). *Marine Biology* **88**, 247–263. (C)

Clasing, E., Brey, T., Stead, R., Navarro, J. and Asencio, G. (1994). Population dynamics of *Venus antiqua* (Bivalvia: Veneracea) in the Bahía de Yaldad, Isla de Chiloé, southern Chile. *Journal of Experimental Marine Biology and Ecology* **177**, 171–186. (D)

Clavier, J. and Richard, O. (1986). Growth of juvenile *Haliotis tuberculata* (Mollusca: Gastropoda) in their natural environment. *Journal of the Marine Biological Association of the UK* **66**, 497–503. (D)

Collie, J. S. (1985). Life history and production of three amphipod species on Georges Bank. *Marine Ecology Progress Series* **22**, 229–238. (D)

Colton, J. B. and Stoddard, R. R. (1972). Average monthly sea-water temperatures Nova Scotia to Long Island. Serial Atlas of the marine environment. American Geographical Society, folio 21. (T)

Comely, C. A. and Ansell, A. D. (1988). Population density and growth of *Echinus esculentus* L. on the Scottish West Coast. *Estuarine Coastal and Shelf Science* **27**, 311–334. (D)

Conan, C., Melo, U. and Yany, G. (1976). Evaluation de la production d'une population littorale du crabe Hippidae *Emerita analoga* (Stimpson) par integration des parametres de croissance et de mortalite. "Proceedings of the 10th European Marine Biology Symposium Ostende 1975", (G. Persoone and E. Jaspers, eds) vol. 2, pp. 129–150. Universa Press, Welteren, Belgium (D)

Cooper, W. E. (1965). Dynamics and production of a natural population of a fresh-water amphipod, *Hyalella azteca*. *Ecological Monographs* **35**, 377–394. (D)

Cornet, M. (1986). Estimation de la production annuelle de populations *d'Abra alba* (mollusque bivalve) du plateau continental Sud-Gascogne. *Oceanologica Acta* **9**, 323–332. (D)

Cranford, P. J., Peer, D. L. and Gordon, D. C. (1985). Population dynamics and production of *Macoma balthica* in Cumberland Basin and Shepody Bay, Bay of Fundy. *(Netherlands) Journal of Sea Research* **19**, 135–146. (D)

Crapp, G. B. and Wills, M. E. (1975). Age determination in the sea urchin *Paracentrotus lividus* (Lamarck) with notes on the reproductive cycle. *Journal of Experimental Marine Biology and Ecology* **20**, 157–178. (D)

Craymersch, J. A., Herman, P. M. J. and Meire, P. M. (1986). Secondary production of an intertidal mussel (*Mytilus edulis* L.) population in the eastern Scheldt (S. W. Netherlands). *Hydrobiologia* **133**, 107–115. (D)

Crisp, D. J. (1984). Energy flow measurements. *In* "Methods for the Study of Marine Benthos" (N. A. Holme and A. D. McIntyre, eds), pp. 284–372. Blackwell Scientific, Oxford. (G)

Cudney, M. D. and Wallace, J. B. (1980). Life cycles, microdistribution and production dynamics of six species of net-spinning caddisflies in a large southeastern (USA.) river. *Holarctic Ecology* **3**, 169–182. (D)

Cummins, K. W. and Wuycheck, J. C. (1971). Caloric equivalents for investigations in ecological energetics. *International Association of Theoretical and Applied Limnology Communications* **18**, 1–158. (C)

Curtis, M. A. (1977). Life cycles and population dynamics of marine benthic polychaetes from the Disko Bugt area of West Greenland. *Ophelia* **16**, 9–58. (D)

Cushing, D. H. (1973). Recruitment and parent stock in fishes. *Washington Sea Grant Publication* **731**, 1–197. (G)

Cushman, R. M., Elwood, J. W. and Hildebrand, S. G. (1977). Life history and production dynamics of *Alloperla mediana* and *Diplectrona modesta* in Walker Branch, Tennessee. *American Midlands Naturalist* **98**, 354–364. (D)

Dahm, C. (1993). Growth, production and ecological significance of *Ophiura albida* and *O. ophiura* (Echinodermata: Ophiuroidea) in the German Bight. *Marine Biology* **116**, 431–437. (D)

Dall, P. C. (1979). Ecology and production of the leeches *Erpobdella octoculata* L. and *Erpobdella testacea* Sav. in lake Esrom, Denmark. *Archiv für Hydrobiologie* Supplement **57**, 188–220. (D)

Dall, P. C., Heegaard, H. and Fullerton, A. F. (1984). Life-history strategies and production of *Tinodes waeneri* (L.) (Trichoptera) in Lake Esrom, Denmark. *Hydrobiologia* **112**, 93–104. (D)

Daly, M. A. and Mathieson, A. C. (1977). The effect of sand movement on intertidal seaweeds and selected invertebrates at Bound Rock, New Hampshire, USA. *Marine Biology* **43**, 45–55. (G)

Dame, R. F. (1972a). Comparison of various allometric relationships in intertidal and subtidal American oysters. *Fishery Bulletin U.S.* **70**, 1121–1126. (D)

Dame, R. F. (1972b). The ecological energetics of growth, respiration and assimilation in the intertidal American oyster *Crassostrea virginica*. *Marine Biology* **17**, 243–250. (D)

Dame, R. F. (1976). Energy flow in an intertidal Oyster population. *Estuarine Coastal and Marine Science* **4**, 243–253. (D)

Dare, P. J. (1976). Settlement, growth and production of the mussel, *Mytilus edulis* L., in Morecambe Bay, England. *Fishery Investigations* London Iser. 2 **28**, 1–25. (D)

Dauvin, J.-C. (1985). Dynamique et production d'une population de *Venus ovata* Pennant (Mollusque-Bivalve) de la baie de Morlaix (Manche occidentiale). *Journal of Experimental Marine Biology and Ecology* **91**, 109–123. (D)

Dauvin, J.-C. (1986a). Dynamique de la population d'*Abra prismatica* (Mollusque, Bivalve) de la Baie de Morlaix (Manche occidentale). *Annales de l'Institut Océianographique, Paris* **62**, 1–12. (D)

Dauvin, J.-C. (1986b). Biologie, dynamique et production d'une population d'*Abra alba* (Wood) (Mollusque-Bivalve) de la Baie de Morlaix (Manche Occidentale). *Journal of Experimental Marine Biology and Ecology* **97**, 151–180. (D)

Dauvin, J.-C. (1988a). Biologie, dynamique, et production de populations de crustaces amphipodes de la Manche occidentale. 1. *Ampelisca tenuicornis* Liljeborg. *Journal of Experimental Marine Biology and Ecology* **118**, 55–84. (D)

Dauvin, J.-C. (1988b). Biologie, dynamique, et production de populations de crustaces amphipodes de la Manche occidentale. 2. *Ampelisca brevicornis* (Costa). *Journal of Experimental Marine Biology and Ecology* **119**, 213–233. (D)

Dauvin, J.-C. (1988c). Biologie, dynamique, et production de populations de crustaces amphipodes de la Manche occidentale. 3. *Ampelisca typica* (Bate). *Journal of Experimental Marine Biology and Ecology* **121**, 1–22. (D)

Dauvin, J.-C. (1988d). Life cycle, dynamics, and productivity of Crustacea–Amphipoda from the western English Channel. 4. *Ampelisca armoricana* Bellan-Santini et Dauvin. *Journal of Experimental Marine Biology and Ecology* **123**, 235–252. (D)

Dauvin, J.-C. (1989). Life cycle, dynamics, and productivity of Crustacea–Amphipoda from the western English Channel. 5. *Ampelisca sarsi* Chevreux. *Journal of Experimental Marine Biology and Ecology* **128**, 31–56. (D)

Dauvin, J.-C. and Joncourt, M. (1989). Energy values of marine benthic invertebrates from the Western English Channel. *Journal of the Marine Biological Association of the UK* **69**, 589–595. (C)

Davis, J. P. and Wilson, J. G. (1983). Seasonal changes in tissue weight and biochemical composition of the bivalve *Nucula turgida* in Dublin Bay with reference to gametogenesis. *Netherlands Journal of Sea Research* **17**, 84–95. (C)

Davis, J. P. and Wilson, J. G. (1985). The energy budget and population structure of *Nucula turgida* in Dublin Bay. *Journal of Animal Ecology* **54**, 557–571. (D)

Dayton, P. K., Robillard, G. A., Paine, R. T. and Dayton, L. B. (1974). Biological accommodation in the benthic community at McMurdo Sound, Antarctica. *Ecological Monographs* **44**, 105–128. (D)

DeAngelis, D. L., Kitchell, J. A. and Post, W. M. (1985). The influence of nactid predation on evolutionary strategies of bivalve prey: conclusions from a model. *American Naturalist* **126**, 817–842. (G)

Desbruyères, D. (1977). Evolution des populations de trois espèces d'annélides polychètes en milieu sub-Antarctique. *Comité National Francais des Rècherches Antarctiques* **42**, 135–169. (D)

Deslous-Paoli, J.-M. and Héral, M. (1988). Biochemical composition and energy value of *Crassostrea gigas* (Thunberg) cultured in the Bay of Marennes-Oléron. *Aquatic Living Resources* **1**, 239–249. (C)

de Villiers, G. (1975). Growth, population dynamics, a mass mortality and arrangement of white sand mussels, *Donax serra* Röding, on beaches in the south-western Cape Province. *Division of Sea Fisheries Investigational Report Republic of South Africa* **109**, 1–31. (D)

Dietrich, G. (1969). "Atlas of the Hydrography of the Northern North Atlantic Ocean". ICES Kopenhagen. (T)

Dix, T. G. (1972). Biology of *Evechinus chloroticus* (Echinoidea: Echinometridae) from different localities. 4. Age, growth, and size. *New Zealand Journal of Marine and Freshwater Research* **6**, 48–68. (D)

Dixon, D. R. (1976). The energetics of growth and reproduction in the brackish water serpulid *Mercierella enigmatica* (Fauvel). "Proceedings of the 10th European Marine Biology Symposium, Belgium Ostende 1975)", G. Persoone and E. Jaspers, eds vol. 2, pp. 197–209. Universa Press, Wetteren, Belgium. (D)

Dobrowolski, Z. (1982). Productivity and bioenergetics of *Asellus aquaticus* L. (Crustacea, Isopoda) in the Jasne Lake. *Prace Limnologiczne* **13**, 3–25. (D)

Donn, T. E. and Croker, R. A. (1986). Seasonal patterns of production in the sandy-beach amphipod *Haustorius canadensis*. *Estuarine Coastal and Shelf Science* **22**, 675–687. (D)

Draper, N. R. and Smith, H. (1981). "Applied Regression Analysis". Wiley, New York. (G)

Dudgeon, D. (1986). The life cycle, population dynamics and productivity of *Melanoides tuberculata* (Müller, 1774) (Gastropoda: Prosobranchia: Thiaridae) in Hong Kong. *Journal of Zoology, London* **208**, 37–53. (D)

Dudgeon, D. (1989a). Gomphid (Odonata: Anisoptera) life cycles and production in a Hong Kong forest stream. *Archiv für Hydrobiologie* **114**, 531–536. (D)

Dudgeon, D. (1989b). Life cycle, production, microdistribution and diet of the damselfly *Euphaea decorata* (Odonata: Euphaeidae) in a Hong Kong forest stream. *Journal of Zoology, London* **217**, 57–72. (D)

Duineveld, G. C. A. and Jenness, M. I. (1984). Differences in growth rates of the sea urchin *Echinocardium cordatum* as estimated by the parameter ω of the von Bertalanffy equation applied to skeletal rings. *Marine Ecology Progress Series* **19**, 65–77. (G)

Ebert, T. A. (1978). Growth and size of tropical sea cucumber *Holothuria* (*Halodeima*) *atra* Jäger at Enewetak Atoll, Marshall Islands. *Pacific Science* **32**, 183–191. (D)

Ebert, T. A. and Russell, M. P. (1992). Growth and mortality estimates for red sea urchin *Strongylocentrotus franciscanus* from San Nicolas Island, California. *Marine Ecology Progress Series* **81**, 31–41. (D)

Edwards, D. C. and Huebner, J. D. (1977). Feeding and growth rates of *Polinices duplicatus* preying on *Mya arenaria* at Barnstable Harbor, Massachusetts. *Ecology* **58**, 1218–1236. (D)

Elliott, J. M. (1981). A quantitative study of the life cycle of the net-spinning caddis *Philopotamus montanus* (Trichoptera: Philopotamidae) in a Lake District stream. *Journal of Animal Ecology* **50**, 867–883. (D)

Elliott, J. M. (1982). A quantitative study of the case-building caddis *Odontocerum albicorne* (Trichoptera: Odontoceridae) in a Lake District stream. *Freshwater Biology* **12**, 241–255. (D)

Etim, L. and Brey, T. (1994). Growth, productivity, and significance for fishery of the bivalve *Egeria radiata* (Donacidae) in the Cross River, Nigeria. *Archive of Marine and Fishery Research* **42**, 63–75. (D)

Etter, R. J. (1989). Life history variation in the intertidal snail *Nucella lapillus* across a wave-exposure gradient. *Ecology* **70**, 1857–1876. (D)

Flössner, D. (1982). Untersuchungen zur Biomasse und Produktion des Makrozoobenthos der Ilm und mittleren Saale. *Limnologica* **14**, 297–327. (D)

Flössner, D. (1987). Populationsdynamik und Produktion von *Asellus aquaticus* (L.) und *Proasellus coxalis* (Dollfus) in der mittleren Saale. *Limnologica* **18**, 279–295. (D)

Foberg, M. (1976). Produktionsberäkningar för några makroevertebrater i luleå Skärgård sommeren 1976. Unpublished MS, University of Stockholm. (D)

Frank, C. (1982). Ecology, production and anaerobic metabolism of *Chironomus plumosus* L. in a shallow lake I. Ecology and production. *Archiv für Hydrobiologie* **94**, 460–491. (D)

Fredette, T. J. and Diaz, R. J. (1986a). Life history of *Gammarus mucronatus* Say (Amphipoda: Gammaridae) in warm temperate estuarine habitats, York River, Virginia. *Journal of Crustacean Biology* **6**, 57–78. (D)

Fredette, T. J. and Diaz, R. J. (1986b). Secondary production of *Gammarus mucronatus* Say (Amphipoda: Gammaridae) in warm temperate estuarine habitats, York river, Virginia. *Journal of Crustacean Biology* **6**, 729–741. (D)

Freeman, A. and Wallace, B. (1984). Production of net-spinning caddisflies (Hydropsychidae) and black flies (Simuliidae) on rock outcrop substrate in a small southeastern Piedmont stream. *Hydrobiologia* **112**, 3–15. (D)

Freire, C. A., Santos, P. J. P., Fontoura, N. F., Magalhaes, R. A. O. and Grohmann, P. A. (1992). Growth and spatial distribution of *Cassidulus mitis* (Echinodermata: Echinoide) on a sandy beach in southeastern Brazil. *Marine Biology* **112**, 625–630. (D)

Froese, R. and Pauly, D. (1996). "FishBase 96 – Concepts, Design and Data Sources". ICLARM, Manila. (G)

Fuji, A. and Kawamura, K. (1970). Studies on the biology of the sea urchin. VII. Bioeconomics of the population of *Strongylocentrotus intermedius* on a rocky shore of Southern Hokkaido. *Bulletin of the Japanese Society of Science and Fisheries* **36**, 763–775. (D)

Gagayev, S. Y. (1989). Growth and production of mass species of bivalves in Chaun Bay (East Siberian Sea). *Oceanology* **29**, 504–507. (D)

Gage, J. D. (1987). Growth of the deep-sea irregular sea urchins *Echinosigra phiale* and *Hemiaster expergitus* in the Rockall Trough (N.E. Atlantic Ocean). *Marine Biology* **96**, 19–30. (D)

Gage, J. D. (1990). Skeletal growth markers in the deep-sea brittle stars *Ophiura ljungmani* and *Ophiomusium lymani*. *Marine Biology* **104**, 427–435. (D)

Gage, J. D. (1991). Biological rates in the deep sea: a perspective from studies on process in the benthic boundary layer. *Reviews in Aquatic Science* **5**, 49–100. (D)

Gage, J. D. (1992). Benthic secondary production in the Deep Sea. *In* "Deep-Sea Food Chains and the Global Carbon Cycle" (G. T. Rowe and V. Pariente, eds), pp. 199–216. Kluwer, Amsterdam. (D)

Gage, J. D. and Tyler, P. A. (1981). Re-appraisal of age composition, growth and survivorship of the deep-sea brittle star *Ophiura ljungmani* from size structure in a sample time series from the Rockall Trough. *Marine Biology* **64**, 163–172. (D)

Gage, J. D. and Tyler, P. A. (1982). Growth and reproduction of the deep-sea brittlestar *Ophiomusium lymani* Wyville Thompson. *Oceanologica Acta* **5**, 73–83. (D)

Gage, J. D. and Tyler, P. A. (1985). Growth and recruitment of the deep-sea urchin *Echinus affinis*. *Marine Biology* **90**, 41–53. (D)

Gage, J. D., Tyler, P. A. and Nichols, D. (1986). Reproduction and growth of *Echinus acutus* var. *norvegicus* Düben and Koren and *E. elegans* Düben and Koren on the continental slope off Scotland. *Journal of Experimental Marine Biology and Ecology* **101**, 61–83. (D)

Gallucci, V. F. and Quinn, T. J. (1979). Reparameterizing, fitting, and testing a simple growth model. *Transactions of the American Fisheries Society* **108**, 14–25. (G)

Gardener, J. P. A. and Thomas, M. L. H. (1987). Growth and production of a *Littorina littorea* (L.) population in the Bay of Fundy. *Ophelia* **27**, 181–195. (D)

Gaten, E. (1986). Life cycle of *Lymnaea peregra* (Gastropoda: Pulmonata) in the Leicester Canal, UK, with an estimate of annual production. *Hydrobiologia* **135**, 45–54. (D)

George, C. L. and Warwick, R. M. (1985). Annual macrofauna production in a hard-bottom reef community. *Journal of the Marine Biological Association of the UK* **65**, 713–735. (D)

Giani, N. and Laville, H. (1973). Cycle biologique et production de *Sialis lutaria* L. (Megaloptera) dans la Lac de Port-Bielh (Pyrénées Centrales). *Annales Limnologica* **9**, 45–61. (D)

Giberson. D. J. and Galloway, T. D. (1985). Life history and production of *Ephoron album* (Say) (Ephemeroptera: Polymitarcidae) in the Valley River, Manitoba. *Canadian Journal of Zoology* **63**, 1668–1674. (D)

Gilbert, M. A. (1973). Growth rate, longevity, and maximum size of *Macoma balthica* (L.). *Biological Bulletin* **145**, 119–126. (G)

Gillespie, D. M. (1969). Population studies of four species of molluscs in the Madison river, Yellowstone National Park. *Limnology and Oceanography* **14**, 101–114. (D)

Golikov, A. N. and Scarlato, O. A. (1970). Abundance, dynamics and production properties of populations of edible bivalves *Mizuhopecten yessoensis* and *Spisula sachalinensis* related to the problem of controllable submarine farms at the Western shores of the Sea of Japan. *Helgoländer Wissenschaftliche Meeresuntersuchungen* **20**, 498–513. (D)

Gompertz, B. (1825). On the nature of the function expressive of human mortality, and on a new mode of determining the value of life contingencies. *Philosophical Transactions of the Royal Society of London* **115**, 513–585. (G)

Gorny, M., Brey, T., Arntz, W. and Bruns, T. (1993). Development, growth and productivity of *Chorismus antarcticus* (Crustacea: Decapoda: Natantia) in the eastern Weddell Sea, Antarctica. *Journal of Experimental Marine Biology and Ecology* **174**, 261–275. (D)

Gorshkov, S. (1983). "World Ocean Atlas". Pergamon Press, New York. (T)

Grafius, E. and Anderson, N. H. (1979). Population dynamics, bioenergetics, and role of *Lepidostoma quercina* Ross (Trichoptera: Lepidostomatidae) in an Oregon woodland stream. *Ecology* **60**, 433–441. (D)

Grafius, E. and Anderson, N. H. (1980). Population dynamics and role of two species of *Lepidostoma* (Trichoptera: Lepidostomatidae) in an Oregon coniferous forest stream. *Ecology* **61**, 808–816. (D)

Gratto, G. W., Thomas, M. L. H. and Bleakney, J. S. (1983). Growth and production of the intertidal amphipod *Corophium volutator* (Pallas) in the inner and outer Bay of Fundy. *Proceedings of the Nova Scotia Institute of Science* **33**, 47–55. (D)

Green, R. H. (1980). Role of a unionid clam population in the calcium budget of a small Arctic lake. *Canadian Journal of Fisheries and Aquatic Sciences* **37**, 219–224. (D)

Greenwood, P. J. (1980). Growth, respiration and tentative energy budgets for two populations of the sea urchin *Parechinus angulosus* (Leske). *Estuarine Coastal and Marine Science* **10**, 347–367. (D)

Griffiths, C. L. (1977). Reproductive cycles in littoral populations of *Choromytilus meridionalis* (Kr.) and *Aulacomya ater* (Molina) with a quantitative assessment of gamete production in the former. *Journal of Experimental Marine Biology and Ecology* **30**, 53–71. (D)

Griffiths, C. L. and King, J. A. (1979). Energy expended in growth and gonad output in the ribbed mussel *Aulacomya ater*. *Marine Biology* **53**, 217–222. (D)

Griffiths, D. (1977). Caloric variation in Crustacea and other animals. *Journal of Animal Ecology* **46**, 593–605. (C)

Griffiths, R. J. (1981a). Population dynamics and growth of the bivalve *Choromytilus meridionalis* (Kr.) at different tidal levels. *Estuarine Coastal and Shelf Science* **12**, 101–118. (D)

Griffiths, R. J. (1981b). Production and energy flow in relation to age and shore level in the bivalve *Choromytilus meridionalis* (Kr.). *Estuarine Coastal and Shelf Science* **13**, 477–493. (D)

Gründel, E. (1976). Qualitative und quantitative Untersuchungen an einem Ökosystem "*Zostera*-Wiese" vor Surendorf (Kieler Bucht, westliche Ostsee). SFB 95 Report No. 18, University of Kiel. (C)

Grzybkowska, M. (1989). Production estimates of the dominant taxa of Chironomidae (Diptera) in the modified, River Widawka and the natural, River Grabia, Central Poland. *Hydrobiologia* **179**, 245–259. (D)

Guelorget, O., Mayere, C. and Amanieuc, M. (1980). Croissance, biomasse et production de *Venerupis decussata* et *Venerupis aurea* dans une lagune mediterranéenne, l'etang du Prevost a Palavas (Herault, France). *Vie Marine* **2**, 25–38. (D)

Guelorget, O. and Mazoyer-Mayere, C. (1982). Croissance et production d'*Abra ovata* dans deux etangs Languedociens: l'Etang du Prevost et l'Etang du Mauguio. *Haliotis* **12**, 3–11. (D)

Haefner, J. D. and Wallace, B. (1981). Production and potential seston utilization by *Parapsyche cardis* and *Diplectrona modesta* (Trichoptera: Hydropsychidae) in two streams draining contrasting southern Appalachian watersheds. *Environmental Entomology* **10**, 433–441. (D)

Hakala, L. (1979). Seasonal variation in the carbon and energy contents and assimilation of a *Mysis relicta* population in Pääjäarvi, southern Finland. *Annales Zoologia Fennica* **16**, 129–137. (C)

Hall, R. J., Waters, T. F. and Cook, E. F. (1980). The role of drift dispersal in production ecology of a stream mayfly. *Ecology* **61**, 37–43. (D)

Hamill, S. E., Quadri, S. U. and Mackie, G. L. (1979). Production and turnover ratio of *Pisidium casertanum* (Pelecypoda: Sphaeriidae) in the Ottawa river near Ottawa-Hull, Canada. *Hydrobiologia* **62**, 225–230. (D)

Hanekom, N. (1986). Growth and somatic production estimates of *Dosinia hapatica* (Lamark) (Mollusca: Bivalvia) in the Swartkops Estuary, South Africa. *South African Journal of Zoology* **21**, 325–330. (D)

Hanson, J. M., Mackay, W. C. and Prepas, E. E. (1988). Population size, growth, and production of an unionid clam, *Anodonta grandis simpsoniana*, in a small, deep boreal forest lake in central Alberta. *Canadian Journal of Zoology* **66**, 247–253. (D)

Harvey, M. and Vincent, B. (1989). Spatial and temporal variations of the reproductive cycle and energy allocation of the bivalve *Macoma balthica* (L.) on a tidal flat. *Journal of Experimental Marine Biology and Ecology* **129**, 199–217. (D)

Harvey, M. and Vincent, B. (1990). Density, size distribution, energy allocation and seasonal variations in shell and soft tissue growth at two tidal levels of a *Macoma balthica* (L.) population. *Journal of Experimental Marine Biology and Ecology* **142**, 151–168. (D)

Hastings, M. H. (1981). The life cycle and productivity of an intertidal population of the amphipod *Ampelisca brevicornis*. *Estuarine Coastal and Shelf Science* **12**, 665–677. (D)

Hayashi, I. (1980). Structure and growth of a shore population of the ormer, *Haliotis tuberculata*. *Journal of the Marine Biological Association of the UK* **60**, 431–437. (D)

Heip, C. and Herman, R. (1979). Production of *Nereis diversicolor* O.F. Müller (Polychaeta) in a shallow brackish water pond. *Estuarine Coastal and Marine Science* **8**, 297–305. (D)

Hibbert, C. J. (1976). Biomass and production of a bivalve community on an intertidal mud-flat. *Journal of Experimental Marine Biology and Ecology* **25**, 249–261. (D)

Hibbert, C. J. (1977a). Energy relations of the bivalve *Mercenaria mercenaria* on an intertidal mudflat. *Marine Biology* **44**, 77–84. (D)

Hibbert, C. J. (1977b). Growth and survivorship in a tidal-flat population of the bivalve *Mercenaria mercenaria* from Southampton water. *Marine Biology* **44**, 71–76. (D)

Highsmith, R. C. and Coyle, K. O. (1990). High productivity of northern Bering Sea benthic amphipods. *Nature* **344**, 862–863. (D)

Hines, J. and Kenny, R. (1967). The growth of *Arachnoides placenta* (L.) (Echinoidea). *Pacific Science* **21**, 230–235. (D)

Hoenig, J. M. (1983). Empirical use of longevity data to estimate mortality rates. *Fishery Bulletin of the US* **82**, 898–903. (G)

Holopainen, I. and Hanski, I. (1979). Annual energy flow in populations of two *Pisidium* species (Bivalvia, Spaeriidae), with discussion on possible competition between them. *Archiv für Hydrobiologie* **86**, 338–354. (D)

Holopainen, I. J. (1979). Population dynamics and production of *Pisidium* species (Bivalvia, Spaeriidae) in the oligotrophic and mesohumic lake Pääjärvi, southern Finland. *Archiv für Hydrobiologie* Supplement **54**, 466–508. (D)

Holopainen, I. J. and Jónasson, P. M. (1983). Long-term population dynamics and production of *Pisidium* (Bivalvia) in the profundal of Lake Esrom, Denmark. *Oikos* **41**, 99–117. (D)

Hornbach, D. J., Wissing, T. E. and Burky, A. J. (1982). Life history characteristics of a stream population of the freshwater clam, *Sphaerium striatinum* Lamarck (Bivalvia: Pisidiidae). *Canadian Journal of Zoology* **60**, 249–260. (D)

Hornbach, D. J., Wissing, T. E. and Burky, A. J. (1984). Energy budget for a stream population of the freshwater clam, *Sphaerium striatinum* Lamarck (Bivalvia: Pisidiidae). *Canadian Journal of Zoology* **62**, 2410–2417. (D)

Horst, T. J. and Marzolf, G. R. (1975). Production ecology of burrowing mayflies in a Kansas reservoir. *Verhandlungen der Internationalen Vereinigung für Limnologie* **19**, 3029–3038. (D)

Howe, S. and Leathem, W. (1984). Secondary production of benthic macrofauna at three stations of Delaware Bay and coastal Delaware. NOAA Technical Memo NMFS-F/NEC-32, Woods Hole. (D)

Huebner, J. D. and Edwards, D. C. (1981). Energy budget of the predatory marine gastropod *Polinices duplicatus*. *Marine Biology* **61**, 221–226. (D)

Huebner, J. D., Malley, D. F. and Donkersloot, K. (1990). Population ecology of the freshwater mussel *Anodonta grandis grandis* in a precambrian shield lake. *Canadian Journal of Zoology* **68**, 1931–1941. (D)

Hughes, R. N. (1970a). An energy budget for a tidal-flat population of the bivalve *Scrobicularia plana* (da Costa). *Journal of Animal Ecology* **39**, 357–381. (D)

Hughes, R. N. (1970b). Population dynamics of the bivalve *Scrobicularia plana* (da Costa) on an intertidal mud-flat in north Wales. *Journal of Animal Ecology* **39**, 333–356. (D)

Hughes, R. N. (1972). Annual production of two Nova Scotian populations of *Nucella lapillus* (L.). *Oecologia* **8**, 356–370. (D)

Hummel, H. (1985). An energy budget for a *Macoma balthica* (Mollusca) population living on a tidal flat in the Dutch Wadden Sea. *Netherlands Journal of Sea Research* **19**, 84–92. (D)

Huryn, A. D. and Wallace, J. B. (1985). Life history and production of *Goertia semata* Ross (Trichoptera: Limnephilidae) in the southern Appalachian mountains. *Canadian Journal of Zoology* **63**, 2604–2611. (D)

Huryn, A. D. and Wallace, J. B. (1987). The exopterygote insect community of a mountain stream in North Carolina, USA: life histories, production, and functional structure. *Aquatic Insects* **9**, 229–251. (D)

Huryn, A. D. and Wallace, J. B. (1988). Community structure of Trichoptera in a mountain stream: Spatial patterns of production and functional organization. *Freshwater Biology* **20**, 141–155. (D)

Hutchings, J. A. and Haedrich, R. L. (1984). Growth and population structure in two species of bivalves (Nuculanidae) from the deep sea. *Marine Ecology Progress Series* **17**, 135–142. (D)

Hylleberg, J., Brock, V. and Jørgensen, F. (1978). Production of sublittoral cockles, *Cardium edule* L. with emphasis on predation by flounders and sea stars. *Natura Jutlandica* **20**, 183–191. (D)

Iversen, T. M. (1980). Densities and energetics of two streamliving larval populations of *Sericostoma personatum* (Trichoptera). *Holarctic Ecology* **3**, 65–73. (D)

Iversen, T. M. (1988). Secondary production and trophic relationships in a spring invertebrate community. *Limnology and Oceanography* **33**, 582–592. (D)

Iwakuma, T., Yasuno, M. and Sugaya, Y. (1984). Chironomid production in relation to phytoplankton primary production in lake Kasumigaura, Japan. *Verhandlungen der Internationalen Vereinigung für Limnologie* **22**, 1150–1159. (D)

Jackson, D., Mason, C. F. and Long, S. P. (1985). Macro-invertebrate populations and production on a salt-marsh in east England dominated by *Spartina anglica*. *Oecologia* **65**, 406–411. (D)

Jackson, J. K. and Fisher, S. G. (1986). Secondary production, emergence, and export of *Aquatic Insects* of a Sonoran desert stream. *Ecology* **67**, 629–638. (D)

James, M. R. (1985). Distribution, biomass and production of the freshwater mussel, *Hyridella menziesi* (Gray), in lake Taupo, New Zealand. *Freshwater Biology* **15**, 307–314. (D)

Jarre, A. T., Muck, P. and Pauly, D. (1991). Two approaches for modelling fish stock interactions in the Peruvian upwelling system. *ICES Marine Science Symposium* **193**, 171–184. (G)

Johnson, W. S. (1976a). Biology and population dynamics of the intertidal isopod *Cirolana harfordi*. *Marine Biology* **36**, 343–350. (D)

Johnson, W. S. (1976b). Population energetics of the intertidal isopod *Cirolana harfordi*. *Marine Biology* **36**, 351–357. (D)

Jónsson, E. (1985). Population dynamics and production of Chironomidae (Diptera) at 2m depth in Lake Esrom, Denmark. *Archiv für Hydrobiologie Supplement* **70**, 239–278. (D)

Jop, K. and Szczytko, S. W. (1984). Life cycle and production of *Isoperla signata* (Banks) in a central Wisconsin trout stream. *Aquatic Insects* **6**, 81–100. (D)

Josefson, A. B. (1982). Regulation of population size, growth, and production of a deposit-feeding bivalve: a long-term field study of three deep-water populations off the Swedish West Coast. *Journal of Experimental Marine Biology and Ecology* **59**, 125–150. (D)

Jumars, P. A. and Fauchald, K. (1977). Between-community contrasts in successful polychaete feeding strategies. *In* "Ecology of Marine Benthos" (B. C. Coull, ed.), pp. 1–21. University of South Carolina Press, Columbia. (G)

Kafanov, A. I. (1985). Growth and production of the bivalve mollusc *Macoma balthica* in Nabil' lagoon (Northeastern Sakhalin). *Soviet Journal of Marine Biology* **11**, 313–320. (D)

Kang, Y. J. and Kim, C. K. (1983). Studies on the structure and production processes of biotic communities in the coastal shallow waters of Korea. 3. Age and growth of *Spisula sachaliensis* from the eastern waters of Korea. *Bulletin of the Korean Fisheries Society* **16**, 82–87. (D)

Kautsky, N. (1981). Quantitative studies on gonad cycle, fecundity, reproductive output and recruitment in a Baltic *Mytilus edulis* L. population. *Marine Biology* **68**, 143–160. (C)

Kay, D. G. and Brafield, A. E. (1973). The energy relations of the polychaete *Neanthes* (= *Nereis*) *virens* (Sars). *Journal of Animal Ecology* **42**, 673–692. (D)

Kemp, P. F. (1988). Production and life history of a deposit-feeding polychaete in an atypical environment. *Estuarine Coastal and Shelf Science* **26**, 437–446. (D)

Kemp, P. F., Cole, F. A. and Swartz, C. (1985). Life history and productivity of the phoxocephalid amphipod *Rhepoxynius abronius* (Barnad). *Journal of Crustacean Biology* **5**, 449–464. (D)

Kenner, M. C. (1992). Population dynamics of the sea urchin *Strongylocentrotus purpuratus* in a central California kelp forest: recruitment, mortality, growth, and diet. *Marine Biology* **112**, 107–118. (D)

Kevrekidis, T. and Koukouras, A. (1992). Population dynamics, growth and productivity of *Abra ovata* (Mollusca, Bivalvia) in the Evros delta (North Aegean Sea). *Internationale Revue der Gesamten Hydrobiologie* **77**, 291–301. (D)

Kevrekidis, T. and Lazaridou-Dimitriadou, M. (1988). Relative growth and secondary production of the amphipod *Gammarus aequicauda* (Martynov 1931) in the Evros delta (N. Aegean Sea). *Cahiers de Biologie Marine* **29**, 483–495. (D)

Kirkegaard, J. B. (1978). Production by polychaetes on the Dogger Bank in the North Sea. *Meddelelser fra Kommissionen for Danmarks Fiskeri- og Havundersogelser* **7**, 497–509. (D)

Klein, G., Rachor, E. and Gerlach, S. A. (1975). Dynamics and productivity of the benthic tube-dwelling amphipod *Ampelisca brevicornis* (Costa) in Helgoland Bight. *Ophelia* **14**, 139–159. (D)

Koop, K. and Field, J. G. (1980). The influence of food availability on population dynamics of a supralittoral isopod, *Ligia dilatata* Brandt. *Journal of Experimental Marine Biology and Ecology* **48**, 61–72. (D)

Koop, K. and Field, J. G. (1981). Energy transformation by the supralittoral isopod *Ligia dilatata* Brandt. *Journal of Experimental Marine Biology and Ecology* **53**, 221–233. (D)

Krebs, C. J. (1984). "Ecology". Harper Collins, New York. (G)

Kreutzberg, M. and von Oertzen, J.-A. (1973). Zusammenstellung von Energieäquivalenten aquatischer Organismen unter besonderer Berücksichtigung der Ostsee. Teil 2. *Wissenschaftliche Zeitschrift Universität Rostock, Mathematisch Naturwissenschaftliche Reihe* **22**, Heft 10. (C)

Kristensen, E. (1984). Life cycle, growth and production in estuarine populations of the polychaetes *Nereis virens* and *N. diversicolor*. *Holarctic Ecology* **7**, 249–256. (D)

Kuenzler, E. J. (1961). Structure and energy flow of a mussel population in a Georgia salt marsh. *Limnology and Oceanography* **6**, 191–204. (D)

LaFrance, K. and Ruber, E. (1985). The life cycle and productivity of the amphipod *Gammarus mucronatus* on a northern Massachusetts salt marsh. *Limnology and Oceanography* **30**, 1067–1077. (D)

Lane, J. M. (1977). Bioenergetics of the sand dollar, *Mellita quinquiesperforata* (Leske, 1778). PhD Thesis, University of South Florida. (D)

Lappalainen, A. (1980). Reproduction, growth and production of *Hydrobia ulvae* (Pennant) in the Northern Baltic Proper. Unpublished manuscript. (D)

Lastra, M., Palacio, J. and Mora, J. (1993a). Population dynamics and secondary production of *Abra alba* (Wood) (Bivalvia) in the Santander Bay, northern Spain. *Sarsia* **78**, 35–42. (D)

Lastra, M., Sanchez-Mata, A., Palacio, J. and Mora, J. (1993b). Dinámica temporal y producción secundaria de *Melinna palmata* Grube, 1870 en la Bahía de Santander (N de España). *Cahiers de Biologie Marine* **34**, 43–53. (D)

Lavandier, P. (1981). Cycle biologique, croissance et production de *Rhithrogena loyolaea* Navas (Ephemeroptera) dans un torrent Pyrénéen de Haute Montagne. *Annales Limnologica* **17**, 163–179. (D)

Lavandier, P. (1992). Larval production and drift of *Drusus discolor* (Trichoptera, Limnephilidae) in a high mountain stream in the Pyrénées (France). *Archiv für Hydrobiologie* **125**, 83–96. (D)

Lawton, J. H. (1971). Ecological energetics studies on larvae of the Damselfly *Pyrrhosoma nymphula* (Sulzer) (Odonata: Zygoptera). *Journal of Animal Ecology* **40**, 375–423. (D)

Lazim, M. N. and Learner, M. A. (1986). The life-cycle and productivity of *Tubifex tubifex* (Oligochaeta; Tubificidae) in the Moat-Feeder Stream, Cardiff, South Wales. *Holarctic Ecology* **9**, 185–192. (D)

Lee, S. Y. (1985). The population dynamics of the green mussel, *Perna viridis* (L.) in Victoria Harbour, Hong Kong – dominance in a polluted environment. *Asian Marine Biology* **2**, 107–118. (D)

Lee, S. Y. (1986). Growth and reproduction of the green mussel *Perna viridis* (L.) (Bivalvia: Mytilacea) in contrasting environments in Hong Kong. *Asian Marine Biology* **3**, 111–127. (D)

Le Gallo, J.-M. and Morteau, J.-C. (1988). Croissance et productivité d'une population du *Sphaerium corneum* (L.) (Bivalvia: Pisidiidae). *Canadian Journal of Zoology* **66**, 439–445. (D)

Leveque, C. (1973a). Bilans energetiques des populations naturelles de mollusques benthiques du Lac Tchad. *Cahiers ORSTOM Serie Hydrobiologie* **7**, 151–165. (D)

Leveque, C. (1973b). Dynamique des peuplements biologie, et estimation de la production des mollusques benthiques du Lac Tchad. *Cahiers ORSTOM Serie Hydrobiologie* **7**, 117–147. (D)

Lewandowski, K. and Stanzcykowska, A. (1975). The occurrence and role of bivalves of the family Unionidae in Mikolajskie lake. *Ecologia Polska* **23**, 317–334. (D)

Lewis, J. B., Saleh, S., Reiswig, H. M. and Lalli, C. M. (1982). Growth, production and biomass of the burrowing protobranch mollusc *Yoldia limatula* in the Bideford River, Prince Edward Island, Canada. *Marine Biology* **70**, 173–179. (D)

Lindegaard, C. and Mortensen, E. (1988). Abundance, life history and production of Chironomidae (Diptera) in a Danish lowland stream. *Archiv für Hydrobiologie Supplement* **81**, 563–587. (D)

Lindeman, D. H. and Momot, W. T. (1983). Production of the amphipod *Hyalella azteca* (Saussure) in a northern Ontario lake. *Canadian Journal of Zoology* **61**, 2051–2059. (D)

Linklater, W. and Winterbourn, M. J. (1993). Life histories and production of two trichopteran shredders in New Zealand streams with different riparian vegetation. *New Zealand Journal of Marine and Freshwater Research* **27**, 61–70. (D)

Lopez-Jamar, E., Gonzalez, G. and Mejuto, J. (1987). Ecology, growth and production of *Thyasira flexuosa* (Bivalvia, Lucinacea) from Ría de la Coruña, north-west Spain. *Ophelia* **27**, 111–126. (D)

Luxmoore, R. A. (1981). The ecology of Antarctic serolid isopods. PhD Thesis, British Antarctic Survey, Natural Environment Research Council. (D)

Luxmoore, R. A. (1982a). Moulting and growth in serolid isopods. *Journal of Experimental Marine Biology and Ecology* **56**, 63–85. (D)

Luxmoore, R. A. (1982b). The reproductive biology of some serolid isopods from the Antarctic. *Polar Biology* **1**, 3–11. (D)

Luxmoore, R. A. (1985). The energy budget of a population of the Antarctic isopod *Serolis polita*. *In* "Antarctic Nutrient Cycles and Food Webs" (W. R. Siegfried, P. R. Condy and R. M. Laws, eds), pp. 389–396. Springer-Verlag, Berlin. (D)

McClintock, J. B., Pearse, J. S. and Bosch, I. (1988). Population structure and energetics of the shallow-water antarctic sea star *Odontaster validus* in contrasting habitats. *Marine Biology* **99**, 235–246. (D)

MacDonald, B. A. and Bourne, N. F. (1987). Growth, reproductive output, and energy partitioning in Weathervane scallops, *Patinopecten caurinus*, from British Columbia. *Canadian Journal of Fisheries and Aquatic Sciences* **44**, 152–160. (D)

MacDonald, B. A. and Thompson, R. J. (1986). Production, dynamics and energy partitioning in two populations of the giant scallop *Placopecten magellanicus* (Gmelin). *Journal of Experimental Marine Biology and Ecology* **101**, 285–299. (D)

MacDonald, B. A. and Thompson, R. J. (1988). Intraspecific variation in growth and reproduction in latitudinally differentiated populations of the giant scallop *Placopecten magellanicus* (Gmelin). *Biological Bulletin* **175**, 361–371. (D)

MacDonald, B. A., Thompson, R. J. and Bourne, N. F. (1986). Growth and reproductive energetics of three scallop species from British Columbia (*Chlamys hastata*, *Chlamys rubida*, and *Crassadoma gigantea*). *Canadian Journal of Fisheries and Aquatic Sciences* **48**, 215–221. (D)

MacFarlane, M. B. and Waters, T. F. (1982). Annual production by caddisflies and mayflies in a western Minnesota Plains stream. *Canadian Journal of Fisheries and Aquatic Sciences* **39**, 1628–1635. (D)

McGreer, E. R. (1983). Growth and reproduction of *Macoma balthica* (L.) on a mud flat in the Fraser River estuary, British Columbia. *Canadian Journal of Zoology* **61**, 887–894. (D)

Mackay, R. and Waters, T. F. (1986). Effects of small impoundments on hydropsychid caddisfly production in Valley Creek, Minnesota. *Ecology* **67**, 1680–1686. (D)

McLachlan, A. and Lombard, H. W. (1980). Growth and production in exploited and unexploited populations of a rocky shore gastropod, *Turbo sarmaticus*. *Veliger* **23**, 221–229. (D)

McLachlan, A., Cooper, C. and van der Horst, G. (1979). Growth and production of *Bullia rhodostoma* on an open sandy beach in Algoa Bay. *South African Journal of Zoology* **14**, 49–53. (D)

McLain, D. R., Favorite, F. and Lynn, R. J. (1979). Marine environmental conditions off the Pacific coast of the United States, January 1977–March 1978. *Marine Fisheries Review* **41**, 48–69. (T)

McQuaid, C. D. (1981). Population dynamics of *Littorina africana knysnaensis* (Philippi) on an exposed rocky shore. *Journal of Experimental Marine Biology and Ecology* **54**, 65–75. (D)

Madsen, P. B. and Jensen, K. (1987). Population dynamics of *Macoma balthica* in the Danish Wadden Sea in an organically enriched area. *Ophelia* **27**, 197–208. (D)

Magnin, E. and Stanczykowska, A. (1971). Quelques donées sur la croissance, la biomasse et la production annuelle de trois mollusques Unionidae de la region de Montreal. *Canadian Journal of Zoology* **49**, 491–497. (D)

Maitland, P. S. and Hudspith, P. M. G. (1973). The zoobenthos of Loch Leven, Kinross, and estimates of its production in the sandy littoral area during 1970 and 1971. *Proceedings of the Royal Society of Edinburgh* **74**, 220–239. (D)

Marchant, R. (1986). Estimates of annual production for some aquatic insects from the La Trobe River, Victoria. *Australian Journal of Marine and Freshwater Research* **37**, 113–120. (D)

Marchant, R. and Hynes, H. B. N. (1981). The distribution and production of *Gammarus pseudolimnaeus* (Crustacea: Amphipoda) along a reach of the Credit river, Ontario. *Freshwater Biology* **11**, 169–182. (D)

Marsh, P. C. (1985). Secondary production of introduced Asiatic clam, *Corbicula fluminea*, in a central Arizona canal. *Hydrobiologia* **124**, 103–110. (D)

Maslin, J.-L. and Bouvet, Y. (1986). Population dynamics of *Corbula trigona* (Mollusca) in Lake Ahémé, a west African lagoon in Benim. *Oikos* **46**, 292–302. (D)

Maslin, J.-L. and Pattee, E. (1989). The production of *Corbula trigona* (Bivalvia) in relation to its demographic strategies in a West African lagoon. *Oikos* **55**, 194–204. (D)

Mathias, J. A. (1971). Energy flow and secondary production of the amphipods *Hyalella azteca* and *Crangonyx richmondensis occidentalis* in Marion Lake, British Columbia. *Canadian Journal of Fisheries and Aquatic Sciences* **28**, 711–726. (D)

Mattice, J. S. (1972). Production of a natural population of *Bithynia tentaculata* (L.) (Gastropoda, Mollusca). *Ecologia Polska* **20**, 525–539. (D)

Maurer, D., Howe, S. and Leathem, W. (1992). Secondary production of macrobenthic invertebrates from Delaware Bay and coastal waters. *Internationale Revue der Gesamten Hydrobiologie* **77**, 187–201. (D)

Maxwell, J. G. H. (1976). Aspects of the biology and ecology of selected Antarctic invertebrates. PhD Thesis, University of Aberdeen. (D)

Mazeika, P. A. (1968). Mean monthly sea surface temperatures and zonal anomalies of the tropical Atlantic. Serial atlas of the marine environment. American Geographical Society, folio 16. (T)

Ménard, F., Gentil, F. and Dauvin, J.-C. (1989). Population dynamics and secondary production of *Owenia fusiformis* Delle Chiaje (Polychaeta) from the Bay of Seine (Eastern English Channel). *Journal of Experimental Marine Biology and Ecology* **133**, 151–167. (D)

Mendo, J. and Jurado, E. (1993). Length-based growth parameter estimates of the Peruvian scallop (*Argopecten purpuratus*). *Fisheries Research* **15**, 357–367. (D)

Menzie, C. A. (1981). Production ecology of *Cricotopus sylvestris* (Fabricius) (Diptera: Chironomidae) in a shallow estuarine cove. *Limnology and Oceanography* **26**, 46–481. (D)

Merritt, R. W., Poss, D. H. and Larson, G. J. (1982). Influence of stream temperature and seston on the growth and production of overwintering larval black flies (Diptera: Simuliidae). *Ecology* **63**, 1322–1331. (D)

Miller, R. J. and Mann, K. H. (1973). Ecological energetics of the seaweed zone in a marine bay on the Atlantic coast of Canada. III. Energy transformations by sea urchins. *Marine Biology* **18**, 99–114. (D)

Mistri, M. and Ceccherelli, V. U. (1994). Growth and secondary production of the Mediterranean gorgonian *Paramuricea clavata*. *Marine Ecology Progress Series* **103**, 291–296. (D)

Mistri, M., Rossi, R. and Ceccherelli, V. U. (1988). Growth and production of the ark shell *Scapharca inaequalis* (Bruguidäre) in a lagoon of the Po river delta. *Marine Ecology* **9**, 35–49. (D)

Mitchell, N. D., Dardeau, M. R., Schroeder, W. W. and Benke, A. C. (1992). Secondary production of gorgonian corals in the northern Gulf of Mexico. *Marine Ecology Progress Series* **87**, 275–281. (D)

Möller, P. and Rosenberg, R. (1982). Production and abundance of the amphipod *Corophium volutator* on the west coast of Sweden. *Netherlands Journal of Sea Research* **16**, 127–140. (D)

Monti, D., Frenkiel, L. and Moueza, M. (1991). Demography and growth of *Anomalocardia brasiliana* (Gmelin) (Bivalvia: Veneridae) in a mangrove, in Guadeloupe (French West Indies). *Journal of Molluscan Studies* **57**, 249–257. (D)

Moore, H. B. and Lopez, N. N. (1969). The ecology of *Chione cancellata*. *Bulletin of Marine Science* **19**, 131–148. (D)

Moore, H. B. (1935). A comparison of the biology of *Echinus esculentus* in different habitats. Part II. *Journal of the Marine Biological Association of the UK* **20**, 109–128. (D)

Moreau, J., Bambino, C. and Pauly, D. (1986). Indices of overall growth performance of 100 Tilapia (Cichlidae) populations. *In* "The First Asian Fisheries Forum" (J. L. Maclean, L. B. Dizon and L. V. Hosillos, eds), pp. 201–206. Asian Fisheries Society, Manila. (G)

Morin, A. and Bourassa, N. (1992). Modèles empiriques de la production annuelle et du rapport P/B d'invertébrés benthiques d'eau courante. *Canadian Journal of Fisheries and Aquatic Sciences* **49**, 532–539. (G)

Morrison, G. W. (1979). Studies on the growth of the sub-antarctic ophiuroid *Ophionotus hexactis*. M.Phil Thesis, University of London. (D)

Mortensen, E. (1982). Production of *Gammarus pulex* L. (Amphipoda) in a small Danish stream. *Hydrobiologia* **87**, 78–82. (D)

Morton, B. S. (1969). Studies on the biology of *Dreissena polymorpha* Pall. III. Population dynamics. *Proceedings of the Malacological Society of London* **38**, 471–482. (D)

Morton, B. S. (1977a). The population dynamics of *Corbicula fluminea* (Bivalvia: Corbiculacea) in Plover Cove Reservoir, Hong Kong. *Journal of Zoology London* **181**, 21–42. (D)

Morton, B. S. (1977b). The population dynamics of *Limnoperna fortunei* (Dunker 1857) (Bivalvia: Mytilacea) in Plover Cove reservoir, Hong Kong. *Malacologia* **16**, 165–182. (D)

Mukai, H. (1974). Ecological studies on distribution and production of some benthic animals in the coastal waters of Central Inland Sea of Japan. *Journal of Science of the Hiroshima University, Series B, Division 1* **25**, 1–82. (D)

Munch-Petersen, S. (1973). An investigation of a population of the soft clam (*Mya arenaria* L.) in a Danish estuary. *Meddelelser fra Kommissionen for Danmarks Fiskeri- og Havundersogelser* **7**, 47–73. (D)

Munday, B. W. and Keegan, B. F. (1992). Population dynamics of *Amphiura chiajei* (Echinodermata: Ophiuroidea) in Killary Harbour, on the west coast of Ireland. *Marine Biology* **114**, 595–605. (D)

Munro, J. L. and Pauly, D. (1983). A simple method for comparing the growth of fishes and invertebrates. *Fishbyte* **1**, 5–6. (G)

Murphy, P. M. and Learner, M. A. (1982a). The life history and production of *Asellus aquaticus* (Crustacea: Isopoda) in the river Ely, South Wales. *Freshwater Biology* **12**, 435–444. (D)

Murphy, P. M. and Learner, M. A. (1982b). The life history and production of the leech *Erpobdella octoculata* (Hirudinea Erpobdellidae) in the river Ely, South Wales. *Journal of Animal Ecology* **51**, 57–67. (D)

Nakaoka, M. (1989). The growth and reproductive cycle of *Yoldia* sp. (aff. *Yoldia notabilis* Yokoyama) (Molusca; Bivalvia) in Otsuchi Bay, Japan. *Otsuchi Marine Research Centre Report* **15**, 21–27. (D)

Nakaoka, M. (1992a). Age determination and growth analysis based on external shell rings of the protobranch *Yoldia notabilis* Yokoyama in Otsuchi Bay, northeastern Japan. *Benthos Research* **43**, 53–66. (D)

Nakaoka, M. (1992b). Spatial and temporal variation in growth rate and secondary production of *Yoldia notabilis* in Otsuchi Bay, Japan, with reference to the influence of food supply from the water column. *Marine Ecology Progress Series* **88**, 215–223. (D)

Negus, C. L. (1966). A quantitative study of growth and production of unionid mussels in the river Thames at Reading. *Journal of Animal Ecology* **35**, 513–532. (D)

Nelder, J. A. and Mead, R. (1965). A simplex method for function minimisation. *Computer Journal* **7**, 308–313. (G)

Neves, R. J. (1979). Secondary production of epilithic fauna in a woodland stream. *American Midland Naturalist* **102**, 209–224. (D)

Neveu, A. (1977). Ecologie des larves d'Athericidae (Diptera, Brachycera) dans un ruisseau des Pyrénées-Atlantiques. *Annales de Hydrobiologie* **8**, 45–66. (D)

Nichols, F. H. (1975). Dynamics and energetics of three deposit-feeding benthic invertebrate populations in Puget Sound, Washington. *Ecological Monographs* **45**, 57–82. (D)

Nicolaidou, A. (1983). Life history and productivity of *Pectinaria koreni* Malmgren (Polychaeta). *Estuarine Coastal and Shelf Science* **17**, 31–43. (D)

Nolan, C. P. (1987). Calcification and growth rates in Antarctic molluscs. British Antarctic Survey, Cambridge, AD6/2H/1987/N8. (D)

Nolan, C. P. (1988). Calcification and growth rates in Antarctic molluscs. AD6/2H/1988/N8, British Antarctic Survey, Cambridge. (D)

Norrbin, F. and Båmstedt, U. (1984). Energy contents in benthic and planktonic invertebrates of Kosterfjorden, Sweden. A comparison of energetic strategies in marine organism groups. *Ophelia* **23**, 47–64. (C)

O'Connor, B., Bouwmer, T., McGrath, D. and Raine, R. (1986). Energy flow through an *Amphiura filiformis* (Ophiuroidea: Echinodermata) population in Galway Bay, west coast of Ireland: a preliminary investigation. *Ophelia* **26**, 351–357. (D)

Ogilvie, G. A. and Clifford, H. F. (1986). Life histories, production, and micro-distribution of two caddisflies (Trichoptera) in a Rocky Mountain stream. *Canadian Journal of Zoology* **64**, 2706–2716. (D)

O'Hop, J., Wallace, J. B. and Haefner, J. D. (1984). Production of a stream shredder, *Peltoperla maria* (Plecoptera: Peltoperlidae) in disturbed and undisturbed hardwood catchments. *Freshwater Biology* **14**, 13–21. (D)

Olafsson, E. B. (1989). Contrasting influences of suspension-feeding and deposit-feeding populations of *Macoma balthica* on infaunal recruitment. *Marine Ecology Progress Series* **55**, 171–179. (G)

Olafsson, E. B. and Persson, L.-E. (1986). Distribution, life cycle and demography in a brackish water population of the isopod *Cyathura carinata* (Kröyer) (Crustacea). *Estuarine Coastal and Shelf Science* **23**, 673–687. (D)

Orzechowski, B. (1984). Productivity of the freshwater crayfish *Orconectes limosus* Raf. (= *Cambarus affinis* Say.) in Koronowo Bay. *Prace Limnologiczne* **14**, 3–35. (D)

Ostrowski, J. (1987). Production of *Pontoporeia femorata* and *Macoma baltica* in the Gulf of Gdansk. "Structure, function and biological production of the Baltic ecosystem", a symposium at Gdansk, Poland, October 1975. (K. Suidzinski and L. Ludwig, eds) pp. 189–191. Gdynia, Sea Fisheries Institute. (D)

Otto, C. (1976). Production of *Ancylus fluviatilis* Müller (Gastropoda) in a south Swedish stream. Pol. *Archiv für Hydrobiologie* **23**, 421–429. (D)

Oyenekan, J. A. (1983). Production and population dynamics of *Capitella capitata*. *Archiv für Hydrobiologie* **98**, 115–126. (D)

Oyenekan, J. A. (1987). Population dynamics and secondary production in an estuarine population of *Caulleriella caputesocis* (Polychaeta: Cirratulidae). *Marine Biology* **95**, 267–273. (D)

Oyenekan, J. A. (1988). Population dynamics and secondary production in *Mellina palmata* (Polychaeta: Ampharetidae). *Marine Biology* **98**, 247–251. (D)

Paine, R. T. (1964). Ash and calorie determinations of sponge and ophisthobranch-tissues. *Ecology* **45**, 384–387. (C)

Paine, R. T. (1971). Energy flow in a natural population of the herbivorous gastropod *Tegula funebralis*. *Limnology and Oceanography* **16**, 86–98. (D)

Parker, C. P. and Voshell, J. R. (1983). Production of filter-feeding Trichoptera in an impounded and a free-flowing river. *Canadian Journal of Zoology* **61**, 70–87. (D)

Paterson, C. G. (1982). Energy distribution in biomass estimates within a freshwater bivalve community. *Canadian Journal of Zoology* **60**, 2753–2756. (C)

Paterson, C. G. and Cameron, I. F. (1985). Comparative energetics of two populations of the unionid, *Anodonta cataracta* (Say). *Freshwater Invertebrate Biology* **4**, 79–90. (D)

Pauly, D. (1979). Gill size and temperature as governing factors in fish growth: a generalization of von Bertalanffy's growth formula. *Berichte aus dem Institut für Meereskunde Kiel* **63**, 1–156. (G)

Pauly, D. (1980). On the interrelationships between natural mortality rate, growth parameters, and mean environmental temperature in 175 fish stocks. *Journal du Conseil Permanent International pour l'Exploration de la Mer* **39**, 175–192. (G)

Pauly, D. (1984). Zur Fischereibiologie tropischer Nutztiere: Eine Bestandsauf-nahme von Konzepten und Methoden. Habilitation Thesis, University of Kiel. (G)

Pauly, D., Moreau, J. and Gayanilo, F. (1994). A new method for comparing the growth performance of fishes, applied to wild and farmed Tilapias. *In* The Third International Symposium on Tilapia in Aquaculture. ICLARM Conference Proceedings 41 (R. S. V. Pullin, J. Lazard, M. Legendre, J. B. Amon Kothias and D. Pauly, eds). (G)

Pearson, W. D. and Kramer, R. H. (1972). Drift and production of two *aquatic insects* in a mountain stream. *Ecological Monographs* **42**, 365–385. (D)

Peer, D. C. (1970). Relation between biomass, productivity, and loss to predators in a population of a marine benthic polychaete, *Pectinaria hyperborea*. *Canadian Journal of Fisheries and Aquatic Sciences* **27**, 2143–2153. (D)

Peer, D. L., Linkletter, L. E. and Hicklin, P. W. (1986). Life history and reproductive biology of *Corophium volutator* (Crustacea: Amphipoda) and the influence of shorebird predation on population structure in Chignecto Bay, Bay of Fundy. *Netherlands Journal of Sea Research* **20**, 359–372. (D)

Penzias, L. P. (1969). *Tellina martinicensis* (Mollusca: Bivalvia): Biology and productivity. *Bulletin of Marine Science* **19**, 568–579. (D)

Persson, L.-E. (1989). The life-cycle and productivity of *Diastylis rathkei* (Cumacea: Crustacea) at three nearshore localities in the Hanî Bight, southern Baltic. *Sarsia* **74**, 137–144. (D)

Peters, R. H. (1986). "The Ecological Implications of Body Size". Cambridge University Press, Cambridge. (G)

Petersen, G. H. (1978). Life cycles and population dynamics of marine benthic bivalves from the Disko Bugt area of West Greenland. *Ophelia* **17**, 95–120. (D)

Phillips, D. W. (1981). Life-history features of the marine intertidal limpet *Notoacmea scutum* (Gastropoda) in central California. *Marine Biology* **64**, 95–103. (D)

Picken, G. B. (1979). Growth, production and biomass of the antarctic gastropod *Laevilacunaria antarctica* Martens 1885. *Journal of Experimental Marine Biology and Ecology* **40**, 71–79. (D)

Picken, G. B. (1980). The distribution, growth and reproduction of the antarctic limpet *Nacella (Patinigera) concinna. Journal of Experimental Marine Biology and Ecology* **42**, 71–85. (D)

Pinel-Alloul, B. (1978). Ecologie des populations de *Lymnaea catascopium* (Mollusques, Gastéropodes, Pulmonées) du lac St. Louis, près de Montréal, Québec. *Verhandlungen der Internationalen Vereinigung für Limnologie* **20**, 2412–2426. (D)

Plante, C. and Downing, J. A. (1989). Production of freshwater invertebrate populations in lakes. *Canadian Journal of Fisheries and Aquatic Sciences* **46**, 1489–1498. (G)

Pollack, H. (1979). Populationsdynamik, Produktivität und Energiehaushalt des Wattwurms *Arenicola marina* (Annelida, Polychaeta). *Helgoländer Wissenschaftliche Meeresuntersuchungen* **32**, 313–358. (D)

Potter, D. W. B. and Learner, M. A. (1974). A study of the benthic macroinvertebrates of a shallow eutrophic reservoir in South Wales with emphasis on the Chironomidae (Diptera); their life-histories and production. *Archiv für Hydrobiologie* **74**, 189–226. (D)

Precht, H., Christophersen, J., Hensel, H. and Larcher, W. (eds) (1973). "Temperature and Life". Springer-Verlag, Berlin. (G)

Price, R. and Warwick, R. M. (1980). Temporal variations in annual production and biomass in estuarine populations of two polychaetes, *Nephtys hombergi* and *Ampharete acutifrons. Journal of the Marine Biological Association of the UK* **60**, 481–487. (D)

Pruus, T. (1970). Calorific value of animals as an element of bioenergetical investigations. *Polish Archive of Hydrobiology* **17**, 183–199. (C)

Quashine, H. and Lavadier, P. (1988). Dynamique des populations lavaires de *Baetis navasi* M.-L. (Ephemeroptera) dans un torrent du Haut-Atlas de Marrakech, *Marocco Annales de Limnologie* **24**, 167–171. (D)

Rabarts, I. W. (1970). Physiological aspects of the ecology of some Antarctic lamellibranchs. AD6/2H/1970/N12, British Antarctic Survey, Cambridge. (D)

Rachor, E. (1976). Structure, dynamics and productivity of a population of *Nucula nitidosa* (Bivalvia, Protobranchia) in the German Bight. *Berichte der Deutschen Wissenschaftlichen Kommission für Meeresforschung* **24**, 296–331. (D)

Rachor, E. and Bartel, S. (1981). Occurrence and ecological significance of the spoon-worm *Echiurus echiurus* in the German Bight. *Veröffentlichungen des Instituts für Meeresforschung Bremerhaven* **19**, 71–88. (D)

Rachor, E., Arntz, W. E., Rumohr, H. and Mantau, K.-H. (1982). Seasonal and long-term population fluctuations in *Diastylis rathkei* (Crustacea: Cumacea) of Kiel Bay and German Bight. *Netherlands Journal of Sea Research* **16**, 141–150. (D)

Rainer, S. F. (1985). Population dynamics and production of the bivalve *Abra alba* and implications for fisheries production. *Marine Biology* **85**, 253–262. (D)

Rainer, S. F. and Unsworth, P. (1991). Ecology and production of *Nebalia* sp. (Crustacea: Leptostraca) in a shallow-water seagrass community. *Australian Journal of Marine and Freshwater Research* **42**, 53–68. (D)

Rainer, S. F. and Wadley, V. A. (1991). Abundance, growth and production of the bivalve *Solemya* sp., a food source for juvenile rock lobsters in a seagrass community in western Australia. *Journal of Experimental Marine Biology and Ecology* **152**, 201–223. (D)

Ramón, M. and Richardson, C. A. (1992). Age determination and shell growth of *Chamelea gallina* (Bivalvia: Veneridae) in the western Mediterranean. *Marine Ecology Progress Series* **89**, 15–23. (D)

Rees, H. L. (1983). Pollution investigations off the north-east coast of England: Community structure, growth and production of benthic macrofauna. *Marine Environmental Research* **9**, 61–110. (D)

Regier, H. A., Holmes, J. A. and Pauly, D. (1990). Influence of temperature changes on aquatic ecosystems: an interpretation of empirical data. *Transactions of the American Fisheries Society* **119**, 374–389. (G)

Reiss, M. J. (1991). "The Allometry of Growth and Reproduction". Cambridge University Press, Cambridge. (G)

Richards, F. F. (1959). A flexible growth function for empirical use. *Journal of Experimental Botany* **10**, 290–300. (G)

Richards, S. W. and Riley, G. A. (1967). The benthic fauna of Long Island Sound. *Bulletin of the Bingham Oceanographic Collection* **19**, 88–135. (D)

Richardson, M. G. (1979). The ecology and reproduction of the brooding Antarctic bivalve *Lissarca miliaris*. *British Antarctic Survey Bulletin* **49**, 91–115. (D)

Ricker, W. E. (1975). Computation and interpretation of biological statistics of fish populations. *Bulletin of the Fisheries Research Board of Canada* **191**, 1–382. (G)

Riklik, L. and Momot, W. T. (1982). Production ecology of *Hexagenia limbata* in Savanne Lake, Ontario. *Canadian Journal of Zoology* **60**, 2317–2323. (D)

Rodgers, E. B. (1982). Production of *Caenis* (Ephemeroptera: Caenidae) in elevated water temperature. *Freshwater Invertebrate Biology* **1**, 2–16. (D)

Rodhouse, P. G. and Tyler, I. D. (1978). Distribution and production indices of the sea urchin *Echinus esculentus* L. in the shallow sublittoral around Lundy. *Progress in Underwater Science* **3**, 147–163. (D)

Rosillon, D. (1986). Life cycle, growth, mortality and production of *Ephemerella major* Klapalek (Ephemeroptera) in a trout stream in Belgium. *Freshwater Biology* **16**, 269–277. (D)

Ross, D. H. and Wallace, J. B. (1983). Longitudinal patterns of production, food consumption, and seston utilization by net-spinning caddisflies (Trichoptera) in a southern Appalachian stream (USA). *Holarctic Ecology* **6**, 270–284. (D)

Rumohr, H., Brey, T. and Ankar, S. (1987). A compilation of biometric conversion factors for benthic invertebrates of the Baltic Sea. *Baltic Marine Biologists Publication* **9**, 1–56. (C)

Russel, M. (1987). Life history traits and resource allocation in the purple sea urchin *Strongylocentrotus purpuratus* (Stimpson). *Journal of Experimental Marine Biology and Ecology* **108**, 199–216. (D)

Ryan, P. A. (1982). Energy contents of some New Zealand freshwater animals. *New Zealand Journal of Marine and Freshwater Research* **16**, 283–287. (C)

Sachs, L. (1978). "Angewandte Statistik". Springer-Verlag, Berlin. (G)

Sainsbury, K. J. (1982). Population dynamics and fishery management of the paupa, *Haliotis iris*. I. Population structure, growth, reproduction, and mortality. *New Zealand Journal of Marine and Freshwater Research* **16**, 147–161. (D)

Salonen, K., Sarvala, J., Hakala, I. and Viljanen, M.-L. (1976). The relation of energy and organic content in aquatic invertebrates. *Limnology and Oceanography* **21**, 724–730. (C)

Salzwedel, H. (1979a). Energy budgets for two populations of the bivalve *Tellina fabula* in the German Bight. *Veröffentlichungen des Instituts für Meeresforschung Bremerhaven* **18**, 257–287. (D)

Salzwedel, H. (1979b). Reproduction, growth, mortality and variations in abundance and biomass of *Tellina fabula* (Bivalvia) in the German Bight in 1975/76. *Veröffentlichungen des Instituts für Meeresforschung Bremerhaven* **18**, 111–202. (D)

Sanders, H. L. (1956). Oceanography of Long Island Sound 1952–1954. X. The biology of marine bottom communities. *Bulletin of the Bingham Oceanographic Collection* **15**, 345–414. (D)

Sardá, R. and San Martín, G. (1992). *Streptosyllis verrilli* (Moore, 1907), new combination, life cycle, population dynamics and production from a salt marsh in southern New England. *Bulletin of Marine Science* **51**, 407–419. (D)

Sardá, R., Valiela, I. and Foreman, K. (1995). Life cycle, demography, and production of *Marenzelleria viridis* in a salt marsh of southern New England. *Journal of the Marine Biological Association of the UK* **75**, 725–738. (D)

Sarvala, J. (1987). Production of *Harmothoe sarsi* (Polychaeta) at a soft-bottom locality near Tvärminne, southern Finland. "Structure, function and biological production of the Baltic ecosystem", a symposium at Gdansk, Poland, October 1975. (K. Siudzinski and L. Ludwig, eds), Gdansk, pp. 227–234. Gdynia, Sea Fisheries Institute. (D)

Sarvala, J. and Uitto, A. (1991). Production of the benthic amphipods *Pontoporeia affinis* and *P. femorata* in a Baltic archipelago. *Ophelia* **34**, 71–90. (D)

Savage, A. A. (1986). The distribution, life cycle and production of *Leptophlebia vespertina* (L.) (Ephemeroptera) in a lowland lake. *Hydrobiologia* **133**, 3–19. (D)

Schmidt-Nielsen, K. (1984). "Scaling – Why is Animal Size So Important". Cambridge University Press, Cambridge. (G)

Schnute, J. (1981). A versatile growth model with statistically stable parameters. *Canadian Journal of Fisheries and Aquatic Sciences* **38**, 1128–1140. (G)

Schoener, T. W. (1986). Resource partitioning. *In* "Community Ecology: Pattern and Process" (J. Kikkawa and D. J. Anderson, eds), pp. 91–126. Blackwell, London. (G)

Schwinghamer, P., Hargrave, B., Peer, D. and Hawkins, C. M. (1986). Partitioning of production and respiration among size groups of organisms in an intertidal benthic community. *Marine Ecology Progress Series* **31**, 131–142. (G)

Seager, J. R. (1978). The ecology of an Antarctic opisthobranch mollusc: *Philine gibba* Strebel. PhD Thesis, University College, Cardiff. (D)

Selin, N. I. and Selina, M. S. (1988). Production characteristics of the bivalve mollusc *Callista brevisiphonata* in Peter the Great Bay, Sea of Japan. *Soviet Journal of Marine Biology* **14**, 219–223. (D)

Shafee, M. S. (1992). Production estimate of a mussel population *Perna picta* (Born) on the Atlantic coast of Morocco. *Journal of Experimental Marine Biology and Ecology* **163**, 183–197. (D)

Shafee, M. S. and Conan, G. (1984). Energetic parameters of a population of *Chlamys varia* (Bivalvia: Pectinidae). *Marine Ecology Progress Series* **18**, 253–262. (D)

Shafir, A. and Field, J. G. (1980a). Importance of a small carnivorous isopod in energy transfer. *Marine Ecology Progress Series* **3**, 203–215. (D)

Shafir, A. and Field, J. G. (1980b). Population dynamics of the isopod *Cirolana imposita* Barnard in a kelp-bed. *Crustaceana* **39**, 185–196. (D)

Short, R. A. and Ward, J. V. (1980). Life cycle and production of *Skwala parallela* (Frison) (Plecoptera: Perlodidae) in a Colorado montane stream. *Hydrobiologia* **69**, 273–275. (D)

Short, R. A., Stanley, E. H., Harrison, J. W. and Epperson, C. R. (1987). Production of *Corydalus cornutus* (Megaloptera) in four streams differing in size, flow, and temperature. *Journal of the North American Benthological Society* **6**, 105–114. (D)

Siegismund, H. R. (1982). Life cycle and production of *Hydrobia ventrosa* and *H. neglecta* (Mollusca: Prosobranchia). *Marine Ecology Progress Series* **7**, 75–82. (D)

Silina, A. V. and Pozdnyakova, L. A. (1990). Growth of the scallop *Chlamys rosealbus* in the Sea of Japan. *Soviet Journal of Marine Biology* **16**, 32–36. (D)

Singletary, R. (1971). The biology and ecology of *Amphioplus coniortodes*, *Ophionepthys limicola*, and *Micropholis gracillima* (Ophiuroidea: Amphiuridae). PhD Thesis, University of Miami. (D)

Smock, L. A., Gilinsky, E. and Stoneburner, D. L. (1985). Macroinvertebrate production in a southeastern United States blackwater stream. *Ecology* **66**, 1491–1503. (D)

Sokal, R. R. and Rohlf, F. J. (1981). "Biometry – The Principles and Practice of Statistics in Biological Research". Freeman, San Francisco. (G)

Soluk, D. A. (1985). Macroinvertebrate abundance and production of psammophilous Chironomidae in shifting sand areas of a lowland river. *Canadian Journal of Fisheries and Aquatic Sciences* **42**, 1296–1302. (D)

Stanczykowska, A. (1976). Biomass and production of *Dreissena polymorpha* (Pall.) in some Masurian lakes. *Ecologia Polska* **24**, 103–112. (D)

Stanczykowska, A., Magnin, E. and Dumouchel, A. (1971). Étude de trois populations de *Viviparus malleatus* (Reeve) (Gastropoda, Prosobranchia) de la region de Montreal. I. Croissance, fécondité, biomasse et production annuelle. *Canadian Journal of Zoology* **49**, 1431–1441. (D)

Stanhope, M. J. and Levings, C. D. (1985). Growth and production of *Eogammarus confervicolus* (Amphipoda: Anisogammaridae) at a log storage site and in areas of undisturbed habitat within the Squamish Estuary, British Columbia. *Canadian Journal of Fisheries and Aquatic Sciences* **42**, 1733–1740. (D)

Steimle, F. W. (1985). Biomass and estimated productivity of the benthic macrofauna in the New York bight: a stressed costal area. *Estuarine Coastal and Shelf Science* **21**, 539–554. (C)

Steimle, F. W. and Terranova, R. T. (1985). Energetic equivalents of marine organisms from the continental shelf of the temperate Northwest Atlantic. *Journal of Northwest Atlantic Fisheries Science* **6**, 117–124. (C)

Steimle, F. W. and Terranova, R. T. (1988). Energy contents of northwest Atlantic continental slope organisms. *Deep-Sea Research* **35**, 415–423. (C)

Stockton, W. L. (1984). The biology and ecology of the epifaunal scallop *Adamussium colbecki* on the west side of McMurdo Sound, Antarctica. *Marine Biology* **78**, 171–178. (D)

Streit, B. (1976). Energy flow in four different populations of *Ancylus fluviatilis* (Gastropoda–Basommatophora). *Oecologia* **22**, 261–273. (D)

Sumich, J. L. and McCauley, J. E. (1973). Growth of a sea urchin, *Allocentrotus fragilis*, off the Oregon coast. *Pacific Science* **27**, 156–167. (D)

Sutherland, J. P. (1972). Energetics of high and low populations of the limpet, *Acmaea scabra* (Gould). *Ecology* **53**, 431–437. (C)

Tamai, K. (1985). Production estimation of spionid polychaete *Paraprinospio* sp. (type B) in Suo-nada, Japan. *Bulletin of the Japanese Society of Science and Fishery* **51**, 213–218. (D)

Taylor, A. C. and Venn, T. J. (1978). Growth of the queen scallop, *Chlamys opercularis*, from the Clyde Sea area. *Journal of the Marine Biological Association of the UK* **58**, 687–700. (D)

Taylor, C. C. (1960). Temperature, growth, and mortality – The Pacific cockle. *Journal du Conseil Permanent International pour l'Exploration de la Mer* **26**, 117–124. (G)

Thayer, G. W., Schaaf, W. E., Angelovic, J. W. and LaCroix, M. W. (1973). Caloric measurements of some estuarine organisms. *Fisheries Bulletin of the US* **71**, 289–296. (C)

Theisen, B. F. (1973). The growth of *Mytilus edulis* L. (Bivalvia) from Disko and Thule district, Greenland. *Ophelia* **12**, 59–77. (D)

Thompson, R. J. (1984a). Production, reproductive effort, reproductive value and reproductive cost in a population of the blue mussel *Mytilus edulis* from a subarctic environment. *Marine Ecology Progress Series* **16**, 249–257. (D)

Thompson, R. J. (1984b). The reproductive cycle and physiological ecology of the mussel *Mytilus edulis* in a subarctic, non-estuarine environment. *Marine Biology* **79**, 277–288. (D)

Thouzeau, G., Robert, G. and Smith, S. J. (1991). Spatial variability in distribution and growth of juvenile and adult sea scallops *Placopecten magellanicus* (Gmelin) on eastern Georges Bank (Northwest Atlantic). *Marine Ecology Progress Series* **74**, 205–218. (D)

Thurston, M. H. (1968). Notes on the life history of *Bovallia gigantea* (Pfeffer) (Crustacea, Amphipoda). *British Antarctic Survey Bulletin* **16**, 57–64. (D)

Thurston, M. H. (1970). Growth in *Bovallia gigantea* (Pfeffer) (Crustacea: Amphipoda). *In* "Antarctic Ecology" (M. W. Holdgate, ed.) vol. 1, pp. 269–278. Academic Press, London. (D)

Tokeshi, M. (1985). Life-cycle and production of the burrowing mayfly, *Ephemera danica*: a new method for estimating degree-days required for growth. *Journal of Animal Ecology* **54**, 919–930. (D)

Trevallion, A. (1971). Studies on *Tellina tenuis* Da Costa. III. Aspects of general biology and energy flow. *Journal of Experimental Marine Biology and Ecology* **7**, 95–122. (D)

Tudorancea, C. and Florescu, M. (1968). Considerations concerning the production and energetics of *Unio tumidus* Philipsson population from the Crapina marsh. *Travaux du Muséum d'Historie Naturelle Gr. Antipa* **8**, 395–409. (D)

Tudorancea, C. and Florescu, M. (1969). Aspecte ale productiei si energeticii populatiei de *Anodonta piscinalis* Nilsson din Balta Crapina (zona inundabila a Dunarii). *Studii şi Cercetări de Biologie Seria Zoologie* **21**, 43–55. (D)

Tumbiolo, M. L. and Downing, J. A. (1994). An empirical model for the prediction of secondary production in marine benthic invertebrate populations. *Marine Ecology Progress Series* **114**, 165–174. (G)

Ursin, E. (1967). A mathematical model of some aspects of fish growth, respiration and mortality. *Canadian Journal of Fisheries and Aquatic Sciences* **24**, 2355–2453. (G)

Ursin, E. (1979). Principles of growth in fishes. *Symposium of the Zoological Society of London* **44**, 63–87. (G)

Vahl, O. (1981a). Energy transformations by the iceland scallop, *Chlamys islandica* (O. F. Müller) from 70°N. I. The age-specific energy budget and net growth efficiency. *Journal of Experimental Marine Biology and Ecology* **53**, 281–296. (D)

Vahl, O. (1981b). Energy transformations by the iceland scallop, *Chlamys islandica* (O. F. Müller) from 70°N. II. The population energy budget. *Journal of*

Experimental Marine Biology and Ecology 53, 297–303. (D)

Vakily, J. M. (1992). Determination and comparison of bivalve growth, with emphasis on Thailand and other tropical areas. *ICLARM Technical Report* 36, 1–125. (G)

Valderhaug, V. A. (1985). Population structure and production of *Lumbrineris fragilis* (Polychaeta: Lumbrineridae) in the Oslofjord (Norway) with a note on metal content of jaws. *Marine Biology* 86, 203–211. (D)

Venables, B. J. (1981). Aspects of the population biology of a Venezuelan beach amphipod, *Talorchestia margaritae* (Talitridae), including estimates of biomass and daily production, and respiration rates. *Crustaceana* 41, 271–285. (D)

Vincent, B., Valliancourt, G. and Lafontaine, N. (1981). Cycle de développement, croissance et production de *Pisidium amnicum* (Mollusca: Bivalvia) dans le Saint-Laurent (Québec). *Canadian Journal of Zoology* 59, 2350–2359. (D)

von Bertalanffy, L. (1938). A quantitative theory of organic growth (inquiries on growth laws. II). *Human Biology* 10, 181–213. (G)

Wacasey, J. W. and Atkinson, E. G. (1987). Energy values of marine benthic invertebrates from the Canadian Arctic. *Marine Ecology Progress Series* 39, 243–250. (C)

Wade, B. A. (1968). Studies on the biology of the West Indian beach clam, *Donax denticulatus* Linné. 2. Life history. *Bulletin of Marine Science* 18, 877–901. (D)

Wägele, J.-W. (1990). Growth in captivity and aspects of reproductive biology of the Antarctic fish parasite *Aega antarctica* (Crustacea, Isopoda). *Polar Biology* 10, 521–527. (D)

Walford, L. A. and Wicklund, R. I. (1968). Monthly sea temperature structure from the Florida Keys to Cape Cod. Serial atlas of the marine environment. American Geographical Society, folio 15. (T)

Walker, R. L. and Tenore, K. R. (1984a). The distribution and production of the hard clam, *Mercenaria mercenaria*, in Wassaw Sound, Georgia. *Estuaries* 7, 19–27. (D)

Walker, R. L. and Tenore, K. R. (1984b). Growth and production of the dwarf surf clam *Mulinia lateralis* (Say 1822) in a Georgia estuary. *Gulf Research Report* 7, 357–363. (D)

Walker, M., Tyler, P. A. and Billett, D. S. M. (1987). Organic and calorific content of body tissues of deep-sea elapsoid holothurians in the northeast Atlantic Ocean. *Marine Biology* 96, 277–282. (C)

Waloszek, D. and Waloszek, G. (1986). Ergebnisse der Forschungsreisen des FFS "Walther Herwig" nach Südamerika. LXV. Vorkommen, Reproduktion, Wachstum und mögliche Nutzbarkeit von *Chlamys patgonica* (King and Broderip, 1832) (Bivalvia, Pectinidae) auf dem Schelf vor Patagonien. *Archiv für Fischerei-Wissenschaft* 37, 69–99. (D)

Warwick, R. M. (1980). Population dynamics and secondary production of benthos. *In* "Marine Benthic Dynamics" (K. R. Tenore and B. C. Coull, eds), pp. 1–24. University of South Carolina Press. (G)

Warwick, R. M. and George, C. L. (1980). Annual macrofauna production in an *Abra* community. *In* "Industrialized Embayments and their Environmental Problems" (M. B. Collins, F. T. Banner, P. A. Tyler, S. J. Wakefield and A. E. James, eds), pp. 517–538. Pergamon Press, Oxford. (D)

Warwick, R. M. and Price, R. (1975). Macrofauna production in an estuarine mud-flat. *Journal of the Marine Biological Association of the UK* 55, 1–18. (D)

Warwick, R. M., George, C. L. and Davies, J. R. (1978). Annual macrofauna production in a *Venus* community. *Estuarine Coastal and Marine Science*, 7, 215–241. (D)

Waters, T. F. (1981). Seasonal patterns in production and drift of *Gammarus pseudolimnaeus* in Valley creek, Minnesota. *Ecology* **52**, 1458–1466. (D)

Waters, T. F. (1984). Annual production by *Gammarus pseudolimnaeus* among different substrate types in Valley creek, Minnesota. *American Midland Naturalist* **112**, 95–102. (D)

Waters, T. F. and Crawford, G. W. (1973). Annual production of a stream mayfly population: A comparison of methods. *Limnology and Oceanography* **18**, 286–296. (D)

Waters, T. F. and Hokenstrom, J. C. (1980). Annual production and drift of the stream amphipod *Gammarus pseudolimnaeus* in Valley creek, Minnesota. *Limnology and Oceanography* **25**, 700–710. (D)

Webster, J. R. and Patten, B. C. (1979). Effects of watershed perturbation on stream potassium and calcium dynamics. *Ecological Monographs* **49**, 51–72. (T)

Welch, H. E. (1976). Ecology of Chironomidae (Diptera) in a polar lake. *Canadian Journal of Fisheries and Aquatic Sciences* **33**, 227–247. (D)

Wells, F. E. and Threlfall, T. J. (1982). Density fluctuations, growth and dry tissue production of *Hydrococcus brazieri* (Tenison Woods, 1876) and *Arthritica semen* (Menke, 1843) in Peel Inlet, Western Australia. *Journal of Molluscan Studies* **48**, 310–320. (D)

Welton, J. S. (1979). Life-history and production of the amphipod *Gammarus pulex* in a Dorset chalk stream. *Freshwater Biology* **9**, 263–275. (D)

Weymouth, F. W., McMillin, H. C. and Rich, W. H. (1931). Latitude and relative growth in the razor clam, *Siliqua patula*. *Journal of Experimental Biology* **8**, 228–249. (G)

Wildish, D. J. (1984). Secondary production of four sublittoral, soft-sediment amphipod populations in the Bay of Fundy. *Canadian Journal of Zoology* **62**, 1027–1033. (D)

Wildish, D. J. and Peer, D. (1981). Methods for estimating secondary production in marine Amphipoda. *Canadian Journal of Fisheries and Aquatic Sciences* **38**, 1019–1026. (D)

Willows, R. I. (1987). Population and individual energetics of *Ligia oceanica* (L.) (Crustacea: Isopoda) in the rocky supralittoral. *Journal of Experimental Marine Biology and Ecology* **105**, 253–274. (D)

Winterbourn, M. J. (1974). The life histories, trophic relations and production of *Stenoperla prasina* (Plecoptera) and *Deleatidium* sp. (Ephemeroptera) in a New Zealand river. *Freshwater Biology* **4**, 507–524. (D)

Winther, U. and Gray, J. S. (1985). The biology of *Mya arenaria* (Bivalvia) in the eutrophic inner Oslofjord. *Sarsia* **70**, 1–9. (D)

Wolff, M. (1987). Population dynamics of the Peruvian scallop *Argopecten purpuratus* during the El Niño phenomenon of 1983. *Canadian Journal of Fisheries and Aquatic Sciences* **44**, 1684–1691. (D)

Wolff, M. and Soto, M. (1992). Population dynamics of *Cancer polydon* in La Herradura Bay, northern Chile. *Marine Ecology Progress Series* **85**, 69–81. (D)

Wright, J. R. and Hartnoll, R. G. (1981). An energy budget for a population of the limpet *Patella vulgata*. *Journal of the Marine Biological Association of the UK* **61**, 627–646. (D)

Yamashiro, C. and Mendo, J. (1988). Crecimiento de la concha de abanico (*Argopecten purpuratus*) en la Bahía Independencia, Pisco, Perú. *In* "Recursos y Dinámica del Ecosistema de Afloramiento Peruano" (H. Salzwedel and A. Landa, eds), pp. 163–168. Boletín Extraordinario del Instituto del Mar del Peru, Callao. (D)

Yanagi, T. (1984). Seasonal variation of water temperature in the Seto Inland Sea. *Journal of the Oceanographical Society of Japan* **40**, 445–450. (T)

Yanagi, T. (1987). Seasonal variations of water temperature and salinity in Osaka Bay. *Journal of the Oceanographical Society of Japan* **43**, 244–250. (T)

Yanling, L. (1984). Annual production of *Branchiura sowerbyi* (Oligochaeta: Tubificidae) in the Donghu lake, Wuhan, China. *Chinese Journal of Oceanology and Limnology* **2**, 102–108. (D)

Yap, W. G. (1977). Population biology of the Japanese little-neck clam, *Tapes philippinarum*, in Kancohc Bay, Oahu, Hawaiian Islands. *Pacific Science* **31**, 223–244. (D)

Zelinka, M. (1984). Production of several species of mayfly larvae. *Limnologica* **15**, 21–41. (D)

Taxonomic Index

Page references in *italics* refer to Figures; those in **bold** refer to Tables

Subject Index

Page references in *italics* refer to Figures; those in **bold** refer to Tables

Cumulative Index of Titles

Note: **Titles of papers** have been converted into subjects and a specific article may therefore appear more than once

Abyssal and hadal zones, zoogeography, **32**, 325
Abyssal macrobenthos, trophic structure, **32**, 427
Abyssal organisms, population genetics, **35**, 1
Acetabularia, marine alga, recent advances in research, **14**, 123
Algal–invertebrate interactions, **3**, 1
Antarctic benthos, **10**, 1
Antarctic fishes, comparative physiology, **24**, 321
Ascidians
  biology, **9**, 1
  physiology, **12**, 2
Atlantic, Northeast, meiobenthos, **30**, 1

Baltic Sea, autrophic and heterotrophic picoplankton, **29**, 73
Barnacles, growth, **22**, 199
Bathyal organisms, population genetics, **35**, 1
Bathyal zone, biogeography, **32**, 389
Benthic marine infaunal studies, development and application of analytical
      methods, **26**, 169
Benthos
  abyssal macrobenthos, trophic structure, **32**, 427
  Antarctic, **10**, 1
  Northeast Atlantic meiobenthos, **30**, 1
  sampling methods, **2**, 171
Biogeography, hydrothermal vent fauna, **34**, 353
Blood groups, marine animals, **2**, 85
Blue whiting, North Atlantic, population biology, **19**, 257
Brachiopods, living, biology, **28**, 175
Bryozoans, marine, physiology and ecology, **14**, 285
Bullia digitalis, **25**, 179

Calanoid copepods, biology of, **33**
Cephalopods
  flotation mechanisms in modern and fossil, **11**, 197
  recent studies on spawning, embryonic development, and hatching, **25**, 85
Chaetognaths, biology, **6**, 271
Cladocerans, marine, reproductive biology, **31**, 80
Climatic changes, biological response in the sea, **14**, 1

Cumulative Index of Authors